PONS

Reisewörterbuch FRANZÖSISCH

PONS GmbH, Stuttgart

PONS Reisewörterbuch
FRANZÖSISCH

Bearbeitet von: Jacqueline Sword

Bildquellen
Die Quellenangaben zu den einzelnen Abbildungen erfolgen von links oben nach rechts unten bzw. von oben nach unten.
1: H. Geißel, Stuttgart; GettyImages, Photodisc; Corel, Unterschleißheim.
9: DuMont Bildarchiv / Chr. Böttcher u. Th Tiensch. **17:** Fotosearch, Photo Disk; Stock disc; Fotosearch, Photo Disk. **21 u. 31**: Marian Sucha, Prag. **38/39**: Wolpert Fotodesign, Stuttgart. **47:** GettyImages, Photodisc; H. Geißel, Stuttgart. **56:** Fordwerke AG. **59:** Cycleurope Industries S.A., Romilly sur Seine. **73:** Avenue Images, image 100; iStockphoto, Uli Hamacher; Avenue Images, image 100. **77:** Bundesverband Selbsthilfe Körperbehinderter, Krautheim; Hotel Weisseespitze, Kaunertal; Wendt-Wolter (BSK). **83:** Corel-Corporation. **95:** DuMont Bildarchiv / Thomas P. Widmann; Corel-Corporation. **104-110:** Wolpert Fotodesign, Stuttgart. **119:** Corel Corporation, Unterschleißheim. **129:** Corel-Corporation; Avenue Images, Brand X Pictures; DuMont Bildarchiv / Kai Ulrich Müller. **141:** H. Geißel, Stuttgart.
147: GettyImages, PhotoDisc. **152:** Wolpert Fotodesign, Stuttgart. **169:** Creativ Collection Verlag. **181**: MEV; Stock disc; MEV.
Umschlag: GettyImages, photodisc; Corel Corporation RF; Corel RF, Unterschleißheim; GettyImages, RF photodisc.

1. Auflage 2009 (1,05 - 2013)

PONS Produktinfos und Shop: www.pons.de
E-Mail: info@pons.de
PONS Online-Wörterbuch: www.pons.eu

Projektleitung: Christiane Mackenzie, Stuttgart
Redaktion: Barbara Pflüger, Stuttgart
Umschlaggestaltung: Tanja Haller, Petra Schnur, Stuttgart
Logoentwurf: Erwin Poell, Heidelberg
Logoüberarbeitung: Sabine Redlin, Ludwigsburg
Satz: Fotosatz Kaufmann, Stuttgart
Druck: L.E.G.O. S.p.A., in Lavis (TN)
Printed in Italy

ISBN 978-3-12-518665-1

Aussprache

[:]	bedeutet, dass der vorhergehende Laut lang zu sprechen ist.	
‿	zwischen zwei Wörtern bedeutet, dass man den letzten Buchstaben des ersten Wortes zum nächsten Wort hinüberzieht.	
Vokale		
[a]	wie das deutsche *a*	m**a**d**a**me, l**a** s**a**lle, l**à**
[e]	geschlossenes *e*, etwa wie in *geben*	caf**é**, mang**er**, regard**ez**
[ɛ]	offenes *ä*, etwa wie in *Ärger*	l**ai**t, il m**et**, il **est**, m**er**ci
[i]	geschlossener als das deutsche *i*	**i**l, l'am**i**e, l**y**cée
[ɔ]	offenes *o*, offener als in *Pforte*	la p**o**rte, P**au**l, al**o**rs
[o]	geschlossenes *o*, wie in *Rose*	m**o**t, all**ô**, **au**ssi, **eau**
[ø]	geschlossenes *ö*, etwa wie in *böse*	un p**eu**, d**eux**
[œ]	offenes *ö*, bei kurzem Vokal, etwa wie in *Röcke*	n**eu**f, s**œu**r
[ə]	der Laut liegt zwischen [œ] und [ø], näher bei [ø]	l**e**, m**e**lon
[u]	geschlossenes *u*, etwa wie in *Ufer*	**ou**, **où**, bonj**ou**r
[y]	ähnlich dem deutschen *ü* in *Tür*	t**u**, r**u**e, sal**u**t
[ɛ̃]	nasales [ɛ], offener als das deutsche [ɛ̃] in *Cousin*	enf**in**, f**aim**, pl**ein**, bi**en**, **un**
[ɔ̃]	nasales [o], etwa wie in *Bonbon*	b**on**, m**on**tre, il t**om**be
[ɑ̃]	nasales [a], etwa wie in *Restaurant*	d**an**s, je pr**en**ds
Halbkonsonanten		
[j]	weicher als das deutsche *j*	fam**ille**, trav**ail**, p**i**ed, **y**eux
[w]	flüchtiger [u]-Laut, bildet keine Silbe, gehört zum folgenden Vokal	**ou**i, v**o**ilà
[ɥ]	flüchtiger [y]-Laut, gehört zum folgenden Vokal	c**u**isine, je s**u**is, h**u**it
Konsonanten		
[f]	wie das deutsche *f* in *Fibel, Philosophie* etc.	**f**rère, **ph**oto
[v]	wie das deutsche *w* in *werden*	con**v**ersation, il arri**v**e
[s]	stimmloses, d.h. hartes *s*, wie z.B. in *Los*	**s**œur, Pa**s**cal, **c**'est, **ç**a, ta**ss**e, atten**t**ion
[z]	stimmhaftes, d.h. weiches *s*, wie in *summen*	mai**s**on, chai**s**e, **z**éro

[ʃ]	stimmloses *sch* wie in *schön*	**ch**aise, je **ch**er**ch**e
[ʒ]	stimmhaftes *sch* wie in *Journalist*	**j**e, bon**j**our, **g**énie
[ɲ]	etwa wie in *Kognak*	co**gn**ac, il ga**gn**e
[ŋ]	in Wörtern aus dem Englischen, z. B.:	camp**ing**, park**ing**
Die nicht erwähnten Konsonanten sind den deutschen sehr ähnlich.		

Das Alphabet

A	a	[a]	J	j	[ʒi]	S	s	[ɛs]
B	b	[be]	K	k	[ka]	T	t	[te]
C	c	[se]	L	l	[ɛl]	U	u	[y]
D	d	[de]	M	m	[ɛm]	V	v	[ve]
E	e	[ə]	N	n	[ɛn]	W	w	[dubləve]
F	f	[ɛf]	O	o	[o]	X	x	[iks]
G	g	[ʒe]	P	p	[pe]	Y	y	[igʀɛk]
H	h	[aʃ]	Q	q	[ky]	Z	z	[zɛd]
I	i	[i]	R	r	[ɛːʀ]			

Allgemeine Abkürzungen

ACF	Automobile Club de France	Französischer Automobilclub
Av. J.-C.	avant Jésus-Christ	vor Christus
CV	Curriculum vitae	Lebenslauf
EDF	Electricité de France	Elektrische Werke Frankreich
etc.	et cetera	usw.
HLM	Habitation à loyer modéré	Sozialwohnung
M.	Monsieur	Herr
Mlle	Mademoiselle	Fräulein
Mme	Madame	Frau
MM.	Messieurs	Herren
p.	page	Seite
p.ex.	par exemple	zum Beispiel
P.R.	poste restante	postlagernd
PDG	Président-directeur général	Generaldirektor
PetT	Poste et Télécommunications	Telecom
SA	Société anonyme	Aktiengesellschaft
SARL	Société à responsabilité limitée	Gesellschaft mit beschränkter Haftung
SNCF	Société Nationale des Chemins de Fer Français	Französische Eisenbahn
s.t.p.	s'il te plaît	bitte *(du)*
s.v.p.	s'il vous plaît	bitte *(Sie)*

TGV	Train à grande vitesse	~ ICE
TVA	Taxe à la valeur ajoutée	Mehrwertsteuer

Abkürzungen im Reisewörterbuch

abst	abstrakt	abstrait
adj	Adjektiv	adjectif
adv	Adverb	adverbe
akust	Akustik	acoustique
art	Artikel	article
conj	Konjunktion	conjonction
el	Elektrizität	électricité
etw	etwas	quelque chose
f	weiblich	féminin
jdm	jemandem	à quelqu'un
jdn	jemanden	quelqu'un
konk	konkret	concret
m	männlich	masculin
M.	Herr	Monsieur
med	Medizin	médecine
Mlle	Fräulein	Mademoiselle
Mme	Frau	Madame
nº	Nummer	numéro
pers prn	Personalpronomen	pronom personnel
pl	Plural	pluriel
poss prn	Possessivpronomen	pronom possessif
prn	Pronomen	pronom
prp	Präposition	préposition
qc	etwas	quelque chose
qn	jemanden, jemandem	quelqu'un
rel	Religion	religion
s.	sich	se
sing	Singular	singulier
s.t.p.	bitte *(du)*	s'il te plaît
superl	Superlativ	superlatif
s.v.p.	bitte *(Sie)*	s'il vous plaît
tele	Telefon	téléphone

Andere Länder, andere Sitten

Begrüßung

Zur Begrüßung sagt man **bonjour** (Guten Morgen, Guten Tag) oder unter guten Freunden **salut** (Hallo); man fragt auch **ça va?** (Wie geht's?), und darauf antwortet man oft mit **ça va** - unabhängig vom tatsächlichen Befinden!
Bonsoir (Guten Abend) wird am Abend gewünscht und **bonne nuit** (Gute Nacht) vor dem Schlafengehen.
Man verabschiedet sich mit **au revoir** (Auf Wiedersehen), **salut** oder **tchao** (tschüss). Eines müssen Sie sich jedoch abgewöhnen: „Mach's gut". Dafür gibt es nämlich keine richtige Entsprechung.

Anredeformen

In Frankreich ist es unhöflich, jemanden, den man nur flüchtig kennt, mit dem Namen anzureden. Der Familienname verleiht einen familiären Touch, den man vermeiden sollte. Sagen Sie also einfach **bonjour Madame** oder **bonjour Monsieur**.
Auf ein **merci** (Danke) ein **Monsieur** oder **Madame** folgen zu lassen ist höflicher, als es allein stehen zu lassen. Mit **Mademoiselle** (Fräulein) werden immer noch junge Mädchen oder Frauen angeredet, aber ab einem bestimmten Alter wechselt man heutzutage zu **Madame** - ob verheiratet oder nicht. Eine interessante Ausnahme jedoch: Sehr berühmte hochgeachtete Schauspielerinnen werden bei großen Anlässen mit **Mademoiselle** - aber dann mit Nachnamen - eingeführt. (Mademoiselle Huppert - Mutter von drei Kindern - gehört zu den wenigen, denen diese Ehre zugeteilt wird.) Doktortitelträger haben in Frankreich keine Konjunktur: Niemand erfährt von ihrem akademischen Abschluss, denn sie werden auch nur mit **Monsieur** oder **Madame** angesprochen (einzige Ausnahme S. 170)

Händeschütteln oder Küsschen?

Oft gibt man sich zur Begrüßung die Hand. In der Familie, im Freundes-/Bekannten- und sogar im Kollegenkreis sind Küsschen zur Begrüßung sowohl unter Frauen als auch zwischen Frauen und Männern sehr üblich. Ob man sich zwei-, drei- oder gar viermal küsst, hängt von der Gegend und den persönlichen Gewohnheiten ab. Daher wissen auch Franzosen selbst nicht immer, wie oft sie sich küssen sollen. Eines ist sicher: Man beginnt links und mit zwei, und dann wird man „eingewiesen": „Moi, c'est quatre" (Bei mir sind es vier) oder „Chez nous, c'est trois" (Bei uns sind es drei) - wobei „uns" sowohl die Gegend als auch die Familie bedeuten kann.

Savoir-vivre

Das viel zitierte **savoir-vivre** bedeutet nicht, dass man weiß, wie man das Leben genießt, sondern vielmehr wie man sich in jeder Lebenslage zu verhalten hat. Dabei geht es durchaus auch um so einfache Dinge wie dem Nächsten die Türe aufzuhalten, bei entsprechenden Anlässen Blumen zu schenken, kurz: man weiß, wie man sich benimmt. Dazu gehört auch, dass man großzügig mit **merci** (Danke) und **pardon** (Verzeihung) umgeht. **Pardon** zum Beispiel sagt man in Frankreich selbst dann schon, wenn man in einer Tür an jemandem vorbeigeht.

Telefonieren

Firmenangestellte melden sich gleich mit dem Firmennamen, aber privat meldet man sich nur mit **Allô**. Sie als Anrufer/in dürfen dann fragen, ob Sie richtig verbunden sind - es sei denn, Sie erkennen die Stimme: **Je suis bien chez ...?** (Bin ich bei...?). Erst dann kann das eigentliche Gespräch beginnen.
Die Zahlen einer Telefonnummer werden nicht einzeln, sondern paarweise gesprochen, z. B. 03 21 30 39 91 ergibt zéro trois vingt-et-un trente trente-neuf quatre-vingt-onze. Die zwei ersten Ziffern verraten übrigens die Region, in der der Telefonbesitzer lebt. Alle Handynummern beginnen (hingegen) mit 06. So genannte **numéros verts** (grüne Nummern) mit 0800 am Anfang sind kostenlos.

Einige wichtige Telefonnummern:

Renseignements (Auskunft)	12
SAMU (Notarzt/Rettungsdienst)	15
Police (Polizei)	17
Pompiers (Feuerwehr)	18

Um nach Deutschland zu telefonieren wählt man die 0049 (Österreich: 0043; Schweiz: 0041) vorweg und lässt die 0 der Ortsvorwahl weg.

Telefonzellen und -karten

Jede Telefonzelle kann mit einer eigenen Telefonnummer angewählt werden, die Sie oben rechts über dem Telefon finden. So können Sie sich bei Bedarf leicht in einer Telefonzelle anrufen lassen. Telefonkarten sind bei den Postämtern, aber auch in jedem **café/bar-tabac** (an einem Schild zu erkennen, das an eine Karotte erinnert) erhältlich. Zwei Modelle stehen zur Auswahl: eine mit einem elektronischen Chip und eine mit Pin-Nummern, die man zuerst freirubbeln muss. Letztere ist für das Telefonieren ins Ausland günstiger, wenn Sie die (auf der Karte) angegebene Nummer anrufen und Nordeuropa als „Lieblingszielland“ angeben.

Essgewohnheiten

Zu Mittag essen viele Franzosen ein **hors d'oeuvre** (kalte Vorspeise) wie z. B. **crudités** (Rohkostsalat), ein Hauptgericht, Käse und/oder Nachtisch. Abends isst man leichter: eine Suppe, ein Salat mit Schinken o. Ä., Käse und/oder Jogurt.
Berufstätige, die vor Ort essen, keine Kantine haben und sich auch nicht mit einem Sandwich begnügen wollen, essen in kleinen Restaurants, die ein **plat du jour** (Tagesgericht) anbieten.
In den letzten Jahren sind so genannte **formules** entstanden. Das sind mögliche Kombinationen zu Sonderpreisen: z.B. Vorspeise/Tagesgericht/Getränk oder Tagesgericht/Nachtisch/Kaffee.
Vegetarische Menüs haben in Frankreich noch Seltenheitswert.

Im Restaurant

Normalerweise wird das **déjeuner** (Mittagessen) zwischen 12.30 Uhr und 14.00 Uhr serviert, das **dîner** (Abendessen) zwischen 19.30 Uhr und 22 Uhr. **Du pain** (frisches Brot) und **une carafe d'eau** (ein Krug Leitungswasser) stehen schon auf dem Tisch und werden kostenlos nachgereicht. Um den Kellner zu rufen, ist es üblich, **s'il vous plaît** (Entschuldigung) zu sagen. Nach dem Essen rufen Sie **l'addition, s'il vous plaît** (die Rechnung, bitte). Die Rechnung, die vorgelegt wird, gilt dann für den ganzen Tisch, und es wird erwartet, dass die Gäste untereinander abrechnen. Um zu bezahlen, legt man in das dafür vorgesehene Tellerchen das Bargeld oder die Kreditkarte. Auch wenn das Bedienungsgeld schon in den Preisen enthalten ist, ist es - zumindest bei freundlicher Bedienung - doch üblich, ein kleines Trinkgeld zu hinterlassen.

Frühstück

Das **petit déjeuner** (Frühstück) besteht gewöhnlich nur aus **café au lait** (Milchkaffee), **thé** (Tee) oder **chocolat chaud** (heißer Schokolade) und **Baguette** oder **tartines** (Brotscheiben) mit Butter und/oder Konfitüre. **Croissants** isst man vor allem im **café** oder im Hotel. Zu Hause genießt man sie eher am Wochenende oder im Urlaub.

Hotels

In Hotels sind die Preise entweder außen oder im Eingangsbereich angeschlagen. Normalerweise verstehen sich diese Preise pro Zimmer, nicht pro Person. Bei einem Zimmer mit zwei Betten scheint sich - zumindest in Paris - der Begriff **twin** durchzusetzen. Ein **chambre double** (ein Doppelzimmer) ist fast immer mit einem französischen Bett. Das Frühstück ist im Preis meist nicht enthalten, wobei es manchmal eine Verhandlungssache sein kann, es dennoch ohne Aufpreis zu bekommen (aber nur manchmal!). Nicht selten wird inzwischen statt des kargen französischen Frühstücks ein Frühstücksbuffet angeboten.

Einladungen

Wenn man sich (noch) nicht so gut kennt oder z. B. im Urlaub, wenn man sich nicht so viel Arbeit mit der Vorbereitung machen will, lädt man zum **apéritif** (Aperitif) ein, entweder um 12/12.30Uhr oder am frühen Abend (19 Uhr). Dabei gibt es **amuse-gueules** (Appetithäppchen). Meistens bleibt man eine gute Stunde, und jede/r isst daraufhin bei sich zu Hause. Werden Sie zu einem Mittag- oder Abendessen eingeladen, kommen Sie ruhig eine Viertelstunde später. So wie hierzulande bringt man ein Gastgeschenk mit, z.B. Blumen, Pralinen, Wein oder Champagner. Einziger Unterschied ist, dass die Flasche, die man mitbringt, oft gleich getrunken wird oder die Pralinen nach dem Essen angeboten werden. Also bringen Sie etwas Gutes mit, dann haben Sie vielleicht auch etwas davon!

Öffnungszeiten

Ladenöffnungszeiten waren in Frankreich immer sehr kundenfreundlich. Grundsätzlich können Sie davon ausgehen, dass die Geschäfte bis 19 Uhr geöffnet sind, manche sogar bis 19.30 Uhr. **Hypermarchés** (Riesensupermärkte) bleiben meistens bis 22 Uhr offen. Auch samstags sind die Geschäfte ganztags geöffnet. Sonntags werden Sie zumindest bis 12 Uhr noch alles bekommen, was Sie brauchen. Dafür (als Ausgleich) bleiben die meisten kleinen Geschäfte Montagvormittags geschlossen. Die Mittagspause in kleineren Städten wird oft strikt eingehalten: Schon ab 12 Uhr, aber spätestens ab 12.30 Uhr werden Sie vor verschlossenen Türen stehen. Als Ausgleich ist das Parken zwischen 12 und 14 Uhr fast immer kostenlos (allerdings nicht in Paris).

Dies und das

Nicht nur Telefonkarten, auch Briefmarken und Bus-, U-Bahn- oder Straßenbahnfahrkarten sind in **café/bar-tabacs** erhältlich. Die Fahrkarte muss vor dem Einsteigen entwertet werden. Zu diesem Zweck stehen orangefarbene Automaten bereit. Übrigens: Sollten Sie es vergessen, suchen Sie lieber gleich den/die Schaffner/in auf, um von vornherein die Lage zu klären.

Die Benutzung der Autobahnen ist (bis auf wenige Ausnahmen) gebührenpflichtig, d.h. die Autobahnen sind in einzelne Teilstrecken untergliedert, für deren Nutzung man an der so genannten **péage** (Mautstelle) jeweils zahlen muss.

Die EC-Karte kann zwar praktisch sein, aber sie wird nicht überall angenommen. Also sollten Sie unbedingt Ihre Kreditkarte mitnehmen. Übrigens: Bei einer Buchung (Reservierung) wird in Frankreich nach dem Gültigkeitsdatum gefragt.

„Fettnäpfchen" und Tabus

Das Leben ist voller „Fallen" - ganz besonders für Ausländer in Frankreich.

Falle Nr. 1: Begrüßung

Aus lauter Freundlichkeit haben Sie beschlossen, Ihren Feriennachbarn mit Nachnamen zu begrüßen. Voll daneben! Es ist in Frankreich unhöflich, flüchtige Bekannte mit Namen anzureden.

Falle Nr. 2: Blumen

Im Blumenladen sind die Chrysanthemen so schön, dass Sie sie für die Einladung am Abend kaufen wollen. Lieber nicht! Ihre Gastgeberin würde sich wundern, weil diese Blume in Frankreich nur als Grabschmuck verwendet wird! Die Nelken können Sie auch gleich links liegen lassen, denn manche Franzosen meinen, dass sie Unglück bringen.

Falle Nr. 3: Pünktlichkeit

Sie beeilen sich, weil Sie zur Einladung pünktlich eintreffen wollen. Voll daneben! Eine Viertelstunde Verspätung muss man schon einkalkulieren, wenn man seine Gastgeber nicht überfallen will.

Falle Nr. 4: Apéritif

Sie sind zu einem Umtrunk (*Apéritif*) eingeladen worden, und es werden allerlei nette Kleinigkeiten wie *petits fours* serviert. Sie fühlen sich wohl und könnten den ganzen Abend bleiben. Voll daneben! Länger als eine gute Stunde sollten Sie nicht bleiben. Gegessen wird nachher zu Hause.

Falle Nr. 5: Buffet

Die verschiedenen Hauptgerichte sind schön warm und Sie wollen damit anfangen. Voll daneben! Auch bei einem *buffet* wird die übliche Reihenfolge eingehalten. Käse mag „den Magen schließen", dennoch kommt er immer vor dem Nachtisch.

Falle Nr. 6: Käseplatte

Statt einem Nachtisch haben Sie im Lokal **un plateau de fromages** ausgewählt - und die Auswahl ist so groß, dass Sie am liebsten ein bisschen von jedem probieren würden. Voll daneben! Üblich ist, dass Sie sich von 2–3 Sorten etwas geben lassen.

Falle Nr. 7: Brot

Im Lokal wollen Sie einen guten Eindruck machen und das Brot samt Käse mit Gabel und Messer essen. Voll daneben! Brot wird immer mit den Fingern gegessen, und es kommt immer ein kleines Stück Käse auf ein kleines Stück Brot.

Falle Nr. 8: Geschenke

Sie haben eingeladen und bekommen z. B. Schokolade geschenkt. Sie bewundern sie und legen sie beiseite. Voll daneben! Denn nach dem Essen ist es üblich, sie herumzureichen.

Falle Nr. 9: Geld

Sie haben von der „Reichensteuer" in Frankreich gehört und möchten wissen, ob Ihre Bekannten auch betroffen sind. Voll daneben! Geld ist tabu. Sex wiederum gehört zu den Lieblingsthemen – Hauptsache leicht und witzig.

Falle Nr. 10: Kreislauf

Sie fühlen sich nicht ganz wohl und möchten erklären, dass es kreislaufbedingt ist. Voll daneben! Franzosen kennen keinen Kreislauf. Ihr Problem ist die Leber, aber nicht des Weines wegen! Nein, Eier sind bekannterweise schlecht für die Leber!

Falle Nr. 11: Taxifahren

Sie wollen sich ganz nach alter Gewohnheit neben den Taxifahrer setzen. Voll daneben! Vorne hat der Kunde nichts zu suchen. Er sitzt hinten (bis zu drei Personen), und sollte man zu viert sein: Pech gehabt! Ein zweites Taxi muss her.

Falle Nr. 12: Luft

Sie betreten einen Raum und finden, dass die Luft etwas stickig ist und wollen gleich das Fenster aufreißen. Voll daneben! Das „Frische-Luft-Syndrom" ist bei Franzosen viel weniger ausgeprägt als hierzulande.

Übrigens: Wenn Sie einmal hören, dass man in Frankreich einem eher spröden Menschen **savoir-vivre** attestiert, dann ist das kein Widerspruch. **Savoir-vivre** bedeutet im Französischen „nur", dass man sich zu benehmen weiß.

Reisevorbereitungen

Hotelbuchung per E-Mail

Sehr geehrte Damen und Herren,
am 28.–30. Juni benötige ich für zwei Nächte ein Einzel-/Doppel-/Zweibettzimmer. Ich bitte Sie um Bestätigung mit Preisangabe für die zwei Nächte mit Frühstück. Ich bedanke mich im Voraus.
Mit freundlichen Grüßen

Madame, Monsieur,
Je voudrais réserver une chambre simple/double/twin pour 2 nuits du 28 au 30 juin. Je vous serais reconnaissant/e de me confirmer cette réservation et de me donner le prix pour les deux nuits, petit-déjeuner inclus. Je vous remercie d'avance.
Meilleures salutations

Dear Sir or Madam,
I would like to book a single/double/twin-bedded room for 2 nights from June 28–30. Would you please confirm this reservation and let me know the price for the 2 nights including breakfast? Thanking you in advance.
Yours faithfully,

Autovermietung per E-Mail

Sehr geehrte Damen und Herren,
für den Zeitraum vom 20.–27. Juli möchte ich einen Kleinwagen/Mittelklassewagen/einen 7-sitzigen Van vom Flughafen Nizza mieten. Ich möchte den Wagen in Paris-Charles de Gaulle abgeben, da ich von dort abfliege. Bitte teilen Sie mir Ihre Tarife mit und welche Unterlagen ich benötige.
Mit freundlichen Grüßen

Madame, Monsieur,
Je voudrais louer une petite voiture/voiture de classe moyenne/un monospace (pour 7 personnes) du 20 au 27 juillet à l'aéroport de Nice. Je

souhaite rendre la voiture à Paris-Charles de Gaulle, puisque je repartirai de là-bas. Pourriez-vous m'informer de vos tarifs et me dire quels papiers il me faudra produire?
Meilleures salutations

Dear Sir/Madam,
I would like to hire a small/mid-range/7-seater people carrier from July 20-27 at Nizza airport. I wish to leave the car at Paris-Charles de Gaulle since I will depart from there. Could you please inform me of your rates and tell me which documents I shall require.
Yours faithfully,

Allgemeine Fragen

Ich habe vor, meinen Urlaub in Ihrer Gegend zu verbringen. Könnten Sie mir Informationen über Unterkünfte geben?
J'ai l'intention de passer mes vacances dans votre région. Pourriez-vous me donner des renseignements sur les possibilités de logement?
[ʒɛ lɛ̃tɑ̃sjɔ̃ də pase me vakɑ̃s dɑ̃ vɔtr reʒiɔ̃. purje vu mə dɔne de rɑ̃sɛɲəmɑ̃ sur le pɔsibilite də lɔgəmɑ̃]

Welche Gegend empfehlen Sie für Ferien auf einem Boot?
Quelle région recommandez-vous pour des vacances en bateau?
[kɛl reʒiɔ̃ rəkɔmɑ̃de vu pur de vakɑ̃s ɑ̃ bato]

An welche Art von Unterkunft haben Sie gedacht?
A quel genre de logement avez-vous pensé?
[a kɛl ʒɑ̃r də lɔʒmɑ̃ ave vu pɑ̃se]
Hotel
un hôtel [ɛ̃n‿otɛl]
Pension
une pension [yn pɑ̃sjɔ̃]
Fremdenzimmer
une chambre chez l'habitant? [yn ʃɑ̃br ʃe labitɑ̃]
Ferienwohnung
une location? [yn lɔkasjɔ̃]

Fragen zur Unterkunft

Hotel - Pension - Privatzimmer

Ich suche ein Hotel, jedoch nicht zu teuer - etwas in der mittleren Preislage.
Je cherche un hôtel pas trop cher - quelque chose dans des prix moyens. [ʒə ʃɛrʃ ɛ̃n‿otɛl pa tro ʃɛr - kɛlkə ʃoz dɑ̃ de pri mwajɛ̃]

Ich suche ein Hotel mit Hallenbad/Golfplatz/Tennisplatz.
Je cherche un hôtel avec piscine/golf/court de tennis.
[ʒə ʃɛrʃ ɛ̃n‿otɛl avɛk pisin/gɔlf/kur də tenis]

Wissen Sie, wo ich ein schönes Fremdenzimmer finden könnte?
Vous savez où je pourrais trouver une belle chambre d'hôte?
[vu save u ʒpuʀɛ tʀuve yn bɛl ʃɑ̃bʀ dot]

Für wie viele Leute?
Pour combien de personnes? [puʀ kɔ̃bjɛ̃ də pɛʀsɔn]

Sind Hunde erlaubt?
Les chiens sont-ils autorisés? [le ʃjɛ̃ sɔ̃ til otoʀize]

Wie viel kostet das pro Woche?
Quel est le prix pour une semaine? [kɛl ɛ lə pʀi puʀ yn səmɛn]

Ferienhäuser/Ferienwohnungen

Ich suche eine Ferienwohnung oder einen Bungalow.
Je cherche une location pour les vacances: un appartement ou un bungalow [ʒə ʃɛʀʃ yn lɔkasjɔ̃ puʀ le vakɑ̃s ɛ̃n‿apartəmɑ̃ u ɛ̃ bũngalo]

Könnten Sie mir einen Ferienbauernhof empfehlen?
Vous pourriez me recommander une ferme qui loue pour les vacances?
[vu puʀjem ʀəkɔmɑ̃de yn fɛʀm ki lu puʀ le vakɑ̃s]

Gibt es ...?
Est-ce qu'il y a [ɛs‿il‿ja]
ein Kinderbett
un lit d'enfants [ɛ̃ li dɑ̃fɑ̃]
einen Fernseher
un téléviseur [ɛ̃ televizœʀ]
ein Telefon
un téléphone [ɛ̃ telefɔn]
eine Waschmaschine
une machine à laver [yn maʃin‿a lave]
eine Spülmaschine
un lave-vaisselle [ɛ̃ lav vɛsɛl]

Wie viel muss ich anzahlen und wann ist die Anzahlung fällig?
Combien d'arrhes faut-il verser et jusqu'à quelle date?
[kɔ̃bjɛ̃ daʀ fot‿il vɛʀse e ʒyska kɛl dat]

Wo und wann kann ich die Schlüssel abholen?
Où et quand puis-je venir chercher les clés?
[u e kɑ̃ pɥiʒ vəniʀ ʃɛʀʃe le kle]

Camping

Ich suche einen schönen Campingplatz an der Küste. Könnten Sie mir etwas empfehlen?
Je cherche un beau terrain de camping sur la côte. Pourriez-vous me recommander quelque chose?
[ʒə ʃɛʀʃ ɛ̃ bo tɛʀɛ̃d kɑ̃piŋ syʀ la kot purje vum ʀkɔmɑ̃de kɛlk ʃoz]

Allgemeines

Savoir-vivre
In Frankreich wird relativ viel Wert auf Höflichkeit und Freundlichkeit gelegt: Das ist das so genannte *savoir-vivre*. Dieser Begriff bedeutet nämlich nicht, dass man weiß, wie man das Leben genießt, sondern vielmehr wie man sich in jeder Lebenslage verhalten sollte. Also seien Sie großzügig mit *merci* und *pardon*, sonst könnten Sie unangenehm auffallen.

Das Wichtigste in Kürze

➢ vordere Umschlaginnenseite

Ja.
Oui. [wi]

Nein.
Non. [nɔ̃]

Bitte.
S'il vous plaît./S'il te plaît. [sil vu plɛ/sil tə plɛ];
(als Antwort auf „Danke!") De rien! [də ʀjɛ̃]

Danke!
Merci! [mɛʀsi]

Wie bitte?
Comment? [kɔmɑ̃], Pardon? [paʀdɔ̃]

Selbstverständlich!
Naturellement! [natyʀɛlmɑ̃]; Bien entendu! [bjɛ̃n‿ɑ̃tɑ̃dy]

Einverstanden!
D'accord! [dakɔʀ]

Okay!
O.K. [ɔkɛ]

In Ordnung!
Entendu! [ɑ̃tɑ̃dy]

Entschuldigen Sie!
Excusez-moi [ɛksyze mwa]

Verzeihung!
Pardon! [paʀdɔ̃]

Einen Augenblick, bitte!
Un instant, s'il vous plaît/s'il te plaît! [ɛ̃nɛ̃stɑ̃ sil vu plɛ/sil tə plɛ]

Das reicht jetzt!
Ça suffit maintenant! [sa syfi mɛ̃tnɑ̃]

Hilfe!
Au secours! [o skuʀ], A l'aide! [a lɛd]

Wer?
Qui? [ki]

Was?
Quoi? [kwa]

Welcher?/Welche?/Welches?
Lequel?/Laquelle?/Lesquels?/Lesquelles? [ləkɛl/lakɛl/lekɛl/lekɛl]

Wem?
A qui? [aki]

Wen?
Qui [ki]

Wo?
Où? [u]

Wo ist?/Wo sind ...?
Où est?/Où sont ...? [u ɛ/u sɔ̃]

Warum?
Pourquoi? [puʀkwa]

Wozu?
Dans quel but? [dɑ̃ kɛl by]; Pour quoi faire? [puʀ kwa fɛʀ]

Wie viel?
Combien? [kɔ̃bjɛ̃]

Wie lange?
Combien de temps? [kɔ̃bjɛ̃d tɑ̃]

Wann?
Quand? [kɑ̃]

Um wie viel Uhr?
A quelle heure? [a kɛl‿œʀ]

Ich hätte gerne ...
Je voudrais ... [ʒə vudʀɛ]; J'aimerais ... [ʒɛmʀɛ]

Gibt es ...?
Il y a ...? [il‿ja]; Est-ce qu'il y a ...? [ɛs‿kil‿ja]

Zahlen – Maße – Gewichte

➢ **hintere Umschlaginnenseite**

Zeitangaben

Die Uhrzeit

Wie viel Uhr ist es bitte?
Quelle heure est-il, s'il vous plaît? [kɛl‿œʀ ɛt‿il sil vu pl]

Es ist (genau/ungefähr) ...
Il est (exactement/environ) ... [il‿ɛt(‿ɛgzaktəmɑ̃/ɑ̃viʀɔ̃)]

3 Uhr.
trois heures. [tʀwaz‿œʀ]
5 nach 3.
trois heures cinq. [tʀwaz‿œʀ sɛ̃k]
3 Uhr 10.
trois heures dix. [tʀwaz‿œʀ dis]
Viertel nach 3.
trois heures et quart. [tʀwaz‿œʀ e kaʀ]
halb 4.
trois heures et demie. [tʀwaz‿œʀ e dmi]
Viertel vor 4.
quatre heures moins le quart. [katʀ‿œʀ mwɛ̃l kaʀ]
5 vor 4.
quatre heures moins cinq. [katʀ‿œʀ mwɛ̃ sɛ̃k]
12 Uhr Mittag/ Mitternacht.
midi/minuit. [midi/minɥi]

Um wie viel Uhr?/Wann?
A quelle heure?/Quand? [a kɛl‿œʀ/kɑ̃]

Um 1 Uhr.
A une heure. [a yn‿œʀ]

Um 2 Uhr.
A deux heures. [a døz‿œʀ]

Gegen 4 Uhr.
Vers quatre heures. [vɛʀ katʀ‿œʀ]

In einer Stunde.
Dans une heure. [dɑ̃z‿yn‿œʀ]

In zwei Stunden.
Dans deux heures. [dɑ̃ døz‿œʀ]

Nicht vor 9 Uhr morgens.
Pas avant neuf heures du matin. [pa avɑ̃ nœv‿œʀ dy matɛ̃]

Nach 8 Uhr abends.
Après huit heures du soir. [apʀɛ ɥit‿œʀ dy swaʀ]

Zwischen 3 und 4.
Entre trois (heures) et quatre (heures). [ɑ̃tʀə tʀwaz‿(œʀ) e katʀ(‿œʀ)]

Ein Vier-Vier
So heißt ein Allrad auf Französisch : un quatre-quatre. Und wie sich die „Vier" zur Allzweckwaffe entfaltet, beweisen folgende Ausdrücke am besten:
- **un quatre heures** (wörtl. „ein Vier-Uhr") ist das Pausenbrot der Kinder am Nachmittag.
- **se mettre en quatre** (wörtl. „sich in vier tun") bedeutet, dass man sich für jemanden besonders anstrengt.
- **être plié en quatre** (wörtl. „in vier gefaltet zu sein") drückt aus, dass man sich vor Lachen kugelt.

Und etwas „im vierten Gang" machen **(en quatrième vitesse)** kann nur bedeuten, dass man etwas schnell macht.

Wie lange?
Combien de temps? [kɔ̃bjɛ̃d tɑ̃]

Zwei Stunden (lang).
Deux heures. [døz‿œʀ]

Von 10 bis 11.
De dix à onze. [də dis a ɔ̃z]

Bis 5 Uhr.
Jusqu'à/Avant cinq heures. [ʒyska/avɑ̃ sɛ̃k‿œʀ]

Seit wann?
Depuis quelle heure? [dəpɥi kɛl‿œʀ]

Seit 8 Uhr morgens.
Depuis huit heures du matin. [dəpɥi ɥit‿œʀ dy matɛ̃]

Seit einer halben Stunde.
Depuis une demi-heure. [dəpɥi yn dəmijœʀ]

Seit acht Tagen.
Depuis huit jours. [dəpɥi ɥi ʒuʀ]

ab und zu	de temps en temps [də tɑ̃z‿ɑ̃ tɑ̃]
abends	le soir [lə swaʀ]
am Sonntag	dimanche [dimɑ̃ʃ]
am Wochenende	ce week-end [sə wikɛnd]
bald	bientôt [bjɛ̃to]
diese Woche	cette semaine [sɛt səmɛn]
früh	tôt [to]
früher	*(eher)* plus tôt [ply to]; *(einst)* autrefois [otʀəfwa]
gegen Mittag	vers midi [vɛʀ midi]
gestern	hier [jɛʀ]
heute	aujourd'hui [ɔʒuʀdɥi]

heute Morgen/heute Abend	ce matin/ce soir [sə matɛ̃/sə swaʀ]
in 14 Tagen	dans quinze jours [dɑ̃ kɛ̃z ʒuʀ]
in einer Woche	dans une semaine [dɑ̃zyn səmɛn]
innerhalb einer Woche	en une semaine [ɑ̃n‿yn səmɛn]
jeden Tag	tous les jours [tu le ʒuʀ]
jetzt	maintenant [mɛ̃tnɑ̃]
kürzlich	l'autre jour [lotʀə ʒuʀ]
letzten Montagmorgen	lundi dernier au matin [lɛ̃di dɛʀnje o matɛ̃]
manchmal	quelquefois [kɛlkəfwa]
mittags	le midi [lə midi]
morgen	demain [dəmɛ̃]
morgen früh/morgen Abend	demain matin/demain soir [dəmɛ̃ matɛ̃/dəmɛ̃ swaʀ]
morgens	le matin [lə matɛ̃]
nachmittags	l'après-midi [lapʀɛmidi]
nächstes Jahr	l'année prochaine [lane pʀɔʃɛn]
nachts	la nuit [la nɥi]
spät	tard [taʀ]
später	plus tard [ply taʀ]
stündlich	toutes les heures [tut lez‿œʀ]
täglich	tous les jours [tu le ʒuʀ]
tagsüber	pendant la journée [pɑ̃dɑ̃ la ʒuʀne]
übermorgen	après-demain [apʀɛ dmɛ̃]
um diese Zeit	à cette heure-ci [a sɛt‿œʀ si]
vor zehn Minuten	il y a dix minutes [il‿ja di minyt]
vorgestern	avant-hier [avɑ̃t‿jɛʀ]
vormittags	le matin [lə matɛ̃]
am Vormittag	dans la matinée [dɑ̃ la matine]

Die Wochentage

Montag	lundi [lɛ̃di]
Dienstag	mardi [maʀdi]
Mittwoch	mercredi [mɛʀkʀədi]
Donnerstag	jeudi [ʒœdi]
Freitag	vendredi [vɑ̃dʀədi]
Samstag	samedi [samdi]
Sonntag	dimanche [dimɑ̃ʃ]

Die Monate

Januar	janvier [ʒɑ̃vje]
Februar	février [fevʀije]
März	mars [maʀs]
April	avril [avʀil]
Mai	mai [mɛ]

Juni	juin [ʒɥɛ̃]
Juli	juillet [ʒɥijɛ]
August	août [u(t)]
September	septembre [sɛptɑ̃bʀ]
Oktober	octobre [ɔktɔbʀ]
November	novembre [nɔvɑ̃bʀ]
Dezember	décembre [desɑ̃bʀ]

Die Jahreszeiten

Frühling	le printemps [lə pʀɛ̃tɑ̃]
Sommer	l'été *m* [lete]
Herbst	l'automne *m* [lotɔn]
Winter	l'hiver *m* [livɛʀ]

Traditionen:

- Am 1. Januar will ein wahrscheinlich gallischer Brauch, dass man sich unter dem *gui*, einem Mistelzweig, küsst, damit man das ganze Jahr über Glück hat.
- Am Dreikönigstag gibt es eine *galette* (Blätterteigkuchen mit Mandelpaste), in der eine *fève*, eine dicke Bohne aus Plastik, versteckt ist. Wer sie findet, wird König/in.
- An *la Chandeleur* (Mariä Lichtmess), am 2. Februar, werden Crêpes gegessen, die man zuvor mit einer Münze in der Hand und der Pfanne in der anderen in der Luft gedreht haben muss.
- Am 1. Mai schenkt man sich glückbringende Maiglöckchen, die an vielen Straßenecken angeboten werden. Dieser Tag ist für manche Franzosen der einzige, an dem sie überhaupt einen Wald betreten: Sie wollen ihre Maiglöckchen selbst pflücken.
- Am 14. Juli wird mit Spielmannszug, Feuerwerk und Tanz auf der Straße der Nationalfeiertag gefeiert.

Feiertage

Neujahr	le Nouvel An [lə nuvɛl‿ɑ̃]
Dreikönigstag	la Fête des Rois [la fɛt de ʀwa], l'Epiphanie [lepifani]
Karneval	le carnaval [lə kaʀnaval]
Fastnachtsdienstag	le mardi gras [lə maʀdi gʀa]
Aschermittwoch	le mercredi des cendres [lə mɛʀkʀədi de sɑ̃dʀ]
Karfreitag	le vendredi saint [lə vɑ̃dʀədi sɛ̃]
Ostern	Pâques *f* [pak]
Ostermontag	le lundi de Pâques [lə lɛ̃di de pak]
1. Mai (Tag der Arbeit)	la Fête du Travail [la fɛt dy tʀavaj]

Der Tag der Arbeit, das Kriegsende am 8. Mai, der Nationalfeiertag und Mariä Himmelfahrt werden so gut wie nie mit ihren Namen bezeichnet, sondern als Daten: *le premier mai, le 8 mai, le 14 juillet et le 15 août*. Übrigens: Würden sie gefragt, wüssten manche Franzosen nicht, wofür der 8. Mai oder der 15. August steht!

8. Mai	le huit mai [lə ɥi mɛ]
Christi Himmelfahrt	l'Ascension *f* [lasɑ̃sjɔ̃]
Pfingsten	la Pentecôte [la pɑ̃tkot]
Pfingstmontag	le lundi de Pentecôte [lə lɛ̃did pɑ̃tkot]
Fronleichnam	la Fête-Dieu [la fɛt djø]

Die Brücke machen

Faire le pont, d. h. „die Brücke machen", ist der französische bildliche Ausdruck, wenn z. B. der 1. Mai auf einen Donnerstag fällt und man sich den Freitag frei nimmt. *Tu fais le pont?* heißt dann „Bleibst Du auch am Freitag weg?"

Nationalfeiertag *(F)* (14. Juli)	le quatorze juillet [lə katɔʀz ʒɥijɛ]
Mariä Himmelfahrt	l'Assomption *f* [lasɔ̃psjɔ̃]
Allerheiligen (1. Nov.)	la Toussaint [la tusɛ̃]
Waffenstillstandstag (von 1918, 11. Nov.)	l'Armistice *m* [laʀmistis]
Heiliger Abend	la veille de Noël [la vɛj də nɔɛl], le réveillon [lə ʀevɛjɔ̃]
Weihnachten	Noël [nɔɛl]
Silvester	la Saint-Sylvestre [la sɛ̃ silvɛstʀ]

Das Datum

Den Wievielten haben wir heute?
On est le combien aujourd'hui? [ɔ̃n‿ɛl kɔ̃bjɛ̃ oʒuʀdɥi]

Heute ist der 30. Juni.
Aujourd'hui, c'est le 30 juin. [oʒuʀdɥi sɛl trɑ̃t ʒɥɛ̃]

Wetter

Was für ein herrliches/ schreckliches Wetter!
Quel temps superbe/affreux! [kɛl tɑ̃ sypɛʀb/afʀø]

Es ist sehr kalt/heiß/schwül.
Il fait très froid/chaud/lourd. [il fɛ fʀwa/ʃo/luʀ]

Es ist neblig/windig.
Il y a du brouillard./Il fait du vent. [il‿ja dy bʀujaʀ/il fɛ dy vɑ̃]

Es bleibt schön/schlecht.
Le temps va rester beau./Le mauvais temps va persister.
[lə tɑ̃ va ʀɛste bo/lə movɛ tɑ̃ va pɛʀsiste]

Es wird wärmer/kälter.
Le temps va se radoucir/se rafraîchir.
[lə tɑ̃ va sə ʀadusiʀ/sə ʀafʀɛʃiʀ]

Es wird regnen/schneien.
Il va pleuvoir/neiger. [il va pløvwaʀ/nɛʒe]

Die Straßen sind glatt.
Les routes sont verglacées. [le ʀut sɔ̃ vɛʀglase]

Die Sicht beträgt nur 20 m/weniger als 50 m.
La visibilité n'est que de vingt mètres/est de moins de cinquante mètres.
[la vizibilite nɛ kə də vɛ̃ mɛtʀ/ɛ də mwɛ̃ də sɛ̃kɑ̃t mɛtʀ]

Schneeketten sind erforderlich.
Il va falloir mettre des chaînes. [il va falwaʀ mɛtʀə de ʃɛn]

bewölkt	nuageux [nyaʒø]
Blitz	l'éclair *m* [leklɛʀ]
Bö	la rafale [la ʀafal]
Donner	le tonnerre [lə tɔnɛʀ]
Ebbe	la marée basse [la maʀe bas]
Eis	la glace [la glas]
Flaute	le calme [lə kalm]
Flut	la marée haute [la maʀe ot]
Frost	le gel [lə ʒɛl]
Gewitter	l'orage *m* [lɔʀaʒ]
Glatteis	le verglas [lə vɛʀgla]
heiß	très chaud [tʀɛ ʃo]
Hitze	la chaleur [la ʃalœʀ]
Hitzewelle	la canicule [la kanikyl], la vague de chaleur [la vag də ʃalœʀ]
kalt	froid [fʀwa]
Luft	l'air *m* [lɛʀ]
nass	humide [ymid]
Nebel	le brouillard [lə bʀujaʀ]
Regen	la pluie [la plɥi]
Regenschauer	l'averse *f* [lavɛʀs]
regnerisch	pluvieux [plyvjø]
Schnee	la neige [la nɛʒ]
schwül	lourd [luʀ]
Sonne	le soleil [lə sɔlɛj]
sonnig	ensoleillé [ɑ̃sɔlɛje]
Sturm	la tempête [la tɑ̃pɛt]
Temperatur	la température [la tɑ̃peʀatyʀ]
warm	chaud [ʃo]
wechselhaft	variable [vaʀjabl]
Wetterbericht	le bulletin météo(rologique), la météo [lə byltɛ̃ meteɔ(ʀɔlɔʒik), la meteo]

Wettervorhersage	les prévisions *f* météo(rologiques) [le pʀevizjɔ̃ meteɔ(ʀɔlɔʒik)]
Wind	le vent [lə vɑ̃]
Windstärke	la force du vent [la fɔʀs dy vɑ̃]
Wolke	le nuage [lə nyaʒ]

Farben

beige	beige [bɛʒ]
blau	bleu [blø]
braun	marron [maʀɔ̃]
einfarbig	uni [yni]
farbig	de couleur [də kulœʀ]
gelb	jaune [ʒon]
goldfarben	doré [dɔʀe]
grau	gris [gʀi]
grün	vert [vɛʀ]
lila	lilas [lila], mauve [mov]
orange	orange [ɔʀɑ̃ʒ]
rosa	rose [ʀoz]
rot	rouge [ʀuʒ]
schwarz	noir [nwaʀ]
silberfarben	argenté [aʀʒɑ̃te]
türkis	turquoise [tyʀkwaz]
violett	violet [vjɔlɛ]
weiß	blanc [blɑ̃]
hellblau/hellgrün	bleu/vert clair [blø/vɛʀ klɛʀ]
dunkelblau/dunkelgrün	bleu/vert foncé [blø/vɛʀ fɔ̃se]

Zwischenmenschliches

Händeschütteln oder Küsschen?
In Frankreich schütteln nicht nur Politiker und der Präsident mit Vorliebe Hände, sondern ganz allgemein gibt man sich zur Begrüßung gern die Hand. In der Familie oder unter Bekannten und Kollegen/innen sind Küsse zur Begrüßung üblich - besonders bei Frauen untereinander und zwischen Frauen und Männern. Ob man sich zwei-, drei- oder gar viermal küsst, hängt von der Gegend und den persönlichen Gewohnheiten ab. Im Übrigen: Sie brauchen sich nicht die Mühe zu machen, Ihren Feriennachbarn mit Namen zu grüßen. Es ist in Frankreich unhöflich, jemanden, den man nur flüchtig kennt, mit Nachnamen anzureden. Bleiben Sie doch ruhig bei *Bonjour Monsieur, Bonjour Madame!*

Begrüßung und Verabschiedung

Die Begrüßung

Guten Morgen!
Bonjour! [bɔ̃ʒuʀ]

Guten Tag!
Bonjour! [bɔ̃ʒuʀ]

Guten Abend!
Bonsoir! [bɔ̃swaʀ]

Hallo!/Grüß dich!
Salut! [saly]

Wie ist Ihr Name, bitte?
Comment vous appelez-vous? [kɔmɑ̃ vuz‿aple vu]

Wie heißt du?
Comment tu t'appelles? [kɔmɑ̃ ty tapɛl]

Ich heiße ...
Je m'appelle ... [ʒə mapɛl ...]

Wie geht es Ihnen?
Comment allez-vous? [kɔmɑ̃t‿ale vu]

Wie geht's?
(Comment) Ça va? [(kɔmɑ̃) sa va]

Danke. Und Ihnen/dir?
Bien, merci. Et vous-même/toi? [bjɛ̃ mɛʀsi e vu mɛm/twa]

Sich vorstellen

Darf ich bekannt machen? Das ist ...
Puis-je faire les présentations? C'est ... [pɥiʒ fɛʀ le pʀezɑ̃tasjø sɛ ...]
  Frau X.
  Madame X. [madam]

Fräulein X.
Mademoiselle X. [madmwazɛl]
Herr X.
Monsieur X. [məsjø]
mein Mann./meine Frau.
mon mari. [mɔ̃ maʀi]/ma femme. [ma fam]
mein Sohn./meine Tochter.
mon fils. [mɔ̃ fis]/ma fille. [ma fij]
mein Freund./meine Freundin.
mon ami. [mɔ̃n‿ami]/mon amie. [mɔ̃n‿ami]

Darf ich Ihnen meine Visitenkarte geben?
Je peux vous donner ma carte de visite?
[ʒə pø vu dɔne ma kaʀt də vizit]

Das Verabschieden

Auf Wiedersehen!
Au revoir! [o ʀvwaʀ]

Bis später!
A tout à l'heure! [a tut‿a lœʀ]

Bis morgen!
A demain! [a dmɛ̃]

Bis bald!
A bientôt! [a bjɛ̃to]

Gute Nacht!
Bonne nuit! [bɔn nɥi]

Tschüss!
Salut! [saly]

Gute Reise!
Bon voyage! [bɔ̃ vwajaʒ]

Höflichkeit

Bitte und Dank

Auf *merci* antwortet man im Französischen meistens nichts. Wahrscheinlich fällt es einem schwer, wenn man sein ganzes Leben auf „Danke“ mit „Bitte“ o. Ä. geantwortet hat ...

Bitte.
S'il vous plaît./S'il te plaît. [sil vu plɛ/sil tə plɛ];
(als Antwort auf „Danke!“) De rien! [də ʀjɛ̃]

Ja, bitte.
Oui, je veux bien. [wi ʒvø bjɛ̃]

Nein, danke!
Non, merci! [nɔ̃ mɛʀsi]

Gestatten Sie?
Vous permettez? [vu pɛʀmɛte]

Entschuldigen Sie bitte die Störung.
Excusez-moi de vous déranger. [ɛkskyze mwa dvu derɑ̃ʒe]

Entschuldigen Sie, dürfte ich Sie etwas fragen?
Excusez-moi, je pourrais vous demander quelque chose?
[ɛkskyse mwa ʒpurɛ vu dmɑ̃de kɛlkʃoz

Könnten Sie mir sagen, ... ?
Pourriez-vous me dire, ...? [purje vu mdiʀ ...]

Können Sie mir bitte helfen?
Vous pouvez m'aider, s'il vous plaît? [vu puve mede sil vu plɛ]

Darf /Dürfte ich Sie um einen Gefallen bitten?
Je peux/je pourrais vous demander un service?
[ʒpø/ʒpurɛ vu dəmɑ̃de ɛ̃ sɛʀvis]

Würden Sie bitte so freundlich sein und ...?
Auriez-vous l'amabilité de ... [ɔʀje vu lamabilite də ...]

Vielen Dank, Sie haben mir sehr geholfen.
Merci beaucoup. Vous m'avez bien aidé. [mɛrsi boku. vu mave bjɛ̃ nede]

Danke!
Merci! [mɛʀsi]

Danke, sehr gern!
Merci, bien volontiers! [mɛʀsi bjɛ̃ vɔlɔ̃tje]

Das ist nett, danke.
Vous êtes bien aimable, merci. [vuz‿ɛt bjɛ‿ɛmabl mɛʀsi]

Bitte sehr./Gern geschehen.
De rien./Je vous en prie. [də ʀjɛ̃/ʒvuz‿ɑ̃ pʀi]

Entschuldigung

Entschuldigung!
Excusez-moi/Excuse-moi. [ɛkskyze mwa/ɛkskyz mwa]

Das tut mir sehr leid!
Je suis vraiment désolé/e [ʒə sɥi vrɛmɑ̃ desole]

Es war nicht so gemeint.
Ce n'est pas ce que je voulais dire. [snɛ pa skə ʒvulɛ diʀ]

Keine Ursache!/Macht nichts!
Je vous en prie/Ça ne fait rien![ʒvuz‿ɑ̃ pʀi/san fɛ ʀjɛ̃]

Das ist leider nicht möglich.
C'est malheureusement impossible. [sɛ malœʀøzmɑ̃t‿ɛ̃pɔsibl]

Wünsche

Herzlichen Glückwunsch!
Toutes mes félicitations! [tut me felisitasjɔ̃]

Alles Gute zum Geburtstag!
Bon anniversaire! [bɔn‿anivɛʀsɛʀ]

Viel Glück!/Viel Erfolg!
Bonne chance! [bɔn ʃɑ̃s]

Ich drücke Ihnen die Daumen.
Je croise les doigts pour vous! [ʒkʀwaz le dwa puʀ vu]

Gesundheit! *(nach Niesen)*
A vos souhaits! [a vo suɛ]

Gute Besserung!
Bon rétablissement [bɔ̃ ʀetablismɑ̃]

Meinungen und Gefühle

Zustimmung und Gesprächsfortführung

Gut.
Bon/Bien. [bɔ̃/bjɛ̃]

Richtig.
Tout à fait. [tut‿a fɛ]

Einverstanden!/Abgemacht!
D'accord! [dakɔ]

Geht in Ordnung!
C'est bon! [sɛ]

Okay! /o.k.!/O.K.!
OK [okɛ]

Genau.
Exactement. [ɛgzaktəmɑ̃]

Ach!
Ah! [a]

Ach, so!
Ah bon! [a bɔ̃]

Wirklich?
Vraiment? [vʀɛmɑ̃]

Interessant!
Intéressant! [ɛ̃teʀɛsɑ̃]

Wie schön!
Très bien! [tʀɛ bjɛ̃]

Ich verstehe.
Je comprends [ʒkɔ̃prɑ̃]

So ist es eben.
C'est comme ça. [sɛ kɔmsa]

Ganz Ihrer Meinung. Das stimmt.
Tout à fait de votre avis. C'est bien ça. [tut‿a fɛt vɔtʀ‿avi sɛ bjɛ̃ sa]

Das finde ich (sehr) gut.
Je trouve ça (très) bien. [ʒə tʀuv sa (tʀɛ) bjɛ̃]

Gern.
Avec plaisir! [avɛk pleziʀ]

Ablehnung

Ich habe keine Zeit.
Je n'ai pas le temps. [ʒnɛ pal tɑ̃]

Dazu habe ich keine Lust.
Je n'en ai pas envie. [ʒnɑ̃ nɛ paz‿ɑ̃vi]

Damit bin ich nicht einverstanden.
Là, je ne suis pas d'accord. [la ʒən sɥi pa dakɔʀ]

Das kommt nicht in Frage!
Il n'en est pas question! [il nɑ̃ nɛ pa kɛstjɔ̃]

Auf gar keinen Fall!
En aucun cas! [ɑ̃n‿okɛ̃ ka]

Ohne mich!
Sans moi! [sɑ̃ mwa]

Das gefällt mir gar nicht.
Ça ne me plaît pas du tout. [sa nmə plɛ pa dy tu]

Vorlieben

Das gefällt mir./Das gefällt mir nicht.
Ça me plaît/Ça ne me plaît pas. [sam plɛ/san mə plɛ pa]

Ich möchte lieber ...
J'aimerais mieux/Je préférerais ... [ʒɛmʀɛ mjø/ʒpʀefɛʀʀɛ]

Am liebsten wäre mir ...
Ce qui me plairait le plus, ce serait de ... [skim plɛʀɛ lə plys sə sʀɛ də]

Darüber würde ich gerne mehr erfahren.
J'aimerais bien en savoir plus. [ʒɛmʀɛ bjɛ̃ ɑ̃ savwaʀ plys]

Nichtwissen ausdrücken

Das weiß ich nicht.
Je ne sais pas [ʒən sɛ pa]

Keine Ahnung.
Aucune idée [okyn ide]

Unentschlossenheit

Das ist mir egal.
Ça m'est égal. [sa mɛt‿egal]

Ich weiß noch nicht.
Je ne sais pas encore. [ʒən sɛ paz‿ɑ̃kɔʀ]

Vielleicht.
Peut-être. [pøtɛtʀ]

Wahrscheinlich.
Probablement. [pʀɔbabləmɑ̃]

Freude – Begeisterung

Ausdruck der Begeisterung
Sollten Sie in irgendeinem Zusammenhang plötzlich *le pied!* (der Fuß) hören, stutzen Sie nicht: Damit kann man im Französischen seine Begeisterung ausdrücken!

Großartig!
Formidable! [fɔʀmidablə]

Prima!
Parfait! [paʀfɛ]

Toll!
Génial! [ʒenjal]

Super!
Super! [sypɛʀ]

Wahnsinn!
Fou! [fu]

Zufriedenheit

Ich bin voll und ganz zufrieden.
Je suis tout à fait satisfait/e! [ʒsɥi tut‿a fɛ satisfɛ/t]

Ich kann mich nicht beklagen.
Je ne peux pas me plaindre! [ʒən pø pa mplɛ̃dʀ]

Das hat hervorragend geklappt.
Ça a vraiment très bien marché! [sa a vʀɛmɑ̃ tʀɛ bjɛ̃ maʀʃe]

Langeweile

Wie langweilig!/So etwas von langweilig!
Qu'est-ce que c'est ennuyeux! [kɛs kə sɛt‿ɑ̃nwɥijø]

... ist total öde.
La galère! [la galɛʀ]

Na so was! – „Oh là là!"

Wir telefonieren!

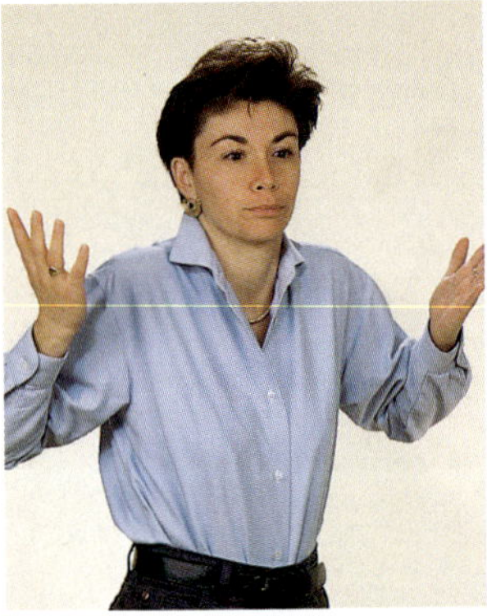

Das weiß ich nicht.

Mir reicht's! – „(J'en ai) Ras le bol!"

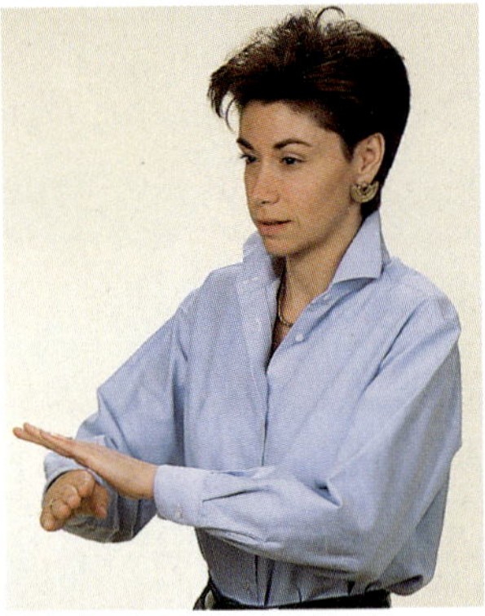

Gehen wir? – „On y va ?"

Das ist mir durch die Lappen gegangen.

Das nehme ich dir nicht ab.

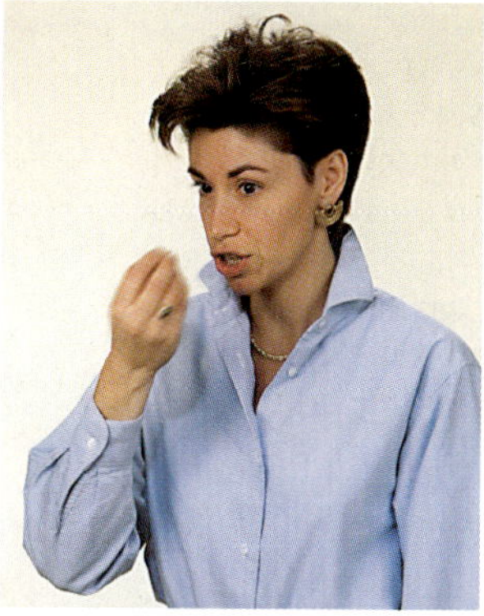

Gehen wir essen!

Köpfchen!

Gehen wir einen trinken!

Ausgezeichnet! (verbunden mit Schnalzlaut)

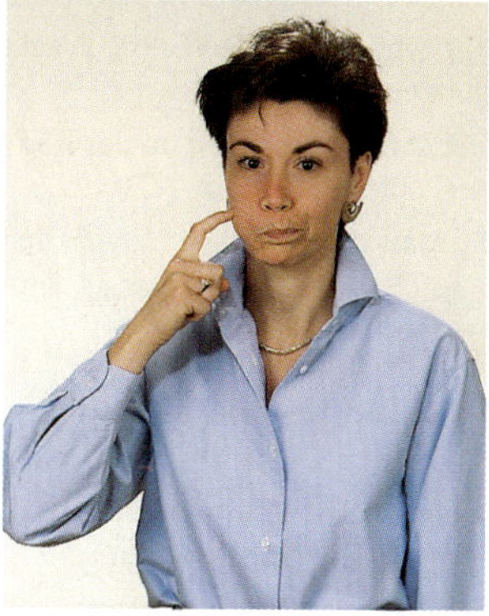

Erzähl mir keine Geschichten!

Erstaunen – Überraschung

Ach so?!
Ah bon?! [a bɔ̃]

Wirklich?
Vraiment? [vʀɛmɑ̃]

Das ist ja nicht zu fassen!
C'est pas croyable! [sɛ pa kʀwajabl]

Unglaublich!
Incroyable! [ɛ̃kʀwajabl]

Erleichterung

Ein Glück, dass ...!
Heureusement que ...! [øʀøzmɑ̃ kə]

Gott sei Dank!
Dieu merci! [djø mɛʀsi]

Endlich!
Enfin! [ɑ̃fɛ̃]

Gelassenheit

Nur keine Panik/Aufregung!
Pas de panique! [pad panik]

Machen Sie sich keine Sorgen.
Ne vous faites pas de soucis! [nvu fɛt pad susi]

Ärger

Das ist aber ärgerlich!
Ça, c'est embêtant! [sa set‿ɑ̃bɛtɑ̃]

Verflixt!
Mince alors! [mɛ̃s‿alɔʀ]

Jetzt reicht's!
Ça suffit maintenant! [sa syfi mɛ̃tnɑ̃]

Das geht mir auf den Geist/Wecker/Keks.
Ça m'énerve. [sa menɛʀv]

Eine Unverschämtheit ist das!/So eine Frechheit!
Quel culot! [kɛl kylo]

Das darf doch wohl nicht wahr sein!
Mais c'est pas vrai! [mɛ sɛ pa vʀɛ]

Zurechtweisung

Was fällt Ihnen ein!
Qu'est-ce qui vous prend! [kɛs ki vu pʀɑ̃]

Kommen Sie mir bloß nicht zu nahe!
Gardez vos distances! [gaʀde vo distɑ̃s]

Das kommt gar nicht in Frage.
Il n'en est pas question. [il nɑ̃n‿ɛ pa kɛstjɔ̃]

Bedauern – Enttäuschung

Oh je!
Zut! [zyt]

Es tut mir leid.
Je suis navrée/désolée. [ʒə sɥi navʀe/dezɔle]

Es tut mir richtig leid für ....
Je suis vraiment désolé/e pour ... [ʒə sɥi vʀɛmɑ̃ desole puʀ ...]

Schade!
Dommage! [dɔmaʒ]

Komplimente

Wie schön!
Très bien! [tʀɛ bjɛ̃]

Das ist wunderbar!
C'est formidable! [sɛ fɔʀmidabl]

Das ist sehr nett von Ihnen/dir!
C'est très gentil de votre/ta part! [sɛ tʀɛ ʒɑ̃ti də vɔtʀə/ta paʀ]

Ich finde Sie sehr sympathisch.
Je vous trouve très sympathique [ʒə vu tʀuv tʀɛ sɛ̃patik]

Das Essen war ausgezeichnet!
Le repas était excellent! [lə ʀəpa etɛt‿ɛkselɑ̃]

Wir haben selten so gut gegessen wie bei Ihnen.
Nous avons rarement aussi bien mangé que chez vous.
[nuz‿avɔ̃ ʀaʀmɑ̃ osi bjɛ̃ mɑ̃ʒe kə ʃe vu]

Es ist wirklich traumhaft hier!
C'est vraiment fantastique ici! [sɛ vʀɛmɑ̃ fɑ̃tastik‿isi]

Sie sprechen sehr gut Deutsch.
Vous parlez très bien allemand. [vu paʀle tʀɛ bjɛ̃ almɑ̃]

Das sieht gut aus!
Ça a l'air bien/bon *(Essen)* [sa a lɛʀ bjɛ̃/bɔ̃]

Dieses Kleid steht dir/Ihnen.
Cette robe te/vous va bien. [sɛt ʀɔb tə/vu va bjɛ̃]

angenehm	agréable [agʀeablə]
ausgezeichnet	excellent [ɛkselɑ̃]
beeindruckend	impressionnant [ɛ̃pʀɛsjɔnɑ̃]
freundlich	aimable [ɛmablə]
gemütlich *(Ort)*	sympa [sɛ̃pa]
herrlich	splendide [splɑ̃did]
hübsch	joli [ʒɔli]
lecker	délicieux [delisjø]
liebenswürdig	aimable [ɛmablə]
schön	beau [bo]

Angaben zur Person

Wie alt sind Sie/bist du?
Quel âge avez-vous?/Tu as quel âge? [kɛl‿aʒ ave vu/ty a kɛl aʒ]

Ich bin 39.
J'ai 39 ans. [ʒɛ tʀɑ̃tnœvɑ̃]

Was machen Sie/machst du beruflich?
Qu'est-ce que vous faites/tu fais dans la vie?
[kɛs‿kə vu fɛt/ty fɛ dɑ̃ la vi]

Ich bin ...
Je suis ... [ʒə sɥi]
arbeitslos.
au chômage [o ʃomaʒ]
Freiberufler.
travailleur indépendant [tʀavajœʀ ɛ̃depɑ̃dɑ̃

Ich arbeite bei ...
Je travaille chez ... [ʒtʀavaj ʃe]

Ich bin Rentner/in.
Je suis retraité/e. [ʒsɥi ʀətʀɛte]

Ich gehe noch zur Schule.
Je vais encore à l'école. [ʒvɛ ɑ̃kɔʀ a lekɔl]

Ich bin Student/in.
Je suis étudiant/étudiante. [ʒsɥiz‿etydjɑ̃/etydjɑ̃t]

Herkunft und Aufenthalt

Woher kommen Sie/kommst du?
D'où êtes-vous?/Tu es d'où? [du ɛt vu/ty ɛ du]

Ich komme aus Stuttgart.
Je suis de Stuttgart. [ʒə sɥi də stytgaʀt]

Sind Sie/Bist du schon lange in ...?
Vous êtes/Tu es à ... depuis longtemps? [vuz‿ɛt/ty ɛ a ... dəpɥi lɔ̃tɑ̃]

Ich bin seit ... hier.
Je suis là depuis ... [ʒsɥi la dəpɥi]

Wie lange bleiben Sie/bleibst du?
Vous restez/Tu restes combien de temps?
[vuz‿ale/ty va ʀɛste kɔ̃bjɛ̃d tɑ̃]

Sind Sie/Bist du zum ersten Mal hier?
C'est la première fois que vous venez/que tu viens ici?
[sɛ la pʀəmjɛʀ fwa kvu vnɛ/kty vjɛ̃ isi]

Gefällt es Ihnen/dir?
Ça vous/te plaît? [sa vu/tə plɛ]

Familie

Sind Sie verheiratet?
Vous êtes marié/e? [vuz‿ɛt marje]

Haben Sie Kinder?
Vous avez des enfants? [vuz‿ave dez‿ɑ̃nfɑ̃]

Ja, aber sie sind schon erwachsen.
Oui, mais ils sont déjà adultes. [ɥi mɛz‿il sɔ̃ deʒa adylt]

Wie alt sind Ihre Kinder?
Quel âge ont vos enfants? [kɛl aj‿ɔ̃ voz‿ɑ̃fɑ̃]

Meine Tochter ist 8 (Jahre alt) und mein Sohn ist 5 (Jahre alt).
Ma fille a 8 ans et mon fils 5 ans. [ma fij‿a ɥit‿ɑ̃ e mɔ̃ fis sɛ̃k‿ɑ̃]

Hobbys ➢ auch Aktiv- und Kreativurlaub

Haben Sie/Hast du ein Hobby?
Vous avez/Tu as un hobby? [vuz‿ave/ty a ɛ̃ ɔbi]

Ich verbringe viel Zeit mit meinen Kindern.
Je passe beaucoup de temps avec mes enfants.
[ʒə pas bokud tɑ̃ avɛk mez‿ɑ̃fɑ̃]

Ich lese sehr gern.
J'aime beaucoup lire. [ʒɛm boku liʀ]

Ich surfe viel im Internet.
Je navigue beaucoup dans Internet. [ʒə navig boku dɑ̃z‿ɛ̃tɛʀnɛt]

Ich arbeite gern im Garten.
J'aime bien jardiner. [ʒɛm bjɛ̃ ʒaʀdine]

Ich male ein wenig.
Je peins un peu. [ʒə pɛ̃ ɛ̃ pø]

Ich sammle Briefmarken/Antiquitäten.
Je collectionne les timbres/les antiquités.
[ʒə kɔlɛksjɔn le tɛ̃bʀə/lez‿ɑ̃tikite]

Wofür interessieren Sie sich so?
Vous vous intéressez à quoi? [vu vuz‿ɛ̃terese a kwa]

Ich interessiere mich für ...
Je m'intéresse à .../au ... [ʒə mɛ̃teʀɛs a/o]

Ich bin bei ... aktiv.
Je fais partie d'un/d'une ... [ʒə fɛ paʀti dɛ̃/dyn]

basteln	bricoler [bʀikɔle]
entspannen	se détendre [sə detɑ̃dʀ]
kochen	faire la cuisine [fɛʀ la kɥizin]
lesen	lire [liʀ]
malen	peindre [pɛ̃ndʀ]
Musik hören	écouter de la musique [ekute də la myzik]

musizieren	faire de la musique [fɛʀ de la myzik]
reisen	voyager[vwajaʒe]
Sprachen lernen	apprendre des langues [apʀɑ̃dʀ de lɑ̃g]
töpfern	faire de la poterie [fɛr də la pɔtʀi]
zeichnen	dessiner [dɛsine]

Fitness ➢ auch Aktivurlaub

Wie halten Sie sich fit?
Comment vous maintenez-vous en forme?
[kɔmɑ̃ vu mɛ̃tne vu ɑ̃ fɔʀm]

Ich jogge/schwimme/fahre Rad.
Je fais du jogging/de la natation/du vélo.
[ʒə fɛ dy dʒɔgiɲ/də la natasjɔ̃/dy velo]

Ich spiele einmal in der Woche Tennis/Volleyball.
Je joue une fois par semaine au tennis/volley-ball.
[ʒə ʒu yn fwa paʀ səmɛn o tɛnis/vɔlɛbol]

Ich gehe regelmäßig ins Fitnesscenter.
Je vais régulièrement au fitness [ʒə vɛ ʀegyljɛrmɑ̃ o fitnɛs]

Welchen Sport treiben Sie?
Quel sport est-ce que vous pratiquez? [kɛl‿spɔʀ ɛs‿kə vu pʀatike]

Ich spiele ...
Je fais du/de la ... [ʒə fɛ dy/də la]

Ich bin ein Fan von ...
Je suis un/e passionné/e de ... [ʒə sɥiz‿ɛ̃/yn pasjɔne də]

Ich gehe gern ...
J'aime bien aller ... [jɛm bjɛ̃ ale]

Verabredung

Rendez-vous
Das Wort *rendez-vous* hat im Französischen keinen Beigeschmack: Geschäftsleute haben ein *rendez-vous* miteinander, und ich habe ein *rendez-vous* mit meinem Bruder oder einer Freundin ...

Haben Sie/Hast du morgen Abend schon etwas vor?
Vous avez/Tu as quelque chose de prévu pour demain soir?
[vuz‿ave/ty a kɛlk ʃoz də pʀevy puʀ dəmɛ̃ swar]

Wollen wir zusammen hingehen?
On peut y aller ensemble, si vous voulez/si tu veux.
[ɔ̃ pø i ale ɑ̃sɑ̃bl si vu vule/si ty vø]

Darf ich Sie/dich morgen abend zum Essen einladen?
Est-ce que je peux vous inviter/t'inviter à manger demain soir?
[ɛs‿kəʒ pø vuz‿ɛ̃vite/tɛ̃vite a mɑ̃ʒe dəmɛ̃ swar]

Wann treffen wir uns?
On se voit à quelle heure? [ɔ̃s vwa a kɛl‿œʀ]

Treffen wir uns um 9 Uhr vor .../im ...
On se retrouve à 9 h devant .../au ... [ɔ̃s ʀətʀuva nœv‿œʀ dəvɑ̃/o]

Ich hole Sie/dich ab.
Je viens vous/te chercher. [ʒə vjɛ̃ vu/tə ʃɛʀʃe]

Kann ich Sie/dich wieder sehen?
Est-ce que je peux vous/te revoir? [ɛs‿kəʒ pø vu/tə ʀəvwaʀ]

Das war wirklich ein netter Abend!
C'était vraiment une soirée sympa! [setɛ vʀɛmɑ̃ yn swaʀe sɛ̃pa]

Flirt

Du hast wunderschöne Augen.
Tu as des yeux magnifiques. [ty a dez‿jø maɲifik]

Mir gefällt, wie du lachst.
J'aime bien quand tu ris. [ʒɛm bjɛ̃ kɑ̃ ty ʀi]

Du gefällst mir./Ich mag dich.
Tu me plais. [tym plɛ]

Ich finde dich ganz toll!
Je te trouve absolument super! [ʒtə tʀuv apsɔlymɑ̃ sypɛʀ]

Ich liebe dich!
Je t'aime. [ʒə tɛm]

Hast du einen festen Freund/eine feste Freundin?
Tu as un (petit) ami/ une (petite) amie ?
[ty a ɛ̃ (ptit)‿ami/yn (ptit)‿ami]

Kleiner Freund
Wenn Sie gefragt werden, ob Sie einen kleinen Freund haben, sollten Sie nicht mit „nein" antworten, nur weil Ihr Freund groß ist.
Nein, *un petit ami* (ein kleiner Freund) bedeutet „ein fester Freund" – natürlich auch so in der weiblichen Form.

Bist du verheiratet?
Tu es marié/e? [ty ɛ maʀie]
Ich bin geschieden.
Je suis divorcé/e[ʒə sɥi divɔʀse]
Ich lebe getrennt.
Je suis séparé/e. [ʒə sɥi sepaʀe]

Kommst du mit zu mir?
Tu viens chez moi? [ty vjɛ̃ ʃe mwa]

Ich möchte mit dir schlafen.
J'aimerais coucher avec toi. [ʒɛmʀɛ kuʃe avɛk twa]

Aber nur mit Kondom!
D'accord, mais seulement avec préservatif.
[dakɔʀ mɛ sœlmɑ̃ avɛk pʀezɛʀvatif]

Hast Du welche?
Tu en as? [ty ãn‿a]

Wo kann ich welche kaufen?
Où est-ce que je peux en acheter? [u ɛs‿kəʒ‿pø ãn‿aʃte]

Nein, das geht mir zu schnell!
Non, ça va trop vite![nɔ̃ sa va tʀo vit]

Wir können kuscheln.
On peut se faire des câlins. [ɔ̃ pø sfɛʀ de kalɛ̃]

Bitte geh jetzt!
Va-t-en maintenant! [vatɑ̃ mɛ̃ntnɑ̃]

Lassen Sie mich bitte in Ruhe!
Laissez-moi tranquille, je vous en prie. [lese mwa tʀɑ̃kil ʒvuz‿ɑ̃ pri]; *(sehr stark)* Foutez-moi la paix! [fute mwa la pɛ]

Hören Sie sofort damit auf!
Arrêtez tout de suite! [arɛte tud sɥit]

Verständigungsschwierigkeiten

Wie bitte?
Comment? [kɔmɑ̃]; Pardon? [paʀdɔ̃]

Ich verstehe Sie nicht.
Je ne comprends pas. [ʒən kɔ̃pʀɑ̃ pa]

Können Sie das bitte wiederholen?
Vous pouvez répéter, s'il vous plaît? [vu puve ʀepete sil vu plɛ]

Könnten Sie bitte etwas langsamer sprechen?
Vous pourriez parler un peu plus lentement, s'il vous plaît?
[vu puʀje paʀle ɛ̃ pø ply lɑ̃tma sil vu plɛ]

Ja, ich verstehe.
Oui, je comprends. [wi ʒkɔ̃pʀa]

Sprechen Sie/ Sprichst du ...
Vous parlez/ Tu parles ... [vu paʀle/ ty paʀl]
- Deutsch?
  allemand? [almɑ̃]
- Englisch?
  anglais? [ɑ̃glɛ]
- Französisch?
  français? [fʀɑ̃sɛ]

Ich spreche nur wenig ...
Je parle un tout petit peu ... [ʒpaʀl ɛ̃ tu pti pø]

Könnten Sie es mir bitte aufschreiben?
Vous pourriez me l'écrire, s'il vous plaît?
[vu puvem lekʀiʀ sil vu plɛ]

Unterwegs

Wann und wie schnell?
50 km/h in geschlossenen Ortschaften, 90 km/h auf Landstraßen (manchmal sogar 110 km/h) und 130 km/h auf Autobahnen. Wer sich nicht daran hält, muss unter Umständen tief in die Tasche greifen. Selbst wenn man das Tempolimit beachtet, ist Autobahnfahren in Frankreich nicht billig, denn Mautgebühren fallen fast überall an. Man wird jedoch rechtzeitig durch ein Schild *péage* (Maut) vorgewarnt und hat noch die Möglichkeit, rechtzeitig die Autobahn zu verlassen.
Und sollten Sie wissen wollen, ob Sie auf Frankreichs Straßen freie Fahrt haben oder im Stau stecken werden, finden Sie alle notwendigen Informationen unter **www.bison-fute.fr**

Ortsangaben

links	à gauche [a goʃ]
rechts	à droite [a dʀwat]
geradeaus	tout droit [tu dʀwa]
vor	devant [dəvɑ̃]
hinter	derrière [dɛʀjɛʀ]
neben	à côté de [a kote də]
gegenüber	en face de [ɑ̃ fas də]
hier	ici [isi]
dort	là, là-bas [la, laba]
nah	près [pʀɛ]
weit	loin [lwɛ̃]
nach	à, vers, en direction de [a, vɛʀ, ɑ̃ diʀɛksjɔ̃ də]
Ampel	le feu (de circulation) [lə fø (də siʀkylasjɔ̃)]
Straße	la rue [la ʀy]
Straßenecke	le coin de la rue [lə kwɛ̃ dla ry]
Kreuzung	le carrefour [lə kaʀfuʀ]
Kurve	le virage [lə viʀaʒ]

Wegbeschreibung

Entschuldigen Sie bitte, wie komme ich nach ...?
Excusez-moi, pour aller à ..., s'il vous plaît?
[ɛkskyse mwa puʀ ale a sil vu plɛ]

Immer geradeaus bis ...
Toujours tout droit jusqu'à ... [tuʒuʀ tu dʀwa ʒyska]

Dann bei der Ampel links/rechts abbiegen.
Ensuite, vous tournez à gauche/à droite, au feu.
[ɑ̃sɥit vu tuʀne a goʃ/a dʀwat o fø]

Folgen Sie den Schildern.
Suivez les panneaux. [sɥive le pano]

Das Schild *Toutes directions* (Alle Richtungen) mag viele Ausländer zum Schmunzeln bringen. Und doch bewirkt es oft Wunder und bringt einen dahin, wo man hinwollte!

Ist das weit von hier?
C'est loin d'ici? [sɛ lwɛ̃ disi]

Es ist ganz in der Nähe.
C'est tout près d'ici. [sɛ tu pʀɛ disi]

Bitte, ist das die Straße nach …?
Pardon Mme/Mlle/M., je suis bien sur la route de …?
[paʀdɔ̃ madam/ madmwazɛl/ məsjø ʒə sɥi bjɛ̃ suʀ la ʀut də]

Bitte, wo ist …?
Pardon Mme/Mlle/M., où se trouve …, s'il vous plaît?
[paʀdɔ̃ madam/madmwazɛl/ məsjø us tʀuv … sil vu plɛ]

Tut mir leid, das weiß ich nicht.
Je suis désolé, je ne sais pas. [ʒə sɥi dezɔle ʒən sɛ pa]

Ich bin nicht von hier.
Je ne suis pas d'ici. [ʒə nsɥ pa disi]

Gehen Sie geradeaus/nach links/nach rechts.
Vous allez tout droit./Vous prenez à gauche/à droite.
[vuz ale tu dʀwa/vu pʀəne a goʃ/a dʀwat]

Erste/Zweite Straße links/rechts.
La première/deuxième rue à gauche/à droite.
[la pʀəmjɛʀ/døzjɛm ʀy a goʃ/a dʀwat]

Überqueren Sie …
Vous traversez … [vu tʀavɛʀse]
die Brücke.
le pont. [lə pɔ̃]
den Platz.
la place. [la plas]
die Straße.
la rue. [la ʀy]

Sie nehmen am besten den Bus Nr. …
Le mieux, c'est de prendre le bus n°…
[lə mjø sɛd pʀɑ̃dʀ lə bys nymeʀo]

Unterwegs

An der Grenze

Passkontrolle

Ihren Pass, bitte!
Votre passeport, s'il vous plaît. [vɔtʀə paspɔʀ sil vu plɛ]

Haben Sie ein Visum?
Vous avez un visa? [vuz ave ɛ̃ viza]

Kann ich das Visum hier bekommen?
Est-ce que je peux obtenir le visa ici? [ɛs‿kəʒ pø ɔbtəniʀ lə viza isi]

Zollkontrolle

Haben Sie etwas zu verzollen?
Vous avez quelque chose à déclarer? [vuz ave kɛlkə ʃoz a deklaʀe]

Fahren Sie bitte rechts/links heran!
Rangez-vous sur la droite/la gauche, s'il vous plaît!
[ʀɑ̃ʒe vu syʀ la dʀwat/la goʃ sil vu plɛ]

Öffnen Sie bitte den Kofferraum/diesen Koffer!
Ouvrez votre coffre/cette valise, s'il vous plaît!
[uvʀe vɔtʀə kɔfʀ/sɛt valiz sil vu plɛ]

Muss ich das verzollen?
Il faut déclarer ça? [il fo deklaʀe sa]

Personalien

Familienname	le nom de famille [lə nɔ̃d famij]
Familienstand	la situation de famille [la sityasjɔ̃d famij]
ledig	célibataire [selibatɛʀ]
verheiratet	marié [maʀje]
verwitwet	*(Mann)* veuf [vœf]; *(Frau)* veuve [vœv]
Geburtsdatum	la date de naissance [la dat də nɛsɑ̃s]
Geburtsname	le nom de jeune fille [lə nɔ̃d jœn fij]
Geburtsort	le lieu de naissance [lə ljød nɛsɑ̃s]
Personalien	l'identité *f* [lidɑ̃tite]
Staatsangehörigkeit	la nationalité [la nasjɔnalite]
Vorname	le prénom [lə pʀenɔ̃]
Wohnort	le domicile [lə dɔmisil]

Grenze

Ausreise	la sortie [la sɔʀti]
Einreise	l'entrée *f* [lɑ̃tʀe]
EU-Bürger	le citoyen européen [lə sitwajɛ̃ øʀopeɛ̃]

Führerschein	le permis de conduire [lə pɛʀmid kɔ̃dɥiʀ]
Grenze	la frontière [la fʀɔ̃tjɛʀ]
Grenzübergang	le poste frontière [lə pɔstə fʀɔ̃tjɛʀ]
gültig	valable [valabl]
internationaler Impfpass	le carnet international de vaccination [le kaʀnɛ ɛ̃tɛʀnasjɔnal də vaksinasjɔ̃]
Nationalitätskennzeichen	la plaque de nationalité [la plak də nasjɔnalite]
Nummernschild	la plaque d'immatriculation [la plak dimatʀikylasjɔ̃]
Passkontrolle	le contrôle des passeports [lə kɔ̃tʀol de paspɔʀ]
Personalausweis	la carte d'identité [la kaʀtə didɑ̃tite]
Reisepass	le passeport [lə paspɔʀ]
grüne Versicherungskarte	la carte verte [la kaʀtə vɛʀt]
Visum	le visa [lə viza]
Zoll	la douane [la dwan]
zollfrei	exempt de droits de douane [ɛgzɑ̃ də dʀwad duan]
Zollgebühren	les droits de douane [le dʀwad duan]
zollpflichtig	soumis aux droits de douane [sumi o dʀwad duan]

Auto und Motorrad

Andere Länder, andere Sitten

Es ist bekannt – und trotzdem immer wieder verblüffend: Man fährt in Frankreich anders, und einige Regeln, die in Deutschland strikt eingehalten werden, haben in Frankreich keine so strenge Gültigkeit. Beispielsweise halten Autofahrer/innen nur in Ausnahmefällen vor Zebrastreifen: für alte Leute und Kleinkinder – und das auch nicht immer. Kein Franzose erwartet das, also ist die Welt bestens in Ordnung. Franzosen warten am Rande des Zebrastreifens, bis kein Auto mehr kommt, und sollte wider Erwarten ein Auto halten, bedankt man sich.

An Ampeln lässt sich manchmal das umgekehrte Verhalten beobachten: Fußgänger/innen gehen bei einer roten Fußgängerampel forsch über die Straße! Und die Autofahrer/innen sind in einem solchen Fall relativ tolerant. Diese Angewohnheit sollten Sie aber besser doch den Einheimischen überlassen, wenn Sie Ihren Frankreichaufenthalt bis zum Ende genießen möchten. Trotzdem: Sollte wirklich weit und breit kein Auto kommen, wird sich jede/r fragen, warum Sie an der roten Fußgängerampel warten.

Reisewege, Vorschriften ...

Auf-/Abfahrt	la bretelle [la bʀətɛl]
Ausfahrt	la sortie (d'autoroute) [la sɔʀti (dotoʀut)]
Autobahn	l'autoroute *f* [lotɔʀut]
Autobahngebühr	le péage [lə peaʒ]
Bußgeld	l'amende *f* [lamɑ̃d]
Einfahrt	l'entrée *f* [lɑ̃tʀe]
Hauptstraße	la rue principale [la ʀy pʀɛ̃sipal]
Landstraße	la route secondaire [la ʀut səgɔ̃dɛʀ], la route départementale [la ʀut depaʀtəmɑ̃tal]
Nebenstraße	la rue adjacente [la ʀy adʒasɑ̃t]
Promillegrenze	le taux d'alcoolémie maximal [lə to dalkɔlemi maksimal]
Radarkontrolle	le contrôle radar [lə kɔ̃tʀol ʀadaʀ]
Rastplatz	l'aire *f* de repos [lɛʀ də ʀəpo], l'aire *f* de service [lɛʀ də sɛʀvis]
Raststätte	le restoroute [lə ʀɛstɔʀut]
Schnellstraße	la voie rapide [la vwa ʀapid]
Stau	l'embouteillage *m* [lɑ̃butɛjaʒ]
Straßenbenutzungsgebühr	le péage [lə peaʒ]
trampen	faire de l'auto-stop [fɛʀ də lotɔstɔp]
Tramper	l'auto-stoppeur/l'auto-stoppeuse [lotɔstɔpœʀ/lotɔstɔpøz]
Wegweiser	le poteau indicateur [lə pɔto ɛ̃dikatœʀ]

An der Tankstelle ➢ **auch Werkstatt**

Wo ist bitte die nächste Tankstelle?
Où est la station-service la plus proche, s'il vous plaît?
[u ɛ la stasjɔ̃ sɛʀvis la ply pʀɔʃ sil vu plɛ]

Ich möchte ... Liter
Je voudrais ... litres, s'il vous plaît. [ʒvudʀɛ ... litʀə sil vu plɛ]
Benzin (bleifrei).
Du (sans plomb) 95 (octanes). [dy (sɑ̃ plɔ̃) katʀə vɛ̃kɛ̃(z‿ɔktan)]
Super (bleifrei).
Du (sans plomb) 98 (octanes). [dy (sɑ̃ plɔ̃) katʀə vɛ̃ dizɥit(‿ɔktan)]
Diesel.
Du gazole/gasoil. [dy gazɔl/gazwal]

Tanken rund um die Uhr
Auch nach Geschäftsschluss kann man an vielen Tankstellen Frankreichs tanken. Ihre EC- oder Kreditkarte mit Geheimzahl macht es möglich. Also für alle Fälle: Geheimzahl nicht vergessen!

Super bitte, für 30 Euro.
Du 98, s'il vous plaît, pour 30 euros.
[dy katʀə vɛ̃ dizɥit sil vu plɛ puʀ tʀɑ̃t‿øʀo]

Voll tanken, bitte!
Le plein, s'il vous plaît! [lə plɛ̃ sil vu plɛ]

Ich hätte gern eine Straßenkarte dieser Gegend.
Je voudrais une carte routière de la région, s'il vous plaît.
[ʒvudʀɛ yn kaʀt ʀutjɛʀ də la ʀeʒjɔ̃ sil vu plɛ]

Hinweise und Informationen

Arrêt interdit	Halten verboten
Attention	Achtung
Chantier	Baustelle
Chaussée déformée	Schlechte Fahrbahn
Danger	Gefahr
Dérapage	Schleudergefahr
Descente dangereuse	Starkes Gefälle
Déviation	Umleitung
Ecole	Auf Schulkinder achten
Entrée interdite	Einfahrt verboten
Fin d'interdiction de stationner	Ende des Parkverbots
Gravillons	Rollsplitt
Haute tension	Hochspannung
Hôpital	Krankenhaus
Péage	Maut
Poids lourds	Lastwagen
Priorité à droite	Rechtsvorfahrt
Prudence	Vorsicht
Ralentir	Langsamer fahren
Rappel	Erinnerung an ein vorausgegangenes Gebots- oder Verbotsschild
Secours routier français	Pannenhilfe, Straßenwacht
Serrer à droite (à gauche)	Rechts (Links) fahren
Sortie d'autoroute	Autobahnausfahrt
Sortie de véhicules	Ausfahrt frei halten
Stationnement interdit	Parken verboten
Trous en formation	Schlechte Fahrbahn
Virage dangereux	Gefährliche Kurve
Zone à stationnement	Kurzparkzone
réglementé	Kurzparkzone

Parken

Kostenlos
Oft ist das Parken in der Mittagszeit zwischen 12 und 14 Uhr frei. Schauen Sie daher erst am Parkscheinautomat nach, ob Sie Geld einwerfen müssen! Dieser nette Brauch gilt allerdings nicht in Paris!

Entschuldigen Sie bitte, gibt es hier in der Nähe eine Parkmöglichkeit?
Excusez-moi, est-ce qu'il y a un parking près d'ici, s'il vous plaît?
[ɛkskyse mwa ɛs‿kil‿ja ɛ̃ paʀkiŋ pʀɛ disi sil vu plɛ]

Ist der Parkplatz bewacht?
Est-ce que le parking est gardé? [ɛs‿kə lə paʀkiŋ ɛ gaʀde]

Wie hoch ist die Parkgebühr pro Stunde?
Quel est le tarif pour une heure? [kɛl‿ɛl taʀif puʀ yn‿œʀ]

Ist das Parkhaus die ganze Nacht geöffnet?
Est-ce que le parking est ouvert toute la nuit?
[ɛs‿kə lə paʀkiŋ ɛt‿uvɛʀ tut la nɥi]

Eine Panne

Ich habe eine Panne.
Je suis en panne. [ʒə sɥiz‿ɑ̃ pan]

Gibt es hier in der Nähe eine Werkstatt?
Pardon Mme/Mlle/M., est-ce qu'il y a un garage près d'ici, s'il vous plaît?
[paʀdɔ̃ madam/madmwazɛl/məsjø ɛs‿kil‿ja ɛ̃ gaʀaʒ pʀɛ disi sil vu plɛ]

Könnten Sie bitte für mich den Pannendienst anrufen?
Vous pourriez téléphoner pour moi à un service de dépannage, s'il vous plaît? [vu puʀje telefɔne puʀ mwa a ɛ̃ sɛʀvis də depanaʒ sil vu plɛ]

Könnten Sie mir beim Reifenwechsel helfen?
Vous pourriez m'aider à changer la roue, s'il vous plaît?
[vu puʀje mede a ʃɑ̃ʒe la ʀu sil vu plɛ]

Könnten Sie mich ... mitnehmen?
Vous pourriez m'emmener ...[vu purje mɑ̃mne]
- bis bis zur nächsten Tankstelle
  jusqu'à la prochaine station-essence? [ʒyska la pʀɔʃɛn stasjɔ̃]
- bis zur nächsten Werkstatt
  jusqu'au prochain garage? [ʒysko pʀɔʃɛ̃ gaʀaʒ]

Abschleppdienst	le service de dépannage [lə sɛʀvis də depanaʒ]
abschleppen	remorquer [ʀəmɔʀke]
Abschleppseil	le câble de remorquage [lə kablə də ʀəmɔʀkaʒ]
Abschleppwagen	la dépanneuse [la depanøz]

Benzinkanister	le bidon d'essence [lə bidɔ̃ desɑ̃s]
Ersatzrad	la roue de secours [la ʀud səkuʀ]
Notrufsäule	le téléphone de secours [lə telefɔn də skuʀ]
Panne	la panne [la pan]
Pannendienst	le service de dépannage [lə sɛʀvis də depanaʒ]
Platten	le pneu crevé [lə pnø kʀəve]
Starthilfekabel	le câble de démarrage [lə kablə də demaʀaʒ]
Wagenheber	le cric [lə kʀik]
Warnblinkanlage	les feux de détresse [le fɔ də detʀɛs]
Warndreieck	le triangle de présignalisation [lə tʀijɑ̃gl də pʀesiɲalizasjɔ̃]
Werkzeug	les outils *m* [lez‿uti]

In der Werkstatt

Das Auto springt nicht an.
Ma voiture ne démarre pas. [ma vwatyʀ nə demaʀ pa]

Mit dem Motor stimmt was nicht.
J'ai des ennuis de moteur. [ʒɛ dez‿ɑ̃nɥid mɔtœʀ]

... ist/sind defekt.
... est/sont défectueux/défectueuse(s). [ɛ/sɔ̃ defɛktyø/defɛktyøz]

Der Wagen verliert Öl.
Il y a une fuite d'huile. [il‿ja yn fɥit dɥil]

Rechts ist ein komisches Geräusch zu hören
Il y a un drôle de bruit à droite. [il‿ja ɛ̃ dʀol dɔ bʀɥi a dʀwat]

Können Sie mal nachsehen?
Vous pouvez jeter un coup d'œil, s'il vous plaît?
[vu puve ʒte ɛ̃ ku dœj sil vu plɛ]

Wann ist der Wagen/das Motorrad fertig?
Quand est-ce que ma voiture/ma moto sera prête?
[kɑ̃t‿ɛs‿kə ma vwatyʀ/ma mɔto səʀa pʀɛt]

Was wird es ungefähr kosten?
Ça va coûter combien à peu près? [sa va kute kɔ̃bjɛ̃ a pø pʀɛ]

Abblendlicht	les codes *m* [le kɔd]
Alarmanlage	le système d'alarme [lə sistɛm dalaʀm]
Anlasser	le démarreur [lə demaʀœʀ]
Auspuff	le tuyau d'échappement [lə tɥijo deʃapmɑ̃]

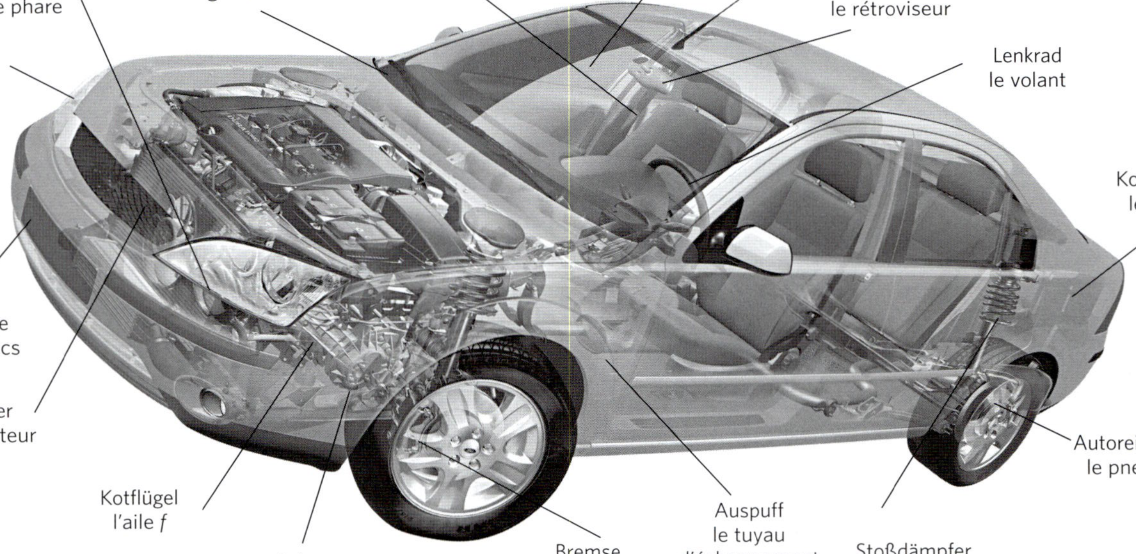
Sicherheitsgurt
la ceinture de sécurité
Windschutzscheibe
le pare-brise
Scheibenwischer
l'essuie-glace *m*
Scheinwerfer
le phare
Rückspiegel
le rétroviseur
Blinker
le clignotant
Lenkrad
le volant
Kofferraum
le coffre
Stoßstange
le pare-chocs
Kühler
le radiateur
Autoreifen
le pneu
Kotflügel
l'aile *f*
Auspuff
le tuyau
d'échappement
Achse
l'axe *m*
Bremse
le frein
Stoßdämpfer
l'amortisseur *m*

Automatik(getriebe)	la boîte automatique [la bwat ɔtɔmatik]
Benzinpumpe	la pompe à essence [la pɔ̃p‿a esɑ̃s]
Blinklicht	le clignotant [lə kliɲɔtɑ̃]
Bremse	le frein [lə fʀɛ̃]
Bremsflüssigkeit	le liquide de frein [lə likid də fʀɛ̃]
Bremslichter	les stops *m* [le stɔp]
Defekt	le défaut [lə defo]
Delle	la bosse [la bɔs]
Erdgastankstelle	station GPL [stasjɔ̃ ʒepeɛl]
Elektrotankstelle	borne de recharge électrique [bɔʀn də rəʃaʀʒ‿elɛktʀik]
Fernlicht	les feux *m* de route [le fød ʀut]
Frostschutzmittel	l'antigel *m* [lɑ̃tiʒɛl]
Gang	la vitesse [la vitɛs]
erster Gang	la première [la pʀəmjɛʀ]
Leerlauf	le point mort [lə pwɛ̃ mɔʀ]
Rückwärtsgang	la marche arrière [la maʀʃ aʀjɛʀ]
Gaspedal	l'accélérateur *m* [lakseleʀatœʀ]
Getriebe	la boîte de vitesses [la bwat də vitɛs]
Handbremse	le frein à main [lə fʀɛ̃ a mɛ̃]
Hupe	le klaxon [lə klaksɔn]
Keilriemen	la courroie de transmission [la kuʀwa də tʀɑ̃smisjɔ̃]
Kofferraum	le coffre [lə kɔfʀ]
Kratzer	l'éraflure *f* [leʀaflyʀ]
Kühler	le radiateur [lə ʀadjatœʀ]
Kühlwasser	l'eau *f* de refroidissement [lod ʀəfʀwadismɑ̃]
Kupplung	l'embrayage *m* [lɑ̃bʀɛjaʒ]
Kurzschluss	le court-circuit [lə kuʀsiʀkɥi]
Lichtmaschine	la dynamo [la dinamo]
Luftfilter	le filtre à air [lə filtʀ a ɛʀ]
Motor	le moteur [lə mɔtœʀ]
Motorhaube	le capot [lə kapo]
Öl	l'huile *f* [lɥil]
Ölwechsel	la vidange [la vidɑ̃ʒ]
Rad	la roue [la ʀu]
Reifen	le pneu [lə pnø]
Rücklicht	les feux *m* arrière [le fø aʀjɛʀ]
Rückspiegel	le rétroviseur [lə ʀetʀɔvizœʀ]
Schaden	le dommage [lə dɔmaʒ]
Scheibenwischer	l'essuie-glace *m* [lesɥi glas]
Scheinwerfer	le phare [lə faʀ]
Schraube	la vis [la vis]
Sicherheitsgurt	la ceinture de sécurité [la sɛ̃tyʀ də sekyʀite]

Standlicht	les feux *m* de position [le fød pozisjɔ̃]
Stoßstange	le pare-chocs [lə paʀʃɔk]
Tachometer	le compteur [lə kɔ̃tœʀ]
Tank	le réservoir [lə ʀezɛʀvwaʀ]
Verbandskasten	la trousse de secours [la trus də skuʀ]
Warnblinkanlage	les feux *m* de détresse [le fød detʀɛs]
Warndreieck	le triangle de signalisation [lə tʀijɑ̃gl də siɲalizasjɔ̃]
elektronische Wegfahrsperre	l'antidémarrage *m* électronique [lɑ̃tidemaʀaʒ elɛktʀɔnik]
Werkstatt	le garage [lə gaʀaʒ]
Windschutzscheibe	le pare-brise [lə paʀbʀiz]
Winterreifen	le pneu neige [lə pnø nɛʒ]
Zündkerze	la bougie [la buʒi]
Zündung	l'allumage *m* [lalymaʒ]

Verkehrsunfall

Ein Unfall ist passiert!
Il y a eu un accident. [il‿ja y ɛ̃n‿aksidɑ̃]

Rufen Sie bitte schnell ...
Appelez vite ... [aple vit]
  einen Krankenwagen!
  une ambulance! [yn‿ɑ̃bylɑ̃s]
  die Polizei!
  la police! [la pɔlis]
  die Feuerwehr!
  les pompiers! [le pɔ̃pje]

Unfall ohne Polizei
Zur ständigen Ausrüstung eines französischen Autofahrers gehört neben dem Verbandskasten ein Unfallprotokoll, denn Franzosen sind es gewohnt, ihre Unfälle mit Blechschaden ohne Polizei zu lösen. Die Versicherungen einigen sich dann untereinander. Sollten Sie der französischen Sprache nicht ganz mächtig sein, ist es vielleicht doch ratsam, die Polizei zu holen.

Haben Sie Verbandszeug?
Vous avez une trousse de secours? [vuz‿ave yn tʀus də skuʀ]

Sie haben ...
Vous ... [vu]
  die Vorfahrt nicht beachtet.
  n'avez pas respecté la priorité. [nave pa ʀɛspɛkte la pʀijɔʀite]
  nicht geblinkt.
  n'avez pas mis votre clignotant. [nave pa mi vɔtʀə kliɲɔtɑ̃]

Sie sind ...
Vous ... [vu]
zu schnell gefahren.
rouliez trop vite. [ʀulje tʀo vit]
bei Rot über die Kreuzung gefahren.
avez brûlé un feu rouge. [‿zave bʀyle ɛ̃ fø ʀuʒ]

Können Sie als Zeuge aussagen?
Vous pouvez servir de témoin? [vu puve sɛʀviʀ də temw ɛ̃]

Geben Sie mir bitte Ihren Namen und Ihre Anschrift.
Donnez-moi votre nom et votre adresse, s'il vous plaît.
[dɔne mwa vɔtʀə nɔ̃ e vɔtʀ‿adʀɛs sil vu plɛ]

Vielen Dank für Ihre Hilfe!
Je vous remercie beaucoup de votre aide!
[ʒə vu ʀəmɛʀsi boku də vɔtʀ‿ɛd]

Auto-, Motorrad- und Fahrradvermietung

Ich möchte für zwei Tage/eine Woche ... mieten.
Je voudrais louer pour deux jours/une semaine ...
[ʒvudʀɛ lue puʀ dø ʒuʀ/yn səmɛn]
einen (Gelände-)Wagen
une voiture tout terrain/un 4x4. [yn vwatyʀ tu tɛʀɛ̃/ɛ̃ katkat]
ein Motorrad
une moto. [yn mɔto]

einen Motorroller
un scooter. [ɛ̃ skutɛʀ]
ein Fahrrad
un vélo. [ɛ̃ velo]

Bitte ein Fahrzeug mit Navigationssystem.
Une voiture avec GPS, svp. [yn vwatyʀ‿avɛk ʒepeɛs sil vu plɛ]

Wie viel kostet es pro Tag/Woche?
Quel est le tarif à la journée/semaine? [kɛl‿ɛl taʀif a la ʒuʀne/smɛn]

Ist das einschließlich unbegrenzter Kilometerzahl?
C'est avec kilométrage illimité? [sɛt‿avɛk kilɔmetraʒ ilimite]

Wie viel verlangen Sie pro gefahrenen Kilometer?
Quel est le prix au kilomètre? [kɛl‿ɛl pʀi o kilɔmɛtʀ]

Ist es möglich, das Fahrzeug in ... abzugeben?
Est-ce qu'il est possible de rendre le véhicule à ...?
[ɛs‿kil‿ɛ pɔsibl də ʀɑ̃dʀə lə veikyl a]

Ich möchte auch einen Schutzhelm leihen.
Je voudrais aussi louer un casque [ʒə vudʀɛ osi lue ɛ̃ kask]

Führerschein	le permis de conduire [lə pɛʀmid kɔ̃dɥiʀ]
hinterlegen	déposer [depoze]
Kindersitz	le siège-enfants [lə sjɛʒɑ̃fɑ̃]
Kaution	la caution [la kosjɔ̃]
Nierengurt	la ceinture de moto [la sɛ̃tyʀ də mɔtɔ]
Papiere	les papiers *m* [le papje]
Schiebedach	le toit ouvrant [lə twa uvʀɑ̃]
Sturzhelm	le casque [lə kaskə]
Teilkasko	l'assurance *f* au tiers [lasyʀɑ̃s o tjɛʀ]
grüne Versicherungskarte	la carte verte [la kaʀtə vɛʀt]
Wochenendpauschale	le forfait-weekend [lə fɔʀfɛ wikɛnd]
Zündschlüssel	la clé de contact [la kled kɔ̃takt]

Flugzeug

Verbindungsflüge in Paris
Es wäre schade, einen Verbindungsflug zu verpassen, weil man Entfernung und Fahrzeit unterschätzt hat. Die beiden Flughäfen, Charles de Gaulle – auch Roissy genannt – und Orly, liegen 45 km voneinander entfernt. Pendelbusse von Air France fahren halbstündlich. Die Fahrt dauert ca. eine Dreiviertelstunde, aber Staus (z. B. werktags zu den Stoßzeiten um 8 oder 18 Uhr) können trotz Sonderbusspuren manchmal die Fahrt erheblich verlängern. Daher: großzügig planen oder mit der S-Bahn (RER) fahren – was aber etwas umständlicher ist.

Einen Flug buchen

Können Sie mir bitte sagen, wann die nächste Maschine nach ... fliegt?
Vous pouvez me dire quand part le prochain avion pour ..., s'il vous plaît? [vu puvem diʀ kɑ̃ paʀ lə pʀɔʃɛn͜avjɔ̃ puʀ ... sil vu plɛ]

Sind noch Plätze frei?
Est-ce qu'il y a encore des places? [ɛs͜kil͜ja ɑ̃kɔʀ de plas]

Ich möchte einen einfachen Flug nach ...
Je voudrais un billet d'avion pour ... en aller simple.
[ʒvudʀɛ ɛ̃ bijɛ davjɔ̃ puʀ ... ɑ̃n͜ale sɛ̃pl]

Ich möchte einen Hin- und Rückflug nach ... buchen.
Je voudrais un billet d'avion pour ... en aller retour.
[ʒvudʀɛ ɛ̃ bijɛ davjɔ̃ puʀ ... ɑ̃n͜ale ʀtuʀ]

Was kostet bitte der Flug Touristenklasse/ Business?
Combien coûte le vol en classe économique/affaires?
[kɔ̃bjɛ̃ kut lə vɔl ɑ̃ klas ekɔnɔmik/afɛʀ]

Ich möchte bitte ...
Je voudrais ... [ʒə vudʀɛ]
einen Fensterplatz.
une place à la fenêtre, s'il vous plaît. [yn plas a la fnɛtʀ sil vu plɛ]
einen Platz am Gang.
une place sur l'allée, s'il vous plaît. [yn plas syʀ lale sil vu plɛ]

Ich möchte diesen Flug umbuchen.
Je voudrais changer ce vol. [ʒə vudʀɛ ʃɑ̃ʒe sə vɔl]

Am Flughafen

Wo ist Terminal...?
Où est le terminal ... [u ɛ lə tɛʀminal]

Wo ist bitte der Schalter der ...-Fluggesellschaft?
Où se trouve le guichet de la compagnie ... s'il vous plaît?
[us tʀuv lə giʃɛ də la kɔ̃paɲi ... sil vu plɛ]

Gibt es für den Flug einen Vorabend-/Telefon-/ Internet-Checkin?
Est-ce que pour ce vol je peux réserver la veille/par téléphone/par Internet? [ɛs͜kə puʀ sə vɔl ʒpø ʀesɛʀve la vɛj /paʀ telefɔn/paʀ ɛ̃tɛʀnɛt]

Könnte ich bitte Ihren Flugschein sehen?
Je pourrais voir votre billet, s'il vous plaît?
[ʒə puʀɛ vwaʀ vɔtʀə bijɛ sil vu plɛ]

Kann ich das als Handgepäck mitnehmen?
Je peux prendre ça comme bagage à mains?
[ʒpø pʀɑ̃dʀ sa kɔm bagaʒ͜a mɛ̃]

Wann landet die Maschine aus ...?
A quelle heure arrive l'avion en provenance de ...
[a kɛl œr‿ariv lavjɔ̃ ɑ̃ pʀɔvnɑ̃s də]

An Bord

Könnten Sie mir bitte ein Glas Wasser bringen?
Vous pourriez m'apporter un verre d'eau, s'il vous plaît?
[vu puʀje mapɔʀte ɛ̃ vɛʀ do sil vu plɛ]

Könnte ich bitte noch ein Kissen/eine Decke haben?
Je pourrais avoir encore un coussin/une couverture, s'il vous plaît?
[ʒpuʀɛ avwaʀ ɑ̃kɔʀ ɛ̃ kusɛ̃/yn kuvɛʀtyʀ]

Würde es Ihnen etwas ausmachen, mit mir den Platz zu tauschen?
Ça vous ennuierait de changer de place avec moi?
[sa vuz‿ɑ̃nɥiʀɛd‿ʃɑ̃ ʒed plas avɛk mwa]

Ankunft ➢ auch Fundbüro

Mein Gepäck ist verloren gegangen.
Mes bagages ont été égarés. [me bagaʒ ɔ̃t‿ete egaʀe]

Mein Koffer ist beschädigt worden.
Ma valise est abîmée. [ma valiz ɛt‿abime]

Wo fährt der Bus in Richtung ... ab?
D'où part le bus pour ...? [du paʀ lə bys puʀ]

➢ **auch Eisenbahn**

Abflug	le départ [lə depaʀ], le décollage [lə dekɔlaʒ]
Ankunft	l'arrivée *f* [laʀive]
Ankunftszeit	l'heure *f* d'arrivée [lœʀ daʀive]
Anschluss	la correspondance [la kɔʀɛspɔ̃dɑ̃s]
Auslandsflug	le vol international [lə vɔl ɛ̃tɛʀnasjɔnal]
Bordkarte	la carte d'embarquement [la kaʀtə dɑ̃baʀkəmɑ̃]
einchecken	faire les formalités *f* d'embarquement [fɛʀ le fɔʀmalite dɑ̃baʀkəmɑ̃]
Flug	le vol [lə vɔl]
Fluggesellschaft	la compagnie aérienne [la kɔ̃paɲi aeʀjɛn]
Flughafen	l'aéroport *m* [laeʀɔpɔʀ]
Flughafenbus	le bus pour l'aéroport [lə bys puʀ laeʀɔpɔʀ]
Flughafengebühr	les taxes *m* d'aéroport [le taks daeʀɔpɔʀ]

Flugsteig	la porte *f* d'embarquement [la pɔʀt dɑ̃baʀkəmɑ̃]
Gepäck	les bagages *m* [le bagaʒ]
Gepäckabfertigung	l'enregistrement *m* des bagages [lɑ̃ʀʒistʀəmɑ̃ de bagaʒ]
Gepäckausgabe	l'arrivée *f* des bagages [laʀive de bagaʒ]
Gepäckwagen	le chariot [lə ʃaʀjo]
Inlandsflug	le vol intérieur [lə vɔl ɛ̃teʀjœʀ]
Landung	l'atterrissage *m* [lateʀisaʒ]
Notausgang	la sortie de secours [la sɔʀtid səkuʀ]
Notlandung	l'atterrissage *m* forcé [lateʀisaʒ fɔʀse]
Notrutsche	le toboggan d'évacuation [lə tɔbɔgɑ̃ devakyasjɔ̃]
Pilot	le pilote [lə pilɔt]
Schwimmweste	le gilet de sauvetage [lə ʒilɛd sovtaʒ]
Sicherheitsgebühr	la taxe de sécurité [la taks də sekyʀite]
Sicherheitskontrolle	le contrôle de sécurité [lə kɔ̃tʀol də sekyʀite]
Steward/ess	le steward/l'hôtesse *f* de l'air [lə stiwaʀt/lotɛs də lɛʀ]
stornieren	annuler [anyle]
Terminal	le terminal [lə tɛʀminal]
Übergewicht	l'excédent *m* de bagages [lɛksedɑ̃d bagaʒ]
umbuchen	changer [ʃɑ̃ʒe]
Verspätung	le retard [lə ʀətaʀ]
zollfreier Laden	la boutique hors-taxes [la butik ɔʀtaks]
Zwischenlandung	l'escale *f* [lɛskal]

Bahnfahrt

Schneller mit der Bahn
Wenn Sie schnell vorankommen wollen, empfiehlt es sich, die Bahn zu nehmen. Der Hochgeschwindigkeitszug *TGV (Train à grande vitesse)* macht es möglich, bei Geschwindigkeiten bis zu 300 km/h die Strecke Paris-Marseille (863 km) in 3 Stunden und 10 Minuten zurückzulegen. Man braucht zwar eine Reservierung, diese ist aber bis 5 Minuten vor der Abfahrt zu bekommen.
Schnäppchenangebote sind unter **www.voyages-sncf.com** zu bekommen.

Fahrkarten kaufen

Zwei Karten nach ..., einfach bitte.
Deux allers simples pour ... [døz‿ale sɛ̃pl]
2. Klasse/1. Klasse
deuxième/première classe [døzjɛm/ pʀəmjɛʀ klas]

Bitte eine Rückfahrkarte nach ...
Un aller-retour pour... s'il vous plaît.
[ɛ̃n‿allɛʀtuʀ puʀ paʀi ... silvuplɛ]

Gibt es eine Ermäßigung für Kinder/Studenten/Senioren?
Est-ce qu'il y a des réductions pour les enfants/les étudiants/pour les seniors? [ɛs‿kil‿ja de ʀedyksjɔ̃ puʀ lez‿ɑ̃fɑ̃/lez‿etydjɑ̃/puʀ le senjɔʀ]

Ich möchte gern zwei Nichtraucherplätze reservieren:
Je voudrais réserver deux places non-fumeur:
[ʒə vudʀɛ ʀesɛʀve dø plas nɔ̃ fymœʀ]
im ICE nach ...
dans le TGV pour ... [dɑ̃l teʒeve]
am ... um ...Uhr
le ... à ....heures[lə ... a ... œʀ]
im Liegewagen
dans la voiture-couchette [dɑ̃ la vwatyʀ kuʃɛt]
im Schlafwagen
dans le wagon-lit [dɑ̃l vagɔ̃li]

Gibt es einen Autoreisezug?
Est-ce qu'il y a ...[ɛs kil ja]
(nachts) un train autos-couchette? [ɛ̃ tʀɛ̃ ɔtokuʃɛt]
(tagsüber) un service auto-express? [ɛ̃ sɛʀvis ɔtoɛkspʀɛs]

Um wie viel Uhr habe ich in ... Anschluss nach ...?
A quelle heure est-ce que j'ai une correspondance à ... pour ...? [a kɛl œʀ ɛs kə ʒɛ yn kɔʀɛspɔ̃dɑ̃s a ... puʀ]

Wie oft muss ich da umsteigen?
Combien de fois est-ce que je dois changer?
[kɔ̃bjɛ̃d fwa ɛs kəʒ dwa ʃɑ̃ʒe]

Im Bahnhofsgebäude

Entwerten ratsam
Sie finden auf jedem Bahnsteig bzw. in kleineren Bahnhöfen vor den Bahnsteigen orangefarbene Automaten für das Entwerten der Tickets. Wer mit einer ungestempelten Fahrkarte erwischt wird, gilt – trotz Unkenntnis – als Schwarzfahrer und muss Strafe zahlen. Ausländische Reisende bilden da keine Ausnahme ...

Ich möchte diesen Koffer als Reisegepäck aufgeben.
Je voudrais faire enregistrer ma valise en bagage accompagné. [ʒvudʀɛ fɛʀ ɑ̃ʀʒistʀe ma valiz ɑ̃ bagaʒ akɔ̃paɲe]

Wo kann ich mein Fahrrad aufgeben?
Où est-ce que je peux faire enregistrer mon vélo?
[u ɛs kə ʒpø fɛʀ ɑ̃ʀʒistʀe mɔ̃ velo]

Entschuldigen Sie bitte, von welchem Gleis fährt der Zug nach ... ab?
Excusez-moi, le train pour ... part de quelle voie, s'il vous plaît? [ɛkskyze mwa lə tʀɛ̃ puʀ ... paʀ də kɛl vwa sil vu plɛ]

Der EC aus ... hat voraussichtlich 10 Minuten Verspätung.
Le train Corail en provenance de ... a 10 minutes de retard.
[lə tʀɛ̃ kɔʀaj ɑ̃ pʀɔvnɑ̃s də ... a di minyt dəʀtaʀ]

Im Zug

Ist dieser Platz noch frei?
Cette place est encore libre? [sɛt plas‿ɛt‿ɑ̃kɔʀ libʀ]

Darf ich bitte das Fenster öffnen/schließen?
Est-ce que je peux ouvrir/fermer la fenêtre, s'il vous plaît? [ɛs‿kəʒ pø uvʀiʀ/ fɛʀme la fnɛtʀə sil vu plɛ]

Entschuldigen Sie, ich glaube, das ist mein Platz. Hier ist meine Platzreservierung.
Excusez-moi, je crois que c'est ma place. Voilà ma réservation. [ɛkskyze mwa ʒkʀwa ksɛ ma plas vwala ma ʀesɛʀvasjɔ̃]

➣ **auch Flugzeug**

Abfahrt	le départ [lə depaʀ]
Abfahrtszeit	l'heure *f* de départ [lœʀ də depaʀ]
Abteil	le compartiment [lə kɔ̃paʀtimɑ̃]
ankommen	arriver [aʀive]
Aufenthalt	l'arrêt *m* [laʀɛ]
aussteigen	descendre [desɑ̃dʀ]
Autoreisezug *(nachts)*	le train autos-couchettes [lə tʀɛ̃ ɔtokuʃɛt],
(tags)	le service auto-express [lə sɛʀvis ɔto ɛkspʀɛs]
BahnCard	la carte Escapades [la kaʀt‿ɛskapad]
Bahnhof	la gare [la gaʀ]
Begleitperson	l'accompagnateur/trice [lakɔ̃paɲatœʀ]
Bistrowagen	la voiture-bar [la vwatyʀ baʀ]
EC (EuroCity)	le Corail [lə kɔʀaj]
einsteigen	monter (dans le train) [mɔ̃te (dɑ̃l tʀɛ̃)]
entwerten	composter [kɔ̃pɔste]
Ermäßigung	la réduction [la ʀedyksjɔ̃]
Fahrkarte	le billet [lə bijɛ]
Fahrkartenkontrolle	le contrôle des billets [lə kɔ̃tʀol de bijɛ]

Fahrkartenschalter	le guichet [lə giʃɛ]
Fahrplan	l'horaire *m* (de chemin de fer) [lɔʀɛʀ (də ʃəmɛ̃d fɛʀ)]
Fahrpreis	le prix du billet [lə pʀi dy bijɛ]
Fensterplatz	le coin-fenêtre [lə kwɛ̃ fənɛtʀ]
Gang	le couloir [lə kulwaʀ]
Gepäck	les bagages *m* [le bagaʒ]
Gepäckaufbewahrung	la consigne [la kɔ̃siɲ]
Gepäckschalter	le guichet des bagages [lə giʃɛ de bagaʒ]
Gleis	la voie [la vwa]
Großraumwagen	le wagon sans compartiments [lə vagɔ̃ sɑ̃ kɔ̃paʀtimɑ̃]
Hauptbahnhof	la gare principale [la gaʀ pʀɛ̃sipal]
IC (InterCity)	le TGV [lə teʒeve]
ICE (InterCityExpress)	le TGV [lə teʒeve]
Interrail	Interrail [ɛ̃tɛʀʀaj]
Kinderfahrkarte	le billet enfants [lə bijɛ ɑ̃fɑ̃]
Liegewagenplatz	la couchette [la kuʃɛt]
Minibar	la vente ambulante [la vɑ̃t‿ɑ̃bylɑ̃t]
Nichtraucherabteil	le compartiment non-fumeurs [lə kɔ̃paʀtimɑ̃ nɔ̃ fymœʀ]
Platzreservierung	la réservation [la ʀezɛʀvasjɔ̃]
Raucherabteil	le compartiment fumeurs [lə kɔ̃paʀtimɑ̃ fymœʀ]
Reservierung	la réservation [la ʀezɛʀvasjɔ̃]
Rollstuhlfahrer/in	la personne en fauteuil roulant [la pɛʀsɔn]
Rückfahrkarte	le billet aller-retour [lə bijɛ aleʀtuʀ]
Schaffner/in	le contrôleur/la contrôleuse [lə kɔ̃tʀolœʀ/la kɔ̃tʀoløz]
Schließfach	la consigne automatique [la kɔ̃siɲ‿ɔtɔmatik]
Schwerbehinderte(r)	le/la handicapé/e [lə/la ɑ̃dikape]
Speisewagen	le wagon-restaurant [lə vagɔ̃ ʀɛstɔʀɑ̃]
Wagennummer	le numéro de la voiture [lə nymeʀo də la vwatyʀ]
Wartesaal	la salle d'attente [la sal datɑ̃t]
Werktag	le jour ouvrable [lə ʒuʀ uvʀablə]
Zug	le train [lə tʀɛ̃]
Zugchef	le chef de bord [lə ʃɛf də bɔʀd]
Zuschlag	le supplément [lə syplemɑ̃]

Hinweise und Informationen

L'accès aux quais	Zu den Bahnsteigen
Arrivée	Ankunft
Buffet	Erfrischungen/Snacks

Consigne	Schließfach
Dames	Damen
Eau non potable	Kein Trinkwasser
Fumeurs	Raucher
Horaire des trains	Fahrplan
Lavabos	Waschraum
Libre	Frei
Messieurs	Herren
Non-fumeurs	Nichtraucher
Occupé	Besetzt
Passage souterrain	Unterführung
Passerelle	Übergang
Quai	Bahnsteig
Renseignements	Auskunft
Salle d'attente	Wartesaal
Signal d'alarme	Notbremse
Sortie	Ausgang
Toilettes	Toiletten
Voie	Gleis
Voiture-couchettes	Liegewagen
W.-C.	Toilette
Wagon-lit	Schlafwagen
Wagon-restaurant	Speisewagen

Schifffahrt

Auskunft

Könnten Sie mir sagen, wann das nächste Schiff/die nächste Fähre nach ... abfährt?
Pourriez-vous me dire quand part le prochain bateau/ le prochain ferry pour ...?
[purie vum diʀ kɑ̃ paʀ lə pʀɔʃɛ̃ bato/lə pʀɔʃɛ̃ feʀi puʀ ...]

Wie lange dauert die Überfahrt?
La traversée dure combien de temps?
[la tʀavɛʀse dyʀ kɔ̃bjɛ̃d tɑ̃]

Wann legen wir in ... an?
Quand est-ce qu'on arrive à ...? [kɑ̃t‿ɛs kɔ̃n‿aʀiv a]

Wie lange haben wir in ... Aufenthalt?
L'escale à ... dure combien de temps? [leskal a ... dyʀ kɔ̃bjɛ̃d tɑ̃]

Ich möchte ...
Je voudrais ... [ʒvudʀɛ]
eine Schiffskarte nach ...
un billet pour ... [ɛ̃ bijɛ puʀ]
1. Klasse
en première classe [ɑ̃ pʀəmjɛʀ klas]
Touristenklasse
en classe touristes [ɑ̃ klas tuʀist]

eine Einzelkabine
une cabine pour une personne [yn kabin puʀ yn pɛʀsɔn]
eine Zweibettkabine
une cabine pour deux personnes [yn kabin puʀ dø pɛʀsɔn]

Ich möchte eine Karte für die Rundfahrt um ... Uhr bitte.
Je voudrais un billet pour le départ de ... heures, s'il vous plaît.
[ʒvudʀɛ ɛ̃ bijɛ puʀ lə depaʀ də ... œʀ sil vu plɛ]

An Bord

Ich suche Kabine Nr. ...
Je cherche la cabine numéro ... [ʒə ʃɛʀʃ‿la kabin nymero]

Wo ist bitte der Speisesaal/der Aufenthaltsraum?
Où est la salle à manger/le salon s'il vous plaît?
[u ɛ la sal‿a mɑ̃ʒe/lə salɔ̃]

Ich fühle mich nicht wohl.
Je ne me sens pas très bien. [ʒən mə sɑ̃ pa tʀɛ bjɛ̃]

Könnten Sie bitte den Schiffsarzt rufen?
Pourriez-vous appeler le médecin de bord, s'il vous plaît.
[puʀie vu aple lə medsɛ̃d bɔʀ sil vu plɛ]

Könnten Sie mir bitte ein Mittel gegen Seekrankheit geben?
Pourriez-vous me donner un médicament contre le mal de mer, s'il vous plaît. [purje vum dɔne ɛ̃ medikamɑ̃ kɔ̃tʀə lə mal də mɛʀ sil vu plɛ]

anlegen in	faire escale à [fɛʀ ɛskal a]
Buchung	la réservation [la ʀesɛʀvasjɔ̃]
Dampfer	le vapeur [lə vapœʀ]
Deck	le pont [lə pɔ̃]
Fähre	*(Fluss)* le bac [lə bak], *(Meer)* le ferry [lə fɛʀi]
Fahrkarte	le billet [lə bijɛ]
Festland	la terre ferme [la tɛʀ fɛʀm], le continent [lə kɔ̃tinɑ̃]
Hafen	le port [lə pɔʀ]
Kabine	la cabine [la kabin]
Kai	le quai [lə kɛ]
Kapitän	le capitaine [lə kapitɛn]
Kreuzfahrt	la croisière [la kʀwazjɛʀ]
Küste	la côte [la kot]
Landausflug	l'excursion *f* à terre [lɛkskyʀsjɔ̃ a tɛʀ]
Luftkissenboot	l'hovercraft *m* [lɔvœʀkʀaft], l'aéroglisseur *m* [laeʀoglisœʀ]
Rettungsboot	le canot de sauvetage [lə kanod sovtaʒ]
Rettungsring	la bouée de sauvetage [la bued sovtaʒ]

Rundfahrt	le circuit [lə siʀkɥi]
Schwimmweste	le gilet de sauvetage [lə ʒilɛd sovtaʒ]
Seegang	l'état *m* de la mer [letad la mɛʀ]
seekrank sein	avoir le mal de mer [avwaʀ lə mal də mɛʀ]
Tragflügelboot	l'hydroglisseur *m* [lidʀoglisœʀ]

Nahverkehrsmittel

Welche Karte?
Obwohl U-Bahn und Busse in Paris preiswert sind, lohnt es sich oft, eine Tageskarte zu nehmen (*une carte Mobilis*) [kart mobilis]. Diese Karte ist auch in Verbindung mit einigen weiteren Ermäßigungen für 1, 3 oder 5 Tage unter dem Namen *Paris Visite* [pari wisit] erhältlich (beide bei den Fahrkartenschaltern der Metro).
Wer Paris lieber zu Fuß entdeckt, kann stattdessen den *Museum Pass* besorgen, der 2, 4 oder 6 Tage lang freien Eintritt zu 60 Museen in und um Paris gewährt.
Ein bisschen Planung und Kalkül müsste Ihnen die Entscheidung erleichtern.

Bitte, wo ist die nächste …
Où se trouve … [us tʀuv]
Bushaltestelle?
l'arrêt de bus le plus proche? [laʀɛd bys lə ply pʀɔʃ]

Auch mit „Öffis"
Paris lässt sich gut mit öffentlichen Bussen entdecken. Nehmen Sie beispielsweise den Bus 42 vom *Gare du Nord* Richtung *Parc André-Citroën.* Er fährt an der Oper, der *Madeleine,* der *Assemblée Nationale,* dem *Place de la Concorde*, der *Pont de l'Alma,* der *Avenue Montaigne* (mit den vielen Designer-Geschäften) und am *Eiffelturm* vorbei. Billiger können Sie kaum an eine Stadtrundfahrt kommen …

Straßenbahnhaltestelle?
l'arrêt de tram le plus proche? [laʀɛd tʀam lə ply pʀɔʃ]
U-Bahnstation?
la station de métro la plus proche? [la stasjɔ̃d metʀo la ply pʀɔʃ]

Welche Linie fährt nach …?
C'est quelle ligne pour …, s'il vous plaît? [sɛ kɛl liɲ puʀ … sil vu plɛ]

Wann fährt die erste/letzte U-Bahn nach …?
Le premier/dernier métro pour … est à quelle heure?
[lə pʀəmje/dɛʀnje metʀo puʀ … ɛt‿a kɛl œʀ]

Entschuldigen Sie, ist das der Bus nach …?
Excusez-moi, c'est bien le bus pour …?
[ɛkskyze mwa sɛ bjɛ̃l bys puʀ]

Wie viele Haltestellen sind es bis ...?
Il y a combien d'arrêts jusqu'à ... ? [ilja kɔ̃bjɛ̃ daʀɛ ʒyska]

Entschuldigen Sie, wo muss ich aussteigen/ umsteigen?
Excusez-moi, à quel arrêt est-ce que je dois descendre/changer?
[ɛkskyze mwa a kɛl‿aʀɛ ɛs kəʒ dwa desɑ̃dʀ/ʃɑ̃ʒe]

Könnten Sie mir bitte Bescheid geben, wenn ich aussteigen muss?
Vous pourriez me dire quand je dois descendre, s'il vous plaît?
[vu purjem diʀ kɑ̃ʒ dwa desɑ̃dʀ sil vu plɛ]
Bitte, einen Fahrschein nach ...
Un billet pour ..., s'il vous plaît. [ɛ̃ bijɛ puʀ ... sil vu plɛ]

Der Fahrkartenautomat ist kaputt/defekt.
Le distributeur de billets ne marche pas.
[lə distʀibytœʀd bije nə maʀʃ pa]

Der Automat nimmt keine Geldscheine an.
Le distributeur n'accepte pas les billets.
[lə distʀibytœʀ naksɛptə pa le bije]

Abfahrt	le départ [lə depaʀ]
Bus	le bus [lə bys]
Busbahnhof	la gare routière [la gaʀ rutjɛr]
einsteigen	monter [mɔ̃te]
Endstation	le terminus [lə tɛʀminys]
entwerten	composter [kɔ̃pɔste]
Fahrkartenautomat	le distributeur de billets [lə distʀibytœʀ də bijɛ]
Fahrplan	l'horaire *m* (des bus/du métro/des trolleys) [lɔʀɛʀ (de bys/dy metʀo/ de tʀɔlɛ)]
Fahrpreis	le prix du billet [lə pʀi dy bijɛ]
Fahrschein	le billet [lə bijɛ]
Fahrscheinentwerter	le composteur [lə kɔ̃pɔstœʀ]
Haltestelle	l'arrêt *m* [laʀɛ], la station [la stasjɔ̃]
Kontrolleur	le contrôleur [lə kɔ̃tʀolœʀ]
Mehrfahrtenkarte	le carnet de tickets [lə kaʀnɛd tikɛ]
Nahverkehrszug	le train de banlieue [lə tʀɛ̃d bɑ̃ljø]
Obus	le trolley [lə tʀɔlɛ]
Richtung	la direction [la diʀɛksjɔ̃]
S-Bahn	le métro [lə metʀo]
Schaffner	le contrôleur [lə kɔ̃tʀolœʀ]
Stadtbus	le bus [lə bys]
Straßenbahn	le tram [lə tʀam]
Tageskarte	le billet pour une journée [lə bijɛ puʀ yn ʒuʀne]
U-Bahn	le métro [lə metʀo]
Überlandbus	le car [lə kaʀ]

Wochenkarte	la carte hebdomadaire [la kaʀt ɛbdɔmadɛʀ]
Zahnradbahn	le chemin de fer à crémaillère [lə ʃmɛ̃d fɛʀ a kʀemajɛʀ]

Taxi

Bitte ein Taxi an die Adresse ... für jetzt gleich/für (morgen) ... Uhr.
Pourriez-vous envoyer un taxi tout de suite/ demain à ... heures à cette adresse ... [purje vu ɑ̃vwuaje ɛ̃ taksi tudswit a sɛt‿adrɛs]

Entschuldigen Sie bitte, wo ist der nächste Taxistand?
Excusez-moi, où est la station de taxis la plus proche, s'il vous plaît?
[ɛkskyse mwa u ɛ la stasjɔ̃d taksi la ply pʀɔʃ sil vu plɛ]

Zum Bahnhof, bitte.
A la gare, s'il vous plaît. [a la gaʀ sil vu plɛ]

Zum ... Hotel, bitte.
A l'hôtel ..., s'il vous plaît. [a lotɛl sil vu plɛ]

In die ...-Straße, bitte.
Rue ... , s'il vous plaît. [ʀy sil vu plɛ]

Nach ..., bitte.
A ..., s'il vous plaît. [a ... sil vu plɛ]

Könnten Sie bitte hier halten?
Vous pourriez arrêter ici, s'il vous plaît?
[vu puʀje maʀete isi sil vu plɛ]

Wie viel kostet es nach ...?
Il faut compter combien pour aller à ... [il fo kɔ̃te kɔ̃bjɛ̃ puʀ‿ale a]

Das ist zu viel.
C'est trop. [sɛ tʀo]

Könnten Sie mir bitte eine Quittung ausstellen?
Vous pourriez me donner un reçu, s'il vous plaît?
[vu puʀjem dɔne ɛ̃ ʀsy silvu plɛ]

Das ist für Sie.
Gardez la monnaie. [gaʀde la mɔnɛ]

Gardez la monnaie bedeutet „Behalten Sie das Restgeld". Das sollten Sie allerdings nur sagen, wenn das Wechselgeld erwähnenswert ist, also nicht bei ein paar Cent.

anhalten	arrêter [aʀete]
anschnallen	mettre la ceinture [mɛtʀ la sɛ̃tyʀ]

Hausnummer	le numéro de la maison/ de l'immeuble [lə nymeʀod la mɛzɔ̃/də limœbl]
Kilometerpreis	le prix au kilomètre [lə pʀi o kilɔmɛtʀ]
Pauschalpreis	le prix forfaitaire [lə pʀi fɔʀfɛtɛʀ]
Quittung	le reçu [lə ʀəsy]
Sicherheitsgurt	la ceinture de sécurité [la sɛ̃tyʀ də sekyʀite]
Taxifahrer/in	le chauffeur/la chauffeuse de taxi [lə ʃofœʀ/la ʃoføz də taksi]
Taxistand	la station de taxis [la stasjɔ̃ də taksi]
Trinkgeld	le pourboire [lə puʀbwaʀ]

Reisen mit Kindern

Gut untergebracht
In den Schulferien bieten viele Urlaubsorte am Meer Ferienklubs für Kinder (*clubs de vacances, clubs Mickey* o. Ä.) an. Ansonsten kann Ihnen das Fremdenverkehrsamt sicherlich einige Aktivitäten für Kinder vorschlagen.

Nützliche Fragen

Gibt es hier eine Kinderbetreuung?
Est-ce qu'il y a une garderie ici? [ɛs‿kil‿ja yn gaʀdʀi isi]

Ab welchem Alter?
A partir de quel âge? [a paʀtiʀ də kɛl aʒ]

Kennen Sie jemanden, der bei uns babysitten könnte?
Vous connaissez quelqu'un qui pourrait faire du baby-sitting chez nous?
[vu kɔnɛse kɛlkɛ̃ ki puʀɛ fɛʀ dy bebisitiɲ ʃe nu]

Haben Sie ein Babyfon?
Vous avez un interphone-bébés ? [vuz‿ave‿ɛ̃n‿ɛ̃ntɛʀfɔnbebe]

Gibt es eine Ermäßigung für Kinder?
Il y a aussi des réductions pour les enfants?
[il‿ja osi de ʀedyksjɔ̃ puʀ lez‿ɑ̃fɑ̃]

Unterwegs

Klein fährt billig
Im Zug und in der U-Bahn fahren Kinder bis 4 Jahre frei. Danach bezahlen sie den halben Preis – in der U-Bahn bis 10 und im Zug bis 12 Jahre.

Wir reisen mit einem Kleinkind. Könnten wir Plätze ganz vorn bekommen?
Nous voyageons avec un enfant en bas-âge. Pourrions-nous avoir des places sur le devant?
[nu vwajaʒɔ̃ avɛk ɛ̃n‿ɑ̃fɑ̃ ɑ̃ bazaʒ puʀjɔ̃ nu avwaʀ de plas syʀl dəvɑ̃]

Haben Sie einen Kindersicherheitsgurt?
Vous avez une ceinture de sécurité pour enfants?
[vuz‿ave yn sɛ̃tyʀ də sekyʀite puʀ ɑ̃fɑ̃]

Haben Sie vielleicht Stifte und Papier/ein Malbuch?
Vous avez peut-être des crayons et du papier/un album à colorier?
[vuz‿ave pøtɛtʀ de cʀɛjɔ̃ e dy papje/ɛ̃n‿albɔma kɔlɔʀje]

Verleihen Sie Kinderautositze?
Vous louez des sièges-enfants pour les voitures?
[vu lue de sjɛʒɑ̃fɑ̃ puʀ le vwatyʀ]

Wichtig: Bringen Sie Ihren Kindern auf jeden Fall bei, dass in Frankreich Fußgänger/innen auf Zebrastreifen nicht unbedingt Vorrang haben. Franzosen sind nicht unberechenbar, sondern folgen lediglich anderen Gewohnheiten.

Im Restaurant

Könnten Sie bitte noch einen Kinderstuhl bringen?
Vous pourriez nous apporter une chaise d'enfants, s'il vous plaît? [vu purje nuz‿apɔʀte yn ʃɛz dɑ̃fɑ̃ sil vu plɛ]

Gibt es auch Kinderportionen?
Vous avez des menus-enfants? [vuz‿ave de mənyɑ̃fɑ̃]

Könnten Sie bitte das Fläschchen warm machen?
Vous pourriez réchauffer le biberon, s'il vous plaît ?
[vu puʀje reʃofe lə bibʀɔ̃ silvuplɛ]

Gibt es hier einen Wickelraum?
Vous avez une nurserie ici? [vuz‿ave yn‿nœʀsəʀi isi]

Babyfon	l'interphone *m* [lɛ̃tɛʀfɔn]
Babynahrung	la nourriture pour bébés [la nuʀityʀ puʀ bebe]
Babyschale (fürs Auto)	le siège-bébés [lə sjɛʒbebe]
Babysitter	le baby-sitter [lə bebisitɛʀ]
Fläschchenwärmer	le chauffe-biberon [lə ʃofbibʀɔ̃]
Junge	garçon [gaʀsɔ̃]
Kinderbecken	le bassin pour enfants [lə basɛ̃ puʀ ɑ̃fɑ̃]
Kinderbetreuung	la garderie [la gaʀdəʀi]
Kinderbett	le lit d'enfant [lə li dɑ̃fɑ̃]
Kinderermäßigung	la réduction-enfants [la ʀedyksjɔ̃ɑ̃fɑ̃]
Kinderkleidung	les habits *m* pour enfants [lez‿abi puʀ ɑ̃fɑ̃]
Kindersitz	le siège-enfants [lə sjɛʒɑ̃fɑ̃]
Kindersitzkissen (fürs Auto)	le réhausseur [lə ʀeosœʀ]
Mädchen	fille [fij]
Malbuch	l'album *m* à colorier [lalbɔm‿a kɔlɔʀje]
Mückenschutz	le produit anti-moustique [lə prodɥi ɑ̃timustik]
Mütze	la casquette [la kaskɛt]
Planschbecken	la pataugeoire [la patoʒwaʀ]
Sauger	la tétine [la tetin]
Saugflasche	le biberon [lə bibʀɔ̃]
Schnuller	la sucette (de caoutchouc) [la sysɛt (də kautʃu)]
Schwimmflügel	les bracelets *m* [le bʀaslɛ]
Schwimmring	la bouée [la bue]

Sonnenschutz	la protection solaire [la pʀɔtɛksjɔ̃ sɔlɛʀ]
spielen	jouer [ʒue]
Spielplatz	l'aire *f* de jeux [lɛʀ də ʒø]
Spielsachen	les jouets *m* [le ʒuɛ]
Trinkflasche	la gourde [la guʀd]
Wickeltisch	la table à langer [la tabla lɑ̃ʒe]
Windeln	les couches *f* [le kuʃ]

Gesundheit

Könnten Sie mir bitte sagen, ob es hier einen Kinderarzt gibt?
Vous pourriez me dire s'il y a un pédiatre ici, s'il vous plaît?
[vu puʀjem diʀ sil‿ja ɛ̃ pediatʀ‿isi sil vu plɛ]

Mein Kind hat ...
Mon fils/Ma fille a ... [mɔ̃ fis/ma fij a]

Er/Sie ist allergisch gegen ...
Il/Elle est allergique à ... [il/ɛl ɛt‿alɛʀʒika]

Er/Sie hat erbrochen.
Il/Elle a vomi. [il/ɛl‿a vɔmi]

Er/Sie hat Durchfall.
Il/Elle a la diarrhée. [il/ɛl‿a la djaʀe]

Er/Sie ist gestochen worden.
Il/Elle a été piqué/e. [il/ɛl a ete pike]

Allergie	l'allergie *f* [lalɛʀʒi]
Ausschlag	les rougeurs *f* [le ʀuʒœʀ]
Elektrolytlösung	la solution de réhydratation [la sɔlysjɔ̃ də ʀeidʀatasjɔ̃]
Erkältung	le rhume [lə ʀym]
Fieber	la fièvre [la fjɛvʀ], la température [la tɑ̃peʀatyʀ]
Impfpass	le carnet de vaccinations [lə kaʀnɛd vaksinasjɔ̃]
Insektenstich	la piqûre d'insecte [la pikyr dɛ̃sɛkt]
Keuchhusten	la coqueluche [la kɔklyʃ]
Kinderkrankenhaus	l'hôpital *m* pour enfants [lopital puʀ ɑ̃fɑ̃]
Kinderkrankheit	la maladie infantile [la maladi ɛ̃fɑ̃til]
Masern	la rougeole [la ʀuʒɔl]
Mittelohrentzündung	l'otite *f* [lɔtit]
Mumps	les oreillons *m* [lez‿ɔʀɛjɔ̃]
Pilz	la mycose [la mikoz]
Röteln	la rubéole [la ʀybeɔl]
Scharlach	la scarlatine [la skaʀlatin]
Schnupfen	le rhume [lə ʀym]
Windpocken	la varicelle [la vaʀisɛl]
Zecke	la tique [la tik]

Unterwegs mit Handicap

In eigener Regie

- Die französische Bahn gibt eine Broschüre heraus, die Schwerbehinderten bei der Vorbereitung ihrer Reise hilft: *Guide des voyageurs handicapés et à mobilité réduite* (Behindertenreiseführer). Dieser Führer ist im Internet unter **www.accessibilite.sncf.com/Dossiers pratiques/ Guide du voyageur handicapé** herunterzuladen. Die Homepage *accessibilité* (= Zugang) enthält alles, was Sie wissen müssen, um Ihre Bahnfahrt besser planen zu können. Unter *Acces plus* finden Sie u.a. Einzelheiten über einen Abhol- und Begleitservice von der Abfahrt bis zum Zielbahnhof. Mails sind an **accesplus@sncf.fr** zu richten. Die o. g. Broschüre (auch in Blindenschrift übrigens) können Sie sonst unter folgender Adresse anfordern: Délégation à l'accessibilité de la SNCF, 2 rue Traversière, 75571 Paris Cedex 12.
- Sollten Sie eine behindertengerechte Unterkunft in Frankreich suchen, bietet der Verband *Gîtes de France* (**www.gites-de-france.com**) entsprechende Privatzimmer oder Wohnungen an. Unter **www.guide-accessible.com** finden Sie eine weitere Auswahl an behindertengerechten Unterkünften.
- Fachkundige Auskünfte zum barrierefreien Reisen bietet auch der deutsche *Bundesverband Selbsthilfe Körperbehinderter e.V.* an. (E-Mail: **Reiseservice@bsk-ev.org**; Internet: **www.bsk-ev.org**).

Ich bin ...
Je suis ...[ʒə sɥi]
körperbehindert.
handicapé physique. [ɑ̃dikape fisik]
sehbehindert.
mal-voyant. [malvwajɑ̃]

Ich habe ...
J'ai ... [ʒɛ]
eine Gehbehinderung.
des difficultés à marcher. [de difikylte a maʀʃe]
Multiple Sklerose.
de la sclérose en plaques. [də la skleʀoz ɑ̃ plak]

Unterwegs

Kann ich einen eigenen (faltbaren) Rollstuhl im Flugzeug mitnehmen?
Je peux emporter mon fauteuil roulant (pliant) dans l'avion?
[ʒə pøz‿ɑ̃pɔʀte mɔ̃ fotœj ʀulɑ̃ (pliɑ̃) dɑ̃ lavjɔ̃]

Wird ein Rollstuhl am Abflug-/Zielflughafen bereitgestellt?
Il y a un fauteuil roulant de prévu au départ/à l'arrivée à l'aéroport?
[il‿ja ɛ̃ fotøj ʀulɑ̃ də pʀevy o depaʀ/a laʀʀive a laeʀopɔʀ]

Könnte ich einen Sitz am Gang haben?
Je pourrais avoir une place sur l'allée?
[ʒə puʀɛ avwaʀ yn plas syʀ lalle]

Gibt es eine Behindertentoilette ?
Il y a des toilettes pour handicapés? [ilja de twalɛt puʀ ɑ̃dikape]

Gibt es einen Behindertenwaschraum?
Il y a une salle d'eau pour handicapés?
[il‿ja yn sal do puʀ ɑ̃dikape]

Könnte mir jemand beim Umsteigen behilflich sein?
Est-ce que quelqu'un pourrait m'aider à changer de train?
[ɛs‿kə kɛlkɛ̃ puʀɛ mede a ʃɑ̃ʒed tʀɛ̃]

Ist der Einstieg in die Wagen ebenerdig?
Est-ce que la montée dans les voitures est au niveau du sol?
[ɛs‿kə la mɔ̃te dɑ̃ le vwatyʀ ɛt‿o nivo dy sɔl]

Gibt es Niederflurbusse?
Il y a des bus à marche surbaissée? [il‿ja de bys‿a maʀʃ syʀbese]

Sind die Bahnsteige über Rampen für Rollstuhlfahrer zugänglich?
Il y a des rampes d'accès aux quais pour personnes en fauteuil (roulant)? [il‿ja de ʀɑ̃p daksɛ puʀ pɛrsɔn ɑ̃ fotœj (ʀulɑ̃)]

Gibt es für Körperbehinderte Leihwagen mit Handgas?
Vous avez des voitures avec commandes à mains pour handicapés?
[vuz‿ave de vwatyʀ avɛk kɔmɑ̃da mɛ̃ puʀ ɑ̃dikape]

Vermieten Sie rollstuhlgerechte Wohnmobile?
Vous louez des caravanes équipées pour handicapés
(en fauteuil)? [vu lue de kaʀavanz ekipe puʀ ɑ̃dikape (ɑ̃ fotœj)]

Kann man hier irgendwo Behindertenfahrräder leihen?
Peut-on louer ici quelque part des bicyclettes pour handicapés?
[pøt‿ɔ̃ lue isi kɛlkə paʀ de bisiklɛt puʀ ɑ̃dikape]

Unterkunft

Könnten Sie mir bitte Informationen senden, welche Hotels in ... für Behinderte geeignet sind.
Pourriez-vous m'envoyer des informations sur les hôtels de .... qui sont accessibles aux handicapés ? [puʀje vu mɑ̃vwaje dez‿ɛ̃fɔrmasjɔ̃ syʀ lez‿otɛl də ... ki sɔ̃t‿aksɛsibl‿oz‿ɑ̃dikape]

Welche Hotels und Campingplätze haben behindertengerechte Einrichtungen?
Quels sont les hôtels et campings qui sont aménagés pour handicapés?
[kɛl sɔ̃ lez‿otɛl e kɑ̃piɲ ki sɔt‿amenaʒe puʀ ɑ̃dikape]

Was für einen Bodenbelag hat das Zimmer?
La pièce a un sol recouvert de quel revêtement?
[la piɛs a ɛ̃ sɔl ʀəkuvɛʀ də kɛl ʀəvɛtmɑ̃]

Museen, Sehenswürdigkeiten, Theater ...

Ist die Ausstellung für Gehbehinderte über Aufzüge erreichbar?
L'exposition est-elle accessible aux handicapés par des ascenceurs?
[lɛkspozisjɔ̃ ɛt‿ɛl aksɛsiblə o ɑ̃dikape paʀ dez‿asɑ̃sœʀ]

Gibt es spezielle Führungen für Behinderte/Stadtführungen für Gehörlose?
Il y a des visites guidées spécialement pour handicapés/des visites de la ville pour les malentendants?
[il‿ja de vizit gide spesjalmɑ̃ puʀ ɑ̃dikape/de vizit də la vil puʀ le malɑ̃tɑ̃dɑ]

Können Induktionsschleifen für Hörbehinderte eingeschaltet werden?
Est-ce que vous pouvez brancher la boucle magnétique pour les malentendants?
[ɛs‿kə vu puve bʀɑ̃ʃe la buklə maɲetik puʀ le malɑ̃tɑ̃dɑ̃]

Gibt es Museumsführungen/Theateraufführungen für Taubstumme/Blinde?
Il y a des visites du musée/des représentations théâtrales pour les malentendants/les non-voyants? [il‿ja de vizit du myze/de ʀəpʀezɑ̃tasjɔ̃ teatʀal puʀ le malɑ̃tɑ̃dɑ/le nɔ̃vwajɑ̃]

Auffahrtrampe	la rampe d'accès [la ʀɑ̃p daksɛ]
barrierefrei	sans obstacle [sɑ̃z‿ɔpstakl]
Begleitperson	l'accompagnateur *m*/l'accompagnatrice *f* [lakɔ̃paɲatœʀ/lakɔ̃paɲatʀis]
Behindertenausweis	la carte d'invalidité [la kaʀt dɛ̃validite]
behindertengerecht	aménagé/équipé pour handicapés [amenaʒe/ekipe puʀ ɑ̃dikape]
Behindertenparkplatz	la place de stationnement pour handicapés [la plas də stasjɔnmɑ̃ puʀ ɑ̃dikape]
Behindertentoilette	les toilettes *f* pour handicapés [le twalɛt puʀ ɑ̃dikape]
Behindertenverband	l'association *f* de handicapés [lasɔsjasjɔ̃ də ɑ̃dikape]
Betreuungsdienst	le service d'assistance [lə sɛʀvis dasistɑ̃s]
blind	aveugle [avœglə]
Blinde/r	l'aveugle *m/f* [lavœglə]; le/la non-voyant/e [le/la nɔ̃vwajɑ̃/t]
Blindenhund	le chien d'aveugle [lə ʃjɛ̃ davœglə]
Blindenschrift	le braille [lə bʀaj]

Breite	la largeur [la laʀʒœʀ]
Duschsitz	la douche assise [la duʃ asiz]
ebenerdig	au niveau du sol [o nivo dy sɔl], surbaissé [syʀbese]
Einstiegshilfe	le marche-pied [lə maʀʃəpje]
Epilepsie	l'épilepsie *f* [lepilɛpsi]
Fahrdienst	le service de transport (pour handicapés) [lə sɛʀvis də tʀɑ̃spɔʀ (puʀ ɑ̃dikape)]
Flurbreite	la largeur du couloir [la laʀʒœʀ dy kulwaʀ]
gehörlos	sourd [suʀ]
Gehörlose/r	le sourd/la sourde [lə suʀ/la suʀdə]
geistig behindert	handicapé mental [ɑ̃dikape mɑ̃tal]
Haltegriff	la poignée [la pwaɲe]
Handbike	le déambulateur [lə deɑ̃bylatœʀ]
Handgas *(Auto)*	les commandes *f* manuelles [le kɔmɑ̃d manyɛl]
Handlauf	la rampe [la ʀɑ̃p]
Höhe	la hauteur [la otœʀ]
hörgeschädigt	malentendant [malɑ̃tɑ̃dɑ̃]
Hublift	la plate-forme [la platfɔʀm], l'élévateur [lelevatœʀ]
Induktionsschleife	la boucle magnétique [la buklə maɲetik]
Kopfhörer	les écouteurs *m* [lez‿ekutœʀ]
Körperbehinderung	le handicap physique [lə ɑ̃dikap fizik]
Krücke	la béquille [la bekij]
Lenkrad-Drehknopf *(Auto)*	le volant mobile [lə vɔlɑ̃ mɔbil]
Mobilitätsbehinderte/r	la personne à mobilité réduite [la pɛʀsɔn a mɔbilite ʀedɥit]
pflegebedürftig	grabataire [gʀabatɛʀ]
ambulante Pflegestation	le centre de soins [lə sɑ̃tʀə də swɛ̃]
querschnittsgelähmt	paraplégique [paʀapleʒik]
Rampe	la rampe [la ʀɑ̃p]
Rollstuhl	le fauteuil roulant [lə fotœj ʀulɑ̃]
Elektrorollstuhl	le fauteuil roulant électrique [lə fotœj ʀulɑ̃ elɛktʀik]
Bordrollstuhl	le fauteuil transport [lə fotœj tʀɑ̃spɔʀ]
Faltrollstuhl	le fauteuil roulant pliant [lə fotœj ʀulɑ̃ pliɑ̃]
Rollstuhlfahrer	le handicapé en fauteuil roulant [lə ɑ̃dikape ɑ̃ fotœj ʀulɑ̃]
rollstuhlgängiger Wagen *(Zug)*	le wagon aménagé pour handicapés [lə vagɔ̃ amenaʒe puʀ ɑ̃dikape]

rollstuhlgerecht	aménagé/équipé pour handicapés [amenaʒe/ekipe puʀ ɑ̃dikape]
Rollstuhlkabine *(Schiff)*	la cabine équipée pour handicapés [la kabin ekipe puʀ ɑ̃dikape]
Sanitäreinrichtungen	les installations *f* sanitaires [lez‿ɛ̃stalasjɔ̃ sanitɛʀ]
Schreibtelefon	le minitel-dialogue [lə minitɛldjalɔg]
Schwerstbehinderte/r	le/la grand/e handicapé/e [lə/la gʀɑ̃/d ɑ̃dikape]
sehbehindert	malvoyant [malvwajɑ̃]
Sehbehinderte/r	le/la malvoyant/e [lə/la malvwajɑ̃/t]
sozialer Hilfsdienst	les services *m* d'aide sociale [le sɛʀvis ded sɔsjal]
Sozialstation	le centre social de soins [lə sɑ̃tʀə sɔsjal də swɛ̃]
Steigung	la pente [la pɑ̃t]
Stufe	la marche [la maʀʃ]
stufenloser Zugang	l'accès *m* sans marche [laksɛ sɑ̃ maʀʃ]
stumm	muet [mɥɛ]
Taststock	la canne d'aveugle [la kan davœglə]
taub	sourd [suʀ]
taubstumm	sourd-muet [suʀmɥɛ]
Taubstumme/r	le/la sourd/e-muet/te [lə/la suʀmɥɛ/t]
automatische Tür	la porte automatique [la pɔʀt ɔtɔmatik]
Türbreite	la largeur de la porte [la laʀʒœʀ de la pɔʀt]
automatische Türöffnung	l'ouverture *f* automatique des portes [luvɛʀtyʀ ɔtɔmatik de pɔʀt]
Türschwelle	le seuil [lə sœj]
Zeichensprache	la langue des signes [la lɑ̃g de siɲ]
Zugänglichkeit	l'accessibilité *f* [laksɛsibilite]

Unterkunft

Französisch träumen
Bevor Sie sich für eine der üblichen Hotelketten mit immer gleicher Ausstattung entscheiden, sollten Sie vielleicht einmal nach einem Hotel mit etwas mehr Charakter Ausschau halten.
- *Logis de France* ist ein Zusammenschluss von mehr als 3000 Hotels mit französischem Flair in allen Kategorien. Bei der Bewertung wurden die Sterne durch Kamine ersetzt. (**www.logisdefrance.fr**)
- Wer lieber in Privatunterkünften übernachten will, wird unter den mehr als 50000 Übernachtungsmöglichkeiten von *Gîtes de France* sicherlich fündig (**www.gitesdefrance.fr**).

Auskunft

Könnten Sie mir bitte ... empfehlen?
Vous pourriez m'indiquer ..., s'il vous plaît?
[vu puʀje mɛ̃dike ... sil vu plɛ]

ein gutes Hotel
un bon hôtel [ɛ̃ bɔn‿otɛl]

ein einfaches Hotel
un hôtel pas trop cher [ɛ̃n‿otɛl pa tʀo ʃɛʀ]

eine Pension
une pension [yn pɑ̃sjɔ̃]

Ist es zentral/ruhig/in Strandnähe gelegen?
Est-ce qu'il/qu'elle est dans le centre/dans un quartier tranquille/près de la plage?
[ɛs‿kil/kɛl ɛ dɑ̃l sɑ̃tʀ/dɑ̃z‿ɛ̃ kaʀtje tʀɑ̃kil/pʀɛd la plaʒ]

Gibt es hier auch ....?
Est-ce qu'il y a aussi ... ici? [ɛs‿kil‿ja osi ... isi]

einen Campingplatz
un terrain de camping [ɛ̃ tɛʀɛ̃d kɑ̃piŋ]

eine Jugendherberge
une auberge de jeunesse [yn‿obɛʀʒ də ʒœnɛs]

Hotel - Pension - Privatzimmer

An der Rezeption

Ich habe ein Zimmer reserviert. Mein Name ist ...
J'ai réservé une chambre. Je m'appelle ...
[ʒɛ ʀesɛʀve yn ʃɑ̃bʀə ʒə mapɛl]

Wir haben reserviert.
Nous avons réservé [nuz‿avɔ̃ ʀesɛʀve]

Haben Sie noch Zimmer frei?
Est-ce que vous avez encore des chambres de libres?
[ɛs‿kə vuz‿ave ɑ̃kɔʀ de ʃɑ̃bʀə də libʀ]

... für eine Nacht
... pour une nuit [puʀ yn nɥi]

... für zwei Tage
... pour deux jours [puʀ dø ʒuʀ]

... für eine Woche
... pour une semaine [puʀ yn səmɛn]

Haben Sie Familienzimmer?
Est-ce que vous avez des chambres familiales? [ɛs kə vuz‿ave de ʃɑ̃bʀ familjal]

Nein, leider nicht.
Non, désolé. [nɔ̃ dezɔle]

Ja, was für ein Zimmer wünschen Sie?
Oui, qu'est-ce que vous désirez comme chambre?
[wi kɛs‿kə vu deziʀe kɔm ʃɑ̃bʀ]

Mit Stil und Stille
Wenn Sie es vorziehen, in Schlössern, Herrenhäusern oder (alten) Abteien zu schlafen, haben Sie die Qual der Wahl. Einige finden Sie unter **www.chateauxmanoirs.fr** oder **www.relaischateaux.fr**.
Und wenn Sie vom Stress geplagt sind, sollten Sie sich vielleicht für eines der Herrenhäuser mit Charme und garantierter Stille (= *silence* im Französischen) entscheiden, die unter **www.relaisdusilence.fr** zu entdecken sind.

Ich hätte gern ...
Je voudrais ... [ʒə vudʀɛ]

ein Einzelzimmer
une chambre pour une personne [yn ʃɑ̃bʀ puʀ yn pɛʀsɔn]

ein Doppelzimmer
une chambre double [yn ʃɑ̃bʀə dubl]

ein Zweibettzimmer
une chambre à deux lits/une twin [yn ʃɑ̃bʀ‿a dø li/yn twin]

ein ruhiges Zimmer
une chambre calme [yn ʃɑ̃bʀə kalm]

mit Dusche
avec douche [avɛk duʃ]

mit Bad
avec salle de bains [avɛk sal də bɛ̃]

mit Blick aufs Meer
avec vue sur la mer [avɛk vy syʀ la mɛʀ]

Kann ich das Zimmer ansehen?
Est-ce que je peux voir la chambre? [ɛs‿kəʒ pø vwaʀ la ʃɑ̃bʀ]

Können Sie noch ein drittes Bett/Kinderbett dazustellen?
Est-ce que vous pouvez installer un troisième lit/un lit pour enfant?
[ɛs‿kə vu puve ɛ̃stale ɛ̃ tʀwazjɛm li/ɛ̃ li puʀ ɑ̃fɑ̃]

Was kostet das Zimmer mit …
Quel est le prix de la chambre avec, …
[kɛl‿ɛ lə pʀid la ʃɑ̃bʀ avɛk …]

Frühstück?
petit déjeuner compris? [pti deʒœne kɔ̃pʀi]

Halbpension?
en demi-pension? [ɑ̃ dmi pɑ̃sjɔ̃]

Vollpension?
en pension complète? [ɑ̃ pɑ̃sjɔ̃ kɔ̃plɛt]

Wo kann ich den Wagen abstellen?
Où est-ce que je peux garer ma voiture?
[u ɛs‿kəʒ pø gaʀe ma vwatyʀ]

In unserer Garage.
Dans notre garage. [dɑ̃ nɔtʀə gaʀaʒ]

Auf unserem Parkplatz.
Sur notre parking. [syʀ nɔtʀə paʀkiŋ]

Fragen und Bitten ➤ auch Frühstück

Ab wann gibt es Frühstück?
Le petit déjeuner est à partir de quelle heure?
[lə pti deʒœne ɛt‿a paʀtiʀ də kɛl‿œʀ]

Wann sind die Essenszeiten?
Quelles sont les heures des repas? [kɛl sɔ̃ lez‿œʀ de ʀpa]

Wo ist der Speisesaal?
Où est la salle à manger? [u ɛ la sal a mɑ̃ʒe]

Wo ist der Frühstücksraum?
Où est-ce qu'on prend le petit-déjeuner ? [u ɛs‿kɔ̃ pʀɑ̃l‿ptideʒøne]

Können Sie mich bitte morgen früh um 7 Uhr wecken?
Vous pouvez me réveiller demain matin à 7 heures, s'il vous plaît?
[vu puvem ʀevɛje dmɛ̃ matɛ̃ a sɛt œʀ sil vu plɛ]

Könnten Sie mir bitte ... bringen?
Vous pourriez m'apporter [vu purje mapɔʀte]

ein Badetuch
une serviette de bains [yn sɛʀvjɛt də bɛ̃]

noch eine Decke
encore une couverture [ɑ̃kɔʀ yn kuvɛʀtyʀ]

Wie funktioniert ...?
Comment fonctionne ...[kɔmɑ̃ fɔ̃ksjɔn]

Die 11 bitte.
La 11, s'il vous plaît. [la ɔ̃z sil vu plɛ]

Wo kann ich ins Internet gehen?
Où est-ce qu'il y a un accès Internet? [u ɛs‿kilja ɛ̃n‿aksɛ ɛ̃tɛrnɛt]

Wo kann ich ...
Où est-ce que je peux... [u ɛs keʒ pø]

hier etwas trinken?
boire quelque chose ici? [bwaʀ kɛlk‿ʃoz isi]

ein Auto mieten?
louer une voiture [lue yn vwatyʀ]

hier telefonieren?
téléphoner? [telefɔne]

Gibt es einen Safe im Zimmer?
Est-ce qu'il y a un coffre-fort dans la chambre ?
[ɛs‿kilja ɛ̃ kɔfʀəfɔʀ dɑ̃ la ʃɑ̃bʀ]

Kann ich mein Gepäck hier lassen?
Est-ce que je peux laisser mes bagages ici?
[ɛs kəʒ‿pø lɛse me bagaʒ‿isi]

Beanstandungen

Das Zimmer ist heute nicht geputzt worden.
Ma chambre n'a pas été nettoyée aujourd'hui.
[ma ʃɑ̃bʀ na paz‿ete nɛtwaje oʒuʀdɥi]

Die Klimaanlage funktioniert nicht.
L'air conditionné ne fonctionne pas. [lɛʀ kɔ̃disjɔne nə fɔ̃ksjɔn pa]

Der Wasserhahn tropft.
Le robinet goutte. [lə ʀɔbinɛ gut]

Es kommt kein (warmes) Wasser.
Il n'y a pas d'eau (chaude). [il nja pa do (ʃod)]

Die Toilette/Das Waschbecken ist verstopft.
Les toilettes sont bouchées /Le lavabo est bouché.
[le twalɛt sɔ̃ buʃe/lə lavabo ɛ buʃe]

Ich hätte gern ein anderes Zimmer.
J'aimerais une autre chambre, s'il vous plaît.
[ʒɛmʀɛ yn‿otʀə ʃɑ̃bʀə sil vu plɛ]

Abreise

Ich reise heute Abend/morgen um ... Uhr ab.
Je pars ce soir/demain à ... heures. [ʒə paʀ sə swaʀ/dəmɛ̃ a ... œʀ]

Könnten Sie bitte die Rechnung fertig machen?
Vous pouvez préparer la note, s'il vous plaît?
[vu puve pʀepaʀe la nɔt sil vu plɛ]

Nehmen Sie Kreditkarten?
Vous prenez les cartes de crédit? [vu pʀəne le kaʀt də kʀedi]

Könnten Sie mir bitte ein Taxi rufen?
Vous pourriez m'appeler un taxi, s'il vous plaît?
[vu puʀje maple ɛ̃ taksi sil vu plɛ]

Vielen Dank für alles! Auf Wiedersehen!
Merci pour tout! Au revoir! [mɛʀsi puʀ tu o ʀvwaʀ]

Abendessen	le dîner [lə dine]
Abfalleimer	la poubelle [la pubɛl]
Aschenbecher	le cendrier [lə sɑ̃dʀije]
Aufenthaltsraum	le salon [lə salɔ̃]
Aufzug	l'ascenseur *m* [lasɑ̃sœʀ]
Badetuch	la serviette de bains [la sɛʀvjɛt də bɛ̃]
Badewanne	la baignoire [la bɛɲwaʀ]
Badezimmer	la salle de bains [la sal də bɛ̃]
Balkon	le balcon [lə balkɔ̃]
Becher	la tasse [la tas]
Bett	le lit [lə li]
Bettdecke	la couverture [la kuvɛʀtyʀ]
Bettwäsche	les draps *m* [le dʀa]
Bidet	le bidet [le bidɛ]
Brausenkopf	la pomme de douche [la pɔm də duʃ]
Briefpapier	le papier à lettres [lə papje a lɛtʀ]
Dusche	la douche [la duʃ]
Duschvorhang/Schiebetür	le rideau/la porte coulissante [lə ʀido/la pɔʀt kulisɑ̃t]
Empfangshalle	le hall [lə ol]
Etage	l'étage *m* [letaʒ]

Fenster .... la fenêtre [la fnɛtʀə]
Fernseher .... le téléviseur [lə televizœʀ]
Fernsehraum .... la salle de télévision [la sal də televizjɔ̃]
Frühstück .... le petit déjeuner [lə pti deʒœne]
Frühstücksbüfett .... le buffet (de petit déjeuner) [lə byfɛ (də pti deʒœne)]
Frühstücksraum .... la salle de petit déjeuner [la sal də pti deʒœne]
Garage .... le garage [lə gaʀaʒ]
Gedeck .... le couvert [lə kuvɛʀ]
Glas .... le verre [lə vɛʀ]
Glühbirne .... l'ampoule *f* [lɑ̃pul]
Halbpension .... la demi-pension [la dmipɑ̃sjɔ̃]
Handbrause .... la douchette [la duʃɛt]
Handtuch .... la serviette de toilette [la sɛʀvjɛt də twalɛt]
Hauptsaison .... la pleine saison [la plɛn sɛzɔ̃]
Heizung .... le chauffage [lə ʃofaʒ]
Kleiderbügel .... le cintre [lə sɛ̃tʀ]
Klimaanlage .... l'air *m* conditionné [lɛʀ kɔ̃disjɔne]
Kopfkissen .... l'oreiller *m* [lɔʀɛje]
Lampe .... la lampe [la lɑ̃p]
Licht .... la lumière [la lymjɛʀ]
Lichtschalter .... l'interrupteur *m* [lɛ̃teʀyptœʀ]
Matratze .... le matelas [lə matla]
Minibar .... le minibar [lə minibaʀ]
Mittagessen .... le déjeuner [lə deʒœne]
Motel .... le motel [lə mɔtɛl]
Nachsaison .... l'arrière-saison *f* [laʀjɛʀsɛzɔ̃]
Nachttisch .... la table de nuit [la tablə də nɥi]
Nachttischlampe .... la lampe de chevet [la lɑ̃p də ʃvɛ]
Notizblock .... le bloc-notes [lə blɔknɔt]
Parkplatz .... la place de stationnement [la plas də stasjɔnmɑ̃]
Pension .... la pension (de famille) [la pɑ̃sjɔ̃(d famij)]
Portier .... le portier [lə pɔʀtje], le/la concierge [lə/la kɔ̃sjɛʀʒ]
Preisliste .... la liste des prix [la list de pʀi]
Radio .... la radio [la ʀadjo]
reinigen .... nettoyer [nɛtwaje]
reparieren .... réparer [ʀepaʀe]
Reservierung .... la réservation [la ʀezɛʀvasjɔ̃]
Restaurant .... le restaurant [lə ʀɛstɔʀɑ̃]
Rezeption .... la réception [la ʀesɛpsjɔ̃]
Safe .... le coffre-fort [lə kɔfʀəfɔʀ]
Schlüssel .... la clé [la kle]

Schrank	l'armoire *f* [laʀmwaʀ]
Schuhputzzeug	le nécessaire à cirage [le nesesɛʀ‿a siʀaʒ]
Sessel	le fauteuil [lə fotœj]
Speisesaal	la salle à manger [la sal a mɑ̃ʒe]
Steckdose	la prise de courant [la pʀiz də kuʀɑ̃]
Stecker	la fiche [la fiʃ]
Stuhl	la chaise [la ʃɛs]
Swimmingpool	la piscine [la pisin]
Terrasse	la terrasse [la tɛʀas]
Tisch	la table [la tabl]
Toilette	les toilettes *f* [le twalɛt]
Toilettenpapier	le papier hygiénique [lə papje iʒjenik]
Transferbus	la navette [la navɛt]
Übernachtung	la nuit [la nɥit]
Ventilator	le ventilateur [lə vɑ̃tilatœʀ]
Verlängerungswoche	la semaine supplémentaire [la smɛn syplemɑ̃tɛʀ]
Vollpension	la pension complète [la pɑ̃sjɔ̃ kɔ̃plɛt]
Vorsaison	l'avant-saison *f* [lavɑ̃sɛzɔ̃]
Waschbecken	le lavabo [lə lavabo]
Wäschewechsel	le changement de linge [lə ʃɑ̃ʒmɑ̃d lɛ̃ʒ]
Wasser	l'eau *f* [lo]
kaltes Wasser	l'eau froide [lo fʀwad]
warmes Wasser	l'eau chaude [lo ʃod]
Wasserglas	le verre à eau [lə vɛʀ a o]
Wasserhahn	le robinet [lə ʀɔbinɛ]
Wolldecke	la couverture de laine [la kuvɛʀtyʀ də lɛn]
Zimmer	la chambre [la ʃɑ̃bʀ]
Zimmermädchen	la femme de chambre [la fam də ʃɑ̃bʀ]
Zimmertelefon	le téléphone (de la chambre) [lə telefɔn (də la ʃɑ̃bʀ)]
Zwischenstecker	la prise multiple [la pʀiz myltipl]

Ferienhäuser und Ferienwohnungen

Ist der Strom-/Wasserverbrauch im Mietpreis enthalten?
Est-ce que l'eau et l'électricité sont comprises dans la location ?
[ɛs‿kə lo e lelɛktʀisite sɔ̃ kɔ̃pʀiz dɑ̃ la lɔkasjɔ̃]

Sind Haustiere erlaubt?
Est-ce que les animaux domestiques sont admis?
[ɛs‿kə lez‿animo dɔmɛstik sɔ̃t‿admi]

Müssen wir die Endreinigung selbst übernehmen?
Est-ce que nous devons faire nous-mêmes le nettoyage de fin de séjour?
[ɛs‿kə nu dvɔ̃ fɛʀ numɛm lə nɛtwajaʒ də fɛ̃d seʒuʀ]

➢ **auch Hotel – Pension – Privatzimmer**

Allgemeines

Anreisetag	le jour de l'arrivée [lə ʒuʀ də laʀive]
Apartment	le studio [lə stydjo]
Bauernhof	la ferme [la fɛʀm]
Bungalow	le bungalow [lə bɛ̃galo]
Endreinigung	le nettoyage de fin de séjour [lə nɛtwajaʒ də fɛ̃d seʒuʀ]
Ferienanlage	le village de vacances [lə vilaʒ də vakɑ̃s]
Ferienhaus	la maison de vacances/de campagne [la mɛzɔ̃d vakɑ̃s/kɑ̃paɲ]
Hausbesitzer	le propriétaire (de la maison) [lə pʀɔpʀijetɛʀ (də la mɛzɔ̃)]
Haustiere	les animaux *m* domestiques [lez‿animo dɔmɛstik]
Kochnische	le coin-cuisine [lə kwɛ̃kɥizin]
Küche	la cuisine [la kɥizin]
Miete	le loyer [lə lwaje]
Müll	les ordures *f* [les‿ɔʀdyʀ]
Mülltrennung	le tri des déchets [lə tʀi de deʃɛ]
Nebenkosten	les charges *f* [le ʃaʀʒ]
Schlafzimmer	la chambre à coucher [la ʃɑ̃bʀ a kuʃe]
Schlüsselübergabe	la remise des clés [la ʀəmiz de kle]
Strom	le courant (électrique) [lə kuʀɑ̃ (elɛktʀik)]
Stromspannung	le voltage [lə vɔltaʒ]
Studio	le studio [lə stydjo]
vermieten	louer [lue]
Wasserverbrauch	la consommation d'eau [la kɔ̃sɔmasjɔ̃ do]
Wohnzimmer	la salle de séjour [la sal də seʒuʀ]

Ausstattung

Backofen	le four [fuʀ]
Besen	le balai [balɛ]
Bräter	la sauteuse [sotøz]
Bügeleisen	le fer à repasser [fɛʀ‿a ʀpase]
Eierbecher	le coquetier [kɔktje]
Eimer	le seau [so]
Etagenbett	le lit à étages [lə li a etaʒ]

Gasherd	la gazinière [la gazinjɛʀ]
Geschirr	la vaisselle [la vɛsɛl]
Geschirrtuch	le torchon [lə tɔʀʃɔ̃]
Glas	le verre [lə vɛʀ]
Herd	la cuisinière [la kɥizinjɛʀ]
Kaffeefilter	les filtres à café [filtʀ‿a kafe]
Kaffeelöffel	la petite cuillère [la pøtit kɥijɛr]
Kaffeemaschine	la machine à café [la maʃin a kafe]
Kehrschaufel	la balayette [la balɛjɛt]
Küchensieb	la passoire [la paswaʀ]
Kühlschrank	le réfrigérateur [lə ʀefʀiʒeʀatœʀ], le frigo [lə fʀigo]
Mixer	le mixer [lə miksɛr]
Pfanne	la poêle [la pwal]
Putzmittel	le produit de nettoyage [lə prodɥid‿nɛtwajaʒ]
Reibe	la râpe [la rɑp]
Rührlöffel	la cuillère en bois [la kɥijɛʀ‿ɑ̃ bwa]
Schlafcouch	la banquette-lit [la bɑ̃kɛtli]
Schneebesen	le fouet [lə fuɛ]
Schneidebrett	la planche à découper [la plɑ̃ʃ‿a dekupe]
Schöpfkelle	la louche [la luʃ]
Schüssel	le plat [lə pla]
Staubsauger	l'aspirateur *m* [aspiratœʀ]
Tasse	la tasse [la tas]
Trockner	le séchoir [lə seʃwaʀ]
Waschmaschine	la machine à laver [la maʃin‿a lave]
Wasserkocher	la bouilloire électrique [la buijwaʀ elɛktʀik]
Wischmopp	la serpillière [la sɛʀpijɛr]

Camping

Könnten Sie mir sagen, ob es in der Nähe einen Campingplatz gibt?
Vous pourriez me dire s'il y a un terrain de camping par ici?
[vu puʀjem diʀ sil‿ja ɛ̃ tɛʀɛ̃d kɑ̃piŋ paʀ isi]

Haben Sie noch Platz für einen Wohnwagen/ein Zelt?
Vous avez encore de la place pour une caravane/une tente? [vuz‿ave ɑ̃kɔʀ də la plas puʀ yn kaʀavan/yn tɑ̃t]

Wie hoch ist die Gebühr pro Tag und Person?
Quel est le tarif par jour et par personne?
[kɛl‿ɛl taʀif paʀ ʒuʀ e paʀ pɛʀsɔn]

Wie hoch ist die Gebühr für ...
Quel est le tarif pour ... [kɛl‿ɛl taʀif puʀ]

ein Auto?
une voiture? [yn vwatyʀ]

einen Wohnwagen?
une caravane? [yn kaʀavan]

ein Wohnmobil?
un camping-car? [ɛ̃ kɑ̃piŋkaʀ]

ein Zelt?
une tente? [yn tɑ̃t]

Vermieten Sie stationäre Wohnwagen?
Vous louez des caravanes? [vu lue de kaʀavan]

Wir bleiben ... Tage/ Wochen.
Nous restons ... jours/semaines. [nu ʀɛstɔ̃ ... ʒuʀ/smɛn]

Wo sind ...
Où sont ... [u sɔ̃]

die Toiletten?
les toilettes? [le twalɛt]

die Waschräume?
les sanitaires? [le sanitɛʀ]

die Duschen?
les douches? [le duʃ]

Camping	le camping [lə kɑ̃piŋ]
Campingausweis	la licence camping [la lisɑ̃s kɑ̃piŋ]
Campingführer	le guide de camping-caravaning [lə gid də kɑ̃piŋ kaʀavaniŋ]
Campingplatz	le (terrain de) camping [lə (tɛʀɛ̃ də) kɑ̃piŋ]
Gasflasche	la bouteille de gaz [la butɛj də gaz]
Gaskartusche	la cartouche de gaz [la kaʀtuʃ də gaz]
Gaskocher	le réchaud à gaz [lə ʀeʃo a gaz]
Geschirrspülbecken	l'évier pour la vaisselle [levje puʀ la vɛsɛl]
Kocher	le réchaud [lə ʀeʃo]
Petroleumlampe	la lampe à pétrole [la lɑ̃p a petʀɔl]
Propangas	le propane [lə pʀɔpan]
Steckdose	la prise de courant [la pʀiz də kuʀɑ̃]
Stecker	la fiche [la fiʃ]
Strom	le courant (électrique) [lə kuʀɑ̃ (elɛktʀik)]
Stromanschluss	la prise de courant [la pʀiz də kuʀɑ̃]

Trinkwasser	l'eau *f* potable [lo pɔtabl]
Voranmeldung	la réservation [la ʀezɛʀvasjɔ̃]
Waschraum	les lavabos *m* [le lavabo]
Wasser	l'eau *f* [lo]
Wasserkanister	le bidon d'eau [lə bidɔ̃ do]
Wohnmobil	le camping-car [lə kɑ̃piŋkaʀ]
Wohnwagen	la caravane [la kaʀavan]
Zelt	la tente [la tɑ̃t]
zelten	camper [kɑ̃pe]

Gastronomie

Gewusst wo

- Das **café** bietet vorrangig Getränke an, aber auch *croissants* oder *baguettes, sandwichs* und weitere Kleinigkeiten für den kleinen Hunger. Im **café-tabac** werden auch Tabakwaren, Zeitungen/Zeitschriften, Briefmarken, Telefonkarten und Busfahrkarten verkauft.
- Im **café-restaurant** bekommt man komplette warme Gerichte.
- **Bistrot** ist zwar die allgemeine Bezeichnung für das Café um die Ecke und für alle kleinen Lokale, gleichzeitig aber kann ein **bistrot** auch ein kleines Restaurant in alter Tradition sein, d. h. oft mit rot-weiß karierten Tischtüchern und in der Regel guten und preiswerten Menüs.
- Die **brasserie** war ursprünglich ein Bierlokal. Inzwischen aber versteht man darunter ein großes **café-restaurant**, mitunter mit elsässischen Spezialitäten. In einer **brasserie** kann man sich zudem meist mit einem einzigen Gericht begnügen, ohne schief angesehen zu werden.
- Im **restaurant** dagegen wird oft erwartet, dass man mehrere Gänge und dazu auch noch Wein bestellt.
- Der **salon de thé** entspricht dem deutschen Café, und der Begriff **crêperie** gehört schon längst zum deutschen Wortschatz.

Essen gehen

Wo gibt es hier ...
Vous pourriez m'indiquer ... [vu puʀje mɛ̃dike]
ein gutes Restaurant?
un bon restaurant? [ɛ̃ bɔ̃ ʀɛstɔʀɑ̃]
ein nicht zu teures Restaurant?
un restaurant pas trop cher? [ɛ̃ ʀɛstɔʀɑ̃ pa tʀo ʃɛʀ]

Im Restaurant

Ich möchte für heute Abend einen Tisch für 4 Personen reservieren.
Je voudrais retenir une table pour ce soir, pour quatre personnes.
[ʒvudʀɛ ʀətniʀ yn tablə puʀ sə swaʀ puʀ katʀə pɛʀsɔn]

Ist dieser Tisch noch frei?
Est-ce que cette table est libre, s'il vous plaît?
[ɛs‿kə sɛt tabl ɛ libʀ sil vu plɛ]

Einen Tisch für zwei/drei Personen, bitte.
Une table pour deux/trois personnes. [yn tablə puʀ dø/tʀwa pɛʀsɔn]

Wo sind bitte die Toiletten?
Où sont les toilettes, s'il vous plaît? [u sɔ̃ le twalɛt sil vu plɛ]

Darf ich rauchen?
Je peux fumer? [ʒpø fyme]

Bestellung

Herr Ober/Bedienung,
Monsieur/Madame (Mademoiselle), [məsjø/madam (madmwazɛl)]
die Speisekarte, bitte.
la carte, s'il vous plaît. [la kaʀt sil vu plɛ]
die Getränkekarte, bitte.
la carte des boissons, s'il vous plaît. [la kaʀt de bwasɔ̃ sil vu plɛ]

Was können Sie mir empfehlen?
Qu'est-ce que vous me conseillez? [kɛs‿kə vum kɔ̃sɛje]

Gibt es auch Kinderportionen?
Vous faites des demi-portions pour les enfants?
[vu fɛt de dmipɔʀsjɔ̃ puʀ lez‿ɑ̃fɑ̃]

Haben Sie schon gewählt?
Vous avez choisi? [vuz‿ave ʃwazi]

Ich nehme ...
Je prends ... [ʒə pʀɑ̃]

Als Vorspeise/Hauptgericht/Nachtisch nehme ich ...
Comme entrée/plat principal/dessert, je prends ...
[kɔm ɑ̃tʀe/desɛʀ/pla pʀɛ̃sipal ʒə pʀa]

Ich möchte keine Vorspeise, danke.
Je ne veux pas d'entrée, merci. [ʒən vø pa dɑ̃tʀe mɛʀsi]

Könnte ich statt ... ... haben?
Est-ce qu'à la place de ... je pourrais avoir ...?
[ɛs‿ka la plas də ... ʒə puʀɛ avwaʀ]

Wie möchten Sie Ihr Steak haben?
Comment voulez-vous votre steak ? [kɔmɑ̃ vule vu vɔtʀə stɛk]
gut durch
bien cuit [bjɛ̃ kɥi]
halb durch
à point [a pwɛ̃]
englisch
saignant [sɛɲɑ̃]

Was möchten Sie trinken?
Qu'est-ce que vous voudriez boire? [kɛs‿kə vu vudʀje bwaʀ]

Bitte ein Glas ...
Un verre de ..., s'il vous plaît. [ɛ̃ vɛʀ də ... sil vu plɛ]

Bitte eine Flasche/eine halbe Flasche ...
Une bouteille/Une demi-bouteille de ..., s'il vous plaît.
[yn butɛj/yn dəmibutɛj də ... sil vu plɛ]

Guten Appetit!
Bon appétit! [bɔn‿apeti]

Zum Wohl!
A votre santé/A la vôtre. [a vɔtʀ sɑ̃te/a la votʀ]

Haben Sie noch einen Wunsch?
Vous désirez encore quelque chose? [vu deziʀe ɑ̃kɔʀ kɛlkə ʃoz]

Bitte bringen Sie uns ...
Apportez-nous ..., s'il vous plaît. [apɔʀtenu ... sil vu plɛ]

Könnten Sie uns noch etwas Brot/Wasser/Wein bringen?
Est-ce que vous pourriez nous apporter encore un peu de pain/d'eau/de vin, s'il vous plaît?
[ɛs‿kə vu puʀje nuz‿apɔʀte ɑ̃kɔʀ ɛ̃ pød pɛ̃/do/də vɛ̃ sil vu plɛ]

Beanstandungen

Höflich, aber bestimmt!
Wenn Sie etwas zu beanstanden haben, leiten Sie Ihre Beschwerde bitte immer mit einem *Excusez-moi*, z. B.: *Excusez-moi, mais je n'ai pas de* ... ein. Bei der zweiten Beschwerde im selben Lokal dürfen Sie allerdings ruhig auf das *Excusez-moi* verzichten.

Hier fehlt ein/e ...
Je n'ai pas de ... [ʒnɛ pad ...]

Haben Sie mein/e ... vergessen?
Vous pensez à mon/ma/mes ...? [vu pɑ̃se a mɔ̃/ma/me ...]

Das habe ich nicht bestellt.
Ce n'est pas ce que j'ai commandé. [snɛ pa skə ʒɛ kɔmɑ̃de]

Die Suppe ist kalt/versalzen.
Le potage est froid/trop salé. [lə pɔtaʒ ɛ fʀwa/tʀo sale]

Das Fleisch ist zäh/zu fett.
Cette viande est dure/trop grasse. [sɛt vjɑ̃d‿ɛ dyʀ/tʀo gʀas]

Der Fisch ist nicht frisch.
Le poisson n'est pas frais. [lə pwasɔ̃ nɛ pa fʀɛ]

Nehmen Sie es bitte zurück.
Vous pouvez le remporter, s'il vous plaît?
[vu puve lə ʀɑ̃pɔʀte sil vu plɛ]

Holen Sie bitte den Chef.
Allez chercher le patron, je vous prie. [ale ʃɛʀʃel patʀɔ̃ ʒvu pʀi]

Die Rechnung

Die Rechnung bitte/Bezahlen, bitte.
L'addition, s'il vous plaît. [ladisjɔ̃ sil vu plɛ]

Bitte alles zusammen.
Je paie le tout. [ʒə pɛ lə tu]

Ist die Bedienung inklusive?
Le service est compris? [lə sɛʀvis ɛ kɔ̃pʀi]

Die Rechnung scheint mir nicht zu stimmen.
Je crois qu'il y a une erreur dans l'addition.
[ʒə kʀwa kil‿ja yn‿ɛʀœʀ dɑ̃ ladisjɔ̃]

Zahlen, bitte!
Einige Tipps zu französischen Gewohnheiten in *cafés* und *restaurants*:
- Essen mehrere Leute mit „getrennter Kasse" zusammen, bekommt man die Gesamtrechnung und regelt erst nach dem Bezahlen, wer welche Posten übernimmt.
- Das Trinkgeld lässt man in der Regel lässig auf dem Tisch oder in dem dafür bestimmten Tellerchen liegen. Es bringt dem Gebenden zwar kein direktes Dankeschön, dies sollte aber kein Grund sein, weniger zu geben.
- Und prüfen Sie ruhig die Rechnung.

Das habe ich nicht gehabt. Ich hatte ...
Je n'ai pas pris de ... J'ai pris ... [ʒnɛ pa pʀi də ... ʒɛ pʀi]

Hat es geschmeckt?
Ça a été? [sa a ete], Ça vous a plu? [sa vuz‿a ply]

Das Essen war ausgezeichnet.
Le repas était excellent. [lə ʀəpa etɛt‿ɛksɛlɑ̃]

Das ist für Sie.
Voilà pour vous. [vwala puʀ vu]

Es stimmt so.
C'est bien comme ça. [sɛ bjɛ̃ kɔm sa]

Café

Was trinken Sie?
Qu'est-ce que vous buvez? [kɛs‿kə vu byve]

Ich möchte einen Kaffee, bitte.
Je voudrais un café, s'il vous plaît. [ʒvudʀɛ ɛ̃ kafe sil vu plɛ]
... einen schwarzen Kaffee
... un café noir [ɛ̃ kafe nwaʀ]
... einen Espresso
... un café express [ɛ̃ kafe ɛkspʀɛs]

... einen Milchkaffee
... un café au lait [ɛ̃ kafe o lɛ]
... einen Kaffee mit Sahne
... un café crème [ɛ̃ kafe kʀɛm]

In allen Schattierungen
Die französische Kaffeekultur ist bei weitem nicht so entwickelt wie in Italien, aber einige Nuancen sollte man doch kennen. So wird oft bestellt:
- *un grand crème = un grand café au lait*
- *un petit crème = un petit café au lait*
- *un grand noir = un grand café noir*
- *un petit noir* oder *un express*
- *une noisette* (eine Nuss) ist ein schwarzer Kaffee mit etwas Milch.

Je nach Gegend können die Bezeichnungen und deren Bedeutungen etwas variieren.

Einen frisch gepressten Zitronensaft.
Un citron pressé. [ɛ̃ sitʀɔ̃ pʀese]

Eine Limonade mit Pfefferminzsirup.
Un diabolo menthe. [ɛ̃ djabolo mɑ̃t]

Ich hätte gern einen Tee natur/mit Milch/mit Zitrone.
J'aimerais un thé nature/au lait/au citron.
[ʒɛmʀɛ ɛ̃ te natyʀ/o lɛ/o sitʀɔ̃]

Ein Bier vom Fass, bitte.
Une (bière) pression, s'il vous plaît. [yn (bjɛʀ) pʀɛsjɔ̃ sil vu plɛ]

Das ist meine Runde.
C'est ma tournée. [sɛ ma tuʀne]

Das Gleiche noch einmal, bitte.
La même chose, s'il vous plaît. [la mɛm ʃoz sil vu plɛ]

Was haben Sie zu essen?
Qu'est-ce que vous avez à manger? [kɛs kə vuz‿ave a mɑ̃ʒe]

Wir haben Omelette, eine Aufschnittplatte, hausgemachte Pastete oder Croque-monsieur.
Nous avons des omelettes, de la charcuterie, du pâté maison ou des croque-monsieur.
[nuz‿avɔ̃ dez ɔmlɛt, dla ʃaʀkytʀi, dy pate mɛsɔ̃ u de kʀɔkməsjø]

➢ **auch Lebensmittel**

Abendessen	le dîner [lə dine]
alkoholfrei	sans alcool [sɑ̃z‿alkɔl]
Aschenbecher	le cendrier [lə sɑ̃dʀije]
Besteck	les couverts *m* [le kuvɛʀ]

Bestellung	la commande [la kɔmɑ̃d]
Diabetiker	le diabétique [lə djabetik]
Dressing	l'assaisonnement *m* [lasɛzɔnmɑ̃]
Essig	le vinaigre [lə vinɛgʀ]
vom Fass	pression [pʀɛsjɔ̃]
fettarm	light [lajt]
Fleck	la tache [la taʃ]
Frühstück	le petit-déjeuner [lə pti deʒœne]
Gabel	la fourchette [la fuʀʃɛt]
Gang	le plat [lə pla]
Gedeck	le couvert [lə kuvɛʀ]
Gericht	le plat [lə pla]
Getränk	la boisson [la bwasɔ̃], la consommation [la kɔ̃sɔmasjɔ̃]
Gewürz	l'épice *f* [lepis]
Glas	le verre [lə vɛʀ]
Wasserglas	le verre à eau [lə vɛʀ a o]
Weinglas	le verre à vin [lə vɛʀ a vɛ̃]
Gräte	l'arête *f* [laʀɛt]
hart	dur [dyʀ]
Hauptspeise	le plat principal [lə pla pʀɛ̃sipal]
hausgemacht	(fait) maison [(fɛ) mɛzɔ̃]
heiß	très chaud [tʀɛ ʃo]
hungrig sein	avoir faim [avwaʀ fɛ̃]
kalorienarm	allégé [aleʒe]
Karaffe	la carafe [la kaʀaf]
Kellner/in	le garçon/la serveuse [lə gaʀsɔ̃/la sɛʀvøz]
Ketschup	le ketchup [lə kɛtʃəp]
Kinderteller	le menu enfants [lə məny ɑ̃fɑ̃]
Knochen	l'os *m* [lɔs]
Koch/Köchin	le cuisinier/la cuisinière [lə kɥizinje/la kɥizinjɛʀ]
Korkenzieher	le tire-bouchon [lə tiʀbuʃɔ̃]
lieblich *(Wein)*	doux/moelleux [du/mwɛlø]
Löffel	la cuillère [la kɥijɛʀ]
Teelöffel	la cuillère à café [la kɥijɛʀ a kafe]
Mayonnaise	la mayonnaise [la majɔnɛz]
Menü	le menu [lə məny]
Messer	le couteau [lə kuto]
Mittagessen	le déjeuner [lə deʒœne]
Nachtisch	le dessert [lə desɛʀ]
Ober	le garçon [lə gaʀsɔ̃]; *(Anrede)* Monsieur! [məsjø]
Öl	l'huile *f* [lɥil]
Pfannengericht	le plat fait à la poêle [lə pla fɛ a la pwal]

Pfeffer	le poivre [lə pwavʀ]
Pfefferstreuer	la poivrière [la pwavʀijɛʀ]
Portion	la portion [la pɔʀsjɔ̃]
Rost	le gril [lə gʀil]
Salatbüfett	le buffet de salades [lə byfɛd salad]
Salz	le sel [lə sɛl]
Salzstreuer	la salière [la saljɛʀ]
Scheibe	la tranche [la tʀɑ̃ʃ]
Schonkost	la cuisine diététique [la kɥizin djetetik]
Schüssel	le plat [lə pla]
Senf	la moutarde [la mutaʀd]
Serviette	la serviette [la sɛʀvjɛt]
Soße	la sauce [la sos]
Speisekarte	la carte [la kaʀt]
Spezialität	la spécialité [la spesjalite]
Strohhalm	la paille [la paj]
Suppe	la soupe [la sup], le potage [lə pɔtaʒ]
Suppenteller	l'assiette *f* creuse [lasjɛt kʀøz]
Süßstoff	les sucrettes *f* [le sykʀɛt]
Tagesgericht	le plat du jour [lə pla dy ʒuʀ]
Tasse	la tasse [la tas]
Untertasse	la soucoupe [la sukup]
Teller	l'assiette *f* [lasjɛt]
Tischtuch	la nappe [la nap]
Trinkgeld	le pourboire [lə puʀbwaʀ]
trocken *(Wein)*	sec [sɛk]
vegetarisch	végétarien [veʒetaʀjɛ]
Vorspeise	l'entrée *f* [lɑ̃tʀe]
Wasser	l'eau *f* [lo]
würzen	assaisonner [asɛzɔne]
Zahnstocher	le cure-dents [lə kyʀdɑ̃]
Zucker	le sucre [lə sykʀə]

Zubereitung

durchgebraten	bien cuit [bjɛ̃ kɥi]
gar	à point [a pwɛ̃]
gebacken	frit [fʀi]
gebraten	rôti [ʀoti]
am Spieß	à la broche [a la bʀɔʃ]
vom Grill	sur le gril [syʀ lə gʀil]
in der Pfanne	à la poêle [a la pwal]
gedämpft	à l'étouffée [a letufe]
gedünstet	à l'étuvée [a letyve]
gefüllt	farci [faʀsi]
gekocht	bouilli [buji]
geräuchert	fumé [fyme]
geröstet *(Kartoffeln)*	rissolées [ʀisɔle]

geschmort	en daube [ɑ̃ dob]
mager	maigre [mɛgʀ]
roh	cru [kʀy]
saftig	juteux [ʒytø]
sauer	aigre [ɛgʀ]
scharf	épicé [epise]
süß	doux/douce [du/dus]
überbacken	gratiné [gʀatine]
zäh	coriace [kɔrjas]
zart	tendre [tɑ̃dʀ]

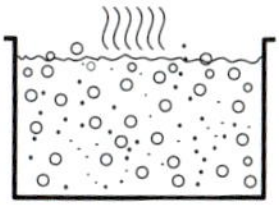

gekocht
bouilli

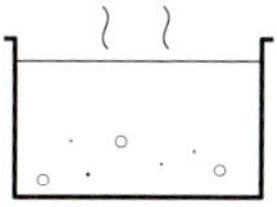

gegart
mijoté

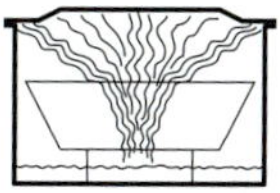

gedämpft
à l'étouffée

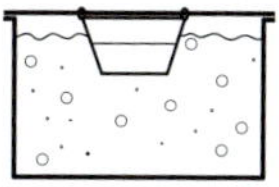

im Wasserbad
au bain-marie

gebraten
à la poêle

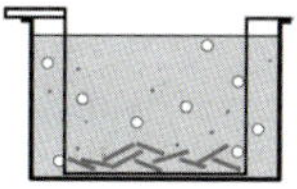

frittiert
frit

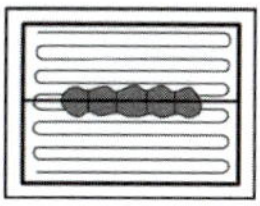

gegrillt
grillé

Ich hätte gern ...
Je voudrais ...

Ingwer le gingembre

Knoblauch
l'ail *m*

Zwiebel
l'oignon *m*

Dill
l'aneth *m*

Lorbeer
le laurier

Rosmarin
le romarin

Majoran/Oregano
la marjolaine/
l'origan *m*

Koriander
la coriandre

Petersilie
le persil

Basilikum
le basilic

Muskatnuss la muscade

Chili
le piment

Peperoni
le piment

Schnittlauch
la civette

Salbei
la sauge

Kerbel
le cerfeuil

Thymian
le thym

Bohnenkraut
la sarriette

Liebstöckl
la livèche

Ich hätte gern ...
Je voudrais ...

Ich hätte gern …
Je voudrais …

Carte	Speisekarte

Petit-déjeuner	Frühstück
café noir [kafe nwaʀ]	schwarzer Kaffee
café au lait [kafe o lɛ]	Kaffee mit Milch
café décaféiné [kafe dekafeine]	koffeinfreier Kaffee
thé au lait/citron [te o lɛ/sitrɔ̃]	Tee mit Milch/Zitrone
infusion [ɛ̃fyzjɔ̃]	Kräutertee
chocolat chaud [ʃɔkɔla ʃo]	heiße Schokolade
jus de fruits [ʒyd fʀɥi]	Fruchtsaft
œuf à la coque [œf a la kɔk]	weich gekochtes Ei
œufs brouillés [ø bʀuje]	Rühreier
œufs au bacon [ø o bakɔ̃]	Eier mit Speck
pain/petit pain/toast [pɛ̃/pti pɛ̃/tost]	Brot/Brötchen/Toast
beurre [bœʀ]	Butter
fromage [fʀɔmaʒ]	Käse
saucisson [sosisɔ̃]	Wurst
jambon [ʒɑ̃bɔ̃]	Schinken
confiture [kɔ̃fityʀ]	Marmelade
miel [mjɛl]	Honig
muesli [mysli]	Müsli
yaourt [jaurt]	Joghurt
fruit [fʀɥi]	Obst

Potages et soupes	Suppen
bisque d'écrevisses [bisk dekʀəvis]	Flusskrebssuppe
bouillabaisse [bujabɛs]	südfranzösische Fischsuppe
consommé de poulet [kɔ̃sɔmed pulɛ]	Hühnersuppe
potage au cresson [pɔtaʒ‿o kʀesɔ̃]	Kressecremsuppe
potage de légumes [pɔtaʒ də legym]	Gemüsecremsuppe
soupe à l'oignon [sup a lɔɲɔ̃]	Zwiebelsuppe
soupe de poisson [sup də pwasɔ̃]	Fischsuppe
velouté d'asperges [vəlute daspɛʀʒ]	Spargelcremsuppe

Entrées	Vorspeisen
asperges à la crème [aspɛʀʒ a la kʀɛm]	Spargel mit Rahmsoße
assiette de charcuterie [asjɛt də ʃaʀkytʀi]	Aufschnittplatte

Kalt oder warm?
Franzosen verfügen über zwei Wörter für Vorspeisen. Kalt heißen sie eher *hors d'oeuvre*, warm *entrée*. Im Alltagsleben nimmt man es nicht so genau und bezeichnet oft alle Vorspeisen mit *entrée*.

avocat aux crevettes [avɔka o kʀəvɛt]	Avocado mit Krabben
bouchée à la reine [buʃe a la ʀɛn]	Königinpastete
carpaccio de bœuf [kaʀpatʃjo də bœf]	Carpaccio vom Rind
cœurs d'artichauts [kœʀ daʀtiʃo]	Artischockenherzen

crudités variées[kʀydite vaʀje]	Rohkostteller
escargots à la bourguignonne............ [ɛskaʀgo a la buʀgiɲɔn]	Weinbergschnecken in Knoblauchbutter
feuilleté de chèvre chaud .... [fœjte də ʃevʀə ʃo]	warmer Ziegenkäse in Blätterteig
foie gras [fwa gʀa avɛk tost]	Gänsestopfleber
hors d'oeuvre variés [ɔʀ dœvʀə vaʀje]....	Vorspeisenteller
jambon de Bayonne [ʒɑ̃bɔ̃ də bajɔn]	roher Schinken aus Bayonne
jambon fumé [ʒɑ̃bɔ̃ fyme]...............	geräucherter Schinken
melon au porto [məlɔ̃ o pɔʀto]	Melone mit Portwein
œufs à la russe [ø a la ʀys].............	russische Eier
pâté de campagne [pated kɑ̃paɲ]........	Bauernpastete
pâté de foie [pated fwa]	Leberpastete
pissenlits au lard [pisɑ̃li o laʀ]...........	Löwenzahnsalat mit Speck
quiche au chèvre [kiʃ‿o ʃɛvʀ]	Quiche mit Ziegenkäse
quiche lorraine [kiʃ lɔʀɛn]...............	Quiche mit Schinken
rillettes [ʀijɛt].........................	Schweinefleischpastete im Topf
salade niçoise [salad niswaz]............	gemischter Salat aus (u. a.) grünen Bohnen, Kartoffeln und Thunfisch
saumon fumé [somɔ̃ fyme]..............	Räucherlachs
tartare de saumon [taʀtaʀ də somɔ̃]	Lachstatar
terrine de canard [tɛʀin də kanaʀ]	Entenpastete
terrine de saumon [tɛʀin də somɔ̃].......	Lachspastete

Crustacés et coquillages — Schaltiere und Muscheln

coquilles Saint-Jacques [kɔkij sɛ̃ʒak].....	Jakobsmuscheln
crabe [kʀab]	Krebs
crevettes [kʀəvɛt]	Garnelen, Krabben
écrevisse [ekʀəvis]	Flusskrebs
homard [ɔmaʀ]......................	Hummer
huîtres [ɥitʀ]........................	Austern
langouste [lɑ̃gust]	Languste
langoustine [lɑ̃gustin]	Kaisergranat
marmite de moules [maʀmit də mul]	Muscheln im Topf
moules [mul]	Miesmuscheln
plateau de fruits de mer .... [plato də fʀɥi də mɛʀ]	verschiedene Meeresfrüchte
poêlée de Saint-Jacques [pwale də sɛ̃ʒak]	Jakobsmuschelpfanne

Poissons — Fisch

Poissons de mer........................	Meeresfische
aiglefin [ɛgləfɛ̃]........................	Schellfisch
cabillaud [kabijo]	Kabeljau

calamars frits [kalmaʀ fʀi]	gebratener Tintenfisch
colin [kɔlɛ̃]	Seelachs
daurade [dɔʀad]	Goldbrasse
espadon [ɛspadɔ̃]	Schwertfisch
hareng [aʀɑ̃]	Hering
lotte [lɔt]	Seeteufel
maquereau [makʀo]	Makrele
morue [mɔʀy]	Stockfisch
pavé de saumon [pave də somɔ̃]	(dickes) Lachssteak
rouget [ʀuʒɛ]	Rotbarbe
sole [sɔl]	Seezunge
steak de thon [stɛk də tɔ̃]	Thunfischsteak
turbot [tyʀbo]	Steinbutt
Poissons d'eau douce	Süßwasserfische
anguille [ɑ̃gij]	Aal
brochet [bʀɔʃɛ]	Hecht
carpe [kaʀp]	Karpfen
perche [pɛʀʃ]	Barsch
petite friture [pətit fʀityʀ]	gebratene kleine Fische
quenelles de brochet [kənɛl də bʀɔʃɛ]	Hechtklößchen
requin [ʀəkɛ̃]	Haifisch
sandre [sɑ̃dʀ]	Zander
truite meunière [tʀɥit mønjɛʀ]	Forelle Müllerin

Viandes	Fleisch
agneau [aɲo]	Lammfleisch
bœuf [bœf]	Rindfleisch
brochettes d'agneau [bʀɔʃɛt daɲo]	Lammspieße
mouton [mutɔ̃]	Hammelfleisch
porc [pɔʀ]	Schweinefleisch
veau [vo]	Kalbfleisch
blanquette de veau [blɑ̃kɛt də vo]	Kalbsfrikassee
bœuf bourguignon [bœf buʀgiɲɔ̃]	geschmortes Rindfleisch in Rotwein
cassoulet [kasulɛ]	verschiedenene Fleischsorten (u. a. Gänsefleisch) mit weißen Bohnen *(Toulouse)*
choucroute [ʃukʀut]	Sauerkraut mit diversen Fleischsorten *Elsass)*
cochon de lait [kɔʃɔ̃d lɛ]	Spanferkel
côte de bœuf [kot də bœf]	Rippenstück vom Rind
entrecôte [ɑ̃tʀəkot]	Zwischenrippenstück vom Rind
escalope de veau [ɛskalɔp də vo]	Kalbschnitzel
escalope panée [ɛskalɔp pane]	Wiener Schnitzel
filet de bœuf [filɛd bœf]	Rinderfilet

foie [fwa]	Leber
gigot d'agneau [ʒigo daɲo]	Lammkeule
grillade de boeuf [gʀijad də bœf]	gegrilltes Rinderkotelett
grillades [gʀijad]	Grillplatte
jarret de veau [ʒaʀɛd vo]	Kalbshaxe
langue [lɑ̃g]	Zunge
onglet [ɔ̃glɛ]	(sehr gutes) Rindersteak
pieds de cochon [pjed kɔʃɔ̃]	Schweinsfüße
paupiettes [popjɛt]	Rouladen
pavé de boeuf [pave də bœf]	(dickeres) Rindersteak
ris de veau [ʀid vo]	Kalbsbries
rognons [ʀɔɲɔ̃]	Nieren
rôti [ʀoti]	Braten
sauté de veau [soted vo]	Kalbsragout
steak [stɛk]	Steak
steak au poivre [stɛk‿o pwavʀ]	Pfeffersteak
steak tartare [stɛk taʀtaʀ]	Rindertatar
tournedos [tuʀnədo]	dickes Filetsteak
tripes [tʀip]	Kutteln

Volailles et gibier — Geflügel und Wild

caille [kaj]	Wachtel
canard à l'orange [kanaʀ a lɔʀɑ̃ʒ]	Ente mit Orange
civet de lièvre [sivɛ də ljɛvʀ]	Hasenpfeffer
coq au vin [kɔko vɛ̃]	Hahnragout in Rotwein
cuissot de chevreuil [kɥisod ʃəvʀœj]	Rehkeule
dinde truffée [dɛ̃d tryfe]	Truthahn mit Trüffeln
faisan [fəzɑ̃]	Fasan
lapin chasseur [lapɛ̃ ʃasœʀ]	Kaninchen nach Jägerart
magret de canard [magʀɛ də kanaʀ]	Entenbrust
oie aux marrons [wa o maʀɔ̃]	Gans mit Maronenfüllung
perdrix [pɛʀdʀi]	Rebhuhn
pigeon [piʒɔ̃]	Taube
pintade [pɛ̃tad]	Perlhuhn
poulet rôti [pulɛ ʀoti]	Brathähnchen
sanglier [sɑ̃glije]	Wildschwein

Direkt aus Nordafrika
Warum probieren Sie nicht einmal nordafrikanische Spezialitäten? *Couscous* ist seit vielen Jahren eines der Lieblingsgerichte der Franzosen – zusammen mit dem *steak-frites* und dem *gigot* (Lammkeule). *Couscous* ist ein Gericht mit Gemüse wie Zucchini, Möhren und Kichererbsen, das zusammen mit Lamm, Rindfleisch oder Hähnchen gekocht wird. Dazu isst man den (speziellen) dampfgegarten Grieß. Das Ganze wird mit einer scharfen Soße – *Harissa* genannt – gegessen. Zwei weitere nordafrikanische Spezialitäten sollten Sie ebenfalls probieren: *taboulé,* Salat aus Couscous-Grieß mit Tomaten, Gurken, Zwiebeln, Petersilie, Zitronensaft und Pfefferminzblättern – ein idealer Sommersalat, weil er sehr leicht ist – und *merguez*, ein scharf gewürztes Würstchen.

Légumes	**Gemüse**
aubergine [obɛʀʒin]	Aubergine
chou [ʃu]	Kohl
chou-fleur [ʃuflœʀ]	Blumenkohl
courgette [kuʀʒɛt]	Zucchini
endives braisés [ɑ̃div bʀɛze]	gedünsteter Chicorée
épinards en branches [epinaʀ ɑ̃ bʀɑ̃ʃ]	Blattspinat
fenouil [fənuj]	Fenchel
flageolets [flaʒɔlɛ]	grüne Bohnenkerne
jardinière de légumes [ʒaʀdiɲɛʀ də legym]	gemischtes Gemüse
petits pois [pti pwa]	Erbsen
pommes dauphine/duchesse [pɔm dofin/dyʃɛs]	croquettes
pommes de terre sautées [pɔm də tɛʀ sote]	Bratkartoffeln
pommes mousseline [pɔm muslin]	Kartoffelpüree
pommes nature/vapeur [pɔm natyʀ vapœʀ], pommes anglaises [pɔmz‿ɑ̃glɛz]	Salzkartoffeln
frites [le fʀit]	Pommes frites
pommes allumettes [le pɔmz‿alymɛt]	dünne Pommes frites
ratatouille niçoise [ʀatatuj niswaz]	Mischgemüse aus Tomaten, Paprika, Auberginen und Zucchini
salsifis [salsifi]	Schwarzwurzeln
tomates farcies [tɔmat faʀsi]	gefüllte Tomaten

Pâtes et riz	**Teigwaren und Reis**
macaronis [makaʀɔni]	Makkaroni
nouilles [nuj]	Nudeln
riz [ʀi]	Reis

Fromages	Käse
assortiment de fromages [asɔʀtimɑ̃ də fʀɔmaʒ]	Käseauswahl
fromage au lait cru [fʀɔmaʒ o lɛ kry]	Rohmilchkäse
fromage blanc [fʀɔmaʒ blɑ̃]	feiner Quark
fromage de brebis [fʀɔmaʒ də bʀəbi]	Schafskäse
fromage de chèvre [fʀɔmaʒ də ʃɛvʀ]	Ziegenkäse
gruyère [gʀyjɛʀ]	Schweizer Käse
petit suisse [pti sɥis]	kleine Feinquarkröllchen
roquefort [ʀɔkfɔʀ]	Käse mit grünem Schimmel

Desserts	Nachspeisen
baba au rhum [baba o ʀɔm]	rumgetränkter Hefekuchen
beignets aux pommes [bɛɲɛ o pɔm]	Apfelbeignets
charlotte [ʃaʀlɔt]	Süßspeise aus Löffelbiskuits mit Früchten und Vanillecreme
crème caramel [kʀem kaʀamɛl]	Karamell-Vanillecreme
crème Sabayon [kʀɛm sabajɔ̃]	Weinschaumcreme
gâteau [gato]	Kuchen
omelette norvégienne [ɔmlɛt nɔʀveʒjɛn]	mit Vanilleeis gefüllter, überbackener Eierschnee
profiteroles [pʀɔfitʀɔl]	kleine Windbeutel mit Cremefüllung
tarte aux fraises [taʀt o fʀɛz]	Erdbeertorte
tarte Tatin [taʀt tatɛ̃]	gestürzter Apfelkuchen

Fruits	Obst
abricots [abʀiko]	Aprikosen
cerises [səʀiz]	Kirschen
macédoine de fruits [masedwan də fʀɥi]	Fruchtsalat
pêches [pɛʃ]	Pfirsiche
poires [pwaʀ]	Birnen
pommes [pɔm]	Äpfel
prunes [pʀyn]	Pflaumen
raisins [ʀɛzɛ̃]	Trauben

Glaces	Eis
au café [o kafe]	Kaffeeeis
au chocolat [o ʃɔkɔla]	Schokoladeneis

à la fraise [a la fʀɛz]	Erdbeereis
à la pistache [a la pistaʃ]	Pistazieneis
à la vanille [a la vanij]	Vanilleeis
café liégeois [kafe ljeʒwa]	Eiskaffee
coupe maison [kup mɛzɔ̃]	Eisbecher nach Art des Hauses
dame blanche [dam blɑ̃ʃ]	Vanilleeis mit Schokoladensoße
poire Belle-Hélène [pwaʀ bɛl elɛn]	Birne mit Eis und Schokoladensoße
sorbet au citron [sɔʀbɛ o sitʀɔ̃]	Zitronensorbet

Liste des Consommations — Getränkekarte

Vin rouge/vin blanc — Rotwein/Weißwein

un (verre de vin) rouge [ɛ̃ (vɛʀ də vɛ̃) ʀuʒ]	ein Glas Rotwein
1 quart de vin blanc [ɛ̃ kaʀ də vɛ̃ blɑ̃]	ein Viertel Weißwein
1 pichet de rosé [ɛ̃ piʃɛd ʀoze]	20 bis 50 cl. Rosé

Vom Fass
In kleinen Restaurants lohnt es sich immer, den Wein des Hauses zu probieren. Auf der Getränkekarte finden Sie ihn unter: *Vin de la maison/Vin en carafe/Vin en pichet/Cuvée du patron/Cuvée* + Name des Restaurants. Ansonsten fragen Sie am besten so: *Vous avez du vin en carafe?* – „Haben Sie offenen Wein?"

Appellation contrôlée	Markenweine (garantierte Herkunftsbezeichnung)
Beaujolais [boʒɔlɛ]	frischer, fruchtiger Rotwein
Bordeaux [bɔʀdo] *(rouge)*	fruchtiger, harmonischer Rotwein;
(blanc)	trockener oder likörähnlicher Weißwein
Bourgogne [buʀgɔɲ]	Burgunder (kräftiger Rotwein)
Champagne [ʃɑ̃paɲ]	Champagner
Côtes-de-Provence [kot də pʀɔvɑ̃s]	leichter Rotwein oder Rosé
Côtes-du-Rhône [kot dy ʀon]	vollmundiger Rotwein

Bière	Bier
(bière) pression [(bjɛʀ) pʀesjɔ̃]	offenes Bier
demi [dmi]	*allgemeine Bezeichnung für ein Bier (entspricht einem kleinem Bier)*
bière en bouteille [bjɛʀ ɑ̃ butɛj]	Flaschenbier
bière blanche [bjɛ̃ʀ blɑ̃ʃ]	Weizenbier

Apéritifs	Aperitifs
Byrrh [biʀ]	Aperitifs mit Chinarinde
Dubonnet [dybɔnɛ]	
Muscat (Rivesaltes, Frontignan) [myska ʀivsalt fʀɔ̃tiɲɑ̃]	Aperitifweine
Pastis (Pernod, Ricard) [pastis pɛʀno ʀikaʀ]	Aperitifs mit Anisgeschmack
Suze [syz]	Aperitif mit Enziangeschmack

Alcools et liqueurs	Schnäpse und Liköre
Armagnac [aʀmaɲak]	Weinbrand
Calvados [kalvados]	Apfelschnaps
Cognac [kɔɲak]	Weinbrand
Chartreuse [ʃaʀtʀøz]	Kräuterlikör
Framboise [fʀɑ̃bwaz]	Himbeergeist
Marc [maʀ]	Tresterschnaps
Mirabelle [miʀabɛl]	Mirabellenschnaps
Rhum [ʀɔm]	Rum
Cidre [sidʀ]	Apfelwein
Jus de fruits [ʒyd fʀɥi]	Fruchtsäfte

➢ **Getränke: siehe auch „Café", „Frühstück" und „Getränke" (Lebensmittel)**

Besichtigungen und Ausflüge

Zur Abwechslung
Mehr als 80 Museen zählt die Stadt Paris. Den *Louvre* oder das *Musée d'Orsay* kennt wohl fast jeder, aber vielleicht haben Sie bei Ihrem nächsten Besuch Lust, einige ausgefallenere Museen zu entdecken? Bei den drei ersten geht es - typisch französisch!? - um Parfum, Liebe und Wein:
- *Le Musée du Parfum* (9 Rue Scribe, Métro Blanche)
- *Le Musée de l'Erotisme* (72 Boulevard de Clichy, Métro Blanche)
- *Le Musée du Vin* (Rue des Eaux, Métro Passy)

Die drei nächsten spannen den Bogen von schönen Gebrauchsobjekten bis zur Magie:
- *Le Musée du Stylo* - Das Museum für Stifte (3 rue de Maupassant, Métro Rue de la Pompe)
- *Le Musée de la Contrefaçon* - Das Museum der Nachahmungen (16 rue de la Faisanderie, Métro Pte Dauphine)
- *Le Musée de la Magie* - Das Museum der Magie (11 Rue St-Paul, Métro St-Paul)

Und da aller guten Dinge drei sind, hier noch drei weitere Tipps:
- Auch ein Museum für Kinder gibt es in Paris: *Le Musée en Herbe* (frei übersetzt: das kleine Museum) (Jardin d'Acclimatation, Bois de Bologne, Métro Sablons)
- Sollten Sie in Paris schon zu viel Geld ausgegeben haben, können Sie den *Louvre* - und einige andere Museen - am ersten Sonntag des Monats „für umsonst" besuchen.
- Wollen Sie sich für weitere Unternehmungen stärken und dabei den Blick über Paris genießen, dann bietet sich dafür das *Institut du monde arabe* (Institut der arabischen Welt) an, das zur Förderung eines besseren Verständnisses zwischen Frankreich und der arabischen Welt gegründet wurde. Von der Terrasse im 9. Stock hat man freie Sicht auf die *Seine* und die Inseln *La Cité* und *Saint-Louis*. Wer länger verweilen möchte, kann dort z. B. *un thé à la menthe* (Pfefferminztee) genießen.

Im Fremdenverkehrsamt

Ich hätte gern einen Stadtplan von ...
Je voudrais un plan de ... [ʒvudʀɛ ɛ̃ plɑ̃ də]

Haben Sie einen Veranstaltungskalender für diese Woche?
Vous avez le programme des manifestations de cette semaine? [vuz‿ave lə pʀɔgʀam de manifɛstasjɔ̃ də sɛt səmɛn]

Gibt es Stadtrundfahrten?
Est-ce qu'il y a des visites guidées de la ville en car?
[ɛs‿kil‿ja de vizit gide də la vil ɑ̃ kaʀ]

Was kostet denn die Rundfahrt, bitte?
Quel est le prix du tour, s'il vous plaît? [kɛl‿ɛl pʀi dy tuʀ sil vu plɛ]

Sehenswürdigkeiten - Museen

Öffnungszeiten, Führungen, Eintrittskarten

Können Sie mir bitte sagen, welche Sehenswürdigkeiten es hier gibt?
Pouvez-vous me dire quels sont les monuments à voir ici, s'il vous plaît?
[puve vum diʀ kɛl sɔ̃ le mɔnymɑ̃ a vwaʀ isi sil vu plɛ]

Sie müssen unbedingt ... besichtigen/besuchen.
Il faut absolument visiter ... [il fot‿apsɔlymɑ̃ vizite]

Wann ist das Museum geöffnet?
Quelles sont les heures d'ouverture du musée?
[kɛl sɔ̃ lez‿œʀ duvɛʀtyʀ dy myze]

Heilig!
In kleineren Städten ist die Mittagspause von 12-14 Uhr noch heilig. Spätestens ab 12.30 Uhr werden Sie bei vielen Geschäften (und leider auch bei manchen Sehenswürdigkeiten) vor verschlossenen Türen stehen. Als Ausgleich ist das Parken zwischen 12 und 14Uhr fast immer kostenlos (sogar in größeren Städten, Paris ausgenommen).

Wann beginnt die nächste Führung?
Quand commence la prochaine visite guidée?
[kɑ̃ kɔmɑ̃s la pʀɔʃɛn vizit gide]

Gibt es auch eine Führung in Deutsch?
Est-ce qu'il y a une visite guidée en allemand?
[ɛs‿kil‿ja yn vizit gide ɑ̃n almɑ̃]

Aus Afrika und Asien
Im neuesten Museum von Paris, das vom Stararchitekten Jean Nouvel konzipiert wurde, treffen sich Künste und Kulturen aus Afrika, Asien, Amerika und Ozeanien.
Was Picasso und viele andere Maler aus dem letzten Jahrhundert zu einer neuen Richtung inspirierte, wird Ihnen in 3500 Exponaten präsentiert.
Auch wenn Sie nicht viel Zeit haben, können Sie - dank einer Audioführung - in zwei Stunden schon einen guten Gesamteindruck bekommen. Haben Sie mehr Zeit übrig, können Sie u. a. an einem Workshop (Tanz, Musik oder bildende Kunst) teilnehmen.
Übrigens: Sie dürfen nicht abreisen, ohne den einzigen vertikalen Park Europas bewundert zu haben. Die 800 m^2 der Nordfassade des Museums sind nach einem einmaligen Verfahren des Botanikers Patrick Blanc mit 15000 Pflanzen bepflanzt worden.

Darf man hier fotografieren?
Est-ce qu'on peut prendre des photos? [ɛs‿kɔ̃ pø pʀɑ̃dʀə de fɔto]

Zwei Eintrittskarten, bitte
Deux billets, s'il vous plaît. [dø bijɛ sil vu plɛ]

Zwei Erwachsene und ein Kind.
Deux adultes et un enfant. [døz‿adylt e ɛ̃n‿ɑ̃fɑ̃]

Gibt es Ermäßigungen für ...
Est-ce qu'il y a des réductions pour ... [ɛs kil‿ja de ʀedyksjɔ̃ puʀ]
... Kinder?
les enfants? [lez‿ɑ̃fɑ̃]
... Studenten?
les étudiants? [lez‿etydjɑ̃]
... Senioren?
les seniors ? [le senjɔʀ]
... Gruppen?
les groupes? [le gʀup]

Freier Eintritt
Damit Sie in Paris nicht zu viel Geld ausgeben, sollten Sie Ihren Aufenthalt für das erste Wochenende im Monat planen. Dann können Sie den *Louvre* und einige andere Museen „für umsonst" besuchen. Wann auch immer Sie nach Paris fahren, sollten Sie mit bedenken, dass dienstags manche Museen geschlossen sind.

Gibt es einen Katalog zur Ausstellung?
Est-ce qu'il y a un catalogue de l'exposition?
[ɛs‿kil‿ja ɛ̃ katalɔg də lɛkspozisjɔ̃]

Geheimtipp
Eines der schönsten Museen von Paris ist auch eines der unbekanntesten und befindet sich beim *Parc Monceau*. Das *Museum Nissim de Camondo* wurde nach dem *Petit Trianon* in Versailles erbaut und enthält eine der schönsten Kunstsammlungen aus dem 18. Jahrhundert. Durch das Museum bleibt die Erinnerung an die Familie de Camondo und an ihr Schicksal lebendig.
Ein Muss!

Was? Wann? Wo?

Ist das ...?
C'est ...? [sɛ]

Wann wurde dieses Gebäude erbaut/restauriert?
Quand est-ce que ce bâtiment a été construit/restauré? [kɑ̃t‿ɛs‿kə sə batimɑ̃ a ete kɔ̃stʀɥi/ʀɛstɔʀe]

Von wem ist dieses Bild?
Qui a peint ce tableau? [ki a pɛ̃ sə tablo]

Allgemeines

Besichtigung	la visite [la vizit]
Denkmalschutz	la protection des monuments [la pʀɔtɛksjɔ̃ de mɔnymɑ̃]
Fremdenführer/in	le/la guide [lə gid]
Fremdenverkehrsamt	l'office *m* de tourisme [lɔfis də tuʀism], le syndicat d'initiative [lə sɛ̃dika dinisjativ]
Führung	la visite guidée [la vizit gide]
Funde	les vestiges *m* archéologiques [le vɛstiʒ aʀkeɔlɔʒik]
Fußgängerzone	la zone piétonne [la zɔn pjetɔn]
Gasse	la ruelle [la ʀyɛl]
Geburtsstadt	la ville natale [la vil natal]
Geschichte	l'histoire *f* [listwaʀ]
Haus	la maison [la mɛzɔ̃]
Kaiser/in	l'empereur *m*/l'impératrice *f* [lɑ̃pʀœʀ/lɛ̃peʀatʀis]
König/in	le roi/la reine [lə ʀwa/la ʀɛn]
Kunst	l'art *m* [laʀ]
Markt	le marché [lə maʀʃe]
Museum	le musée [lə myze]
Öffnungszeiten	les heures *f* d'ouverture [lez‿œʀ duvɛʀtyʀ]
Park	le parc [lə paʀk], le jardin public [lə ʒaʀdɛ̃ pyblik]
rekonstruieren	reconstituer [ʀəkɔ̃stitye]
Religion	la religion [la ʀəliʒjɔ̃]
restaurieren	restaurer [ʀɛstɔʀe]
Sehenswürdigkeiten	les curiosités *f* [le kyʀjosite]
Stadtrundfahrt	la visite guidée de la ville [la vizit gide də la vil]
Stadtteil	le quartier [lə kaʀtje]
Stadtzentrum	le centre-ville [lə sɑ̃tʀə vil]
Straße	la rue [la ʀy]
Überreste	les vestiges *m* [le vɛstiʒ], les restes *m* [le ʀɛst]
Volkskundemuseum	le musée d'art populaire [lə myze daʀ pɔpylɛʀ]
Vorort	la (ville de) banlieue [la (vil də) bɑ̃ljø]
Wachablösung	la relève de la garde [la ʀəlɛv də la gaʀd]
Wahrzeichen	l'emblème *m* [lɑ̃blɛm]

Architektur

Abtei	l'abbaye *f* [labei]
Altar	l'autel *m* [lotɛl]
Altstadt	la vieille ville [la vjɛj vil]
Amphitheater	l'amphithéâtre *m* [lɑ̃fiteatʀ]
Archäologie	l'archéologie *f* [laʀkeɔlɔʒi]
Architekt	l'architecte *m/f* [laʀʃitɛkt]
Architektur	l'architecture *f* [laʀʃitɛktyʀ]
Arena	l'arène *f* [laʀɛn]
Arkaden	les arcades *f* [lez‿aʀkad]
Ausgrabungen	les fouilles *f* [le fuj]
Bauwerk	le bâtiment *m* [lə batimɑ̃], l'édifice *m* [ledifis]
Bogen	l'arc *m* [laʀk]
Brücke	le pont [lə pɔ̃]
Brunnen	la fontaine [la fɔ̃tɛn]
Burg	le château [lə ʃato]
Dach	le toit [lə twa]
Decke	le plafond [lə plafɔ̃]
Denkmal	le monument [lə mɔnymɑ̃]
Dom	la cathédrale [la katedʀal]
Fassade	la façade [la fasad]
Fenster	la fenêtre [la fənɛtʀ]
Festung	la forteresse [la fɔʀtəʀɛs]
Flügel	l'aile *f* [lɛl]
Friedhof	le cimetière [lə simtjɛʀ]
Gebäude	le bâtiment [lə batimɑ̃]
Gedenkstätte	le mémorial [lə memɔʀjal]
Gewölbe	la voûte [la vut]
Giebel	le fronton [lə fʀɔ̃tɔ̃]
Grab	la tombe [la tɔ̃b]
Grabmal	le tombeau [lə tɔ̃bo]
Innenhof	la cour intérieur [la kuʀ‿ɛ̃teʀjœʀ]
Inschrift	l'inscription *f* [lɛ̃skʀipsjɔ̃]
Kanzel	la chaire [la ʃɛʀ]
Kapelle	la chapelle [la ʃapɛl]
Katakomben	les catacombes *f* [le katakɔ̃b]
Kathedrale	la cathédrale [la katedʀal]
Kirche	*(kath.)* l'église *f* [legliz]; (ev.) le temple [lə tɑ̃pl]
Kirchturm	le clocher [lə klɔʃe]
Kloster	le monastère [lə mɔnastɛʀ], le couvent [lə kuvɑ̃]
Kreuzgang	le cloître [lə klwatʀ]
Krypta	la crypte [la kʀipt]
Kuppel	la coupole [la kupɔl], le dôme [lə dom]

Markthalle	les halles *f* [le al]
Mauer	le mur [lə myʀ]
Mausoleum	le mausolée [lə mozɔle]
Menhir	le menhir [lə mɛniʀ]
Obelisk	l'obélisque *m* [lɔbelisk]
Oper	l'opéra *m* [lɔpeʀa]
Palast	le palais [lə palɛ]
Platz	la place [la plas]
Portal	le portail [lə pɔʀtaj]
Rathaus	*(Verwaltung)* la mairie [la mɛʀi]; *(hist. Gebäude)* l'hôtel *m* de ville [lotɛl də vil]
Ruine	la ruine [la ʀɥin]
Säule	la colonne [la kɔlɔn]
Schatzkammer	la salle du trésor [la sal dy tʀezɔʀ]
Schloss	le château [lə ʃato]
Springbrunnen	le jet d'eau [lə ʒɛ do]
Stadtmauer	les murs *m* de la ville [le myʀ də la vil]
Tempel	le temple [lə tɑ̃pl]
Theater	le théâtre [lə teatʀ]
Tor	la porte [la pɔʀt]
Triumphbogen	l'arc *m* de triomphe [laʀk də tʀijɔ̃f]
Turm	la tour [la tuʀ]
Universität	l'université *f* [lynivɛʀsite]
Wallfahrtskirche	l'église *f* de pèlerinage [legliz də pɛlʀinaʒ]
wieder aufbauen	reconstruire [ʀəkɔ̃stʀɥiʀ]

Bildende Kunst

Akt	le nu [lə ny]
Aquarell	l'aquarelle *f* [lakwaʀɛl]
Ausstellung	l'exposition *f* [lɛkspozisjɔ̃]
Bild	le tableau [lə tablo]
Bildhauer	le sculpteur [lə skyltœʀ]
Bronze	le bronze [lə bʀɔ̃z]
Exponat	la pièce exposée [la piɛs ɛkspoze]
Fotografie	la photographie [la fɔtogʀafi]
Galerie	la galerie (de peinture) [la galəʀi (də pɛ̃tyʀ)]
Gemälde	la peinture [la pɛ̃tyʀ], le tableau [lə tablo]
Glasmalerei	la peinture sur verre [la pɛ̃tyʀ syʀ vɛʀ]
Goldschmiedekunst	l'orfèvrerie *f* [lɔʀfɛvʀəʀi]
Grafik	l'art *m* graphique [laʀ gʀafik]
Holzschnitt	la gravure sur bois [la gʀavyʀ syʀ bwa]
Keramik	la céramique [la seʀamik]
Kopie	la copie [la kɔpi]

Kreuz	la croix [la kʀwa]
Kruzifix	le crucifix [lə kʀysifi]
Kunstgewerbe	les arts *m* décoratifs [lez‿aʀ dekɔʀatif]
Lithografie	la lithographie [la litɔgʀafi]
Maler	le peintre [lə pɛ̃tʀ]
Malerei	la peinture [la pɛ̃tyʀ]
Modell	le modèle [lə mɔdɛl]
Mosaik	la mosaïque [la mɔzaik]
Original	l'original *m* [lɔʀiʒinal]
Plakat	l'affiche *f* [lafiʃ]
Plastik	la sculpture [la skyltyʀ]
Porträt	le portrait [lə pɔʀtʀɛ]
Porzellan	la porcelaine [la pɔʀsəlɛn]
Radierung	(la gravure à) l'eau-forte [(la gʀavyʀ a) lofɔʀt]
Schnitzerei	la sculpture sur bois [la skyltyʀ syʀ bwa]
Siebdruck	la sérigraphie [la seʀigʀafi]
Skulptur	la sculpture [la skyltyʀ]
Statue	la statue [la staty]
Stillleben	la nature morte [la natyʀ mɔʀt]
Terrakotta	la terre cuite [la tɛʀ kɥit]
Töpferei	la poterie [la pɔtʀi]
Torso	le torse [lə tɔʀs]
Vase	le vase [lə vaz]
Zeichnung	le dessin [lə dɛsɛ̃]

Stilrichtungen und Epochen

antik	antique [ɑ̃tik]
Barock	le baroque [lə baʀɔk]
Blütezeit	l'apogée *m* [lapɔʒe]
Bronzezeit	l'âge *m* de bronze [laʒ də bʀɔ̃z]
byzantinisch	byzantin [bizɑ̃tɛ]
Christentum	le christianisme [lə kʀistjanism]
Dynastie	la dynastie [la dinasti]
Epoche	l'époque *f* [lepɔk]
Expressionismus	l'expressionnisme *m* [lɛkspʀɛsjɔnism]
Gotik	le gothique [lə gɔtik]
griechisch	grec [gʀɛk]
heidnisch	païen [pajɛ̃/pajɛn]
Impressionismus	l'impressionnisme *m* [lɛ̃pʀɛsjɔnism]
Jahrhundert	le siècle [lə sjɛkl]
Jugendstil	l'Art nouveau [lar nuvo]
keltisch	celte [sɛlt]
Klassizismus	le classicisme [lə klasisism]
Kubismus	le cubisme [lə kybism]
Manierismus	le maniérisme [lə manjeʀism]

Mittelalter	le Moyen Age [lə mwajɛn‿aʒ]
modern	moderne [mɔdɛʀn]
normannisch	normand [nɔʀmɑ̃]
Renaissance	la Renaissance [la ʀənɛsɑ̃s]
Rokoko	le rococo [lə ʀɔkɔko]
Romanik	l'art *m* roman [laʀ ʀɔmɑ̃]
Romantik	le romantisme [lə ʀɔmɑ̃tism]
Steinzeit	l'âge *m* de pierre [laʒ də pjɛʀ]
Stil	le style [lə stil]
Surrealismus	le surréalisme [lə syʀʀealism]
vorgeschichtlich	préhistorique [pʀeistɔʀik]
Wikinger	les Vikings *m* [le vikiŋ]
Zisterzienser	les cisterciens [le sistɛʀsjɛ̃]

Ausflüge

Wann treffen wir uns?
A quelle heure est le rendez-vous? [a kɛl œʀ ɛl ʀɑ̃devu]

Wo ist der Treffpunkt?
Où est le point de rendez-vous? [u ɛl pwɛ̃d ʀɑ̃devu]

Kommen wir am/an ... vorbei?
Est-ce que nous allons passer devant le/la ...?
[ɛs kə nuz‿alɔ̃ pase dəvɑ̃ lə/la]

Besichtigen wir auch ...?
Est-ce qu'on va visiter également ...? [ɛs‿kɔ̃ va vizite egalmɑ̃]

Ausflug	l'excursion *f* [lɛkskyʀsjɔ̃]
Aussichtspunkt	le point de vue [lə pwɛ̃d vy]
Berg	la montagne [la mɔ̃taɲ]
Bergdorf	le village de montagne [lə vilaʒ də mɔ̃taɲ]
Botanischer Garten	le jardin botanique [lə ʒaʀdɛ̃ bɔtanik]
Deich	la digue [la dig]
Felswand	la falaise [la falɛz]
Fischerort	le village de pêcheurs [lə vilaʒ də pɛʃœʀ]
Fluss	la rivière [la ʀivjɛʀ]
Freilichtmuseum	le musée en plein air [lə myze ɑ̃ plɛn‿ɛʀ]
Freizeitpark	le parc de loisirs [lə paʀk də lwaziʀ]
Gebirge	la montagne [la mɔ̃taɲ]
Gipfel	le sommet [lə sɔmɛ]
Grotte	la grotte [la gʀɔt]
Heide	la lande [la lɑ̃d]
Hinterland	l'arrière-pays *m* [laʀjɛʀpei]

Höhle	la caverne [la kavɛʀn]
Inselrundfahrt	le tour de l'île [lə tuʀ də lil]
Landschaft	le paysage [lə peizaʒ]
Lava	la lave [la lav]
Leuchtturm	le phare [lə faʀ]
Markt	le marché [lə maʀʃe]
Museumsdorf	le village-musée [lə vilaʒmyze]
Nationalpark	le parc national [lə paʀk nasjɔnal]
Naturschutzgebiet	la réserve naturelle [la ʀesɛʀv natyʀɛl]
Pass	le col [lə kɔl]
Quelle	la source [la suʀs]
Rundfahrt	le circuit [lə siʀkɥi]
Schlucht	la gorge [la gɔʀʒ]
See	le lac [lə lak]; *(Meer)* la mer [la mɛʀ]
Sternwarte	l'observatoire *m* [lɔbsɛʀvatwaʀ]
Sumpf	le marais [lə maʀɛ]
Tagesausflug	l'excursion *f* pour une journée [lɛkskyʀsjø puʀ yn ʒuʀne]
Tal	la vallée [la vale]
Tropfsteinhöhle	la grotte (à stalactites et à stalagmites) [la gʀɔt (a stalaktit e a stalagmit)]
Umgebung	les environs *m* [lez‿ɑ̃viʀɔ̃]
Vogelschutzgebiet	le parc ornithologique [lə paʀk ɔʀnitɔlɔʒik]
Vulkan	le volcan [lə vɔlkɑ̃]
Wald	la forêt [la fɔʀɛ]
Waldbrand	l'incendie *m* de forêt [lɛ̃sɑ̃did fɔʀɛ]
Wallfahrtsort	le lieu de pèlerinage [lə ljɔ̃ də pɛlʀinaʒ]
Wasserfall	la cascade [la kaskad]
Wildpark	le parc animalier [lə paʀk animalje]
Zoo	le zoo [lə zo]

Bade-, Aktiv- und Kreativurlaub

Urlaubsland Nr. 1
Mit ca. 60 Millionen ausländischen Touristen pro Jahr gehört Frankreich zu den meistbesuchten Ländern der Welt. Dennoch werden Sie während Ihres Aufenthalts oft mitten unter Einheimischen sein, denn 80 % der Franzosen verbringen ihren Urlaub im eigenen Land. Da sich allerdings nahezu alle dafür die Ferienzeit Juli (13 Mio.) oder August (20 Mio.) aussuchen, sollten Sie bei der Planung Ihrer Reise diese Monate möglichst meiden. Wenn Sie allerdings Paris (fast) ohne Pariser erleben möchten, empfiehlt sich das Wochenende um den 15. August: Erfolg garantiert!

Badeurlaub

Entschuldigen Sie, gibt es hier ein ...
Excusez-moi, est-ce qu'il y a ... ici? [ɛkskyse mwa ɛs‿kil‿ja ... isi]
Schwimmbad?
une piscine [yn pisin]
Freibad?
une piscine en plein air [yn pisin ɑ̃ plɛn‿ɛʀ]
Hallenbad?
une piscine couverte [yn pisin kuvɛʀt]

Eine Eintrittskarte, bitte!
Un billet, s'il vous plaît! [ɛ̃ bijɛ sil vu plɛ]

Könnten Sie mir sagen, wo die ...sind?
Pourriez-vous me dire où sont les ... ? [puʀje vum diʀ u sɔ̃ le]
Duschen
douches [duʃ]
Umkleidekabinen
cabines [kabin]

Ist der Strand ...
C'est une plage ... [sɛt‿yn plaʒ]
sandig?
de sable? [də sabl]
steinig?
de galets? [də galɛ]

Gibt es hier Seeigel/Quallen/Algen?
Est-ce qu'il y a des oursins/des méduses/des algues?
[ɛs‿kil‿ja dez‿uʀsɛ̃/de medyz/dez‿alg]

Ist die Strömung stark?
Est-ce qu'il y a un fort courant? [ɛs‿kil‿ja ɛ̃ fɔʀ kuʀɑ̃]

Können Sie mir sagen, ob es für Kinder gefährlich ist?
Vous pouvez me dire si c'est dangereux pour les enfants?
[vu puvem diʀ si sɛ dɑ̃ʒʀø puʀ lez‿ɑ̃fɑ̃]

Wann ist Ebbe/Flut?
C'est quand la marée basse/haute? [sɛ kɑ̃ la maʀe bas/ot]

Ich möchte ... mieten.
Je voudrais louer ... [ʒə vudʀɛ lue]
einen Liegestuhl
un transat/une chaise-longue. [ɛ̃ tʀɑ̃zat/yn ʃɛz lɔ̃g]
einen Sonnenschirm
un parasol. [ɛ̃ paʀasɔl]
ein Boot
un canot. [ɛ̃ kano]
ein Paar Wasserski
des skis nautiques. [de ski notik]

Was kostet das pro Stunde/pro Tag?
Quel est le tarif à l'heure/à la journée? [kɛl‿ɛl taʀif a lœʀ/a la ʒuʀne]

Bademeister	le maître-nageur [lə mɛtʀənaʒœʀ]
Beach-Volleyball	le volley-ball de plage [lə vɔlɛbol də plaʒ]
FKK-Strand	la plage de nudistes [la plaʒ də nydist]
Kinderbecken	le bassin pour enfants [lə basɛ̃ puʀ ɑ̃fɑ̃]
Liegewiese	la pelouse [la pluz]
Luftmatratze	le matelas pneumatique [lə matla pnømatik]
Planschbecken	la pataugeoire [la patoʒwaʀ]
schwimmen	nager [naʒe]
Schwimmer	le nageur [lə naʒœʀ]
Schwimmflossen	les palmes *f* [le palm]
Schwimmflügel	les bracelets *m* [le bʀaslɛ]
Tretboot	le pédalo [lə pedalo]
Wasserski	le ski nautique [lə ski notik]
Wasserski fahren	faire du ski nautique [fɛʀ dy ski notik]
Wasserskooter	le jet ski [lə dʒɛtski], le scooter des mers [lə skutɛʀ de mɛʀ]
Windschirm	le pare-vent [lə paʀvɑ̃]

Auch ohne Wasser
Warum nicht einmal eine neue Sportart kennen lernen? Strandsegeln *(faire du char à voile)* ist im Norden Frankreichs auf den langen Stränden der Opalküste (von *Le Touquet* bis *Dunkerque*) möglich. Dabei werden Sie sicherlich nicht nass – es sei denn es regnet!

Aktivurlaub und Sport

Welche Sportmöglichkeiten gibt es hier?
Qu'est-ce qu'on peut pratiquer comme sports ici?
[kɛ̃s‿kɔ̃ pø pʀatike kɔm spɔʀ isi]

Gibt es hier ...
Est-ce qu'il y a ... ici? [ɛs‿kil‿ja isi]
einen Golfplatz?
un terrain de golf [ɛ̃ tɛʀɛ̃d gɔlf]
einen Tennisplatz?
un tennis [ɛ̃ tenis]

Wo kann man hier ...
Où est-ce qu'on peut ... [u ɛs‿kɔ̃ pø]
angeln?
pêcher? [pɛʃe]
gut wandern?
faire des belles randonnées? [fɛʀ de bɛl ʀɑ̃dɔne]

Wo kann ich ... ausleihen?
Où est-ce que je peux louer ...? [u ɛs kəʒ pø lue]

Ich möchte einen ...kurs für Anfänger/Fortgeschrittene machen.
Je voudrais prendre des cours de ... pour débutants/avancés. [ʒvudʀɛ pʀɑ̃dʀ de kuʀ də ... puʀ debytɑ̃/avɑ̃se]

Wassersport

Bootsführerschein	le permis-bateau [lə pɛʀmi bato]
Canyoning	le canyoning [lə kanjɔniɲ]
Hausboot	la péniche [la peniʃ]
Kanu	le canoë [lə kanɔe]
Motorboot	le canot automobile [lə kano ɔtɔmɔbil]
Paddelboot	le canoë [lə kanɔe], le kayak [lə kajak]
paddeln	faire du canoë/du kayak [fɛʀ dy kanɔe/dy kajak]
Rafting	le rafting [lə ʀaftiŋ]
Regatta	les régates *f* [le ʀegat]
Rückholservice	le convoyage [lə kɔ̃vwajaʒ]
Ruder	la rame [la ʀam]
Ruderboot	la barque, le canot (à rames) [la baʀk lə kano (a ʀam)
Rudern, rudern	(faire de) l'aviron *m* [(fɛʀ də) laviʀɔ̃]
Schlauchboot	le canot pneumatique [lə kano pnømatik]
Segelboot	le bateau à voiles [lə bato a vwal]
Segeln, segeln	(faire de) la voile [(fɛʀ də) la vwal]
Segeltörn	la croisière à la voile [la kʀwasjɛʀ a la vwal]
Surfbrett	le surf [lə sœʀf]
surfen	faire du surf [fɛʀ dy sœʀf]
Wasser wandern *(Hausboot)*	la croisière fluviale [la kʀwasjɛʀ flyvjal]
Windsurfen, windsurfen	(faire de) la planche à voile [(fɛʀ də) la plɑ̃ʃ a vwal]
Windrichtung	la direction du vent [la diʀɛksjɔ̃ dy vɑ̃]

Tauchen

Gerätetauchen	la plongée sous-marine [la plɔ̃ʒe sumaʀin]
Harpune	le harpon [lə aʀpɔ̃]
Neoprenanzug	la combinaison de plongée [la kɔ̃binɛzɔ̃ də plɔ̃ʒe]
Sauerstoffgerät	la bouteille d'oxygène [la butɛj dɔksiʒɛn]
Schnorchel	le tuba [lə tyba]
schnorcheln	faire du snorkeling [fɛʀ dy snɔʀkliŋ]
tauchen	faire de la plongée [fɛʀ də la plɔ̃ʒe]
Taucherausrüstung	l'équipement *m* de plongée [lekipmɑ̃d plɔ̃ʒe]
Taucherbrille	les lunettes *f* de plongée [le lynɛt də plɔ̃ʒe]

Angeln

Angel	la canne à pêche [la kana pɛʃ]
angeln	pêcher [pɛʃe]
Angelschein	le permis (de pêche) [lə pɛʀmi(d pɛʃ)]
Hafenmeisterei	la capitainerie du port [la kapitɛnʀi dy pɔʀ]
Hochseeangeln	la pêche au gros [la pɛʃ o gʀo]
Schonzeiten	la période de fermeture de la pêche [la peʀjɔd də fɛʀmətyʀ də pɛʃ]

Ballspiele

Ball *(klein, z. B. Tennisball)*	la balle [la bal]
(größer, z. B. Fußball)	le ballon [lə balɔ̃]
Basketball	le basket-ball [lə baskɛtbol]
Fußball	le football [lə futbol]
Fußballplatz	le terrain de football [lə tɛʀɛ̃d futbol]
Fußballspiel	le match de football [lə matʃ də futbol]
Halbzeit	la mi-temps [la mitɑ̃]
Handball	le hand-ball [lə ɑ̃dbal]
Mannschaft	l'équipe *f* [lekip]
Netz	le filet [lə filɛ]
Rugby	le rugby [lə ʀygbi]
Tor *(Schuss)*	le but *m* [le byt]
(Pfosten)	le poteau des buts [lə pɔto de byt]
Torwart	le gardien de buts [lə gaʀdjɛ̃d byt]
Volleyball	le volley-ball [lə vɔlɛbol]

Tennis und Badminton

Badminton	le badminton [lə badmintɔn]
Doppel	le double [lə dubl]
Einzel	le simple [lə sɛ̃pl]
Federball *(Ball)*	le volant [lə vɔlɑ̃]
(Spiel)	le badminton [lə badmintɔn]
Schläger	la raquette [la ʀakɛt]
Squash	le squash [lə skuaʃ]
Tennis	le tennis [lə tenis]
Tennisschläger	la raquette de tennis [la ʀakɛt də tenis]
Tischtennis	le ping-pong [lə piŋpɔ̃ŋ]

Fitness- und Krafttraining

Aerobic	l'aérobic *m* [laeʀɔbik]
Bodybuilding	la musculation [la myskylasjɔ̃]
Fitnesscenter	le fitness [lə fitnɛs]
Gymnastik	la gymnastique [la ʒimnastik]
Jazzgymnastik	le modern jazz [lə mɔdɛʀn djaz]
joggen	faire du jogging [fɛʀ dy dʒɔgiŋ]
Jogging	le jogging [lə dʒɔgiŋ]
Konditionstraining	l'entretien *m* de la forme [lɑ̃tʀətjɛ̃d la fɔʀm]
Stretching	le stretching [lə stʀɛtʃiŋ]
Wirbelsäulengymnastik	la gymnastique corrective [la ʒimnastik kɔʀɛktiv]

Radfahren

Fahrrad	le vélo [lə velo], la bicyclette [la bisiklɛt]
Fahrradhelm	le casque de protection [lə kask də pʀɔteksjɔ̃]
Fahrradweg	la piste cyclable [la pistə siklabl]
Flickzeug	le kit de réparation des pneus [lə kit də ʀepaʀasjɔ̃ de pnø]
Luftpumpe	la pompe [la pɔ̃p]
Mountainbike	le V.T.T. (vélo tout terrain) [lə vetete (velo tu tɛʀɛ̃)]
Rad fahren	faire du vélo [fɛʀ dy velo]
Radsport	le cyclisme [lə siklism]
Radtour	la randonnée cycliste [la ʀɑ̃dɔne siklist]
Rennrad	le vélo de course [lə velod kuʀs]
Roller	les rollers [le ʀɔlɛʀ]
Schlauch	la chambre à air [la ʃɑ̃bʀ‿a ɛʀ]
Trekkingrad	le V.T.C. (vélo tout chemin) [lə vetese (velo tu ʃmɛ̃)]

Wandern und Bergsteigen

Ich möchte eine Bergtour machen.
Je voudrais faire une randonnée en montagne.
[ʒvudʀɛ fɛʀ‿yn ʀɑ̃dɔne ɑ̃ mɔ̃taɲ]

Können Sie mir eine interessante Route auf der Karte zeigen?
Vous pouvez m'indiquer me montrer un itinéraire intéressant sur la carte ? [vu puve mə mɔ̃tʀe ɛ̃n‿itineʀɛʀ‿ɛ̃teʀɛsɑ̃]

Bergsteigen	l'alpinisme *m* [lalpinism]
Fernwanderweg	le chemin de grande randonnée [lə ʃəmɛ̃ də gʀɑ̃d ʀɑ̃dɔne]
Freeclimbing	la varape [la vaʀap]
Gehzeiten	la durée de la marche [la dyʀe də la maʀʃ]
Route	l'itinéraire *m* [litineʀɛʀ]
Schutzhütte	le refuge [lə ʀəfyʒ]
Sicherungsseil	la corde de rappel [la kɔʀd də ʀapɛl]
Tagestour	la randonnée (pour la journée) [la ʀɑ̃dɔne (puʀ la ʒuʀne)]
Trekking	le trekking [lə tʀɛkiɲ]
Wanderkarte	la carte de randonnées [la kaʀt də ʀɑ̃dɔne]
Wandern	la randonnée pédestre [la ʀɑ̃dɔne pedɛstʀ]
wandern	faire de la randonnée [fɛʀ də la ʀɑ̃dɔne]
Wanderweg	le chemin de randonnée [lə ʃəmɛ̃ də ʀɑ̃done]

Reiten

Ausritt	la promenade à cheval [la pʀɔmnad a ʃval]
Pferd	le cheval [lə ʃval]
Polo	le polo [lə pɔlo]
reiten	faire du cheval [fɛʀ dy ʃval]
Reitschule	l'école *f* d'équitation [lekɔl dekitasjɔ̃]

Golf

18-Loch-Platz	le golf 18 trous [lə gɔlf dizɥi tʀu]
abschlagen	frapper la balle [fʀape la bal]
Clubhaus	la clubhouse [la klœbaus]
Golf	le golf [lə gɔlf]
Golfclub	le club de golf [lə clœb də gɔlf]
Golfschläger	la crosse de golf [la kʀɔs də gɔlf]
Greenfee	le greenfee [lə gʀinfi]
Parcours	le parcours [lə paʀkuʀ]

Flugsport

Aufstieg	la montée [la mɔ̃te]
Drachenfliegen	le deltaplane [lə dɛltaplan]
Fallschirmspringen	le parachutisme [lə paʀaʃytism]
Gleitschirm	le parapente [lə paʀapɑ̃t]
Heißluftballon	la montgolfière [la mɔ̃gɔlfjɛʀ]
Paragliding	le parapente [lə paʀapɑ̃t]
Schleppschirm (am Strand)	le parachute ascencionnel [lə paʀaʃyt asɑ̃sjɔnɛl]
Segelfliegen	le vol à voile [lə vɔl a vwal]
Weltumrundung	le tour de la terre [lə tuʀ də la tɛʀ]

Winterurlaub

Eine Tageskarte, bitte.
Un pass forfait pour la journée, s'il vous plaît.
[ɛ̃ fɔrfɛ puʀ la ʒuʀne silvuplɛ]

Wie viele Punkte kostet dieser Skilift?
Combien de points coûte ce remonte-pentes?
[kɔ̃bjɛ̃d pwɛ̃ kut sə ʀəmɔ̃tpɑ̃t]

Um wie viel Uhr ist die letzte Bergfahrt/Talfahrt?
A quelle heure est la dernière remontée/descente ?
[a kɛl‿œʀ‿ɛ la dɛʀnjɛr ʀemɔ̃te/desɑ̃t]

Babylift	le remonte-pentes pour enfants [lə ʀəmɔ̃tpɑ̃t puʀ ɑ̃fɑ̃]
Bergstation	La station supérieure du téléphérique [la stasjɔ̃ syperjœr dy telefeʀik]
Langlaufski	le ski de fond [lə skid fɔ̃]
Loipe	la piste de ski de fond [la pistə də skid fɔ̃]
Mittelstation	l'arrêt *m* intermédiaire du téléski [laʀɛ ɛ̃tɛʀmedjɛʀ dy teleski]
Pulverschnee	la (neige) poudreuse [la (nɛʒ) pudʀøz]
Schlepplift	le téléski [lə teleski], le remonte-pente [lə ʀəmɔ̃tpɑ̃t]

Zutreffend
Ein Schlepplift wird zwar *téléski* oder *remonte-pente* genannt, doch die dritte Bezeichnung – an sich die gebräuchlichste – ist vielleicht die schönste: *un tire-fesses* (ein Pobackenzieher)!

Schlitten	la luge [la lyʒ]
Schlitten fahren	faire de la luge [fɛʀ də la lyʒ]
Seilbahn	le téléphérique [lə telefeʀik]

Sessellift	le télésiège [lə telesjɛʒ]
Ski	le ski [lə ski]
Ski alpin	le ski alpin [lə ski alpɛ̃]
Ski laufen	skier [skje], faire du ski [fɛʀ dy ski]
Skibindung	la fixation [la fiksasjɔ̃]
Skibrille	les lunettes *f* de ski [le lynɛt də ski]
Skikurs	les cours m/leçons *f* de ski [le kuʀ/ləsɔ̃ də ski]
Skilehrer/in	le moniteur/la monitrice de ski [lə mɔnitœʀ/la mɔnitʀis də ski]
Skistöcke	les bâtons *m* [le batɔ̃]
Snowboard	le surf des neiges [lə sœʀf de nɛʒ]
Tagespass	le forfait-journée [lə fɔʀfɛʒuʀne]
Talstation	le point de départ du téléski [lə pwɛ̃d depaʀ dy teleski]
Wochenpass	le forfait-semaine [lə fɔʀfɛsmɛn]
Curling	le curling [lə kœʀliɲ]
Eisbahn	la patinoire [la patinwaʀ]
Eishockey	le hockey sur glace [lə ɔkɛ syʀ glas]
Eislauf	le patinage [lə patinaʒ]
Schlittschuhe	les patins *m* à glace [le patɛ̃ a glas]
Schlittschuh laufen	faire du patin à glace [fɛʀ dy patɛ̃ a glas]

Sonstige Sportarten

Boulespiel	le jeu de boules [lə ʒød bul], la pétanque [la petɑ̃k]
Bowling	le bowling [lə buliɲ]
Bungeejumping	le saut à l'élastique [lə so a lelastik]
Inliner	le roller [lə ʀɔlɛʀ]
Inline skaten	faire du roller [fɛʀ dy ʀɔlɛʀ]
Kegeln	le jeu de quilles [lə ʒød kij]
Leichtathletik	l'athlétisme *m* [latletism]
Minigolf	le minigolf [lə minigɔlf]
Rollschuh	le patin à roulette [lə patɛ̃ a ʀulɛt]
Rollschuh fahren	faire du patin à roulette [fɛʀ dy patɛ̃ a ʀulɛt]
Skateboard	la planche à roulettes [la plɑ̃ʃ a ʀulɛt]
Skateboard fahren	faire de la planche à roulettes [fɛʀ də la plɑ̃ʃ a ʀulɛt]

Sportveranstaltungen besuchen

Könnten Sie mir sagen, welche Sportveranstaltungen es hier gibt?
Vous pourriez me dire quelles manifestations sportives il y a ici?
[vu puʀjem diʀ kɛl manifɛstasjɔ̃ spɔʀtiv il‿ja isi]

Ich möchte mir das Fußballspiel ansehen.
Je voudrais assister au match de football.
[ʒə vudʀɛz‿asiste o matʃ də futbol]

Wann/Wo findet es statt?
Quand/Où est-ce qu'il a lieu? [kɑ̃t‿/u ɛs‿kil a ljø]

Was kostet der Eintritt?
Combien coûte l'entrée? [kɔ̃bjɛ̃ kut lɑ̃tʀe]

Wie steht's?
Quel est le score? [kɛl ɛ lə skɔʀ]

2 zu 1.
Deux à un. [dø a ɛ̃]

Eins - eins.
Un partout. [ɛ̃ paʀtu]

Foul!
Faute! [fot]

Schöner Schuss!
Beau tir! [bo tiʀ]

Tor!
But! [byt]

abseits	hors-jeu [ɔʀ ʒø]
Anstoß	le coup d'envoi [lə ku dɑ̃vwa]
Eintrittskarte	le billet [lə bijɛ]
Elfmeter	le pénalty [lə penalti]
Flanke	le tir au centre [lə tiʀ o sɑ̃tʀ]
Freistoß	le coup franc [lə ku fʀɑ̃]
gewinnen	gagner [gaɲe]
Kasse	la caisse [la kɛs]
Meisterschaft	le championnat [lə ʃɑ̃pjɔna]
Niederlage	la défaite [la defɛt]
Pass	la passe [la pas]
Programm	le programme [lə pʀɔgʀam]
Radrennen	la course cycliste [la kuʀs siklist]
Rennen	la course [la kuʀs]
Schiedsrichter	l'arbitre *m* [laʀbitʀ]
Sieg	la victoire [la viktwaʀ]
Spiel	le match [lə matʃ]
Sportler/in	le sportif/la sportive [lə spɔʀtif/la spɔʀtiv]
Sportplatz	le terrain de sport [lə tɛʀɛ̃ də spɔʀ]
Stadion	le stade [lə stad]
Strafraum	la surface de réparation [la syʀfas də ʀepaʀasjɔ̃]

unentschieden	match nul [matʒə nyl]
verlieren	perdre [pɛʀdʀ]
Wettkampf	la compétition [la kɔ̃petisjɔ̃]

Wellness

Wie viele Anwendungen bekomme ich noch?
Il me reste encore combien de soins? [il mə rɛst‿ɑ̃kɔʀ kɔ̃bjɛ̃d‿swɛ̃]

Ich möchte noch einige zusätzliche ...
J'aimerais quelques ... supplémentaires. [ʒɛmʀɛ kɛlkə syplemɑ̃tɛʀ]

Könnte ich einen anderen Termin bekommen?
Je pourrais avoir un autre rendez-vous? [ʒə puʀɛz‿avwaʀ ɛn‿otʀə ʀɑ̃devu]

Machen Sie auch eine ...?
Faites aussi un/une ...? [fɛtz‿osi ɛn/yn]

Ich leide unter ...
Je souffre de ... [ʒə sufʀə də]

Anwendung	le soin [lə swɛ̃]
Aqua-Jogging	la gym aquatique [la ʒim‿akwatik]
Akupunktur	l'acupuncture *f* [akypɔ̃tyʀ]
Aromabad	le bain aux huiles essentielles [lə bɛ̃ oz‿ɥilz‿ɛsɑ̃sjɛl]
Ayurveda	l'Ayurveda *m* [ajyʀveda]
Behandlung	le soin [lə swɛ̃n]
entschlacken, entgiften	se purger, se détoxiquer [sə pyrʒe, sə dezɛ̃tɔksike]
Fango	l'application de boue [laplikasjɔ̃ də bu]
Fuß(reflexzonen)massage	la réflexologie plantaire [la reflɛksɔlɔʒi plɑ̃tɛʀ]
Ganzkörpermassage	le soin du corps [lə swɛ̃ dy kɔʀ]
Gesichtsbehandlung	le soin du visage [lə swɛ̃ dy vizaʒ]
Heilbad	le bain curatif [lə bɛ̃ kyʀatif]
Heilfasten	le jeûne curatif [lə ʒøn]
Heu-Bad	le bain de foin [lə bɛ̃d‿fwɛ̃]
Kneipp-Anwendung	le soin de balnéothérapie [lə swɛ̃d balneɔteʀapi]
Kurtaxe	la taxe de séjour [la taks də seʒuʀ]
Lymphdrainage	le drainage lymphatique [lə drɛnaʒ lɛ̃fatik]
Massage	le massage [lə masaʒ]
Meditation	la méditation [la meditasjɔ̃]
Therapie	la thérapie [la teʀapi]
Thermalbad	le bain thermal [lə bɛ̃ tɛʀmal]
Wellenbad	la piscine à vagues [la pisin‿a vag]
Yoga	le yoga [lə joga]

Kreativurlaub

Ich möchte ... belegen.
J'aimerais suivre ... [ʒɛmʀɛ sɥivʀ]
einen Töpferkurs
un cours de poterie. [ɛ̃ kuʀ də pɔtʀi]
einen Französischkurs
un cours de français. [ɛ̃ kuʀ də fʀɑ̃sɛ]
für Anfänger
pour débutants [puʀ debytɑ̃]
für Fortgeschrittene
pour avancés [puʀ avɑ̃se]

Wie viele Stunden sind pro Tag vorgesehen?
Combien y a-t-il d'heures par jour? [kɔ̃bjɛ̃ jatil dœʀ paʀ juʀ]

Ist die Teilnehmerzahl begrenzt?
Est-ce que le nombre de participants est limité?
[ɛs kə lə nɔ̃bʀ də paʀtisipɑ̃ ɛ limite]

Sind Vorkenntnisse erforderlich?
Est-ce qu'il faut des connaissances de base?
[ɛs kil fo de kɔnɛsɑ̃s də baz]

Bis wann muss man sich anmelden?
Jusque quand faut-il s'inscrire? [ʒyskə kɑ̃ fotil sɛ̃skʀiʀ]

Sind die Materialkosten inklusive?
Les frais de matériel sont-ils inclus? [le fʀɛd mateʀjɛl sɔ̃t‿il ɛ̃kly]

Was ist mitzubringen?
Qu'est-ce qu'il faut apporter? [kɛskil fo apɔʀte]

Aktzeichnen	le dessin sur modèle [lə desɛ̃ syʀ modɛl]
Aquarellmalen	l'aquarelle *f* [lakwaʀɛl]
Bauchtanz	la danse du ventre [la dɑ̃s dy vɑ̃tʀ]
Fotografieren	la photographie [la fɔtogʀafi]
Goldschmieden	l'orfèvrerie *f* [lɔʀfɛvʀəʀi]
Holzwerkstatt	l'atelier *m* de bois [latəlje də bwa]
Kochen	la cuisine [la kwizin]
Kurs	le cours [lə kuʀ]
Malen	la peinture [la pɛ̃tyʀ]
Schauspielworkshop	l'atelier *m* de théâtre [latəlje də teatʀ]
Sprachkurs	le cours de langue [lə kuʀ də lɑ̃g]
Tanztheater	le théâtre de la danse [lə teatʀ də la dɑ̃s]
Theatergruppe	le groupe théâtral [lə gʀup teatʀal]
Trommeln	le tam-tam [lə tamtam]
Workshop	l'atelier *m* [latəlje]

Unterhaltung

Im Original
Dass Sie Französisch nicht so gut beherrschen, muss nicht unbedingt bedeuten, dass Sie auf Kino verzichten müssen. Gerade in Paris werden relativ viele Filme in der Originalfassung gezeigt.
Halten Sie einfach in den Veranstaltungsprogrammen wie *Pariscope* oder *L'Officiel des spectacles* nach den beiden Buchstaben V.O. (*version originale*) Ausschau.
Und übrigens: Dienstag ist Kinotag, also billiger.

Theater – Konzert – Kino

Könnten Sie mir sagen, welches Stück heute Abend im Theater gespielt wird?
Pourriez-vous me dire quelle pièce on joue ce soir au théâtre?
[purje vum diʀ kɛl pjɛs ɔ̃ ʒu sə swaʀ o teatʀ]

Was läuft morgen Abend im Kino?
Qu'est-ce qu'on joue demain soir au cinéma?
[kɛs‿kɔ̃ ʒu dəmɛ̃ swaʀ o sinema]

Werden im Dom Konzerte veranstaltet?
Est-ce qu'il y a des concerts d'organisés dans la cathédrale?
[ɛs‿kil‿ja de kɔ̃sɛʀ dɔʀganize dɑ̃ la katedʀal]

Können Sie mir ein Theaterstück empfehlen?
Vous pouvez me recommander une pièce de théâtre?
[vu puve mə ʀəkɔmɑ̃de yn pjɛs də teatʀ]

Wann beginnt die Vorstellung?
A quelle heure commence la représentation?
[a kɛl‿œʀ kɔmɑ̃s la ʀəpʀezɑ̃tasjɔ̃]

Wo bekommt man Karten?
Où est-ce qu'on peut prendre les billets?
[u ɛs‿kɔ̃ pø pʀɑ̃dʀə lə bije]

Bitte zwei Karten für heute Abend.
Deux billets pour ce soir, s'il vous plaît.
[dø bije puʀ sə swaʀ sil vu plɛ]

Bitte zwei Plätze zu ... Euro.
Deux places à ... euros, s'il vous plaît. [dø plas a ... øʀo sil vu plɛ]

Kann ich bitte ein Programm haben?
Un programme, s'il vous plaît. [ɛ̃ pʀɔgʀam sil vu plɛ]

Eintrittskarte	le billet [lə bijɛ]
Festival	le festival [lə fɛstival]
Garderobe	le vestiaire [lə vɛstjɛʀ]
Kasse	la caisse [la kɛs]

Pause	l'entracte *m* [lɑ̃tʀakt]
Programmheft	le programme [lə pʀɔgʀam]
Vorstellung *(Kino)*	la séance [la seɑ̃s];
(Theater)	la représentation [la ʀəpʀesɑ̃tasjɔ̃]
Vorverkauf	la location [la lɔkasjɔ̃], la réservation [la ʀezɛʀvasjɔ̃]

Theater

Akt	l'acte *m* [lakt]
Aufführung	la représentation [la ʀəpʀezɑ̃tasjɔ̃]
Ballett	le ballet [lə balɛ]
Drama	le drame [lə dʀam]
Freilufttheater	le théâtre en plein air [lə teatʀ ɑ̃ plɛn‿ɛʀ]
Inszenierung	la mise en scène [la miz‿ɑ̃ sɛn]
Kabarett	le cabaret [lə kabaʀɛ]
Kabarettist	le chansonnier *m* [lə ʃɑ̃sɔnje]
Kleinkunstbühne	le café-théâtre [lə kafeteatʀ]
Komödie	la comédie [la kɔmedi]
Loge	la loge [la lɔʒ]
Musical	la comédie musicale [la kɔmedi myzikal]
Oper	l'opéra *m* [lɔpeʀa]
Operette	l'opérette *f* [lɔpeʀɛt]
Parkett	le parterre [lə paʀtɛʀ]
Premiere	la première [la pʀəmjɛʀ]
1. Rang	le balcon [lə balkɔ̃]
Schauspiel	le spectacle [lə spɛktakl]
Schauspieler/in	l'acteur/l'actrice [laktœʀ/laktʀis], le comédien/la comédienne [lə kɔmedjɛ̃/la kɔmedjɛn]
Spielplan	le programme [lə pʀɔgʀam]
Tänzer/in	le danseur/la danseuse [lə dɑ̃sœʀ/la dɑ̃søz]
Theater	le théâtre [lə teatʀ]
Theaterstück	la pièce de théâtre [la pjɛs də teatʀ]
Tragödie	la tragédie [la tʀaʒedi]
Varietee	les variétés *f* [le vaʀjete]
Volksstück	la pièce populaire [la pjɛs pɔpylɛʀ]

Konzert

Blues	le blues [lə bluz]
Chor	le chœur [lə kœʀ]

Dirigent/in	le/la chef d'orchestre [lə/la ʃɛf dɔʀkɛstʀ]
Folk	le folk [lə fɔlk]
Jazz	le jazz [lə dʒaz]
Klassik	la musique classique [la mysik klasik]
Komponist/in	le compositeur/la compositrice [lə kɔ̃pozitœʀ/la kɔ̃pɔsitʀis]
Konzert	le concert [lə kɔ̃sɛʀ]
Kammerkonzert	le concert de musique classique [lə kɔ̃sɛʀ də myzik klasik]
Kirchenkonzert	le concert en église [lə kɔ̃sɛʀ ɑ̃n‿egliz]
Sinfoniekonzert	le concert symphonique [lə kɔ̃sɛʀ sɛ̃fɔnik]
Orchester	l'orchestre *m* [lɔʀkɛstʀə]
Pop	le pop [lə pɔp]
Rap	le rap [lə ʀap]
Rock	le rock [lə ʀɔk]
Reggae	le reggae [lə ʀege]
Sänger/in	le chanteur/la chanteuse (la cantatrice) [lə ʃɑ̃tœʀ/la ʃɑ̃tøz (la kɑ̃tatʀis)]
Solist/in	le/la soliste [lə/la sɔlist]
Soul	le soul [le sol]
Techno	la techno [la tɛkno]
Volksmusik	la musique folklorique [la mysik fɔlklɔʀik]

Kino

Film	le film [lə film]
Actionfilm	le film d'action [lə film daksjɔ̃]
Dokumentarfilm	le documentaire [lə dɔkymɑ̃tɛʀ]
Drama	le drame [lə dʀam]
Klassiker	le classique [lə klasik]
Komödie	la comédie [la kɔmedi]
Kurzfilm	le court-métrage [lə kuʀmetʀaʒ]
Schwarzweißfilm	le film en noir et blanc [lə film ɑ̃ nwaʀ e blɑ̃]
Sciencefictionfilm	le film de science-fiction [lə film də sjɑ̃sfiksjɔ̃]
Thriller	le film policier [lə film pɔlisje]
Western	le western [lə wɛstɛʀn]
Zeichentrickfilm	le dessin animé [lə dɛsɛ̃ anime]
Filmschauspieler/in	l'acteur/l'actrice de cinéma [laktœʀ/laktʀis də sinema]
Hauptrolle	le rôle principal [lə ʀol pʀɛ̃sipal]
Kino	le cinéma [lə sinema]
Freilichtkino	le cinéma en plein air [lə sinema ɑ̃ plɛn‿ɛʀ]

Programmkino	le ciné-club [lə sineklœb]
Originalfassung	la version originale (la v.o.) [la vɛʀsjɔ̃ ɔʀiʒinal (la ve o)]
Regie	la mise en scène [la miz‿ɑ̃ sɛn]
Untertitel	les sous-titres *m* [le sutitʀ]

Ausgehen
Ob Disko, Kino, Theater, Jazzclub oder Variété: Alles, was geboten ist, steht in *Pariscope* oder *l'Officiel des Spectacles* (an jedem Kiosk erhältlich).

Nachtleben

Was kann man hier abends unternehmen?
Qu'est-ce qu'on peut faire ici le soir? [kɛs kɔ̃ pø fɛʀ isi lə swaʀ]

Gibt es hier eine gemütliche Kneipe?
Est-ce qu'il y a un bistrot sympa dans le coin?
[ɛs‿kil‿ja ɛ̃ bistʀo sɛ̃pa dɑ̃l kwɛ̃]

Wo kann man hier tanzen gehen?
Où est-ce qu'on peut aller danser ici? [u ɛs kɔ̃ pø ale dɑ̃se isi]

Wollen wir (noch einmal) tanzen?
On danse (encore une fois)? [ɔ̃ dɑ̃s (ɑ̃kɔʀ‿yn fwa)]

Abendgarderobe	les vêtements *m* habillés [le vɛtmɑ̃ abije]
ausgehen	sortir [sɔʀtiʀ]
Band	le groupe [lə gʀup]
Bar	le bar [lə baʀ]
Diskothek	la discothèque [la diskɔtɛk]
Folklore	le folklore [lə fɔlklɔʀ]
Folkloreabend	la soirée de danse folklorique [la swaʀe də dɑ̃s fɔlklɔʀik]
Glücksspiel	le jeu de hasard [lə ʒø də azaʀ]
Kneipe	le bistrot [lə bistʀo]
Livemusik	la musique en direct [la myzik ɑ̃ diʀɛkt]
Nachtklub	la boîte de nuit [la bwat də nɥi]
Party	la soirée [la swaʀe], la fête [la fɛt]
Show	le show [lə ʃo]
Spielkasino	le casino [lə kazino]
tanzen	danser [dɑ̃se]
Tanzkapelle	l'orchestre *m* de danse [lɔʀkɛstʀə də dɑ̃s]

Feste und Veranstaltungen

Feste feiern
Die bekanntesten französischen Festivals sind wahrscheinlich das *Festival de Cannes* für Kinofilme und das *Festival d'Avignon* für den Theaterbereich. Allerdings finden gerade im Sommer fast überall kleine *Festivals* und *Fêtes* jeder Art statt. Schreiben (faxen/mailen) Sie vorher an das Fremdenverkehrsamt der Gegend, die Sie besuchen wollen, und fragen Sie nach einem *calendrier des Fêtes et des Festivals de la région.*

Könnten Sie mir bitte sagen, wann das ...-Festival stattfindet?
Pourriez-vous me dire quand a lieu le festival de/du ...?
[puʀje vum diʀ kɑ̃ a ljø lə fɛstival də/dy]
vom ... bis ...
du ... au ... [dy o]
jedes Jahr im August
tous les ans au mois d'août [tu lez‿ɑ̃ o mwa du]
alle 2 Jahre
tous les deux ans [tu le døz‿ɑ̃]

Kann jeder teilnehmen?
Tout le monde peut y participer? [tul mɔ̃d pø i paʀtisipe]

Typische Festivitäten und Veranstaltungen

Blaskapelle	la fanfare [la fɑ̃faʀ]
Festival	le festival [lə fɛstival]
Feuerwerk	le feu d'artifice [lə fø daʀtifis]
Flohmarkt	la foire à la brocante [la fwaʀa la bʀɔkɑ̃t], le marché aux puces [lə maʀʃe o pys]
Jahrmarkt	le fête foraine [la fɛt fɔʀɛn]
Karneval	le carnaval [lə kaʀnaval]
Kirmes	la kermesse [la kɛʀmɛs]
Olympische Spiele	les jeux *m* olympiques [le ʒøz‿olɛ̃pik]
Prozession	la procession [la pʀɔsɛsjɔ̃]
Tour de France	le Tour de France [lə tuʀ də fʀɑ̃s]
Tennisturnier von Roland Garros *(French Open)*	le tournoi de Roland Garros [lə tuʀnwa də ʀɔlɑ̃ gaʀɔs]
Umzug	le cortège [lə kɔʀtɛʒ]
Zirkus	le cirque [lə siʀk]

Einkaufen

Groß einkaufen zum kleinen Preis
Kleinere Supermärkte *(supermarchés)* werden Sie in Frankreich sehr viel seltener finden als zu Hause. Dafür bestimmen oft Riesensupermärkte *(hypermarchés)* die Landschaft am Rande der Städte. Bis auf Charme bieten sie alles, was das Herz begehrt – und vor allem viele Sonderangebote *(promotions)*. Wer allerdings speziell auf Schnäppchen aus ist, sollte zumindest im Januar und Juli auf das Schild *Soldes* (Ausverkauf) in den Schaufenstern achten.

Fragen

Ich suche ...

Werden Sie schon bedient?
On vous sert? [ɔ̃ vu sɛʀ]

Kann ich Ihnen helfen?
Je peux vous aider? [ʒə pø vuz‿ɛde]

Danke, ich sehe mich nur um.
Merci, je regarde. [mɛʀsi ʒə ʀəgaʀd]

Ich möchte ...
Je voudrais ... [ʒvudʀɛ]/J'aimerais ... [ʒɛmʀɛ]

Danke, ich sehe mich nur um.
Merci, je regarde. [mɛʀsi ʒʀəgaʀd]

Ich suche ...
Je cherche ... [ʒə ʃɛʀʃ]

Haben Sie ...?
Vous avez ...? [vuz‿ave]

Darf es sonst noch etwas sein?
Il vous faut autre chose? [il vu fo otʀə ʃoz]

Handeln und kaufen

Wie viel kostet das?
Combien ça coûte? [kɔ̃bjɛ̃ sa kut]

Das ist aber teuer!
C'est cher! [sɛ ʃɛʀ]

Wie handelt man ...?
Feilschen ist in Frankreich nur noch auf Flohmärkten möglich. In einer bestimmten Situation kann es natürlich mal sein, dass Sie einen kleinen Rabatt für angemessen halten. Also könnten Sie vielleicht fragen:

Geben Sie einen Rabatt?
Vous faites une réduction? [vu fɛt‿yn ʀedyksjɔ̃]

Gut, ich nehme es.
Bon, alors je le prends. [bɔ̃ alɔʀ ʒəl pʀɑ̃]

Kann ich mit der Kreditkarte zahlen?
Je peux payer par carte ? [ʒə pö pɛje paʀ kaʀt]

Geschäfte

Bis Mitternacht
Grundsätzlich können Sie in Frankreich davon ausgehen, dass jedes Geschäft bis 19 Uhr geöffnet ist, manche sogar bis 19.30 Uhr, *hypermarchés* meistens bis 22 Uhr. Sonntags werden Sie zumindest bis 12 Uhr noch alles bekommen, was Sie möchten. Und sollten Sie einmal am Heiligabend in Frankreich sein, werden Sie in manchen *hypermarchés* bis Mitternacht einkaufen können.

Entschuldigen Sie, wo finde ich ...?
Excusez-moi, où est-ce qu'on peut acheter ...?
[ɛkskyze mwa u ɛs kɔ̃ pø aʃte]

Öffnungszeiten – Horaires d'ouverture [ɔʀɛʀ duvɛʀtyʀ]

Ouvert	offen
Fermé	geschlossen
Vacances jusqu'au ...	Betriebsferien bis ...

Antiquitätengeschäft	le magasin d'antiquités [lə magazɛ̃ dɑ̃tikite]
Apotheke	la pharmacie [la faʀmasi]
Bäckerei	la boulangerie [la bulɑ̃ʒʀi]
Bioladen	le magasin de produits naturels [lə magazɛ̃ də pʀɔdɥi natyʀɛl]
Blumengeschäft	le/la fleuriste [lə/la flœʀist]
Boutique	la boutique [la butik]
Buchhandlung	la librairie [la librɛʀi]
Computerfachgeschäft	le magasin d'informatique [lə magazɛ̃ dɛ̃fɔʀmatik]
Drogerie	la droguerie [la dʀɔgʀi]
Eisenwarengeschäft	la quincaillerie [la kɛ̃kajʀi]
Elektrohandlung	le magasin d'électro-ménager [lə magazɛ̃ delɛktʀomenaʒe]
Feinkostgeschäft	
(internationale Spezialitäten)	l'épicerie *f* fine [lepisʀi fin]
(hausgemachte Produkte)	le traiteur [lə tʀɛtœʀ]
Fischgeschäft	la poissonnerie [la pwasɔnʀi]
Flohmarkt	le marché aux puces [lə maʀʃe o pys]
Fotogeschäft	le magasin de photos [lə magazɛ̃d fɔto]

Frisör	le salon de coiffure [lə salɔ̃d kwafyʀ]
Handygeschäft	la boutique de téléphones (portables) [la butik də telefɔn [pɔʀtabl]
Juwelier	la bijouterie [la biʒutʀi]
Kaufhaus	le grand magasin [lə gʀɑ̃ magazɛ̃]
Konditorei	la pâtisserie [la patisʀi]
Kunsthändler	le marchand d'objets d'art [lə maʀʃɑ̃ dɔbʒɛ daʀ]
Lebensmittelgeschäft	l'épicerie *f* [lepisʀi]
Lederwarengeschäft	la maroquinerie [la maʀɔkinʀi]
Markt	le marché [lə maʀʃe]
Metzgerei	la boucherie [la buʃʀi]
Obst- und Gemüsehändler	le magasin de fruits et légumes [lə magazɛd fʀɥi e legym]
Optiker	l'opticien *m* [lɔptisjɛ̃]
Parfümerie	la parfumerie [la paʀfymʀi]
Partyservice	le traiteur [lə tʀɛtœʀ]
Plattenladen	le magasin de disques [lə magazɛ̃d‿disk]
Reformhaus	le magasin de produits diététiques [lə magazɛ̃d pʀɔdɥi djetetik]
Reinigung	la teinturerie [la tɛ̃tyʀəʀi]
Reisebüro	l'agence *f* de voyages [laʒɑ̃s də vwajaʒ]
Schneider/in	le tailleur/la couturière [lə tajœʀ/la kutyʀjɛʀ]
Schreibwarengeschäft	la papeterie [la papɛtʀi]
Schuhgeschäft	le magasin de chaussures [lə magazɛ̃d ʃosyʀ]
Schuhmacher	le cordonnier [lə kɔʀdɔnje]
Souvenirladen	le magasin de souvenirs [lə magazɛ̃d suvniʀ]
Spielwarengeschäft	le magasin de jouets [lə magazɛ̃d ʒuɛ]
Spirituosengeschäft	le magasin de (vins et) spiritueux [lə magazɛ̃d (vɛ̃ e) spiʀityø]
Sportartikel	le magasin (d'articles) de sport [lə magazɛ̃ (daʀtikl) də spɔʀ]
Supermarkt	le supermarché [lə sypɛʀmaʀʃe]
Süßwarengeschäft	la confiserie [la kɔ̃fizʀi]
Tabakladen	le bureau de tabac [lə byʀod taba]
Trödler	le brocanteur [lə bʀɔkɑ̃tœʀ]
Uhrmacher	l'horloger *m* [lɔʀlɔʒe]
Waschsalon	la laverie [la lavʀi]
Weinhandlung	le magasin de vins [lə magazɛ̃d vɛ̃]
Wurstwarengeschäft	la charcuterie [la ʃaʀkytʀi]
Zeitungshändler	le marchand de journaux [lə maʀʃɑ̃d ʒuʀno]

Bücher, Zeitschriften und Schreibwaren

Ich hätte gern ...
Je voudrais ... [ʒvudʀɛ]
eine deutsche Zeitung.
un journal allemand. [ɛ̃ ʒuʀnal almɑ̃]
eine Zeitschrift.
un magazine. [ɛ̃ magazin]
einen Reiseführer.
un guide touristique. [ɛ̃ gid tuʀistik]
eine Wanderkarte dieser Gegend.
une carte des randonnées de la région.
[yn kaʀt de ʀɑ̃dɔne də la ʀeʒjɔ̃]

Bücher, Zeitschriften und Zeitungen

Buch	le livre [lə livʀ]
Comic-Heft	la bande dessinée [la nɑ̃d desine]
Frauenzeitschrift	le magazine féminin [lə magazin feminɛ̃]
Illustrierte	le magazine [lə magazin]
Kochbuch	le livre de cuisine [lə livʀ də kɥizin]
Kriminalroman	le roman policier [lə ʀɔmɑ̃ pɔlisje]
Landkarte	la carte (géographique) [la kaʀt (ʒeɔgʀafi)]
Reiseführer	le guide touristique [lə gid tuʀistik]
Roman	le roman [lə ʀɔmɑ̃]
Stadtplan	le plan (de la ville) [lə plɑ̃ (də la vil)]
Straßenkarte	la carte routière [la kaʀt ʀutjɛʀ]
Tageszeitung	le quotidien [lə kɔtidjɛ̃]
Taschenbuch	le livre de poche [lə livʀə də pɔʃ]
Zeitschrift	le magazine [lə magazin]
Zeitung	le journal [lə ʒuʀnal]

Schreibwaren

Ansichtskarte	la carte postale [la kaʀt pɔstal]
Bleistift	le crayon [lə kʀɛjɔ̃]
Block	le bloc [lə blok]
Briefpapier	le papier à lettres [lə papje a lɛtʀ]
Briefumschlag	l'enveloppe *f* [lɑ̃vlɔp]
Farbstift	le crayon de couleur [lə kʀɛjɔ̃d kulœʀ]
Kugelschreiber	le stylo à bille [lə stilo a bij]
Malbuch	l'album *m* à colorier [lalbɔ̃m a kɔlɔʀje]
Notizblock	le bloc-notes [lə blɔknɔt]
Papier	le papier [lə papje]
Schreibwaren	les articles *m* de papeterie [lez‿aʀtikl də papɛtʀi]

Ich hätte gern ...
Je voudrais ...

CDs und Kassetten

➢ **auch „Elektroartikel/Computer" und „Konzert"**

Haben Sie CDs/Kassetten von ...?
Vous avez des CD/des cassettes de ... [vuz‿ave de sede/de kasɛt də]

Ich hätte gern eine CD mit typisch französischer Musik.
Je voudrais un CD avec de la musique française typique.
[ʒvudʀɛ ɛ̃ sede avɛk də la mysik fʀɑ̃sɛz tipik]

Kann ich hier bitte einmal reinhören?
Je peux écouter, s'il vous plaît ? [ʒpøz‿ekute sil vu plɛ]

CD *(Compactdisc)*	le CD/le (disque) compact [lə sede/lə (diskə) kɔ̃pakt]
CD-Spieler	le lecteur de CD [lə lɛktœʀ də sede]
DVD	le DVD [lə devede]
Kassette	la cassette [la kasɛt]
Kopfhörer	les écouteurs *m* [lez‿ekutœʀ]
Lautsprecher	le haut-parleur [lə opaʀlœʀ]
(Stereoanlage)	le baffle [lə bafl]
Walkman®	le walkman [lə wɔkman], le baladeur [lə baladœʀ]

Drogerieartikel

Bürste	la brosse [la bʀɔs]
Creme	la crème [la kʀɛm]
Damenbinden	les serviettes *f* hygiéniques [le sɛʀvjɛt iʒjenik]
Deo(dorant)	le déodorant [lə deɔdɔʀɑ̃]
Duschgel	la mousse gel [la musʒɛl]
Faden	le fil [lə fil]
Feuchtigkeitscreme	la crème hydratante [la krɛm‿idʀatɑ̃t]
Haarfestiger	le fixateur [lə fiksatœʀ]
Haargel	le gel pour les cheveux [lə ʒɛl puʀ le ʃvø]
Haargummi	l'élastique *m* [lelastik]
Haarklammern	les épingles *f* à cheveux [lez‿epɛ̃gl a ʃvø]
Kamm	le peigne [lə pɛɲ]
Knopf	le bouton [lə butɔ̃]
Lichtschutzfaktor	l'indice *m* de protection [lɛdis də pʀɔtɛksjɔ̃]
Lippenpomade	le baume pour lèvres [le bom puʀ lɛvʀ]
Lippenstift	le rouge à lèvres [lə ʀuʒ a lɛvʀ]
Nachtcreme	la crème de nuit [la kʀɛm də nɥi]
Nadel	l'aiguille *f* [ɛgɥij]
Nagellack	le vernis à ongles [lə vɛʀni a ɔ̃gl]

Nagellackentferner	le dissolvant [lə disɔlvɑ̃]
Nagelschere	les ciseaux *m* à ongles [le sizo a ɔ̃gl]
Ohropax	les boules Quies *f* [bul kjɛs]
Papiertaschentücher	les mouchoirs *m* en papier [le muʃwaʀ ɑ̃ papje]
Parfüm	le parfum [lə paʀfɛ̃]
Pflaster	le sparadrap [lə spaʀadʀa]
Pinzette	la pince à épiler [la pɛ̃s a epile]
Präservativ	le préservatif [lə pʀezɛʀvatif]
Puder	la poudre [la pudʀ]
Rasierapparat	le rasoir [lə ʀazwaʀ]
Rasierklingen	les lames *f* de rasoir [le lam də ʀazwaʀ]
Rasierpinsel	le blaireau [lə blɛʀo]
Rasierschaum	la mousse à raser [la musa ʀaze]
Rasierwasser	la lotion après-rasage [la lɔsjɔ̃ apʀɛʀazaʒ]
Seife	le savon [lə savɔ̃]
Shampoo	le shampooing [lə ʃɑ̃pwɛ̃]
Slipeinlagen	les protège-slips *m* [le pʀɔtɛʒslip]
Sonnencreme	la crème solaire [la kʀɛm sɔlɛʀ]
Sonnenmilch	le lait solaire [lə lɛ sɔlɛʀ]
Sonnenöl	l'huile *f* solaire [lɥil sɔlɛʀ]
Spiegel	le miroir [lə miʀwaʀ]
Spülbürste	la brosse pour la vaisselle [la bʀɔs puʀ la vɛsɛl]
Spülmittel	le produit pour laver la vaisselle [lə pʀɔdɥi puʀ lave la vɛsɛl]
Spültuch	le torchon [lə tɔʀʃɔ̃]
Tampons	les tampons *m* [le tɑ̃pɔ̃]
mini/normal/super/ super plus	mini/normal/super/super plus [mini/nɔʀmal/sypɛʀsypɛʀ plys]
Teebaumöl	l'huile d'arbre à thé [lɥil daʀbʀ‿a te]
Toilettenpapier	le papier hygiénique [lə papje iʒjenik]
Waschlappen	le gant de toilette [lə gɑ̃d twalɛt]
Waschmittel	la lessive [la lɛsiv]
Watte	le coton hydrophile [lə kɔtɔ̃ idʀɔfil]
Wattestäbchen	le coton-tige [lə kɔtɔ̃tiʒ]
Wimperntusche	le mascara [lə maskaʀa]
Zahnbürste	la brosse à dents [la bʀɔs a dɑ̃]
Zahncreme, Zahnpasta	le dentifrice [lə dɑ̃tifʀis]
Zahnseide	le fil dentaire [lə fil dɑ̃tɛʀ]
Zahnstocher	le cure-dent [lə kyr dɑ̃]

Elektroartikel/Computer

➣ **auch „Fotoartikel" und „CDs und Kassetten"**

Adapter	l'adaptateur *m* [ladaptatœʀ]
Akku	la batterie [la batʀi]

Batterie	la pile [la pil]
CD/DVD	le CD/DVD [lə sede/devede]
Drucker	l'imprimante *m* [lɛ̃pʀimɑ̃t]
Föhn	le sèche-cheveux [lə sɛʃ ʃəvø]
Glühbirne	l'ampoule *f* [lɑ̃pul]
Ladegerät	le rechargeur [lə ʀəʃaʀʒœʀ]
Ladekabel *(Handy)*	le chargeur [lə ʃaʀʒœʀ]
(Laptop)	le câble réseau [lə kɑbl ʀezo]
Laptop	le (ordinateur) portable [lə (ɔʀdinatœʀ) pɔʀtabl]
Memorystick	la clé USB [kle yɛsbe]
MP3Player/iPod	le MP3/l'iPod *m* [lə ɛmpetʀwa/ipɔd]
Notebook	le portable [lə pɔʀtabl]
Organizer	l'organizer *m* [lɔʀganizœʀ]
Pager	le bip [lə bip]
Rohling	le CD/DVD [lə sede/devede]
Scanner	le scanner [lə skanɛr]
Speicherkarte	la carte mémoire [kaʀt memwaʀ]
Stecker	la fiche [la fiʃ]
Taschenrechner	la calculatrice [la kalkylatʀis]
Verlängerungsschnur	la rallonge [la ʀalɔ̃ʒ]
Wecker	le réveil [lə ʀevɛj]

Fotoartikel

➢ **auch „Filmen und Fotografieren"**

Ich hätte gern...
Je voudrais ... [ʒvudʀɛ]
einen Film für diesen Fotoapparat.
une pellicule pour cet appareil. [yn pelikyl puʀ sɛt apaʀɛj]
einen Farbfilm.
une pellicule couleur. [yn pelikyl kulœʀ]
eine Speicherkarte.
une carte-mémoire. [yn kaʀtmemwaʀ]

Das funktioniert nicht mehr.
Ça ne marche plus. [san‿maʀʃ ply]

Könnten Sie es reparieren?
Vous pouvez le réparer? [vu puvel‿ʀepaʀe]

Auslöser	le déclencheur [lə deklɑ̃ʃœʀ]
Belichtungsmesser	le photomètre [lə fɔtomɛtʀ], le posemètre [lə pozmɛtʀ]
Blitzgerät	le flash [lə flaʃ]
Camcorder	le caméscope [lə kameskɔp]
Dia	la diapo [la djapo]
Digitalkamera	l'appareil *m* photo digital [lapaʀɛj fɔto diʒital]

DVD	le DVD [lə devede]
Filmempfindlichkeit	la sensibilité [la sɑ̃sibilite]
Linse	la lentille [la lɑ̃tij]
Objektiv	l'objectif *m* [lɔbʒɛktif]
Schwarzweiß-Film	le film en noir et blanc [lə film ɑ̃ nwaʀ e blɑ̃]
Selbstauslöser	le déclencheur automatique [lə deklɑ̃ʃœʀ ɔtɔmatik]
Sofortbildkamera	le polaroïd [lə pɔlaʀɔid]
Stativ	le pied [lə pje]
Sucher	le viseur [lə vizœʀ]
Teleobjektiv	le téléobjectif [lə teleɔbʒɛktif]
Unterwasserkamera	l'appareil photos étanche *m* [lapaʀɛj fɔtɔ etɑ̃ʃ]
Videofilm	le film vidéo [lə film video]
Videokamera	la caméra vidéo [la kameʀa video]
Videokassette	la vidéocassette [la videokasɛt]
Videorekorder	le magnétoscope [lə maɲetɔskɔp]

Frisör

Waschen und föhnen, bitte.
Shampooing et brushing, s'il vous plaît. [ʃɑ̃pwɛ̃ e bʀœʃiŋ sil vu plɛ]

Schneiden mit/ohne Waschen, bitte.
Une coupe avec/sans shampooing, s'il vous plaît.
[yn kup avɛk/sɑ̃ ʃɑ̃pwɛ̃ sil vu plɛ]

Ich möchte ...
Je voudrais ... [ʒvudʀɛ]

Nur die Spitzen.
Les pointes seulement. [le pwɛ̃t sœlmɑ̃]

Nicht zu kurz/Ganz kurz/Etwas kürzer, bitte.
Pas trop courts/Très courts/Un peu plus courts, s'il vous plaît.
[pa tʀo kuʀ/tʀɛ kuʀ/ɛ̃ pø ply kuʀ sil vu plɛ]

Rasieren, bitte.
Un rasage, s'il vous plaît. [ɛ̃ ʀazaʒ sil vu plɛ]

Stutzen Sie mir bitte den Schnurrbart/Bart.
Vous me taillez la moustache/la barbe, s'il vous plaît.
[vum taje la mustaʃ/la baʀbe sil vu plɛ]

Vielen Dank. Es ist sehr gut.
Merci beaucoup. C'est très bien. [mɛʀsi boku. sɛ tʀɛ bjɛ̃]

Augenbrauen zupfen	épiler les sourcils [epile le suʀsi]
Bart	la barbe [la baʀb]
blond	blond [blɔ̃]

färben	faire une coloration [fɛʀ yn kɔlɔʀasjɔ̃]
föhnen	faire un brushing [fɛʀ ɛ̃ bʀœʃiŋ]
frisieren	coiffer [kwafe]
Frisur	la coiffure [la kwafyʀ], la coupe de cheveux [la kup də ʃvø]
Haar	les cheveux [le ʃvø]
kämmen	peigner [peɲe]
legen	faire une mise en plis [fɛʀ yn miz‿ɑ̃ pli]
Locken	les boucles *f* [le bukl]
Pony	la frange [la fʀɑ̃ʒ]
Scheitel	la raie [la ʀɛ]
Schnurrbart	la moustache [la mustaʃ]
Spitzen schneiden	couper les pointes [kupe le pwɛ̃t]
Strähnchen	les mèches [le mɛʃ]
Stufen	en dégradé [ɑ̃ degʀade]
Stufenschnitt	la coupe en dégradé [la kup ɑ̃ degʀade]
tönen	faire un rinçage [fɛʀ ɛ̃ ʀɛ̃zaʒ]

Haushaltswaren

Abfallbeutel	le sac-poubelle [lə sak pubɛl]
Alufolie	le papier (d')alu [lə papje (d)aly]
Bindfaden	la ficelle [la fisɛl]
Brennspiritus	l'alcool *m* à brûler [lakɔl a bʀyle]
Dosenöffner	l'ouvre-boîtes *m* [luvʀəbwat]
Draht	le fil de fer [lə fil də fɛʀ]
Flaschenöffner	l'ouvre-bouteilles *m* [luvʀəbutɛj]
Frischhaltefolie	le film alimentaire [lə film alimɑ̃tɛʀ]
Gabel	la fourchette [la fuʀʃɛt]
Glas	le verre [lə vɛʀ]
Grill	le gril [lə gʀil]
Grillanzünder	l'allume-barbecue *m* [lalymbaʀbəky]
Grillkohle	le charbon de bois [lə ʃaʀbɔ̃d bwa]
Haushaltswaren	les articles *m* ménagers [lez‿aʀtikl menaʒe]
Kerzen	les bougies *f* [le buʒi]
Korkenzieher	le tire-bouchon [lə tiʀbuʃɔ̃]
Kühlelement	le pain de glace [lə pɛ̃d glas]
Kühltasche	la glacière [la glasjɛʀ]
Löffel	la cuillère [la kɥijɛʀ]
Messer	le couteau [lə kuto]
Nadel	l'aiguille *f* [legɥij]
Papierservietten	les serviettes *f* en papier [le sɛʀvjɛt ɑ̃ papje]
Petroleum	le pétrole [lə petʀɔl]
Plastikbecher	le gobelet en plastique [gɔblɛ ɑ̃ plastik]
Plastikbeutel	le sac en plastique [lə sak ɑ̃ plastik]

Sicherheitsnadel	l'épingle *f* de sûreté [lepɛ̃gl də syʀte]
Schere	les ciseaux *m* [le sizo]
Taschenmesser	le couteau de poche [lə kutod pɔʃ]
Thermosflasche®	la (bouteille) thermos [la (butɛj) tɛʀmos]
Wäscheklammern	les pinces *f* à linge [le pɛ̃s a lɛ̃ʒ]
Wäscheleine	la corde à linge [la kɔʀda lɛ̃ʒ]

Lebensmittel

Was darf es sein?
Vous désirez? [vu deziʀe]

Geben Sie mir bitte ...
Donnez-moi ..., s'il vous plaît. [dɔne mwa ... sil vu plɛ]

ein Kilo ...
un kilo de ... [ɛ̃ kilo də]
10 Scheiben ...
dix tranches de ... [di tʀɑ̃ʃ də]
ein Stück von ...
un morceau de ... [ɛ̃ mɔʀso də]
eine Packung ...
un paquet de ... [ɛ̃ pakɛ də]
ein Glas ...
un verre de ... [ɛ̃ vɛʀ də]
eine Dose ...
une boîte de ... [yn bwat də]
eine Flasche ...
une bouteille de ... [yn butɛj də]
eine Einkaufstüte.
un sac en plastique [ɛ̃ sak ɑ̃ plastik]

Bitte schneiden Sie es in Scheiben.
Vous le coupez en tranches, s.v.p. ? [vul kupe ɑ̃ tʀɑ̃ʃ silvuplɛ]

Darf es auch etwas mehr sein?
Ça fait un peu plus. C'est bien? [sa fɛ ɛ̃ pø plys sɛ bjɛ̃]

Darf es noch etwas sein?
Et avec ça? [e avɛk sa]

Dürfte ich vielleicht etwas hiervon probieren?
Est-ce que je peux goûter? [ɛs‿kəʒ pø gute]

Danke, das ist alles.
Non, merci. C'est tout. [nɔ̃ mɛʀsi sɛ tu]

abgelaufen	périmé [peʀime]
Haltbarkeit	la conservation [la kɔ̃sɛʀvasjɔ̃]

Obst	Les fruits
Ananas	l'ananas *m* [lanana]
Äpfel	les pommes *f* [le pɔm]

Apfelsinen	les oranges *f* [lez‿ɔʀɑ̃ʒ]
Aprikosen	les abricots *m* [lez‿abʀiko]
Bananen	les bananes *f* [le banan]
Birnen	les poires *f* [le pwaʀ]
Brombeeren	les mûres *f* [le myʀ]
Datteln	les dattes *f* [le dat]
Erdbeeren	les fraises *f* [le fʀɛz]
Feigen	les figues *f* [le fig]
Grapefruit	le pamplemousse [lə pɑ̃pləmus]
Kirschen	les cerises *f* [le sʀiz]
Kiwi	le kiwi [lə kiwi]
Kokosnuss	la noix de coco [la nwad koko]
Mandarinen	les mandarines *f* [le mɑ̃daʀin]
Mandeln	les amandes *f* [lez‿amɑ̃d]
Mango	la mangue [la mɑ̃g]
Melone	*(Honig~)* le melon [lə məlɔ̃]; *(Wasser~)* la pastèque [la pastɛk]
Nüsse	les noix *f* [le nwa]
Obst	les fruits *m* [le fʀɥi]
Pfirsiche	les pêches *f* [le pɛʃ]
Pflaumen	les prunes *f* [le pʀyn]
Weintrauben	les raisins *m* [le ʀɛzɛ̃]
Zitronen	les citrons *m* [le sitʀɔ̃]

Gemüse	**Légumes**
Artischocken	les artichauts *m* [lez‿aʀtiʃo]
Auberginen	les aubergines *f* [lez‿obɛʀʒin]
Avocado	l'avocat *m* [lavɔka]
Blumenkohl	le chou-fleur [lə ʃuflœʀ]
Bohnen	les haricots *m* [le aʀiko]
grüne Bohnen	les haricots *m* verts [le aʀiko vɛʀ]
weiße Bohnen	les haricots *m* blancs [le aʀiko blɑ̃]
Chicoree	l'endive *f* [lɑ̃div]
Erbsen	les petits pois *m* [le pti pwa]
Fenchel	le fenouil [lə fənuj]
Gemüse	les légumes *m* [le legym]
Gurke	le concombre [lə kɔ̃kɔ̃bʀ]; *(Gürkchen)* le cornichon [lə kɔʀniʃɔ̃]
Karotten	les carottes *f* [le kaʀɔt]
Kartoffeln	les pommes *f* de terre [le pɔm də tɛʀ]
Kichererbsen	les pois *m* chiches [le pwa ʃiʃ]
Knoblauch	l'ail *m* [laj]
Kohl	le chou [lə ʃu]
Kürbis	le potiron [lə pɔtiʀɔ̃]
Lauch	le poireau [lə pwaʀo]
Linsen	les lentilles *f* [le lɑ̃tij]
Mais	le maïs [lə mais]

Oliven	les olives *f* [lezɔliv]
Paprika(schote)	le poivron [lə pwavʀɔ̃]
Petersilie	le persil [lə pɛʀsi]
Salat	la salade [la salad]
Kopfsalat	la laitue [la lɛty]
Sellerie	le céleri [lə sɛlʀi]
Spargel	l'asperge *f* [laspɛʀʒ]
Spinat	les épinards *m* [lez‿epinaʀ]
Tomaten	les tomates *f* [le tɔmat]
Zucchini	la courgette [kurʒɛt]
Zwiebeln	les oignons *m* [lez‿ɔɲɔ̃]

Backwaren, Süßwaren ...	**Pain, Pâtisserie, Confiserie ...**
Bonbons	les bonbons *m* [le bɔ̃bɔ̃]
Brot	le pain [lə pɛ̃]
Graubrot	le pain bis [lə pɛ̃ bi]
Schwarzbrot	le pain noir [lə pɛ̃ nwaʀ]
Vollkornbrot	le pain complet [lə pɛ̃ kɔ̃plɛ]
Weißbrot	le pain blanc [lə pɛ̃ blɑ̃]
Brötchen	le petit pain [le pti pɛ̃]
belegtes Brötchen	le sandwich [le sɑ̃dwitʃ]
Cornflakes	les cornflakes *m* [le kɔʀnflɛks]
Eis	la glace [la glas]
Gebäck	les pâtisseries *f* [le patisʀi]
Haferflocken	les flocons *m* d'avoine [le flɔkɔ̃ davwan]
Honig	le miel [lə mjɛl]
Kekse	les biscuits *m* [le biskɥi]
Kuchen	le gâteau [lə gato]
Marmelade	la confiture [la kɔ̃fityʀ]
Müsli	le musli [lə mysli]
Schokolade	le chocolat [lə ʃɔkɔla]
Schokoriegel	la barre de chocolat [la baʀ də ʃɔkɔla]
Süßigkeiten	les friandises *f* [le fʀijɑ̃diz]
Toast	le toast [lə tost]

Eier und Milchprodukte	**Œufs et Produits laitiers**
Butter	le beurre [lə bœʀ]
Buttermilch	le babeurre [lə babœʀ]
Eier	les œufs *m* [lez‿ø]
Joghurt	le yaourt [lə jauʀt]
Käse	le fromage [lə fʀɔmaʒ]
Schafskäse	le fromage de brebis [lə fʀɔmaʒ də bʀəbi]
Weichkäse	le fromage à pâte molle [lə fʀɔmaʒ a pat mɔl]
Ziegenkäse	le fromage de chèvre

	[lə fʀɔmaʒ də ʃɛvʀ]
Milch	le lait [lə lɛ]
fettarme Milch	le lait écrémé [lə lɛ ekʀeme]
Quark	le fromage blanc [lə fʀɔmaʒ blɑ̃]
Sahne	la crème [la kʀɛm]
saure Sahne	la crème aigre [la kʀɛm ɛgʀ]
Schlagsahne	la crème fleurette [la kʀɛm flœʀɛt]

Fleisch- und Wurstwaren	**Viandes et Charcuterie**
Aufschnitt	les tranches *f* de charcuterie/ de viande froide [lə tʀɑ̃ʃ də ʃaʀkytʀi/ də vjɑ̃d fʀwad]
Fleisch	la viande [la vjɑ̃d]
Gulasch	le/la goulasch [lə/la gulaʃ]
Hackfleisch	la viande hachée [la vjɑ̃d aʃe]
Hähnchen	le poulet [lə pulɛ]
Hammelfleisch	le mouton [lə mutɔ̃]
Kalbfleisch	le veau [lə vo]
Kaninchen	le lapin [lə lapɛ̃]
Kotelett	la côtelette [la kotlɛt]
Lammfleisch	l'agneau *m* [laɲo]
Leberpastete	le pâté de foie [lə pated fwa]
Rindfleisch	le bœuf [lə bœf]
Salami	le salami [lə salami]
Schinken	le jambon [lə ʒɑ̃bɔ̃]
gekochter Schinken	le jambon cuit/blanc/de Paris [lə ʒɑ̃bɔ̃ kɥi/blɑ̃/də paʀi]
roher Schinken	le jambon cru [lə ʒɑ̃bɔ̃ kʀy]
Schweinefleisch	le porc [lə pɔʀ]
Wurst	la charcuterie [la ʃaʀkytʀi]
Würstchen	la saucisse [la sosis]

Fisch und Meeresfrüchte	**Poissons et Fruits de mer**
Aal	l'anguille *f* [lɑ̃gij]
Austern	les huîtres *f* [lez‿ɥitʀ]
Barsch	la perche [la pɛʀʃ]
Fisch	le poisson [lə pwasɔ̃]
Garnelen	les crevettes *f* roses [le kʀəvɛt ʀoz]
Goldbrasse	la dorade [la dɔʀad]
Hering	le hareng [lə aʀɑ̃]
Krabben	les crevettes *f* [le kʀəvɛt]
Krebs	le crabe [le kʀab]
Makrele	le maquereau [lə makʀo]
Miesmuscheln	les moules *f* [le mul]
Muscheln	les coquillages *f* [le kɔkijaʒ]
Schwertfisch	l'espadon *m* [lɛspadɔ̃]
Seezunge	la sole [la sɔl]

Thunfisch	le thon [lə tɔ̃]
Tintenfisch	la seiche [la sɛʃ]
Venusmuschel	les palourdes *f* [le paluʀd]

Gewürze	**Aromates**
Basilikum	le basilic [lə bazilik]
Bohnenkraut	la sarriette [la saʀjɛt]
Chili	le piment [lə pimɑ̃]
Dill	l'aneth *m* [lanɛt]
Estragon	l'estragon *m* [lɛstʀagɔ̃]
Ingwer	le gingembre [lə ʒɛ̃ʒɑ̃bʀ]
Kerbel	le cerfeuil [lə sɛʀfœj]
Knoblauch	l'ail *m* [laj]
Koriander	la coriandre [la kɔʀjɑ̃dʀ]
Kräuter	les herbes *f* [lez‿ɛʀb]
Kümmel	le cumin [lə kymɛ̃]
Lorbeer	le laurier [lə lɔʀje]
Majoran	la marjolaine [la maʀʒɔlɛn]
Minze	la menthe [la mɑ̃t]
Muskatnuss	la muscade [la myskad]
Nelken	les clous *m* de girofle [le klud ʒiʀɔfl]
Oregano	l'origan *m* [lɔʀigɑ̃]
Paprika	le paprika [lə papʀika],
(scharf)	le piment [lə pimɑ̃]
Petersilie	le persil [lə pɛʀsil]
Pfeffer	le poivre [lə pwavʀ]
Rosmarin	le romarin [lə ʀɔmaʀɛ̃]
Safran	le safran [lə safʀɑ̃]
Salbei	la sauge [la soʒ]
Thymian	le thym [lə tɛ̃]
Zimt	la noix de muscade [la nwad myskad]
Zwiebel	l'oignon *m* [loŋɔ̃]

Dies und das	**Ceci cela**
Essig	le vinaigre [lə vinɛgʀ]
Gemüsebrühwürfel	le bouillon-cube [lə bujɔ̃ kyb]
Margarine	la margarine [la maʀgaʀin]
Mayonnaise	la mayonnaise [la majɔnɛz]
Mehl	la farine [la faʀin]
Nudeln	les nouilles *f* [le nuj]
Öl	l'huile *f* [lɥil]
Olivenöl	l'huile *f* d'olive [lɥil dɔliv]
Reis	le riz [lə ʀi]
Salz	le sel [lə sɛl]
Senf	la moutarde [la mutaʀd]
Zucker	le sucre [lə sykʀ]

Getränke	**Boissons**

Apfelsaft	le jus de pommes [lə ʒyd pɔm]
Bier	la bière [la bjɛʀ]
alkoholfreies Bier	la bière sans alcool [la bjɛʀ sɑ̃z‿alkɔl]
Champagner	le champagne [lə ʃɑ̃paɲ]
Kaffee	le café [lə kafe]
koffeeinfreier Kaffee	décaféiné [dekafeine]
Limonade	la limonade [la limɔnad]
Mineralwasser	l'eau *f* minérale [lo mineʀal]
mit Kohlensäure	gazeuse [gazøz]
Orangensaft	le jus d'orange [lə ʒy dɔʀɑ̃ʒ]
Tee	le thé [lə te]
Grüner Tee	le thé vert [lə te vɛʀ]
Früchtetee	le thé aux fruits [lə te o fʀɥi]
Kamillentee	la tisane à la camomille [la tizan‿a la kamɔmij]
Kräutertee	la tisane [la tizan]
Pfefferminztee	le thé à la menthe [lə te a la mɑ̃t]
Schwarztee	le thé noir [lə te nwar]
Teebeutel	le sachet de thé [lə saʃɛd te]
Wein	le vin [lə vɛ̃]
Rosé	le (vin) rosé [lə vɛ̃ ʀoze]
Rotwein	le (vin) rouge [lə vɛ̃ ʀuʒ]
Weißwein	le (vin) blanc [lə vɛ̃ blɑ̃]

Etiketten
Sollten Sie einen guten Wein mitbringen wollen, achten Sie auf zwei Klassifikationshinweise: *Appellation d'origine contrôlée* (Geprüfte Herkunftsbezeichnung) und *Mis en bouteille au château* (Erzeugerabfüllung).

Mode

➢ **auch Farben**

Kleidung

Können Sie mir bitte... zeigen?
Est-ce que vous pouvez me montrer ... , s'il vous plaît?
[ɛs‿kə vu puvem mɔ̃tʀe]

Kann ich es anprobieren?
Je peux l'essayer? [ʒpø lesɛje]

Welche (Konfektions-)Größe haben Sie?
Quelle taille faites-vous? [kɛl taj fɛt vu]

Nicht verzweifeln
Sollten Sie etwas finden, was Ihnen gefällt, verzweifeln Sie nicht, wenn Sie merken, dass Sie eine Nummer größer brauchen als zu Hause. Nein, Sie haben nicht zugenommen, sondern die Größe 38 entspricht in Frankreich Größe 40.

Das ist mir zu ...
Il est trop ... pour moi. [il ɛ tʀo ... puʀ mwa]
eng/weit.
étroit/large [etʀwa/laʀʒ]
kurz/lang.
court/long [kuʀ/lɔ̃]
klein/groß.
petit/grand [pti/gʀɑ̃]

Das passt gut. Ich nehme es.
Ça me va. Je le prends. [sam va ʒəl pʀɑ̃]

Das ist nicht ganz, was ich wollte.
Ce n'est pas tout à fait ce que je voulais. [sə nɛ pa tut‿a fɛ skəʒ vulɛ]

Anorak	l'anorak *m* [lanɔʀak]
Anzug	le costume [lə kɔstym]
Ärmel	la manche [la mɑ̃ʃ]
Badeanzug	le maillot une pièce [lə majo yn pjɛs]
Badehose	le maillot de bain [lə majod bɛ̃]
Bademantel	le peignoir de bain [lə pɛɲwaʀ də bɛ̃]
Bademütze	le bonnet de bain [lə bɔnɛd bɛ̃]
Baumwolle	le coton [lə kɔtɔ̃]
BH	le soutien-gorge [lə sutjɛ̃gɔʀʒ]
Bikini	le bikini [lə bikini]
Blazer	le blazer [lə blazɛʀ]
Bluse	le chemisier [lə ʃmizje]
Body	le body [lə bɔdi]
Fliege	le nœud papillon [lə nø papijɔ̃]
Halstuch	le foulard [lə fulaʀ]
Handschuhe	les gants *m* [le gɑ̃]
Hemd	la chemise [la ʃmiz]
Hose	le pantalon [lə pɑ̃talɔ̃]
Hut	le chapeau [lə ʃapo]
Sonnenhut	le chapeau de soleil [lə ʃapod sɔlɛj]
Jacke	la veste [la vɛst]
Jeans	le jean [lə dʒin]
Jogginganzug	le jogging [lə (d)ʒɔgiŋ]
Jogginghose	le pantalon de jogging [lə pɑ̃talɔ̃ də (d)ʒɔgiŋ]
Kleid	la robe [la ʀɔb]
Kleidung	les vêtements *m* [le vɛtmɑ̃]

Kostüm	le tailleur [lə tajœʀ]
Krawatte	la cravate [la kʀavat]
Leggins	le caleçon [lə kalsɔ̃]
Leinen	le lin [lə lɛ̃], la toile [la twal]
Mantel	le manteau [lə mɑ̃to]; *(Herren)* le pardessus [lə paʀdəsy]
Mütze	la casquette [la kaskɛt]
Pullover	le pull-over [lə pylɔvɛʀ]
Regenmantel	l'imperméable *m* [lɛ̃pɛʀmeabl]
Rock	la jupe [la ʒyp]
Schal	l'écharpe *f* [leʃaʀp]
Schirm	le parapluie [lə paʀaplɥi]
Seide	la soie [la swa]
Shorts	le short [lə ʃɔʀt]
Skihose	le pantalon de ski [lə pɑ̃talɔ̃ də ski]
Slip	le slip [lə slip]
Socken	les chaussettes *f* [le ʃosɛt]
Söckchen	les socquettes *f* [le sɔkɛt]
Strickjacke	la veste de laine [la vɛstə də lɛn]
Strümpfe	les bas *m* [le ba], les chaussettes *f* [le ʃosɛt]
Strumpfhose	les collants *m* [le kɔlɑ̃]
T-Shirt	le t(ee)-shirt [lə tiʃœʀt]
Unterhemd	le maillot de corps [lə majod kɔʀ]
Unterhose	le slip [lə slip]
Unterwäsche	les sous-vêtements *m* [le suvɛtmɑ̃]
Wolle	la laine [la lɛn]

Reinigung

Ich möchte diese Sachen reinigen/waschen lassen.
Je voudrais faire nettoyer/laver ces affaires.
[ʒvudʀɛ fɛʀ nɛtwaje/lave sez‿afɛʀ]

Wann sind sie fertig?
Quand est-ce qu'elles seront prêtes? [kɑ̃t‿ɛs kɛl səʀɔ̃ pʀɛt]

bügeln	repasser [ʀəpase]
chemisch reinigen	nettoyer (à sec) [nɛtwaje (a sɛk)]
Wäsche (zum Waschen)	la lessive [la lɛsiv]

Optiker

Würden Sie mir bitte diese Brille/das Gestell reparieren?
Vous pouvez me réparer ces lunettes/la monture, s'il vous plaît?
[vu puvem ʀepaʀe se lynɛt/la mɔ̃tyʀ silvuplɛ]

Ich bin kurzsichtig/weitsichtig.
Je suis myope/hypermétrope. [ʒə sɥi mjɔp/ipɛʀmetʀɔp]

Wie ist Ihre Sehstärke?
Quelle est votre correction? [kɛl‿vɔtʀə kɔʀäksjɔ̃]

rechts ..., links ...
œil droit ..., œil gauche ... [œj dʀwa ... œj goʃ]

Wann kann ich die Brille abholen?
Quand est-ce que je peux venir chercher mes lunettes?
[kɑ̃t‿ɛs‿kəʒ pø vniʀ ʃɛʀʃe me lynɛt]

Ich brauche ...
Il me faudrait ... [il mə fodʀɛ]
Aufbewahrungslösung
du liquide de conservation [dy likid də kɔ̃sɛʀvasjɔ̃]
Reinigungslösung
du liquide de nettoyage [dy likid də nɛtwajaʒ]
für harte/weiche Kontaktlinsen.
pour lentilles dures/molles. [puʀ lɑ̃tij dyʀ/mɔl]

Ich suche ...
Je cherche ... [ʒə ʃɛʀʃ]
eine Sonnenbrille.
des lunettes de soleil. [de lynɛt də sɔlɛj]
ein Fernglas.
des jumelles. [de ʒymɛl]

Schuhe und Lederwaren

Ich hätte gern ein Paar Schuhe.
Je voudrais une paire de chaussures. [ʒvudʀɛ yn pɛʀ də ʃosyʀ]

Ich habe Schuhgröße ...
Je chausse du ... [ʒə ʃos dy]

Sie sind zu eng.
Elles sont trop étroites. [ɛl sɔ̃ tʀop‿etrwat]

Sie sind zu groß.
Elles sont trop grandes. [ɛl sɔ̃ tʀo gʀɑ̃d]

Absatz	le talon [lə talɔ̃]
Badeschuhe	les chaussures *f* en plastique (pour la baignade) [le ʃosyʀ ɑ̃ plastik (puʀ la bɛɲad)]
Flipflops	les tongs *f* [tɔ̃g]
Gummistiefel	les bottes *f* en caoutchouc [le bɔt ɑ̃ kautʃu]
Gürtel	la ceinture [la sɛ̃tyʀ]
Gürteltasche	la banane [la banan]
Handtasche	le sac à main [lə sak‿a mɛ̃]
Koffer	la valise [la valiz]
Lederhose	le pantalon de cuir [lə pɑ̃talɔ̃d kɥiʀ]

Lederjacke	la veste de cuir [la vɛstə də kɥiʀ]
Ledermantel	le manteau de cuir [lə mɑ̃tod kɥiʀ]
Reisetasche	le sac de voyage [lə sak də vwajaʒ]
Rucksack	le sac à dos [lə sak a do]
Sandalen	les sandales *f* [le sɑ̃dal]
Schnürsenkel	le lacet [lə lasɛ]
Schuh	la chaussure [la ʃosyʀ]
Schuhbürste	la brosse à chaussures [la bʀɔs a ʃosyʀ]
Schuhcreme	le cirage [lə siʀaʒ]
Schulterriemen	les courroies *f* [le kuʀwa]
Skistiefel	les chaussures *f* de ski [le ʃosyʀ də ski]
Sohle	la semelle [la smɛl]
Stiefel	les bottes *f* [le bɔt]
Strandschuhe	les chaussures *f* de plage [le ʃosyʀ də plaʒ]
Tasche	le sac [lə sak]; *(an der Kleidung)* la poche [la pɔʃ]
Trolley(koffer/-tasche)	la valise à roulettes [la valiz‿a ʀulɛt]
Turnschuhe	les tennis *f* [le tɛnis]; *(höhere)* les baskets *m* [le baskɛt]
Umhängetasche	la sacoche [la sakɔʃ]
Wander-/Trekkingschuh	les chaussures de randonnée/montagne *f* [ʃosyʀ də ʀɑ̃dɔne/mɔ̃taɲ]

Souvenirs

Ich hätte gern ...
Je voudrais ... [ʒvudʀɛ]
ein hübsches Andenken.
un joli souvenir. [ɛ̃ ʒɔli suvniʀ]
etwas Typisches aus dieser Gegend.
un souvenir typique de la région. [ɛ̃ suvniʀ tipik də la ʀeʒjɔ̃]

Ich möchte etwas nicht zu Teures.
Je voudrais quelque chose de pas trop cher.
[ʒvudʀɛ kɛlkə ʃoz də pa tʀo ʃɛʀ]

Das ist aber hübsch.
Tiens, ça c'est joli. [tjɛ̃ sa sɛ ʒɔli]

Danke schön, ich habe nichts gefunden (, das mir gefällt).
Merci, je n'ai rien trouvé (à mon goût).
[mɛʀsi ʒnɛ ʀjɛ̃ tʀuve (a mɔ̃ gu)]

echt	authentique [otɑ̃tik]
Folkloreladen	le magasin de souvenirs [lə magazɛ̃d suvniʀ]
handgemacht	fait-main [fɛmɛ̃]
Keramik	la céramique [la seʀamik]

kitschig	kitsch [kitʃ]
Mitbringsel	le souvenir [lə suvniʀ]
regionales Produkt/ Spezialität	le produit régional/la spécialité régionale [lə pʀɔdɥi ʀeʒjɔnal/ la spesjalite ʀeʒjɔnal]
Schmuck	les bijoux *m* [le biʒu]
Spieldose	la boîte à musique [la bwata mysik]
Stickerei	la broderie [la bʀɔdʀi]
Töpferwaren	la poterie [la pɔtʀi]
Trachtenpuppe	la poupée folklorique [la pupe fɔlklɔʀik]

Tabakwaren

Eine Schachtel/Eine Stange ...
Un paquet/Une cartouche de ... [ɛ̃ pakɛ/yn kaʀtuʃ də ...]
mit/ohne Filter, bitte.
filtre/sans filtre, s'il vous plaît. [filtʀ/sɑ̃ filtʀ sil vu plɛ]

Zehn Zigarren/Zigarillos, bitte.
Dix cigares/cigarillos, s'il vous plaît. [di sigaʀ/sigaʀijo sil vu plɛ]

Ein Päckchen/Eine Dose Zigaretten-/Pfeifentabak, bitte.
Un paquet/Une boîte de tabac pour cigarettes/pipe.
[ɛ̃ pakɛ/yn bwat də taba puʀ sigaʀɛt/pip]

Aschenbecher	le cendrier [lə sɑ̃dʀije]
Feuerzeug	le briquet [lə bʀikɛ]
Pfeife	la pipe [la pip]
Streichhölzer	les allumettes [lez‿alymɛt]
Zigarette	la cigarette [la sigaʀɛt]
Zigarillo	le cigarillo [lə sigaʀijo]
Zigarre	le cigare [lə sigaʀ]

Uhren und Schmuck

Anhänger	le pendentif [lə pɑ̃dɑ̃tif]
Armband	le bracelet [lə bʀaslɛ]
Armbanduhr	la montre-bracelet [la mɔ̃tʀəbʀaslɛ]
Brosche	la broche [la bʀɔʃ]
Gold	l'or *m* [lɔʀ]
Kette	le collier [lə kɔlje]
Kristall	le cristal [lə kʀistal]
Modeschmuck	les bijoux *m* fantaisie [le biʒu fɑ̃tɛzi]
Ohrringe/Ohrstecker	les boucles *f* d'oreilles [le buklə dɔʀɛj]
Perle	la perle [la pɛʀl]
Ring	la bague [la bag]
Schmuck	les bijoux *m* [le biʒu]
Silber	l'argent *m* [laʀʒɑ̃]
wasserdicht	étanche [etɑ̃ʃ]

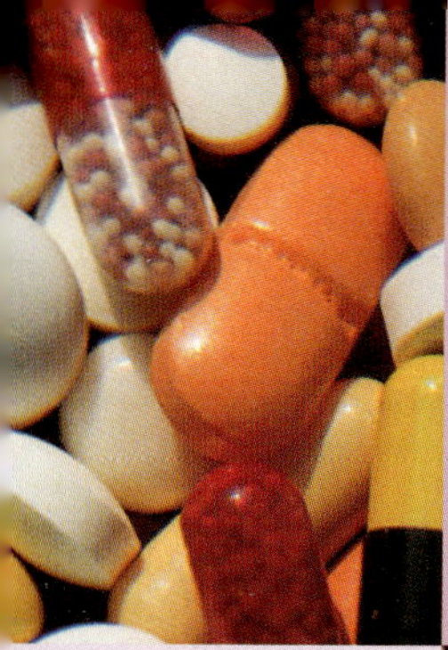

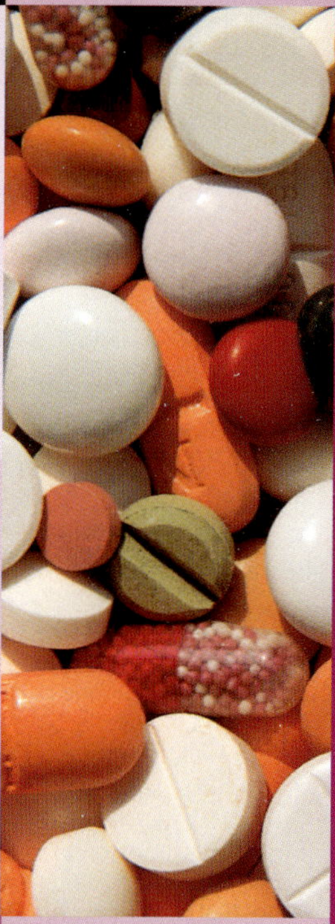

Gesundheit

Nur für den Fall
Sie werden sicherlich nicht ohne Ihre Krankenversichertenkarte verreisen. Und dennoch werden Sie - wie alle Franzosen auch - beim Arzt gleich bezahlen müssen. Bei Ihrer Rückkehr reichen Sie die Rechnung bei Ihrer Krankenkasse ein. Sollten Sie allerdings - was wir Ihnen nicht wünschen - stationär aufgenommen werden, erleichtert Ihre Karte eine Direktabrechnung mit Ihrer Krankenkasse.
Übrigens: Ärzte werden mit *Docteur* angeredet, und das ohne *Monsieur/Madame* davor oder Nachnamen danach.

In der Apotheke

Könnten Sie mir bitte sagen, wo die nächste Apotheke (mit Nachtdienst) ist?
Pourriez-vous me dire où est la pharmacie (de garde) la plus proche, s'il vous plaît?
[puʀje vu mə diʀ u ɛ la faʀmasi (də gaʀd) la ply pʀɔʃ sil vu plɛ]

Könnten Sie mir bitte etwas gegen ... geben?
Pourriez-vous me donner quelque chose contre ..., s'il vous plaît? [puʀje vum dɔne kɛlkə ʃoz kɔ̃tʀ ... sil vu plɛ]

➢ **auch Arztbesuch**

Abführmittel	le laxatif [lə laksatif]
Aspirin	l'aspirine *f* [laspiʀin]
Augentropfen	le collyre [lə kɔliʀ]
Beruhigungsmittel	le tranquillisant [lə tʀɑ̃kilizɑ̃]
Bindehautentzündung	méningite [menɛ̃ʒit]
Brandsalbe	la pommade contre les brûlures [la pɔmad kɔ̃tʀə le bʀylyʀ]
Desinfektionsmittel	l'antiseptique *m* [lɑ̃tisɛptik]
Elastikbinde	la bande élastique [la bɑ̃d elastik]
Fieberthermometer	le thermomètre [lə tɛʀmɔmɛtʀ]
Halstabletten	les pastilles *f* contre le mal de gorge [le pastij kɔ̃tʀə lə mal də gɔʀʒ]
Hustensaft	le sirop contre la toux [lə siʀo kɔ̃tʀə la tu]
Insulin	l'insuline *f* [lɛ̃sylin]
Jod(tinktur)	la teinture d'iode [la tɛ̃tyʀ djɔd]
Kamillentinktur	l'essence *f* de camomille [lesɑ̃s də kamɔmij]
Kondom	le préservatif [lə pʀezɛʀvatif]
Kopfschmerztabletten	les cachets *m* contre les maux de tête [le kaʃɛ kɔ̃tʀə le mod tɛt]
Kreislaufmittel	le médicament pour la circulation [lə medikamɑ̃ puʀ la siʀkylasjɔ̃]
Läuse	les poux *m* [le pu]

Notice	Beipackzettel
Composition	Zusammensetzung
Indications	Anwendungsgebiete
Contre-indications	Gegenanzeigen
Effets secondaires	Nebenwirkungen
Autres effets possibles	Wechselwirkungen
Posologie:	**Dosierungsanleitung:**
Prendre ... une fois/ plusieurs fois par jour	1 x/mehrmals täglich ... einnehmen
un cachet	1 Tablette
20 gouttes	20 Tropfen
une mesure	1 Messbecher
avant les repas	vor dem Essen
après les repas	nach dem Essen
à jeun	auf nüchternen Magen
avaler avec un peu d'eau	unzerkaut mit etwas Flüssigkeit einnehmen
dissoudre dans un peu d'eau.	in etwas Wasser auflösen
laisser fondre dans la bouche	im Mund zergehen lassen
externe	äußerlich
appliquer une fine couche	dünn auf die Haut auftragen
sur la peau et masser	und einreiben
les nourrissons	Säuglinge
les enfants en bas-âge (jusqu'à ... ans)	Kleinkinder (bis zu ... Jahren)
les jeunes enfants	Schulkinder
les grands enfants	Jugendliche
les adultes	Erwachsene
Ne pas laisser à la portée des enfants.	Für Kinder unzugänglich aufbewahren!

Mittel gegen ~	produit contre ... [pʀɔdɥi kɔ̃tʀ]
Medikament	le médicament [lə medikamɑ̃]
Mittel	le remède [ʀəmɛd]
Mittel gegen Insektenstiche	le produit contre les piqûres d'insecte *m* [lə pʀɔdɥi kɔ̃tʀ le pikyʀ dɛ̃sɛkt]
Mullbinde	la gaze [la gaz]
Ohrentropfen	les gouttes *f* pour les oreilles [le gut puʀ lez‿ɔʀɛj]
Pflaster	le sparadrap [lə spaʀadʀa]
Puder	la poudre [la pudʀ]
Rezept	l'ordonnance *f* [lɔʀdɔnɑ̃s]
Salbe	la pommade [la pɔmad]
Schlaftabletten	les somnifères *m* [le sɔmnifɛʀ]
Schmerztabletten	les cachets *m* contre la douleur [le kaʃɛ kɔ̃tʀə la dulœʀ]
Sonnenbrandsalbe	la pommade contre les coups de soleil [la pɔmad kɔ̃tʀ le ku də sɔlɛj]
Tablette	le comprimé [lə kɔ̃pʀime], le cachet [lə kaʃɛ]
Tropfen	les gouttes *f* [le gut]
Verhütungsmittel	le contraceptif [lə kɔ̃tʀasɛptif]

Vitamintabletten	la vitamine [la vitamin]
Zäpfchen	les suppositoires *m* [le sypozitwaʀ]

Arztbesuch ➢ auch Reisen mit Kindern

Es gibt doch eine Gerechtigkeit - wenn auch nur vor dem Arzt ... Ob Kassen- oder Privatpatient/in, wenn Sie in Frankreich sind und zum Arzt gehen, müssen Sie immer vorab bezahlen.

Könnten Sie mir einen guten... empfehlen?
Vous pourriez m'indiquer un bon ... s'il vous plaît?
[vu puʀje mɛ̃dike ɛ̃ bɔ̃ ... sil vu plɛ]

Arzt/Ärztin
médecin [medsɛ̃]
Augenarzt
oculiste [ɔkylist]
Frauenarzt
gynéco(logue) [ʒinekɔ(lɔg)]
Hals-Nasen-Ohren-Arzt
oto-rhino(-laryngologiste) [ɔtoʀino(laʀɛ̃gɔlɔʒist)]
Hautarzt
dermato(logue) [dɛʀmatɔ(lɔg)]
Kinderarzt
pédiatre [pedjatʀ]
Praktischen Arzt
généraliste [ʒeneʀalist]
Urologen
urologue [yʀɔlɔg]
Zahnarzt
dentiste [dɑ̃tist]

Wo ist ihre/seine Praxis?
Où se trouve son cabinet, s'il vous plaît?
[u stʀuv sɔ̃ kabinɛ sil vu plɛ]

Beschwerden

Wenn es um Beschwerden geht, gibt es länderspezifische Unterschiede: Deutsche geben meist ihrem Kreislauf die Schuld, die Franzosen dagegen ihrer Leber. Natürlich ist das für sie kein Grund, etwas weniger zu trinken. Nein, Franzosen essen dafür vorsichtshalber weniger Eier!

Was für Beschwerden haben Sie?
Qu'est-ce qui ne va pas? [kɛs‿kin va pa]

Ich habe Fieber.
J'ai de la fièvre. [ʒɛ dla fjɛvʀ]

Mir ist oft schlecht/übel.
J'ai souvent mal au cœur. [ʒɛ suvɑ̃ malo kœʀ]

Mir ist oft schwindelig.
J'ai souvent des vertiges. [ʒɛ suvɑ̃ de vɛʀtiʒ]

Ich bin ohnmächtig geworden.
Je me suis évanoui. [ʒəm sɥiz‿evanwi]

Ich bin stark erkältet.
Je suis très enrhumé. [ʒə sɥi tʀɛz‿ɑ̃ʀyme]

Ich habe Kopfschmerzen/Halsschmerzen.
J'ai mal à la tête/à la gorge. [ʒɛ mal a la tɛt/a la gɔʀʒ]

Ich habe Husten.
Je tousse. [ʒə tus]

Ich bin gestochen/gebissen worden.
J'ai été piqué/mordu. [ʒɛ ete pike/mɔʀdy]

Ich habe mir den Magen verdorben.
J'ai une indigestion. [ʒe yn‿ɛ̃diʒɛstjɔ̃]

Ich habe Durchfall.
J'ai la diarrhée. [ʒe la djaʀe]

Ich habe Verstopfung.
Je suis constipé. [ʒə sɥi kɔ̃stipe]

Ich vertrage das Essen/die Hitze nicht.
Je digère mal./Je ne supporte pas la chaleur.
[ʒə diʒɛʀ mal/ʒən sypɔʀtə pa la ʃalœʀ]

Ich habe mich verletzt.
Je me suis blessé. [ʒəm sɥi blese]

Ich bin gestürzt.
Je suis tombé. [ʒə sɥi tɔ̃be]

Können Sie mir bitte etwas gegen ... geben/verschreiben?
Vous pouvez me donner/me prescrire quelque chose contre ..., s'il vous plaît? [vu puve mə dɔne/mə pʀɛskʀiʀ kɛlkə ʃoz kɔ̃tʀ ... sil vu plɛ]

Normalerweise nehme ich ...
Normalement je prends ... [nɔʀmalmɑ̃ ʒə pʀɑ̃]

Ich habe einen hohen/niedrigen Blutdruck.
Je fais de l'hypertension/de l'hypotension.
[ʒfɛ də lipɛʀtɑ̃sjɔ̃/də lipotɑ̃sjɔ̃]

Ich bin Diabetiker.
Je suis diabétique. [ʒə sɥi djabetik]

Ich bin schwanger.
J'attends un enfant/Je suis enceinte. [ʒatɑ̃ ɛ̃n‿ɑ̃fɑ̃/ʒə sɥiz‿ɑ̃sɛ̃t]

Untersuchung

Wo tut es weh?
Où est-ce que vous avez mal? [u ɛs‿kə vuz‿ave mal]

Ich habe hier Schmerzen.
J'ai des douleurs ici. [ʒɛ de dulœʀ isi]

Bitte, machen Sie sich/Ihren Arm frei.
Déshabillez-vous/Retroussez votre manche, s'il vous plaît.
[desabijevu/ʀətʀuse vɔtʀə mɑ̃ʃ sil vu plɛ]

Bitte tief einatmen. Atem anhalten.
Inspirez profondément. Retenez votre respiration.
[ɛ̃spiʀe pʀɔfɔ̃demɑ̃ ʀətne vɔtʀə ʀɛspiʀasjɔ̃]

Ich brauche eine Blut-/Urinprobe.
J'ai besoin d'une prise de sang/d'un échantillon d'urine.
[ʒɛ bəzwɛ̃ dyn pʀiz də sɑ̃/dɛ̃n‿eʃɑ̃tijɔ̃ dyʀin]

Sie sollten ein paar Tage Bettruhe halten.
Vous devriez garder le lit pendant quelques jours.
[vu devʀije gaʀde lə li pɑ̃dɑ̃ kɛlkə ʒuʀ]

Haben Sie einen Impfschein?
Vous avez un certificat de vaccination?
[vuz‿ave ɛ̃ sɛʀtifikad vaksinasjɔ̃]

Ich bin gegen ... geimpft.
Je suis vacciné contre ... [ʒə sɥi vaksine kɔ̃tʀ]

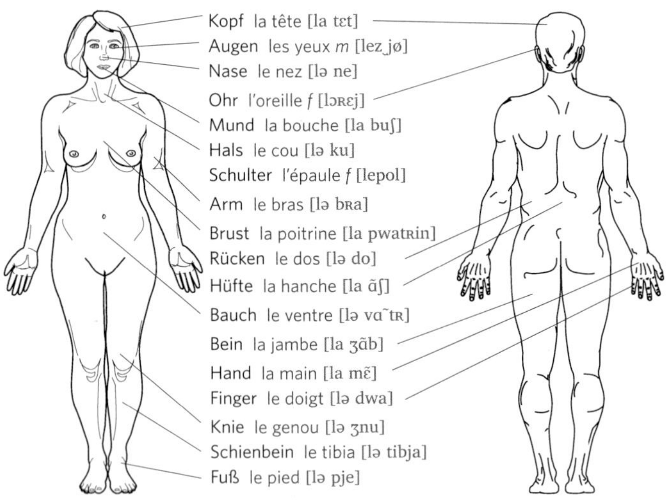

Im Krankenhaus

Wie lange muss ich hier bleiben?
Combien de temps est-ce que je vais devoir rester ici?
[kɔ̃bjɛ̃d tɑ̃ ɛs‿kə ʒə vɛ dəvwaʀ ʀɛste isi]

Geben Sie mir bitte ...
Donnez-moi ..., s'il vous plaît. [dɔne mwa ... sil vu plɛ]
ein Glas Wasser.
un verre d'eau [ɛ̃ vɛʀ do]
eine Schmerztablette.
un comprimé contre la douleur [ɛ̃ kɔ̃pʀime kɔtʀə la dulœʀ]
eine Schlaftablette.
un somnifère [ɛ̃ sɔmnifɛʀ]
eine Wärmflasche.
une bouillotte [yn bujɔt]

Ich kann nicht einschlafen.
Je n'arrive pas à dormir. [ʒə naʀiv pa a dɔʀmiʀ]

Wann darf ich aufstehen?
Quand est-ce que je peux me lever? [kɑ̃t‿ɛs‿kəʒ pøm ləve]

Krankheiten und Beschwerden

Abszess	l'abcès *m* [labsɛ]
Aids	le sida [lə sida]
Allergie	l'allergie *f* [lalɛʀʒi]
allergisch sein gegen ...	être allergique à ... [ɛtʀ‿alɛʀʒik a]
Angina	l'angine *f* [lɑ̃ʒin]
ansteckend	contagieux [kɔ̃taʒjø]
Antibabypille	la pillule (anticonceptionnelle) [la pilyl (ɑ̃tikɔ̃sɛpsjɔnɛl)]
Antibiotikum	l'antibiotique *m* [lɑ̃tibjɔtik]
Asthma	l'asthme *m* [lasm]
Atembeschwerden	les troubles *m* respiratoires [le tʀublə ʀɛspiʀatwaʀ]
Ausschlag	les rougeurs *f* [le ʀuʒœʀ]
Bänderriss	la rupture de tendon [la ʀyptyʀ də tɑ̃dɔ̃]
Blähungen	les vents *m* [le vɑ̃]
Blinddarmentzündung	l'appendicite *f* [lapɛ̃disit]
Bluthochdruck	l'hypertension *f* [lipɛʀtɑ̃sjɔ̃]
Blutung	le saignement [lə sɛɲəmɑ̃]
Blutvergiftung	la septicémie [la sɛptisemi]
Borreliose	la borréliose [la bɔʀeljoz]
Brechreiz	la nausée [la noze]
brennen	brûler [bʀyle]
Bronchitis	la bronchite [la bʀɔ̃ʃit]
Bruch	*(Knochen~)* la fracture [la fʀaktyʀ]; *(Leisten~)* la hernie [la ɛʀni]
Cholera	le choléra [lə kɔleʀa]

Diabetes	le diabète [lə djabɛt]
Diphtherie	la diphtérie [la diftеʀi]
Durchfall	la diarrhée [la djaʀe]
Entzündung	l'inflammation *f* [lɛ̃flamasjɔ̃]
Erkältung	le rhume [lə ʀym]
Fehlgeburt	la fausse-couche [la foskuʃ]
Fieber	la fièvre [la fjɛvʀ], la température [la tɑ̃peʀatyʀ]
gebrochen	cassé [kase]
Gehirnerschütterung	la commotion cérébrale [la kɔmɔsjɔ̃ seʀebʀal]
Gehirnschlag	l'embolie *f* cérébrale [lɑ̃bɔli seʀebʀal]
Gelbfieber	la fièvre jaune [la fjɛvʀə ʒon]
Gelbsucht	la jaunisse [la ʒonis]
Geschlechtskrankheit	la maladie vénérienne [la maladi veneʀjɛn]
geschwollen	enflé [ɑ̃fle]
Geschwulst	la grosseur [la gʀɔsœʀ], la tumeur [la tymœʀ]
Geschwür	l'ulcère *m* [lylsɛʀ]
giftig	venimeux [vənimø]
Gleichgewichtsstörungen	les troubles *m* de l'équilibre [le tʀubl də lekilibʀ]
Grippe	la grippe [la gʀip]
Halsschmerzen	le mal de gorge [lə mal də gɔʀʒ]
Hämorroiden	les hémorroïdes *f* [lez‿emɔʀɔid]
heiser	enroué [ɑ̃ʀue]
Herpes	l'herpès *m* [lɛʀpɛs]
Herzanfall	la crise cardiaque [la kʀiz kaʀdjak]
Herzbeschwerden	les troubles *m* cardiaques [le tʀublə kaʀdjak]
Herzfehler	la déficience cardiaque [la defisjɑ̃s kaʀdjak]
Herzinfarkt	l'infarctus *m* [lɛ̃faʀktys]
Herzrasen	la tachycardie [la taʃikaʀdi]
Heuschnupfen	le rhume des foins [lə ʀym de fwɛ̃]
Hexenschuss	le tour de reins [lə tuʀ də ʀɛ̃], le lumbago [lə lɛ̃bago]
Hirnhautentzündung	la méningite [la menɛ̃ʒit]
HIV-positiv	séropositif [seʀɔpozitif]
Infektion	l'infection *f* [lɛ̃fɛksjɔ̃]
Ischias	la sciatique [la sjatik]
jucken	démanger [demɑ̃ʒe], gratter [gʀate]
Kinderlähmung	la polio(myélite) [la pɔljɔ(mjelit)]
Knochenbruch	la fracture [la fʀaktyʀ]
Kolik	la colique [la kɔlik]
Kopfschmerzen	les maux *m* de tête [le mod tɛt]
Krampf	la crampe [la kʀɑ̃p]
Krankheit	la maladie [la maladi]

Krebs	le cancer [lə kɑ̃sɛʀ]
Kreislaufstörung	les troubles *m* de la circulation [le tʀublə də la siʀkylasjɔ̃]
Lähmung	la paralysie [la paʀalizi]
Lebensmittelvergiftung	l'intoxication *f* alimentaire [lɛ̃tɔksikasjɔ̃ alimɑ̃tɛʀ]
Leistenbruch	la hernie [la ɛʀni]
Lungenentzündung	la pneumonie [la pnømɔni]
Magenschmerzen	les maux *m* d'estomac [le mo dɛstɔma]
Malaria	la malaria [la malaʀja]
Mandelentzündung	l'inflammation *f* des amygdales [lɛ̃flamasjɔ̃ dez‿amidal]
Migräne	la migraine [la migʀɛn]
Mittelohrentzündung	l'otite *f* [lɔtit]
Nasenbluten	les saignements *m* de nez [le sɛɲmɑ̃d ne]
Nierenentzündung	la néphrite [la nefʀit]
Nierenstein	le calcul rénal [lə kalkyl ʀenal]
niesen	éternuer [etɛʀnye]
Ohnmacht	l'évanouissement *m* [levanwismɑ̃], la syncope [la sɛ̃kɔp]
Pilzinfektion	la mycose [la mykoz]
Prellung	la contusion [la kɔ̃tyzjɔ̃]
Qualle	la méduse [la medys]
Rheuma	le rhumatisme [lə ʀymatism]
Rückenschmerzen	les douleurs *f* au dos [le dulœʀ o do]
Salmonellen	la salmonelle [la salmɔnɛl]
Salmonellenvergiftung	la salmonellose [la salmɔnɛloz]
Schlaflosigkeit	l'insomnie *f* [lɛ̃sɔmni]
Schlaganfall	l'attaque *f* [latak]
Schmerzen	les douleurs *f* [le dulœʀ]
Schnittwunde	la coupure [la kupyʀ]
Schnupfen	le rhume [lə ʀym]
Schüttelfrost	les frissons *m* [le fʀisɔ̃]
Schwellung	l'enflure *f* [lɑ̃flyʀ]
Schwindel	le vertige [lə vɛʀtiʒ]
Sehstörungen	les troubles *m* de la vue [le tʀubl də la vy]
Seitenstich	le point de côté [lə pwɛ̃d kote]
Sodbrennen	les aigreurs *f* d'estomac [lez‿ɛgʀœʀ dɛstɔma]
Sonnenbrand	le coup de soleil [lə ku dsɔlɛj]
Sonnenstich	l'insolation *f* [lɛ̃sɔlasjɔ̃]
Stirnhöhlenentzündung	la sinusite [la sinysit]
Tetanus	le tétanos [lə tetanos]
Typhus	la typhoïde [la tifɔid]
Übelkeit	la nausée [la noze]
Verbrennung	la brûlure [la bʀylyʀ]

Verdauungsstörung	les troubles *m* digestifs [le tʀublə diʒɛstif]
Vergiftung	l'empoisonnement *m* [lɑ̃pwazɔnmɑ̃]
verletzen	blesser [blese]
Verletzung	la blessure [la blesyʀ]
verstaucht	foulé [fule]
Verstopfung	la constipation [la kɔ̃stipasjɔ̃]
wehtun	faire mal [fɛʀ mal]
Wunde	la plaie [la plɛ]
Zecke	la tique [la tik]
Zerrung	le claquage (musculaire) [lə klakaʒ (myskylɛʀ)
Zyste	le cyste [lə sist]

Körper, Arzt, Krankenhaus

atmen	respirer [ʀɛspiʀe]
Attest	l'attestation *f* [latɛstasjɔ̃]
Bescheinigung	le certificat [lə sɛʀtifika], l'attestation *f* [latɛstasjɔ̃]
Besuchszeit	les heures *f* de visites [lez‿œʀ də vizit]
bewusstlos	sans connaissance [sɑ̃ kɔnɛsɑ̃s], évanoui [evanui]
Blase	la vessie [la vesi]
Blinddarm	l'appendice *m* [lapɛ̃dis]
Blut	le sang [lə sɑ̃]
Blutdruck	*(hoher)* l'hypertension *f* [lipɛʀtɑ̃sjɔ̃] *(niedriger)* l'hypotension *f* [lipotɑ̃sjɔ̃]
bluten	saigner [seɲe]
Blutgruppe	le groupe sanguin [lə gʀup sɑ̃gɛ̃]
Bronchien	les bronches *f* [le bʀɔ̃ʃ]
Bypass	le by-pass [lə baipas]
Chirurg/in	le chirurgien [lə ʃiʀyʀʒjɛ̃]
Darm	l'instestin *m* [lɛ̃tɛstɛ̃]
desinfizieren	désinfecter [dezɛ̃fɛkte]
Diagnose	le diagnostic [lə djagnɔstik]
Diät	le régime [lə ʀeʒim]
Eiter	le pus [lə py]
sich erbrechen	vomir [vɔmiʀ]
Gallenblase	la vésicule biliaire [la vezikyl biljɛʀ]
Gehirn	le cerveau [lə sɛʀvo]
Gehör	l'ouïe *f* [lwi]
Gelenk	l'articulation *f* [laʀtikylasjɔ̃]
Geschlechtsorgane	les organes *m* génitaux [lez‿ɔʀgan ʒenito]
Gesicht	le visage [lə vizaʒ]
Haut	la peau [la po]
Herz	le cœur [lə kœʀ]
Herzschrittmacher	le stimulateur cardiaque [lə stimylatœʀ kaʀdjak]

Herzspezialist	le cardiologue [lə kaʀdjɔlɔg]
Hüfte	la hanche [la ɑ̃ʃ]
Husten	la toux [la tu]
Impfpass	le carnet de vaccinations [lə kaʀnɛd vaksinasjɔ̃]
Impfung	la vaccination [la vaksinasjɔ̃]
Infusion	la perfusion [la pɛʀfyzjɔ̃]
Knöchel	la cheville [la ʃvij]
Knochen	l'os *m* [lɔs]
krank	malade [malad]
Krankenhaus	l'hôpital *m* [lɔpital]
Krankenkasse	la caisse d'assurance-maladie [la kɛs dasyʀɑ̃smaladi]
Krankenpfleger	l'infirmier [lɛ̃fiʀmje]
Krankenschein	la feuille de maladie/de soins [la fœj də maladi /də swɛ̃]
Krankenschwester	l'infirmière [lɛ̃fiʀmjɛʀ]
Leber	le foie [lə fwa]
Lippe	la lèvre [la lɛvʀ]
Lunge	le poumon [lə pumɔ̃]
Magen	l'estomac *m* [lɛstɔma]
Mandeln	les amygdales *f* [lez‿amidal]
Menstruation	les règles *f* [le ʀɛgl]
Muskel	le muscle [lə myskl]
nähen	recoudre [ʀəkudʀ]
Narbe	la cicatrice [la sikatʀis]
Narkose	l'anesthésie *f* [lanɛstezi]
Nerv	le nerf [le nɛʀ]
nervös	nerveux [nɛʀvø]
Niere	le rein [lə ʀɛ̃]
Operation	l'opération *f* [lɔpeʀasjɔ̃]
Prothese	la prothèse [la pʀɔtɛz]
Puls	le pouls [lə pu]
Rippe	la côte [la kot]
röntgen	faire une radio(graphie) [fɛʀ yn ʀadjo(gʀafi)]
Röntgenaufnahme	la radio(graphie) [la ʀadjo(gʀafi)]
Rücken	le dos [lə do]
Rückgrat	la colonne vertébrale [la kɔlɔn vɛʀtebʀal]
Schiene	l'attelle *f* [latɛl]
Schlüsselbein	la clavicule [la klavikyl]
Schwangerschaft	la grossesse [la gʀɔsɛs]
schwitzen	transpirer [tʀɑ̃spiʀe]
Speiseröhre	le tube digestif [lə tyb diʒɛstif]
Sprechstunde	la consultation [la kɔ̃syltasjɔ̃]
Spritze	la piqûre [la pikyʀ]
Station	le service [lə sɛʀvis]
Stich	la piqûre [la pikyʀ]

Stuhlgang	les selles *f* [le sɛl]
Trommelfell	le tympan [lə tɛ̃pɑ̃]
Ultraschalluntersuchung	l'échographie *f* [lekogʀafi]
Unterleib	le bas-ventre [lə bavɑ̃tʀ]
Untersuchung	l'examen *m* [lɛgzamɛ̃], l'analyse *f* [lanaliz]
Urin	l'urine *f* [lyʀin]
Verband	le pansement [lə pɑ̃smɑ̃]
verbinden	faire un pansement [fɛʀ ɛ̃ pɑ̃smɑ̃]
Verdauung	la digestion [la diʒɛstjɔ̃]
verschreiben	prescrire [pʀɛskʀiʀ]
Virus	le virus [lə viʀys]
Wartezimmer	la salle d'attente [la sal datɑ̃t]
Wirbelsäule	la colonne vertébrale [la kɔlɔn vɛʀtebʀal]
Zehe	l'orteil *m* [lɔʀtɛj]
Zunge	la langue [la lɑ̃g]

Beim Zahnarzt

Ich habe (starke) Zahnschmerzen.
J'ai (très) mal aux dents. [ʒə (tʀɛ) mal‿o dɑ̃]

Dieser Zahn (oben/unten/vorn/hinten) tut weh.
C'est cette dent-là (en haut/en bas/devant/derrière) qui me fait mal. [sɛ sɛt dɑ̃la (ɑ̃ o/ɑ̃ ba/devɑ̃/dɛʀjɛʀ) kim fɛ mal]

Ich habe eine Füllung verloren.
J'ai perdu un plombage. [ʒə pɛʀdy ɛ̃ plɔ̃baʒ]

Mir ist ein Zahn abgebrochen.
Je me suis cassé une dent. [ʒəm sɥi kase yn dɑ̃]

Geben Sie mir bitte eine Spritze.
Faites-moi une piqûre, s'il vous plaît. [fɛtmwa yn pikyʀ sil vu plɛ]

Geben Sie mir bitte keine Spritze.
Ne me faites pas de piqûre, s'il vous plaît.
[nəm fɛt pad pikyʀ sil vu plɛ]

Backenzahn	la molaire [la mɔlɛʀ]
Brücke	le bridge [lə bʀidʒ]
Kiefer	la mâchoire [la maʃwaʀ]
Krone	la couronne [la kuʀɔn]
Loch	la carie [la kaʀi]
Plombe	le plombage [lə plɔ̃mbaʒ]
Prothese	la prothèse [la pʀɔtɛz]
Schneidezahn	l'incisive *f* [lɛ̃siziv]
Weisheitszahn	la dent de sagesse [la dɑ̃ də saʒɛs]
Zahn	la dent [la dɑ̃]
Zahnfleisch	les gencives *f* [le ʒɑ̃siv]
Zahnschmerzen	le mal de dents [lə mal də dɑ̃]
ziehen	arracher [aʀaʃe]

Wichtiges von A bis Z

Kreditkarten
Die EC-Karte kann zwar praktisch sein, aber sie wird nicht überall angenommen. Also sollten Sie unbedingt Ihre Kreditkarte mitnehmen – und wissen, dass in Frankreich bei einer Buchung nach dem Gültigkeitsdatum gefragt wird.
Übrigens: Mit *Vous payez par carte bleue?* (Bezahlen Sie mit blauer Karte?) ist Ihre Kreditkarte gemeint, selbst wenn diese rosa sein sollte.

Bank

Können Sie mir bitte sagen, wo hier eine Bank ist?
Pouvez-vous me dire où il y a une banque ici, s'il vous plaît? puve vum diʀ u il‿ja yn bɑ̃k isi sil vu plɛ]

Ich möchte ... Euro (Schweizer Franken) in ... wechseln.
Je voudrais changer ... euros (francs suisses) en ...
[ʒvudʀɛ ʃɑ̃ʒe ...øʀo (fʀɑ̃ sɥis) ɑ̃ ...]

Ich möchte ... einlösen.
Je voudrais encaisser ... [ʒvudʀɛ ɑ̃kɛse]
diesen Reisescheck
... ce chèque de voyage. [sə ʃɛk də vwajaz]

Auf welchen Betrag kann ich ihn maximal ausstellen?
Quelle est la somme maximale que je peux retirer?
[kɛl‿ɛ la sɔm maksimal kəʒ pø ʀtiʀe]

Darf ich bitte ... sehen?
Vous avez ..., s'il vous plaît? [vuz‿ave ... sil vu plɛ]
Ihren Ausweis
une pièce d'identité [yn pjɛs didɑ̃tite]
Ihren Pass
votre passeport [vɔtʀə paspɔʀ]

Würden Sie bitte hier unterschreiben?
Vous pouvez signer ici, s'il vous plaît? [vu puve siɲe isi sil vu plɛ]

Der Geldautomat akzeptiert meine Karte nicht.
Le distributeur n'accepte pas ma carte. [lə distʀibytœʀ naksɛpt pa ma kaʀt]

Der Geldautomat gibt meine Karte nicht mehr heraus.
Le distributeur ne rend pas ma carte. [lə distribytœʀ nə ʀɑ̃ pa ma kaʀt]

auszahlen	payer [peje]
Bank	la banque [la bɑ̃k]
Bankkarte	la carte bancaire [la kaʀt bɑ̃kɛʀ]
bar	en espèces [ɑ̃n‿ɛspɛs]
Bargeld	les espèces *f* [lez‿ɛspɛs]

Bearbeitungsgebühr	la commission [la kɔmisjɔ̃], les frais bancaires [le fʀɛ bɑ̃kɛʀ]
Betrag	le montant [lə mɔ̃tɑ̃], la somme [la sɔm]
Cent	le cent [lə sɑ̃nt]
Chipkarte	la carte à puce [la kaʀta pys]
Devisen	les devises *f* [le dəviz]
Euro	l'euro *m* [løʀo]
Formular	le formulaire [lə fɔʀmylɛʀ]
Geheimzahl	le numéro de code [lə nymeʀod kɔd]
Geld	l'argent *m* [laʀʒɑ̃]
Geldautomat	le distributeur de billets [lə distʀibytœʀ də bijɛt]
Geldanweisung	le mandat [lə mɑ̃da]
Geldschein	le billet [lə bijɛ]
Geldwechsel	le change [lə ʃɑ̃ʒ]
Kleingeld	la monnaie [la mɔnɛ]
Konto	le compte [lə kɔ̃t]
Kreditkarte	la carte de crédit [la kaʀtə də kʀedi]
Ladeterminal	la machine de paiement [la maʃin də pɛmɑ̃]
Münze	la pièce de monnaie [la pjɛs də mɔnɛ]
Quittung	le reçu [lə ʀəsy]
Reisescheck	le chèque de voyage [lə ʃɛk də vwajaʒ]
Scheck	le chèque [lə ʃɛk]
einen Scheck ausstellen	faire un chèque [fɛʀ ɛ̃ ʃɛk]
Schweizer Franken	le franc suisse [lə fʀɑ̃ sɥis]
Überweisung	le virement [lə viʀmɑ̃]
telegrafische Überweisung	le mandat télégraphique [lə mɑ̃da telegʀafik]
umtauschen	changer [ʃɑ̃ʒe]
Unterschrift	la signature [la siɲatyʀ]
Währung	la monnaie [la mɔnɛ]
Wechselkurs	le cours de change [lə kuʀ də ʃɑ̃ʒ]
Zahlung	le paiement [lə pɛmɑ̃]

Filmen und Fotografieren

➣ **auch Fotoartikel**

Könnten Sie bitte ein Foto von uns machen?
Vous pourriez nous prendre en photo, s'il vous plaît?
[vu puʀje nu pʀɑ̃dʀ‿ɑ̃ fɔto silvuplɛ]

Das ist sehr freundlich.
C'est très gentil. [sɛ tʀɛ ʒɑ̃ti]

Sie drücken auf diesen Knopf.
Vous appuyez sur ce bouton. [vuz‿apɥie syʀ sə butɔ̃]

Die Entfernung/Blende stellt man so ein.
C'est comme ça qu'on règle la distance/l'ouverture.
[sɛ cɔm sa kɔ̃ ʀɛglə la distɑ̃s/luvɛʀtyʀ]

Dürfte ich Sie wohl fotografieren?
Je pourrais vous prendre en photo? [ʒpuʀɛ vu pʀɑ̃dʀ‿ɑ̃ fɔto]

So haben wir eine schöne Erinnerung an unseren Urlaub.
Ainsi nous aurons un beau souvenir de nos vacances.
[ɛ̃si nuz‿ɔʀɔ̃ ɛ̃ bo suvniʀ də no vakɑ̃s]

Foto	la photo [la fɔto]
Fotoapparat	l'appareil photo *m* [lapaʀɛjfɔto]
fotografieren	photographier [fɔtogʀafje]
Hochformat	le format en hauteur [lə fɔrma ɑ̃ otœr]
Querformat	le format horizontal [lə fɔrma ɔrizɔ̃tal]
Schnappschuss	l'instantané *m* [lɛ̃stɑ̃tane]

Fundbüro

➢ **auch Polizei**

Können Sie mir bitte sagen, wo das Fundbüro ist?
Pouvez-vous me dire où est le bureau des objets trouvés, s'il vous plaît?
[puve vum diʀ u‿ɛl byʀo dez‿ɔbʒɛ tʀuve sil vu plɛ]

Ich habe ... verloren.
J'ai perdu ... [ʒɛ pɛʀdy]

Ich habe meine Handtasche im Zug vergessen.
J'ai oublié mon sac à main dans le train.
[ʒɛ ublie mɔ̃ sak‿a mɛ̃ dɑ̃l tʀɛ̃]

Würden Sie mich bitte benachrichtigen, wenn sie gefunden werden sollte?
Avertissez-moi si on devait le retrouver.
[avɛʀtise mwa si ɔ dəvɛl ʀətʀuve]

Hier ist meine Hotelanschrift/Heimatadresse.
Voici l'adresse de mon hôtel/mon adresse personnelle.
[vwasi ladʀɛs də mɔ̃n‿otel/mɔ̃n‿adʀɛs pɛʀsɔnɛl]

Internetcafé

Wo gibt es in der Nähe ein Internetcafé?
Où est-ce qu'il y a un café Internet dans le coin? [u ɛs‿kilja ɛ̃ kafe ɛ̃tɛʀnät dɑ̃l kwɛ̃]

Wie viel kostet eine Stunde?/Viertelstunde?
C'est combien pour une heure?/ un quart d'heure? [sɛ kɔ̃bjɛ̃ pur‿yn œʀ/ ɛ̃ kaʀ dœʀ]

Ich möchte eine E-Mail senden.
Je voudrais envoyer un mail. [ʒə vudʀɛ ɑ̃vwaje ɛ̃ mɛjl]

Kann ich von hier ein Fax versenden?
Je peux envoyer un fax d'ici? [ʒə pø ɑ̃vwaje ɛ̃ faks disi]

Kann ich eine Seite ausdrucken?
Je peux imprimer une page? [ʒpø ɛ̃pʀime yn paʒ]

Hier klappt die Verbindung nicht.
Ici, je n'ai pas de connexion. [isi ʒ‿nɛ pad‿kɔnɛksjɔ̃]

Ich habe Probleme mit dem Computer.
J'ai des problèmes avec l'ordinateur. [ʒɛ de pʀɔblɛm‿avɛk lɔʀdinatœʀ]

Kann ich bei Ihnen Fotos von meiner Digitalkamera auf CD brennen?
Est-ce que chez vous je peux graver des photos directement de mon appareil digital sur CD? [ɛs‿kə ʃe vu ʒə‿pø gʀawe de fɔto diʀɛktømɑ̃ dmɔ̃n‿apaʀɛj diʒital syʀ sede]

Polizei

Könnten Sie mir bitte sagen, wo das nächste Polizeirevier ist?
Pourriez-vous me dire où est le commissariat de police le plus proche, s'il vous plaît?
[puʀje vum diʀ u ɛl kɔmisaʀiad pɔlis lə ply pʀɔʃ sil vu plɛ]

Ich möchte ... anzeigen.
Je voudrais faire une déclaration ... [ʒvudʀɛ fɛʀ yn deklaʀasjɔ̃]
einen Diebstahl
... de vol. [dvɔl]
einen Überfall
... d'agression. [dagʀɛsjɔ̃]

Mir ist ... gestohlen worden.
On m'a volé ... [ɔ̃ ma vɔle]
die Handtasche
mon sac à main. [mɔ̃ sak a mɛ̃]
die Brieftasche
mon portefeuille. [mɔ̃ pɔʀtəfœj]
mein Fotoapparat
mon appareil photo. [mɔ̃n‿apaʀɛj fɔto]
mein Auto/mein Fahrrad
ma voiture/mon vélo. [ma vwatyʀ/mɔ̃ velo]

Mein Auto ist aufgebrochen worden.
On a fracturé la porte de ma voiture.
[ɔ̃n‿a fʀaktyʀe la pɔʀtə də ma vwatyʀ]

Aus meinem Auto ist ... gestohlen worden.
On a volé ... dans ma voiture. [ɔ̃n‿a vɔle ... dɑ̃ ma vwatyʀ]

Mein Sohn/Meine Tochter ist verschwunden.
Mon fils/Ma fille a disparu. [mɔ̃ fis/ma fij a dispaʀy]

Dieser Mann belästigt mich.
Cet homme m'importune. [sɛt ɔm mɛ̃pɔʀtyne]

Können Sie mir bitte helfen?
Vous pouvez m'aider, s'il vous plaît? [vu puve mede sil vu plɛ]

Ihren Namen und Ihre Anschrift, bitte.
Votre nom et votre adresse, s'il vous plaît.
[vɔtʀə nɔ̃ e vɔtʀ‿adʀɛs sil vu plɛ]

Wenden Sie sich bitte an das deutsche/österreichische/Schweizer Konsulat.
Adressez-vous au consulat d'Allemagne/d'Autriche/de Suisse, s'il vous plaît. [adʀɛse vu o kɔ̃syla dalmaɲ/dotʀiʃ/də sɥis sil vu plɛ]

anzeigen	faire une déclaration [fɛʀ‿yn deklaʀasjɔ̃]
aufbrechen	fracturer [fʀaktyʀe]
Autoradio	l'autoradio *m* [lɔtoʀadjo]
belästigen	importuner [ɛ̃pɔʀtyne]
beschlagnahmen	confisquer [kɔ̃fiske]
Brieftasche	le portefeuille [lə pɔʀtəfœj]
Dieb	le voleur [lə vɔlœʀ]
Diebstahl	le vol [lə vɔl]
Gefängnis	la prison [la pʀizɔ̃]
Geldbörse	le porte-monnaie [lə pɔʀtmɔnɛ]
Gericht	le tribunal [lə tʀibynal]
Kfz-Schein	la carte grise [la kaʀtə gʀiz]
Kreditkarte	la carte de crédit [la kaʀt də kʀedi]
Papiere	les papiers *m* [le papje]
Personalausweis	la carte d'identité [la kaʀt didɑ̃tite]
Polizei	la police [la pɔlis]
Polizeiwagen	la voiture de police [la vwatyʀ də pɔlis]
Polizist/in	l'agent *m* de police [laʒɑ̃d pɔlis]
Rauschgift	la drogue [la dʀɔg]
Rechtsanwalt	l'avocat *m* [lavɔka]
Reisepass	le passeport [lə paspɔʀ]
Richter	le juge [lə ʒyʒ]
Scheck	le chèque [lə ʃɛk]
Scheckkarte	la carte (de chèque) [la kaʀt (də ʃɛk)]
Schlüssel	la clé [la kle]
Schmuggel	la fraude [la fʀod]
Schuld	la culpabilité [la kylpabilite]
sexuelle Belästigung	le harcèlement sexuel [lə aʀsɛlmɑ̃ sɛksyɛl]
Taschendieb	le voleur à la tire [lə vɔlœʀ a la tiʀ], le pickpocket [lə pikpɔkɛt]

Überfall	*(Person)* l'agression *f* [lagʀɛsjɔ̃]; *(Bank)* le hold-up [ɔldœp]
Untersuchungshaft	la détention préventive [la detɑ̃sjɔ̃ pʀevɑ̃tiv]
Verbrechen	le crime [lə kʀim]
Vergewaltigung	le viol [lə vjɔl]
verhaften	arrêter [aʀɛte]
verlieren	perdre [pɛʀdʀ]
Zeuge	le témoin [lə temwɛ̃]
zusammenschlagen	rouer de coups [ʀued ku]

Post

Wo ist bitte ...
Où se trouve ... , s'il vous plaît? [u stʀuv ... sil vu plɛ]
das nächste Postamt?
le bureau de poste le plus proche [lə byʀod pɔst lə ply pʀɔʃ]
der nächste Briefkasten?
la boîte aux lettres la plus proche [la bwat o lɛtʀə la ply pʀɔʃ]

Was kostet ein Brief/eine Postkarte ...
C'est combien une lettre/une carte postale ...
[sɛ kɔ̃bjɛ̃ yn lɛtʀ/yn kaʀt pɔstal]
nach Deutschland?
pour l'Allemagne? [puʀ lalmaɲ]
nach Österreich?
pour l'Autriche? [puʀ lotʀiʃ]
in die Schweiz?
pour la Suisse? [puʀ la sɥis]

Drei Briefmarken zu ... Cents, bitte.
Trois timbres à ... centimes, s'il vous plaît.
[tʀa tɑ̃bʀ a ... sɑ̃tim sil vu plɛ]

Diesen Brief bitte per ...
Je voudrais envoyer cette lettre ... [ʒvudʀɛ ɑ̃vwaje sɛt lɛtʀ]
Luftpost.
par avion. [paʀ avjɔ̃]
Express.
en exprès. [ɑ̃n‿ɛkspʀɛs]
Einschreiben
en recommandé. [ɑ̃ ʀkɔmɑ̃de]

Ich möchte ... Euro von meinem Sparkonto abheben.
Je voudrais retirer ... euro de mon compte-épargne.
[ʒe vudʀɛ ʀetiʀe ... øʀo də mɔ̃ kɔ̃tepaʀɲ]

➢ **auch Bank**

Absender	l'expéditeur *m* [lɛkspeditœʀ]
Adresse	l'adresse *f* [ladʀɛs]
ausfüllen	remplir [ʀɑ̃pliʀ]
Brief	la lettre [la lɛtʀ]
Briefkasten	la boîte aux lettres [la bwat‿o lɛtʀ]
Briefmarke	le timbre [lə tɛ̃bʀ]
Briefmarkenautomat	le distributeur de timbres [lə distʀibytœʀ də tɛ̃bʀ]
Eilbrief	la lettre exprès [la lɛtʀ‿ɛkspʀɛs]
Einschreibebrief	la lettre recommandée [la lɛtʀə ʀəkɔmɑ̃de]
Empfänger	le destinataire [lə dɛstinatɛʀ]
Fax	le fax [lə faks]
Faxgerät	le télécopieur [lə telekɔpjœʀ]
Formular	le formulaire [lə fɔʀmylɛʀ]
frankieren	affranchir [afʀɑ̃ʃiʀ]
Gebühr	la taxe [la taks], le tarif [lə taʀif]
Gewicht	le poids [lə pwa]
Hauptpostamt	la poste centrale [la pɔstə sɑ̃tʀal]
Leerung	la levée [la ləve]
mit Luftpost	par avion [paʀ‿avjɔ̃]
nachsenden	faire suivre [fɛʀ sɥivʀ]
Päckchen	le paquet [lə pakɛ]
Paket	le colis [lə kɔli]
Paketkarte	le bulletin d'expédition [lə byltɛ̃ dɛkspedisjɔ̃]
Porto	le port [lə pɔʀ]
Postamt	le bureau de poste [lə byʀod pɔst]
Postkarte	la carte postale [la kaʀt pɔstal]
postlagernd	poste restante [pɔstə ʀɛstɑ̃t]
Postleitzahl	le code postal [lə kɔd pɔstal]
Postsparbuch	le livret d'épargne [lə livʀɛd depaʀɲ]
Sondermarke	le timbre de collection [lə tɛ̃bʀə də kɔlɛksjø]
Telegramm	le télégramme [lə telegʀam]
Telex	le télex [lə telɛks]
Vordruck	le formulaire [lə fɔʀmylɛ̃ʀ]
Wertangabe	la déclaration de valeur [la deklaʀasjɔ̃d valœʀ]
Zollerklärung	la déclaration en douane [la deklaʀasjɔ̃ ɑ̃ duan]

Telefonieren

Können Sie mir bitte sagen, wo die nächste Telefonzelle ist?
Pouvez-vous me dire où est la cabine téléphonique la plus proche, s'il vous plaît?
[puve vum diʀ u ɛ la kabin telefɔnik la ply pʀɔʃ sil vu plɛ]

Ich möchte bitte eine Telefonkarte.
Je voudrais une carte de téléphone, s'il vous plaît.
[ʒvudʀɛ yn kaʀt də telefon sil vu plɛ]

Wie ist bitte die Vorwahl von ...?
Quel est l'indicatif de ..., s'il vous plaît?
[kɛl ɛ lɛdikatif də ... sil vu plɛ]

Bitte ein Ferngespräch nach ...
Je voudrais téléphoner à ..., s'il vous plaît.
[ʒvudʀɛ telefɔne a ... sil vu plɛ]

Gehen Sie in Kabine Nr. ...
Cabine numéro ... [kabin nymeʀo]

Ein Telefongespräch

Hier spricht ...
Mme/Mlle/M. ... à l'appareil.
[madam/ madmwazɛl/məsjø ... a lapaʀɛj]

Hallo, mit wem spreche ich?
Allô? Qui est à l'appareil? [alo ki ɛt‿a lapaʀɛj]

Guten Tag, mein Name ist ...
Bonjour Madame/Monsieur, ... à l'appareil.
[bɔ̃ʒuʀ madam məsjø ... a lapaʀɛj]

Kann ich bitte Herrn/Frau/ ... sprechen?
Est-ce que je pourrais parler à Monsieur/Madame ..., s'il vous plaît?
[ɛs‿kəʒ puʀɛ paʀle a məsjø/madam ... sil vu plɛ]

Tut mir leid, er/sie ist nicht da.
Je suis désolé, il/elle n'est pas là. [jə sɥi dezɔle il/ɛl nɛ pa la]

Möchten Sie eine Nachricht hinterlassen?
Vous voulez laisser un message? [vu vule lɛse ɛ̃ mɛsaʒ]

Sagen Sie ihm bitte, ich hätte angerufen.
Dites-lui que j'ai téléphoné. [dit lɥi kə jɛ telefɔne]

„Kein Anschluss unter dieser Nummer."
Ce numéro n'est pas attribué pour le moment.
[sə nymeʀo nɛ paz‿atʀibye puʀ lə mɔmɑ̃]

Erkennungsnummer
Französische Telefonnummern sind schon seit vielen Jahren zehnstellig, denn die Vorwahl wird immer mitgewählt. An den ersten zwei Nummern erkennt man übrigens die Gegend: 01 ist die Ile de France (Pariser Gegend), 02 der Nordwesten, 03 der Nordosten, 04 der Südosten und Korsika, 05 der Südwesten.

abnehmen	décrocher [dekʀɔʃe]
Anruf	le coup de téléphone [lə ku də telefɔn]
Anrufbeantworter	le répondeur automatique [lə ʀepɔ̃dœʀ ɔtɔmatik]
anrufen	appeler [aple], téléphoner à [telefɔne a]
Auskunft	les renseignements *m* [le ʀɑ̃sɛɲəmɑ̃]
Auslandsgespräch	l'appel *m* pour l'étranger [lapɛl puʀ letʀɑ̃ʒe]
besetzt	occupé [ɔkype]
Ferngespräch	la communication interurbaine [la kɔmynikasjɔ̃ ɛ̃tɛʀyʀbɛn]
Gebühr	la taxe [la taks], le tarif [lə taʀif]
gelbe Seiten	les pages *f* jaunes [le paʒ ʒon]
Gespräch	la communication [la kɔmynikasjɔ̃], l'entretien *m* téléphonique [lɑ̃tʀətjɛ̃ telefɔnik]
Handy	le portable [lə pɔʀtabl]
Hörer	le combiné [lə kɔ̃bine]
Mobiltelefon	le portable [lə pɔʀtabl]
Ortsgespräch	la communication en ville [la kɔmynikasjɔ̃ ɑ̃ vil]
R-Gespräch	l'appel *m* en P.C.V. [lapɛl ɑ̃ peseve]
Telefon	le téléphone [lə telefɔn]
Telefonbuch	l'annuaire *m* [lanyɛʀ]
Telefonkarte	la télécarte [la telekaʀt]
Telefonnummer	le numéro de téléphone [lə nymeʀod telefɔn]
Telefonzelle	la cabine téléphonique [la kabin telefɔnik]
Verbindung	la communication [la kɔmynikasjɔ̃]
Voranmeldung	la communication avec préavis [la kɔmynikasjɔ̃ avɛk pʀeavi]
Vorwahlnummer	l'indicatif *m* [lɛ̃dikatif]
wählen	composer le numéro [kɔ̃pɔse lə nymeʀo]

Mit dem Handy

Bitte eine SIM-Karte.
Une carte SIM s.v.p. [yn kaʀt sim sil vu plɛ]

Bitte eine internationale Telefonkarte.
Une carte de téléphone internationale, s.v.p.
[yn kaʀt də telefɔn‿ɛ̃tɛʀnasjɔnal]

Wie viele Minuten kann ich mit einer Karte für ... sprechen?
Combien de minutes est-ce que je peux parler pour ... ?
[kɔ̃bjɛ̃ də minyt ɛs‿kə ʒə pø paʀle puʀ ...]

Für welches Gebiet gilt diese SIM-Karte?
Cette carte SIM est pour quelle zone ? [sɛt kaʀt sim ɛ puʀ kɛl zon]

Könnten Sie mir bitte eine Tarifübersicht geben?
Pourriez-vous me donner une liste des tarifs ? [puʀje vum‿dɔne yn list de taʀif]

Haben Sie Guthabenkarten von ...?
Avez-vous des cartes de recharge de ....? [ave vu de kaʀt də rəʃaʀʒ də]

Toilette und Bad

Wo ist bitte die Toilette?
Où sont les toilettes, s'il vous plaît? [u sɔ̃ le twalɛt sil vu plɛ]

Dürfte ich wohl bei Ihnen die Toilette benutzen?
Je pourrais me permettre d'utiliser vos toilettes?
[ʒpuʀɛm pɛʀmɛtʀ dytilize vo twalɛt]

Würden Sie mir bitte den Schlüssel für die Toilette geben?
Vous pouvez me donner la clé pour les toilettes, s'il vous plaît?
[vu puvem dɔne la kle puʀ le twalɛt sil vu plɛ]

Damen	dames [dam]
Damenbinden	les serviettes *f* hygiéniques [le sɛʀvjɛt iʒjenik]
Handtuch	la serviette de toilette [la sɛʀvjɛt də twalɛt]
Handwaschbecken	le lavabo [lə lavabo]
Herren	hommes [ɔm]
sauber	propre [pʀɔpʀ]
schmutzig	sale [sal]
Seife	le savon [lə savɔ̃]
Stehklosett	l'urinoir *m* [lyʀinwaʀ]
Tampons	le tampon [lə tɑ̃pɔ̃]
Toilettenpapier	le papier hygiénique [lə papje iʒjenik]
Wasserspülung	la chasse d'eau [la ʃas do]

Der Artikel (Geschlechtswort)

Formen

		bestimmter Artikel		unbestimmter Artikel	
Singular	männlich weiblich	**le** train **la** ville	der Zug die Stadt	**un** train **une** ville	ein Zug eine Stadt
Plural	für beide Geschlechter	**les** trains villes	die Züge Städte	**des** trains villes	Züge Städte

Vor Substantiven, die mit Vokal (Selbstlaut) oder stummem h beginnen, wird

a) *le* und *la* zu *l'*: l'avion das Flugzeug, l'heure die Stunde
b) *un* gebunden: un avion [ɛ̃n‿avjɔ̃]
c) *les* und *des* gebunden: les heures [le‿z‿œʀ]
des avions [de‿z‿avjɔ̃]

Präpositionen (Verhältniswörter) + bestimmter Artikel

Die Präpositionen *à* und *de* verschmelzen mit dem nachfolgenden bestimmten Artikel *le* und *les* zu einem Wort, z. B.:

à + le → au | de + le → du

Je vais **au** cinéma. Ich gehe ins Kino.	La valise **du** touriste est lourde. Der Koffer des Touristen ist schwer.

à + les → aux | de + les → des

J'écris **aux** copains. Ich schreibe den Freunden.	Je viens **des** Etats-Unis. Ich komme aus den Vereinigten Staaten.

Teilungsartikel

Der Teilungsartikel besteht aus *de* + bestimmtem Artikel.
Er bezeichnet eine nicht näher bestimmte Menge oder Anzahl.

unbestimmte Menge/ Anzahl	Je mange **du** pain. Je bois **de l'**eau. Je prends **de la** confiture.	Ich esse Brot. Ich trinke Wasser. Ich nehme Marmelade.

Mengenangaben mit de

An Substantive, die eine bestimmte Menge oder bestimmte Anzahl bezeichnen, werden nachfolgende Substantive mit *de* angeschlossen.

bestimmte Menge/ Anzahl	**un litre de** vin	ein Liter Wein
	une tasse de café	eine Tasse Kaffee
	un kilo d'oranges	ein Kilo Orangen
	un million de francs	eine Million Francs
sowie:	**beaucoup de** fruits	viel Obst
	un peu de fromage	etwas Käse
	trop de limonade	zu viel Limonade

Das Substantiv (Hauptwort)

Plural

Der Plural der Substantive wird meist durch das Anhängen eines Endungs-*s* gebildet, das aber nicht ausgesprochen wird.

le train	der Zug	la route	die Straße
les train**s**	die Züge	les route**s**	die Straßen

Substantive, die schon im Singular auf *-x, -z, -s* enden, bleiben unverändert.

le pri**x**	der Preis	le ne**z**	die Nase	le ca**s**	der Fall
les pri**x**	die Preise	les ne**z**	die Nasen	les ca**s**	die Fälle

Nominativ – Akkusativ – Dativ – Genitiv (Die vier Fälle)

Nominativ und Akkusativ haben beim Substantiv dieselbe Form. Der Dativ wird mit Hilfe von *à*, der Genitiv mit *de* ausgedrückt.

Nominativ (Wer? Was?)	**Le** musée Rodin est fermé. Das Rodin-Museum ist geschlossen.
Akkusativ (Wen? Was?)	Je cherche **le** musée Rodin. Ich suche das Rodin-Museum.
Dativ (Wem?)	J'écris une lettre **à** mon père. Ich schreibe meinem Vater einen Brief.
Genitiv (Wessen?)	Où est le sac **de** Françoise? Wo ist die Tasche von Françoise?

Übereinstimmung von Substantiv und Adjektiv

Das Adjektiv richtet sich immer in Geschlecht und Zahl nach dem Substantiv.
Die weibliche Form des Adjektivs wird durch das Anhängen von *-e* an die männliche Form gebildet. Endet die männliche Form bereits auf *-e*, bleibt das Adjektiv unverändert.
Die Pluralendung des Adjektivs ist *-s*.

	Singular	Plural
männlich	**Le** livre est passionnant. Das Buch ist spannend.	**Les** livres sont passionnant**s**. Die Bücher sind spannend.
weiblich	**La** revue est intéressante. Die Zeitschrift ist interessant.	**Les** revues sont intéressantes. Die Zeitschriften sind interessant.

Die Stellung des Adjektivs

Das Adjektiv steht meistens **hinter** dem Substantiv.
un film **passionnant**
ein spannender Film
un voyage **fatigant**
eine anstrengende Reise
une voiture **rouge**
ein rotes Auto

Einige Adjektive stehen **vor** dem Substantiv.
un **bon** restaurant
ein gutes Restaurant
un **petit** café
ein kleines Café
une **grande** maison
ein großes Haus

Steigerung und Vergleich

grand → **plus grand que** → **le plus grand**
groß — größer als — am größten

- Der Komparativ wird gebildet durch Voranstellen von *plus* „mehr" bzw. *moins* „weniger".

plus grand	Paris est **plus** grand **que** Lyon. Paris ist größer als Lyon.
moins grand	Toutes les autres villes sont **moins** grandes. Alle anderen Städte sind weniger/nicht so groß.

aussi grand	La Pologne est **aussi** grande **que** la Norvège. Polen ist so groß wie Norwegen.

- Der Superlativ wird ausgedrückt durch den Komparativ mit bestimmtem Artikel.

le plus grand	New York est **la plus** grande ville **du** monde. New York ist die größte Stadt der Welt.

- Beachten Sie die Sonderformen von *bon*:

bon → **meilleur** → **le meilleur**
gut → besser → der beste

Das Adverb (Umstandswort)

Formen

Es gibt ursprüngliche Adverbien, z. B.

beaucoup	**bien**	**mal**	**vite**
viel	gut	schlecht	schnell

und abgeleitete Adverbien, die durch Anhängen von *-ment* an die weibliche Form des Adjektivs gebildet werden.

lent/e	Il marche lente**ment**.	Er geht langsam.

Bei Adjektiven auf *-e*, die nur eine Form haben, wird die Endung *-ment* an diese Form angehängt.

simple	Elle s'exprime simple**ment**.	Sie drückt sich einfach aus.

Regelmäßige Steigerung

Das Adverb wird wie das Adjektiv gesteigert:

vite → **plus vite** → **le plus vite**
schnell → schneller → am schnellsten

Unregelmäßige Steigerung

bien → **mieux** → **le mieux**
gut → besser → am besten

beaucoup → **plus** → **le plus**
viel → mehr → am meisten

peu → **moins** → **le moins**
wenig → weniger → am wenigsten

A conduit **mieux que** B. A fährt besser als B.	C'est C qui conduit **le mieux** des trois. C fährt von allen dreien am besten.
Elle mange **plus que** son mari. Sie isst mehr als ihr Mann.	C'est leur fils qui mange **le plus.** Ihr Sohn isst am meisten.
Tu gagnes **moins qu'**elle. Du verdienst weniger als sie.	C'est moi qui gagne **le moins.** Ich verdiene am (aller)wenigsten.

Präsens (Gegenwart)

a) avoir, être

avoir	haben	être	sein
j' ai	ich habe	je suis	ich bin
tu as	du hast	tu es	du bist
il/elle a	er/sie hat	il/elle est	er/sie ist
nous avons	wir haben	nous sommes	wir sind
vous avez	ihr habt/Sie haben	vous êtes	ihr seid/Sie sind
ls/elles ont	sie haben	ils/elles sont	sie sind

„Wir" kann im Französischen durch zwei Formen ausgedrückt werden, *on* und *nous*. On wird vorwiegend gesprochen, *nous* vorwiegend geschrieben. Nach *on* steht das Verb in der 3. Person Singular.

On va au cinéma.
Nous allons au cinéma. Wir gehen ins Kino.

b) regelmäßige Verben

Nach ihrer Infinitivendung werden die französischen Verben in drei Gruppen (Konjugationen) eingeteilt.

-er	-ir		-re
parler	finir	partir	vendre
sprechen	beenden	abreisen	verkaufen
je parle	je finis	je pars	je vends
tu parles	tu finis	tu pars	tu vends
il parle	il finit	il part	il vend
elle parle	elle finit	elle part	elle vend
nous parlons	nous finissons	nous partons	nous vendons
vous parlez	vous finissez	vous partez	vous vendez
ils parlent	ils finissent	ils partent	ils vendent
elles parlent	elles finissent	elles partent	elles vendent

- Die Gruppe auf *-er* ist die größte, ihr gehören fast alle Verben an.
- wie *finir* werden die meisten Verben auf *-ir* gebildet.
- dem Schema *partir* folgen nur wenige Verben:

dormir schlafen — servir (be)dienen
sentir riechen — sortir ausgehen

Perfekt (Vergangenheit)

Das Perfekt bildet man wie im Deutschen mit dem Präsens der Hilfsverben *avoir* (haben) bzw. *être* (sein) + Partizip Perfekt (Mittelwort der Vergangenheit).

Das Partizip Perfekt leitet sich wie folgt aus dem Infinitiv (Grundform) ab:

parl**er**	fin**ir**	part**ir**	vend**re**
parl**é**	fin**i**	part**i**	vend**u**
gesprochen	beendet	abgereist	verkauft

Unregelmäßige Formen sind z. B.:

avoir	être	recevoir	faire	prendre
eu	été	reçu	fait	pris
gehabt	gewesen	erhalten	getan	genommen

Die meisten Verben bilden parallel zum Deutschen das Perfekt mit *avoir*. Wird das Perfekt mit *être* gebildet, richtet sich das Partizip Perfekt in Geschlecht und Zahl nach dem Subjekt (Satzgegenstand).

Perfekt mit *avoir*			Perfekt mit *être*		
j'	**ai**	été	je	**suis**	} parti/partie
tu	**as**	eu	tu	**es**	
il	**a**	parlé	il	**est**	parti
elle	**a**	fini	elle	**est**	partie
nous	**avons**	vendu	nous	**sommes**	} partis/parties
vous	**avez**	reçu	vous	**êtes**	
ils	**ont**	fait	ils	**sont**	partis
elles	**ont**	pris	elles	**sont**	parties

- Abweichend vom Deutschen bildet man das Perfekt
  a) mit *être* bei reflexiven Verben:
  Il s'**est** lavé. Er hat sich gewaschen.
  b) mit *avoir* bei *être* (sein)/*voyager* (reisen)
  Il **a** été ... Er ist ... gewesen.
  Il **a** voyagé ... Er ist ... gereist.

Futur und Konditional (Zukunft und Bedingungsform)

Futur		Konditional		Futur		Konditional	
je	parler**ai**	je	parler**ais**	je	parti**rai**	je	parti**rais**
ich	werde sprechen	ich	würde sprechen	ich	werde abreisen	ich	würde abreisen
tu	parler**as**	tu	parler**ais**				
il	parler**a**	il	parler**ait**				
elle	parler**a**	elle	parler**ait**	je	prend**rai**	je	prend**rais**
				ich	werde nehmen	ich	würde nehmen
nous	parlerons	nous	parler**ions**				
vous	parler**ez**	vous	parler**iez**				
ils	parler**ont**	ils	parler**aient**				
elles	parler**ont**	elles	parler**aient**				

- Um das Futur auszudrücken, verwendet man oft das unregelmäßige Verb *aller* im Präsens + Infinitivform.

je	vais	partir	ich werde gehen
tu	vas	parler	du wirst sprechen
il	va	boire	er wird trinken
nous	allons	voyager	wir werden reisen
vous	allez	sortir	ihr werdet / Sie werden } ausgehen
ils	vont	payer	sie werden bezahlen

- Um eine Bitte oder Frage höflich vorzutragen, kann man das Konditional verwenden.

Je **voudrais** louer une voiture.	Ich möchte einen Wagen mieten.
Est-ce que je **pourrais** avoir le plan de la ville?	Könnte ich den Stadtplan bekommen?

Imperativ (Befehlsform)

Der Imperativ der Verben der Gruppe auf *-er* endet in der du-Form auf *-e*, bei Verben aller anderen Gruppen auf *-s*.

Aufforderung	parler		venir	
in der du-Form:	parl**e**	sprich!	viens	komm!
in der ihr- und Sie-Form:	parl**ez**	sprecht! / sprechen Sie!	ven**ez**	kommt! / kommen Sie!

Wichtige unregelmäßige Verben

aller gehen, fahren – allé gegangen, gefahren

Präsens:	je vais ich gehe, tu vas, il va, nous allons, vous allez, ils vont
Perfekt:	je suis allé ich bin gegangen, tu es allé usw.
Futur:	j'irai ich werde gehen, tu iras, il ira, nous irons, vous irez, ils iront
Konditional:	j'irais ich würde gehen, tu irais, il irait, nous irions, vous iriez, ils iraient

avoir haben – eu gehabt

Präsens:	j'ai ich habe, tu as, il a usw.
Perfekt:	j'ai eu ich habe gehabt usw.
Futur:	j'aurai ich werde haben, tu auras usw.
Konditional:	j'aurais ich würde haben, tu aurais usw.

boire trinken – bu getrunken

Präsens:	je bois ich trinke, tu bois, il boit, nous buvons, vous buvez, ils boivent
Perfekt:	J'ai bu ich habe getrunken, tu as bu, il a bu usw.
Futur:	je boirai ich werde trinken, tu boiras usw.
Konditional:	je boirais ich würde trinken, tu boirais usw.

devoir müssen – dû müssen

Präsens:	je dois ich muss, tu dois, il doit, nous devons, vous devez, ils doivent
Perfekt:	j'ai dû ich habe müssen usw.
Futur:	je devrai ich werde müssen, tu devras usw.
Konditional:	je devrais ich müsste, tu devrais usw.

dire sagen – dit gesagt

Präsens:	je dis ich sage, tu dis, il dit, nous disons, vous dites, ils disent
Perfekt:	j'ai dit ich habe gesagt usw.
Futur:	je dirai ich werde sagen, tu diras usw.
Konditional:	je dirais ich würde sagen, tu dirais usw.

être sein – été gewesen

Präsens:	je suis ich bin, tu es, il est, nous sommes, vous êtes, ils sont
Perfekt:	j'ai été ich bin gewesen usw.
Futur:	je serai ich werde sein, tu seras usw.
Konditional:	je serais ich würde sein, tu serais usw.

faire machen – fait gemacht

Präsens:	je fais ich mache, tu fais, il fait, nous faisons, vous faites, ils font
Perfekt:	j'ai fait ich habe gemacht usw.
Futur:	je ferai ich werde machen, tu feras usw.
Konditional:	je ferais ich würde machen, tu ferais usw.

pouvoir können – pu gekonnt, können

Präsens:	je peux ich kann, tu peux, il peut, nous pouvons, vous pouvez, ils peuvent
Perfekt:	j'ai pu ich habe können usw.
Futur:	je pourrai ich werde können, tu pourras usw.
Konditional:	je pourrais ich könnte, tu pourrais usw.

prendre nehmen – pris genommen

Präsens:	je prends ich nehme, tu prends, il prend, nous prenons, vous prenez, ils prennent
Perfekt:	j'ai pris ich habe genommen usw.
Futur:	je prendrai ich werde nehmen, tu prendras usw.
Konditional:	je prendrais ich würde nehmen, tu prendrais usw.

savoir wissen, können – su gewusst, gekonnt/können

Präsens:	je sais ich weiß, ich kann, tu sais, il sait, nous savons, vous savez, ils savent
Perfekt:	j'ai su ich habe gewusst, gekonnt usw.
Futur:	je saurai ich werde wissen, können, tu sauras usw.
Konditional:	je saurais ich wüsste, könnte, tu saurais usw.

venir kommen – venu gekommen

Präsens:	je viens ich komme, tu viens, il vient, nous venons, vous venez, ils viennent
Perfekt:	je suis venu ich bin gekommen usw.
Futur:	je viendrai ich werde kommen, tu viendras usw.
Konditional:	je viendrais ich würde kommen, tu viendrais usw.

voir sehen – vu gesehen

Präsens:	je vois ich sehe, tu vois, il voit, nous voyons, vous voyez, ils voient
Perfekt:	j'ai vu ich habe gesehen usw.
Futur:	je verrai ich werde sehen, tu verras usw.
Konditional:	je verrais ich würde sehen, tu verrais usw.

vouloir wollen – voulu gewollt, wollen

Präsens:	je veux ich will, tu veux, il veut, nous voulons, vous voulez, ils veulent
Perfekt:	j'ai voulu ... ich habe ... wollen usw.
Futur:	je voudrai ... ich werde ... wollen, tu voudras usw.
Konditional:	je voudrais ich möchte, tu voudrais usw.

Verb + Objekt (Zeitwort + Satzergänzung)

1. Akkusativobjekt im Französischen - Deutsch: Dativobjekt

aider			helfen
applaudir			applaudieren
écouter	quelqu'un	jemandem	zuhören
remercier			danken
rencontrer			begegnen

2. Dativobjekt im Französischen - Deutsch: Akkusativobjekt

demander			fragen
parler	à quelqu'un	jemanden	sprechen
téléphoner			anrufen

3. Verben mit Akkusativ- und Dativobjekt

J'ai donné un jus d'orange à l'enfant.

Akkusativ Dativ

Dativ Akkusativ

Ich habe dem Kind einen Orangensaft gegeben.

Bei Verben mit Akkusativ- und Dativobjekt steht gewöhnlich das Akkusativobjekt (Sachobjekt) vor dem Dativobjekt (Personenobjekt).

donner quelque chose à quelqu'un	jemandem etwas geben
demander quelque chose à quelqu'un	jemanden nach etwas fragen

4. Verben mit *de*

avoir besoin **de** quelque chose	etwas brauchen
s'occuper **de** quelque chose	sich mit etwas beschäftigen
profiter **de** quelque chose	etwas (aus)nutzen, von etwas profitieren
remercier quelqu'un **de** quelque chose	jemandem für etwas danken

Die Wortstellung

Die regelmäßige Wortstellung im Aussagesatz ist:

Subjekt →	Prädikat →	Objekt
Paul	prend	le train.
Paul	nimmt	den Zug.
Paul	a pris	le train.
Paul	hat	den Zug genommen.

Es gibt folgende Formen des Fragesatzes:

- Ton frère est venu? Ist dein Bruder gekommen?
  (Wortstellung wie im Aussagesatz, aber Satzmelodie steigt)
- Est-ce que ton frère est venu? Ist dein Bruder gekommen?
  (Frage mit est-ce que [ɛs‿kə] + Wortstellung des Aussagesatzes)
- Où est ta voiture? Wo ist dein Auto?
  (Das Subjekt steht nach dem Prädikat. Nach einem Fragewort ist die Satzmelodie oft fallend.)

Die Verneinung

Non — nein

Encore une bière? – **Non,** merci.	Noch ein Bier? – Nein, danke.

Ne ... pas — nicht

Il **ne** vient **pas.**	Er kommt nicht.
Il **n'**est **pas** venu.	Er ist nicht gekommen.

Ne ... pas de — kein

Je **n'**ai **pas** d'argent.	Ich habe kein Geld.

Ne ... personne/rien/jamais/plus — niemand, nichts, nie, nicht mehr

Il **ne** connaît **personne.**	Er kennt niemanden.
Il **ne** veut **rien.**	Er will nichts.
Il **ne** fume **jamais.**	Er raucht nie.
Il **ne** fume **plus.**	Er raucht nicht mehr.

Personalpronomen (Persönliche Fürwörter)

1. Unbetontes Personalpronomen

		Nominativ (wer?)		Dativ (wem?)		Akkusativ (wen?)	
Sing.	1. Pers.	je	ich	me	mir	me	mich
	2. Pers.	tu	du	te	dir	te	dich
	3. Pers.	il/elle	er/sie/es	lui	ihm/ihr	le/la	ihn/sie/es
				se	sich	se	sich
Plur.	1. Pers.	nous	wir	nous	uns	nous	uns
	2. Pers.	vous	ihr/Sie	vous	euch/Ihnen	vous	euch/Sie
	3. Pers.	ils/ elles	sie	leur	ihnen	les	sie
				se	sich	se	sich

Dativ und Akkusativpronomen stehen vor dem Verb.
Treffen sie vor dem Verb zusammen, so stehen sie in dieser Reihenfolge:

① Dativ		② Akkusativ		③ Dativ
me				
te		le		
se	vor	la	vor	lui
nous		les		leur
vous				

①②
Je **te la** donne. Ich gebe sie dir.

② ③
Je **la leur** donne. Ich gebe sie ihnen.

2. Betontes Personalpronomen

	Singular		Plural	
1. Person	moi	ich	nous	wir
2. Person	toi	du	vous	ihr
3. Person	lui/elle	er/sie	eux/elles	sie

- **Zur Hervorhebung der Person**
  Moi, j'ai déjà mangé. Ich habe schon gegessen.
- **Nach Präpositionen**
  Nous partirons sans eux. Wir werden ohne sie gehen.
- **Beim bejahten Imperativ**
  Donne-le-moi. Gib es mir.
  (*aber:* Ne me le donne pas. Gib es mir nicht.)

3. „y" und „en"

y = da, dort, dorthin, daran *en* = davon, darüber
werden wie Personalpronomen gebraucht.

Vous allez à Paris/en France?	Vous mangez du poisson?
↙	↙
– Oui, j'**y** vais demain.	– Oui, j'**en** mange quelquefois.
Fahren Sie nach Paris/nach Frankreich?	Essen Sie Fisch?
– Ja, (ich fahre) morgen (dorthin).	– Ja, (ich esse) manchmal (davon).

4. Reflexivpronomen und reflexives Verb (Rückbezügliche Fürwörter und rückbezügliches Zeitwort)

Reflexivpronomen stehen vor dem Verb. Bei reflexiven Verben wird das Perfekt mit *être* (sein) gebildet.

Präsens			Perfekt			
Je	**me**	souviens.	Je	**me**	**suis**	souvenu(e).
Ich erinnere mich.			Ich habe mich erinnert.			
Tu	**te**	souviens.	Tu	**t'**	**es**	souvenu(e).
Il	**se**	souvient.	Il	**s'**	**est**	souvenu.
Elle	**se**	souvient.	Elle	**s'**	**est**	souvenue.
Nous	**nous**	souvenons.	Nous	**nous**	**sommes**	souvenu(e)s.
Vous	**vous**	souvenez.	Vous	**vous**	**êtes**	souvenu(e)s.
Ils	**se**	souviennent.	Ils	**se**	**sont**	souvenus.
Elles	**se**	souviennent.	Elles	**se**	**sont**	souvenues.

Possessivpronomen (Besitzanzeigende Fürwörter)

Besitz / Besitzer	Singular männlich		Singular weiblich			Plural beide Geschlechter	
Singular	**mon**	sac	**ma**	veste	mein(e)	**mes**	enfants
	ton		**ta**		dein(e)	**tes**	
	son		**sa**		sein(e)/ihr(e)	**ses**	
Plural	**notre**	sac / veste			unser(e)	**nos**	enfants
	votre				euer(e)	**vos**	
	leur				ihr(e)	**leurs**	

- *Son/Sa* bezieht sich auf einen männlichen oder weiblichen Besitzer. *Leur* bezieht sich auf mehrere Besitzer.

sa	clé	sein/ihr Schlüssel
leur	clé	ihr Schlüssel

Demonstrativpronomen (Hinweisende Fürwörter)

	Singular		Plural	
männlich	**ce** livre	dieses Buch	**ces** enfants	diese Kinder
weiblich	**cette** voiture	dieses Auto		

Vor männlichen Substantiven, die mit Vokal oder stummem h beginnen, wird *ce* zu *cet:* cet avion dieses Flugzeug

Relativpronomen (Bezügliche Fürwörter)

Nominativ (wer? was?)	qui	le restaurant **qui** est fermé das Restaurant, das geschlossen ist
Akkusativ (wen? was?)	que	le crayon **que** j'ai perdu der Bleistift, den ich verloren habe

Die Fragewörter

Wer? Wen? An wen? Wem? Von wem?	**Qui** est venu? **Qui** as-tu vu? **A qui** écris-tu? **De qui** parles-tu?	Wer ist gekommen? Wen hast du gesehen? Wem schreibst du? Von wem sprichst du?
Was?	**Qu'est-ce que** tu fais? **Que** fais-tu?	Was machst du?
Welcher, Welche, Welches?	**Quel** est ton livre? **Quelle** est sa voiture?	Welches ist dein Buch? Welches ist ihr Auto?
Wie viel?	**Combien de** kilomètres? Ça coûte **combien?**	Wie viel Kilometer? Wie viel kostet es?
Wo? Wohin? Woher?	**Où** se trouve ...? **Où** vas-tu? **D'où** venez-vous?	Wo befindet sich ...? Wohin gehst du? Woher kommen Sie?
Wann? Um wie viel Uhr? Wie lange? Wie? Warum?	**Quand** pars-tu? **A quelle heure** arrive-t-elle? **Combien de temps** a-t-il mis? **Comment** vas-tu? **Pourquoi** est-il parti?	Wann gehst du? Um wie viel Uhr kommt sie an? Wie lange hat er gebraucht? Wie geht es dir? Warum ist er gegangen?

Wörterbuch Französisch - Deutsch

A

à [a] *(zeitlich)* um; *(Ort)* in; *(Richtung)* nach
à cause de [a koz də] wegen
à cette heure-ci [a sɛt‿œʀ si] um diese Zeit
à contre-cœur [a kɔ̃tʀəkœʀ] nicht gern
à court terme [a kuʀ tɛʀm] kurzfristig
à l'arrière [a laʀiɛʀ] hinten
à l'étouffée [a letufe] gedämpft
à l'étuvée [a letyve] gedünstet
à l'extérieur [a lɛksteʀjœʀ] außen
à l'intérieur [a lɛ̃teʀjœʀ] innen, drin, drinnen
à l'occasion [a lɔkazjɔ̃] gelegentlich *adv*
à l'ouest de [a lwɛst də] westlich von
à nous [a nu] uns
à point [a pwɛ̃] gar
à présent [a pʀezɑ̃] jetzt
à travers [a tʀavɛʀ] quer durch
à vous [a vu] euch/Ihnen
abbaye [abei] *f* Abtei
abcès [apsɛ] *m* Abszess
abeille [abɛj] *f* Biene
abîmé, e [abime] verdorben, faul
d'abord [dabɔʀ] zunächst, zuerst; erst
abréviation [abʀevjasjɔ̃] *f* Abkürzung
abricot [abʀiko] *m* Aprikose
absolument [apsɔlymɑ̃] unbedingt
accélérateur [akseleʀatœʀ] *m* Gaspedal
accepter [aksɛpte] annehmen
accès sans marche [aksɛ sɑ̃ maʀʃ] *m* stufenloser Zugang
accessibilité [aksɛsibilite] *f* Zugänglichkeit
accident [aksidɑ̃] *m* Unfall; **avoir un accident** [avwaʀ ɛ̃n‿aksidɑ̃] verunglücken
s'acclimatiser [saklimatize] s. akklimatisieren
accompagnateur/accompagnatrice [akɔ̃paɲatœʀ/akɔ̃paɲatʀis] *m/f* Begleitperson
accompagner [akɔ̃paɲe] begleiten
d'accord [dakɔʀ] einverstanden!; **se mettre d'accord** [sə mɛtʀə dakɔʀ] s. einigen
accueillir [akœjiʀ] empfangen
acheter [aʃte] kaufen
acte [akt] *m* Akt
acteur/actrice [aktœʀ/aktʀis] Schauspieler/in
acteur/actrice de cinéma [aktœʀ/aktʀis də sinema] *m/f* Filmschauspieler/in
acupuncture [akypɔ̃tyʀ] *(f)* Akupunktur
adaptateur [adaptatœʀ] *m* Adapter
addition [adisjɔ̃] *f (im Restaurant, Café)* Rechnung
administration [administʀasjɔ̃] *f* Verwaltung; Behörde
admirer [admiʀe] bewundern
adresse [adʀɛs] *f* Anschrift, Adresse
adulte [adylt] *m/f* Erwachsene(r)
aérobic [aeʀɔbik] *m* Aerobic
aéroglisseur [aeʀoglisœʀ] *m* Luftkissenboot
aéroport [aeʀɔpɔʀ] *m* Flughafen
affectueux, -euse [afɛktyø, øz] liebevoll
affiche [afiʃ] *f* Plakat
affirmer [afiʀme] behaupten
affranchir [afʀɑ̃ʃiʀ] frankieren
affreux, -euse [afʀø, øz] schrecklich, fürchterlich
âge [aʒ] *m* Alter
agence [aʒɑ̃s] *f* Agentur
agence de voyages [aʒɑ̃s də vwajaʒ] *f* Reisebüro
agent de police [aʒɑ̃d pɔlis] *m* Polizist/in
agneau [aɲo] *m* Lammfleisch
agréable [agʀeabl] angenehm
agression [agʀɛsjɔ̃] *f* Überfall *(Person)*; Aggression
aide [ɛd] *f* Hilfe
aider qn [ɛde kɛlkɛ̃] jdm helfen
aigre [ɛgʀ] sauer
aigreurs d'estomac [ɛgʀœʀ dɛstɔma] *f pl* Sodbrennen
aiguille [ɛgɥij] *(f)* Nadel
ail [aj] *m* Knoblauch
aile [ɛl] *f* Flügel
ailleurs [ajœʀ] anderswo
aimable [ɛmabl] liebenswürdig, freundlich
aimer [ɛme] lieben; mögen

air [ɛʀ] *m* Luft; **air conditionné** [ɛʀ kɔ̃disjɔne] *m* Klimaanlage
aire de jeux [ɛʀ də ʒø] *f* Spielplatz
aire de repos [ɛʀ də ʀəpo] *f* Rastplatz
aire de service [ɛʀ də sɛʀvis] *f* Rastplatz
aisé, e [ɛze] wohlhabend
ajouter [ajute] hinzufügen
album à colorier [albɔm‿a kɔlɔʀje] *m* Malbuch
alcool à brûler [akɔl a bʀyle] *m* Brennspiritus
allégé [aleʒe] kalorienarm
Allemagne [almaɲ] *f* Deutschland
allemand, e [almɑ̃, ɑ̃d] deutsch; **Allemand, e** [almɑ̃, ɑ̃d] der/die Deutsche
aller [ale] gehen, fahren; **aller chercher** [ale ʃɛʀʃe] abholen, holen; **aller se coucher** [ales kuʃe] zu Bett gehen
allergie [alɛʀʒi] *f* Allergie
allonger [alɔ̃ʒe] verlängern
allumage [alymaʒ] *m* Zündung
allume-barbecue [alymbaʀbəky] *m* Grillanzünder
allumer [alyme] anzünden
allumette [alymɛt] *f* Streichholz
alpinisme [alpinism] *m* Bergsteigen
Alsace [alzas] *f* Elsass
altitude [altityd] *f* Höhe
amande [amɑ̃d] *f* Mandel
ambassade [ɑ̃basad] *f* Botschaft, dipl. Vertretung
ambulance [ɑ̃bylɑ̃s] *f* Krankenwagen
améliorer [ameljɔʀe] verbessern
aménagé/équipé pour handicapés [amenaʒe/ekipe puʀ ɑ̃dikape] behinderten-/rollstuhlgerecht
amende [amɑ̃d] *f* Bußgeld, (Geld-) Strafe
amer, -ère [amɛʀ] bitter
ami, e [ami] Freund/in; **être amis** [ɛtʀ‿ami] befreundet sein
amour [amuʀ] *m* Liebe
amphithéâtre [ɑ̃fiteatʀ] *m* Amphitheater
ampoule [ɑ̃pul] *f* Glühbirne
amusement [amyzmɑ̃] *m* Vergnügen, Spaß
s'amuser [samyse] s. amüsieren
amygdales [amidal] *f pl* Mandeln
an [ɑ̃] *m* Jahr
analyse [analiz] *f* Untersuchung
ananas [anana] *m* Ananas
ancien, ne [ɑ̃sjɛ̃, ɑ̃sjɛn] *(aus früheren Zeiten)* alt
âne [an] *m* Esel
anesthésie [anɛstezi] *f* Narkose
angine [ɑ̃ʒin] *f* Angina
anglais, e [ɑ̃glɛ, lɛz] englisch
anguille [ɑ̃gij] *f* Aal
animal [animal] *m* Tier; **animaux domestiques** [animo dɔmɛstik] *m pl* Haustiere
année [ane] *f* Jahr; **année prochaine** [ane pʀɔʃɛn] nächstes Jahr
anniversaire [anivɛʀsɛʀ] *m* Geburtstag
annonce [anɔ̃s] *f* Anmeldung/Kleinanzeige
annoncer [anɔ̃se] melden, anmelden
annuaire [anyɛʀ] *m* Telefonbuch
annuel, le [anyɛl] *adj* jährlich
annuler [anyle] *(Fahr-, Flugkarten)* abbestellen, stornieren
anorak [anɔʀak] *m* Anorak
antibiotique [ɑ̃tibjɔtik] *m* Antibiotikum
antigel [ɑ̃tiʒɛl] *m* Frostschutzmittel
antique [ɑ̃tik] antik
antiseptique [ɑ̃tisɛptik] *m* Desinfektionsmittel
août [u(t)] August
apogée [apɔʒe] *m* Höhepunkt
appareil [apaʀɛj] *m* Apparat; **appareil photo** [apaʀɛjfɔto] *m* Fotoapparat; **appareil photo digital** [apaʀɛj fɔto diʒital] *m* Digitalkamera; **appareil photos étanche** [apaʀɛj fɔtɔ etɑ̃ʃ] *(m)* Unterwasserkamera
appartement [apaʀtəmɑ̃] *m* Wohnung
appartenir [apaʀtəniʀ] gehören
appel en P.C.V. [apɛl ɑ̃ peseve] *m* R-Gespräch
appel pour l'étranger [apɛl puʀ letʀɑ̃ʒe] *m* Auslandsgespräch
appeler [apəle] rufen; nennen, anrufen; **s'appeler** [sapəle] heißen
appendicite [apɛ̃disit] *f* Blinddarmentzündung
appétit [apeti] *m* Appetit
applaudissements [aplodismɑ̃] *m pl* Beifall
application de boue [laplikasj ɔ̃ də bu] *(m)* Fango
apporter [apɔʀte] (her-, mit-)bringen
apprendre [apʀɑ̃dʀ] lernen; erfahren
s'approcher [sapʀɔʃe] s. nähern
après [apʀɛ] *(zeitlich)* nach; danach

après-demain [apʀɛ dmɛ̃] übermorgen
après-midi [apʀɛmidi] *m* Nachmittag, nachmittags
aquarelle [akwaʀɛl] *f* Aquarell, Aquarellmalen
arbre [aʀbʀ] *m* Baum
arc [aʀk] *m* Bogen
archéologie [aʀkeɔlɔʒi] *f* Archäologie
architecte [aʀʃitɛkt] *m/f* Architekt
architecture [aʀʃitɛktyʀ] *f* Architektur
arène [aʀɛn] *f* Arena
arête [aʀɛt] *f* Gräte
argent [aʀʒɑ̃] *m* Geld; Silber
argenté [aʀʒɑ̃te] silberfarben
armoire [aʀmwaʀ] *f* Schrank
arrêt [aʀɛ] *m* Haltestelle
arrêter [aʀete] anhalten; aufhören; verhaften; **s'arrêter** [saʀɛte] stehen bleiben, halten
arrière-pays [aʀjɛʀpei] *m* Hinterland
arrière-saison [aʀjɛʀsɛzɔ̃] *f* Nachsaison
arrière, en ~ [ɑ̃n aʀjɛʀ] rückwärts
arrivée [aʀive] *f* Ankunft
arrivée des bagages [aʀive de bagaʒ] *f* Gepäckausgabe
arriver [aʀive] ankommen; geschehen
art [aʀ] *m* Kunst
art graphique [aʀ gʀafik] *m* Grafik
Art nouveau [ar nuvo] Jugendstil
artichaut [aʀtiʃo] *m* Artischocke
articles d'hygiène [aʀtikl diʒjɛn] *m pl* Drogerieartikel
articles de papeterie [aʀtikl də papɛtʀi] *m pl* Schreibwaren
articles ménagers [aʀtikl menaʒe] *m pl* Haushaltswaren
articulation [aʀtikylasjɔ̃] *f* Gelenk
arts décoratifs [aʀ dekɔʀatif] *m pl* Kunstgewerbe
ascenseur [asɑ̃sœʀ] *m* Fahrstuhl
asperge [aspɛʀʒ] *f* Spargel
aspirateur [aspiʀatœʀ] *(m)* Staubsauger
aspirine [aspiʀin] *f* Aspirin
assaisonnement [asɛzɔnmɑ̃] *m* Dressing
assaisonner [asɛzɔne] würzen
s'asseoir [saswaʀ] s. setzen, s. hinsetzen
assez [ase] genug; ziemlich
assiette [asjɛt] *f* Teller; **assiette creuse** [asjɛt kʀøz] *f* Suppenteller
assis, e, être ~ [ɛtʀ asi, iz] sitzen
association [asɔsjasjɔ̃] *f* Verein; **association de handicapés** [asɔsjasjɔ̃ də ɑ̃dikape] *f* Behindertenverband
assurance [asyʀɑ̃s] *f* Versicherung; **assurance au tiers** [asyʀɑ̃s o tjɛʀ] *f* Teilkasko; **assurance tous risques** [asyʀɑ̃s tu ʀisk] *f* Vollkasko
asthme [asm] *m* Asthma
atelier [atəlje] *m* Werkstatt
athlétisme [atletism] *m* Leichtathletik
Atlantique [atlɑ̃tik] *m* Atlantik
attaque [atak] *f* Schlaganfall
atteindre [atɛ̃dʀ] erreichen
attelle [atɛl] *f* Schiene
attendre [atɑ̃dʀ] warten, erwarten; **s'attendre à** [satɑ̃dʀ a] *(rechnen mit)* erwarten
attention [atɑ̃sjɔ̃] Achtung
attention! [atɑ̃sjɔ̃] Vorsicht!, Achtung!
atterrissage [ateʀisaʒ] *m* Landung
attestation [atɛstasjɔ̃] *f* Attest, Bescheinigung
attester [atɛste] bescheinigen
attraper [atʀape] fangen
au cas où [o ka u] falls
au chômage [o ʃomaʒ] arbeitslos
au maximum [o maksimɔm] höchstens
au niveau du sol [o nivo dy sɔl] ebenerdig
aubergine [obɛʀʒin] *f* Aubergine
aucun, e [okɛ̃, yn] kein(er), keine
au-dessous (de) [odsu (də)] unterhalb
au-dessus (de) [odsy (də)] über
augmenter [ɔgmɑ̃te] zunehmen; *(Preise)* erhöhen
aujourd'hui [ɔʒuʀdɥi] heute
aussi [osi] auch; **aussi … que** [osi … kə] genauso … wie
autel [otɛl] *m* Altar
authentique [otɑ̃tik] echt
automatique [otomatik] automatisch
automne [otɔn] *m* Herbst
autoradio [ɔtoʀadjo] *m* Autoradio
autoriser [ɔtɔʀize] genehmigen; zulassen
autoroute [otɔʀut] *f* Autobahn
autour de [otuʀ də] um (herum)
autre [otʀə] der/die/das andere; **d'autre part** [dotʀə paʀ] andererseits
autrefois [otʀəfwa] früher *(einst)*
autrement [otʀəmɑ̃] *adv* anders; sonst
Autriche [otʀiʃ] *f* Österreich

Autrichien, ne [otʀiʃjɛ̃, ɛn] Österreicher/in
avance [avɑ̃s] *f* Vorsprung; **par avance** [paʀ‿avɑ̃s] im Voraus
avant [avɑ̃] *(zeitlich)* vor, vorher; **avant que** [avɑ̃ kə] bevor; **en avant** [ɑ̃n‿avɑ̃] vorwärts
avantage [avɑ̃taʒ] *m* Vorteil, Vorzug
avant-dernier, -ière [avɑ̃dɛʀnje, jɛʀ] vorletzte(r, -s)
avant-hier [avɑ̃t‿jɛʀ] vorgestern
avant-saison [avɑ̃sɛzɔ̃] *f* Vorsaison
avec [avɛk] mit
avenir [avniʀ] *m* Zukunft
averse [avɛʀs] *f* Regenschauer
avertisseur d'incendie [avɛʀtisœʀ dɛ̃sɑ̃di] *m* Feuermelder
aveugle [avœglə] *m/f* Blinde/r; blind
avocat [avɔka] *m* Avocado
avocat/e [avɔka/t] *m/f* Rechtsanwalt/anwältin
avoir [avwaʀ] haben
avoir besoin de [avwaʀ bəzwɛ̃ də] brauchen
avoir le mal de mer [avwaʀ lə mal də mɛʀ] seekrank sein
avoir soif [avwaʀ swaf] durstig sein
avril [avʀil] April
Ayurveda [ajyʀveda] *(m)* Ayurveda

B

babeurre [babœʀ] *m* Buttermilch
baby-sitter [bebisitɛʀ] *f* Baby-sitter
bac [bak] *m* Fähre *(Fluss)*
bac à sable [bak a sablə] *m* Sandkasten
badminton [badmintɔn] *m* Badminton, Federball *(Spiel)*
baffle [bafl] *m* Lautsprecher *(Stereoanlage)*
bagages [bagaʒ] *m pl* Gepäck
bague [bag] *f* Ring
baie [bɛ] *f* Bucht *(groß)*
baignoire [bɛɲwaʀ] *f* Badewanne
bain aux huiles essentielles [bɛ̃ oz‿ɥilz‿ɛsɑ̃sjɛl] *m* Aromabad
bain curatif [bɛ̃ kyʀatif] *m* Heilbad
bain de foin [bɛ̃d‿fwɛ̃] *m* Heu-Bad
bain thermal [bɛ̃ tɛʀmal] *m* Thermalbad
baiser [bɛze] *m* Kuss
bal [bal] *m* Ball *(Fest)*
balade [balad] *f (Spaziergang)* Bummel
baladeur [baladœʀ] *m* tragbarer CD-Spieler**balcon** [balkɔ̃] *m* Balkon
balai [balɛ] *(m)* Besen
balayette [balɛjɛt] *(f)* Kehrschaufel
balle [bal] *f* Ball
ballet [balɛ] *m* Ballett
ballon [balɔ̃] *m* Ball
banane [banan] *f* Banane
banc [bɑ̃] *m* Sitzbank
bande élastique [bɑ̃d elastik] *f* Elastikbinde
banlieue [bɑ̃ljø] *f* Vorort
banque [bɑ̃k] *f* Bank
banquette-lit [bɑ̃kɛtli] *f* Schlafcouch
barbe [baʀb] *f* Bart
baroque [baʀɔk] *m* Barock
barque (à rames) [baʀk (a ʀam) *f* Ruderboot
barre de chocolat [baʀ də ʃɔkɔla] *f* Schokoriegel
bas [ba] *m pl* Strümpfe
basilic [bazilik] *m* Basilikum
basket-ball [baskɛtbol] *m* Basketball
baskets [baskɛt] *m pl (höhere)* Turnschuhe
bassin pour enfants [basɛ̃ puʀ ɑ̃fɑ̃] *m* Kinderbecken
bas, basse [ba, bas] niedrig; tief; **en bas** [ɑ̃ ba] unten; **vers le bas** [vɛʀ lə ba] abwärts
bas-ventre [bavɑ̃tʀ] *m* Unterleib
bateau à voiles [bato a vwal] *m* Segelboot
bâtiment [batimɑ̃] *m* Gebäude; Bauwerk
bâton [batɔ̃] Stock
bâtons [batɔ̃] *m pl* Skistöcke
batterie [batʀi] *(f)* Akku
battre [batʀ] schlagen
beau, bel, belle [bo, bɛl, bɛl] schön
beaucoup de [boku də] viel
beau-frère [bofʀɛʀ] *m* Schwager
bébé [bebe] *m* Baby
beige [bɛʒ] beige
Belge [bɛlʒ] *m/f* Belgier/in
Belgique [bɛlʒik] *f* Belgien
belle-soeur [bɛlsœʀ] *f* Schwägerin
bénéfice [benefis] Gewinn
béquille [bekij] *f* Krücke
besoin [bəzwɛ̃] *m* Bedürfnis; **avoir besoin de** [avwaʀ bəzwɛ̃ də] brauchen, benötigen
bête [bɛt] dumm

beurre [bœʀ] *m* Butter
biberon [bibʀɔ̃] *m* Saugflasche
bicyclette [bisiklɛt] *f* Fahrrad
bidon d'eau [bidɔ̃ do] *m* Wasserkanister
bidon d'essence [bidɔ̃ dɛsɑ̃s] *m* Benzinkanister
bien [bjɛ̃] *m* Wohl; **bien** [bjɛ̃] *adv* gut; **bien que** [bjɛ̃ kə] obwohl
bien cuit [bjɛ̃ kɥi] durchgebraten
bien que [bjɛ̃ kə] obwohl
bientôt [bjɛ̃to] bald
bienvenu, e [bjɛ̃vəny] willkommen!
bière [bjɛʀ] *f* Bier
bière sans alcool [bjɛʀ sɑ̃z‿alkɔl] *f* alkoholfreies Bier
bigoudis [bigudi] *m pl* Lockenwickler
bijouterie [biʒutʀi] *f* Juwelier
bijoux [biʒu] *m pl* Schmuck
bijoux fantaisie [biʒu fɑ̃tɛzi] *m pl* Modeschmuck
bikini [bikini] *m* Bikini
billet [bijɛ] *m* Geldschein, Fahrschein, Fahrkarte; **billet aller-retour** [bijɛ alɛʀtuʀ] *m* Rückfahrkarte; **billet d'entrée** [bijɛ dɑ̃tʀe] *m* Eintrittskarte; **billet enfants** [bijɛ ɑ̃fɑ̃] *m* Kinderfahrkarte; **billet pour une journée** [bijɛ puʀ yn ʒuʀne] *m* Tageskarte
biscuit [biskɥi] *m* Keks
bistrot [bistʀo] *m* Kneipe
blaireau [blɛʀo] *m* Rasierpinsel
blanc [blɑ̃] weiß
blanchisserie [blɑ̃ʃisʀi] *f* Wäscherei
blazer [blazɛʀ] *m* Blazer
blesser [blese] verletzen
blessé, e [blɛse] *m/f* der/die Verletzte
blessure [blesyʀ] *f* Verletzung
bleu [blø] blau
bloc [blok] *m* Block
blond [blɔ̃] blond
blues [bluz] *m* Blues
body [bɔdi] *m* Body
bœuf [bœf] *m* Rindfleisch
boire [bwaʀ] trinken
bois [bwa] *m* Holz
boisson [bwasɔ̃] *f* Getränk
boîte [bwat] *f* Dose, Schachtel; Tanzlokal
boîte à musique [bwata mysik] *f* Spieldose
boîte automatique [bwat ɔtɔmatik] *f* Automatik(getriebe)
boîte aux lettres [bwat‿o lɛtʀ] *f* Briefkasten
boîte de nuit [bwat də nɥi] *f* Nachtklub
boîte de vitesses [bwat də vitɛs] *f* Getriebe
bon [bɔ̃] *m* Gutschein
bon, bonne [bɔ̃, bɔn] *adj* gut; geeignet, richtig; **bon marché** [bɔ̃ maʀʃe] billig; **être bon** [ɛtʀə bɔ̃] schmecken
bonbon [bɔ̃bɔ̃] *m* Bonbon
bonnet de bain [bɔnɛd bɛ̃] *m* Bademütze
bord [bɔʀ] *m* Rand; *(Meer)* Ufer; **sur les bords de la Seine** [syʀ le bɔʀ də la sɛn] an der Seine
borréliose [bɔʀeljoz] *(f)* Borreliose
bosse [bɔs] *(f)* Delle
botte [bɔt] *f* Stiefel; **bottes en caoutchouc** [bɔt ɑ̃ kautʃu] *f pl* Gummistiefel
bouche [buʃ] *f* Mund
boucherie [buʃʀi] *f* Metzgerei
boucle magnétique [buklə maɲetik] *f* Induktionsschleife
boucles [bukl] *f pl* Locken; **boucles d'oreilles** [buklə dɔʀɛj] *f pl* Ohrringe
boue [bu] *f* Schlamm; Schmutz
bouée [bue] *f* Schwimmring; **bouée de sauvetage** [bued sovtaʒ] *f* Rettungsring
bougie [buʒi] *f* Kerze; **bougie** [buʒi] *f* Zündkerze
bouilli [buji] gekocht
bouilloire électrique [buijwaʀ elɛktʀik] *(f)* Wasserkocher
boulangerie [bulɑ̃ʒʀi] *f* Bäckerei
boules Quies [bul kjɛs] *(f pl)* Ohropax
bouquet [bukɛ] *m* (Blumen-)Strauß
boussole [busol] *f* Kompass
bouteille [butɛj] *f* Flasche
bouteille d'oxygène [butɛj dɔksiʒɛn] *f* Sauerstoffgerät
bouteille de gaz [butɛj də gaz] *f* Gasflasche
bouteille thermos [butɛj tɛʀmos] *f* Thermosflasche®
boutique [butik] *f* Boutique
boutique de téléphones (portables) [butik də telefɔn [pɔʀtabl] *(f)* Handygeschäft
boutique hors-taxes [butik ɔʀtaks] *f* zollfreier Laden
bouton [butɔ̃] *(m)* Knopf
bowling [buliɲ] *m* Bowling
bracelet [bʀaslɛ] *m* Armband
bracelets [bʀaslɛ] *m pl* Schwimmflügel

braille [bʀaj] *m* Blindenschrift
brancher [bʀɑ̃ʃe] *(Gerät)* einschalten
bretelle [bʀətɛl] *f* Auf-/Abfahrt
brocanteur [bʀɔkɑ̃tœʀ] *m* Trödler
broche [bʀɔʃ] *f* Brosche
broderie [bʀɔdʀi] *f* Stickerei
bronches [bʀɔ̃ʃ] *f pl* Bronchien
bronchite [bʀɔ̃ʃit] *f* Bronchitis
bronze [bʀɔ̃z] *m* Bronze
bronzé, e [bʀɔ̃ze] *(gebräunt)* braun
brosse [bʀɔs] *f* Bürste
brosse à chaussures [bʀɔs a ʃosyʀ] *f* Schuhbürste
brosse à dents [bʀɔs a dɑ̃] *f* Zahnbürste
brosse pour la vaisselle [bʀɔs puʀ la vɛsɛl] *f* Spülbürste
brouillard [bʀujaʀ] *m* Nebel
bruit [bʀɥi] *m* Lärm; Geräusch
brûler [bʀyle] brennen, verbrennen
brûlure [bʀylyʀ] *f* Verbrennung
bruyant, e [bʀɥijɑ̃, ɑ̃t] laut
buffet (de petit déjeuner) [byfɛ (də pti deʒœne)] *m* Frühstücksbüfett
buffet de salades [byfɛd salad] *m* Salatbüfett
buisson [bɥisɔ̃] *m* Busch
bulletin météo(rologique) [byltɛ̃ meteɔ(ʀɔlɔʒik)] *m* Wetterbericht
bungalow [bɛ̃galo] *m* Bungalow
bureau [byʀo] *m* Büro; **bureau des objets trouvés** [byʀo dez‿ɔbʒɛ tʀuve] *m* Fundbüro
bureau de change [lə byʀod ʃɑ̃ʒ] *m* Wechselstube
bureau de poste [byʀod pɔst] *m* Postamt
bureau de tabac [byʀod taba] *m* Tabakladen
bureau des objets trouvés [byʀo dez‿ɔbʒɛ tʀuve] *m* Fundbüro
bus [bys] *m* Bus; **bus pour l'aéroport** [bys puʀ laeʀɔpɔʀ] *m* Flughafenbus
but [by(t)] *m* Ziel; Zweck; *(Fußball-Treffer)* Tor
by-pass [baipas] *m* Bypass
byzantin [bizɑ̃tɛ] byzantinisch

C

c'est pourquoi [sɛ puʀkwa] deshalb
cabane [kaban] *f* Hütte
cabaret [kabaʀɛ] *m* Kabarett
cabine [kabin] *f* Kabine
cabine équipée pour handicapés [kabin ekipe puʀ ɑ̃dikape] *f* Rollstuhlkabine (Schiff)
cabine téléphonique [kabin telefɔnik] *f* Telefonzelle
câble de démarrage [kablə də demaʀaʒ] *m* Starthilfekabel
câble de remorquage [kablə də ʀəmɔʀkaʒ] *m* Abschleppseil
câble réseau [kɑbl ʀezo] *(m)* Ladekabel (Laptop)
cachet [kaʃɛ] *m* Tablette
cachets contre la douleur [kaʃɛ kɔ̃tʀə la dulœʀ] *m pl* Schmerztabletten
cachets contre les maux de tête [kaʃɛ kɔ̃tʀə le mod tɛt] *m pl* Kopfschmerztabletten
cadeau [kado] *m* Geschenk
café [kafe] *m* Kaffee
café [kafe] *m* Café
café-théâtre [kafeteatʀ] *m* Kleinkunstbühne**caillouteux, -euse** [kajutø, øz] steinig
caisse [kɛs] *f* Kasse; Kiste
caisse d'assurance-maladie [kɛs dasyʀɑ̃smaladi] *f* Krankenkasse
calcul rénal [kalkyl ʀenal] *m* Nierenstein
calculatrice [kalkylatʀis] *f* Taschenrechner
calculer [kalkyle] rechnen, berechnen
caleçon [kalsɔ̃] *m* Leggins
calme [kalm] ruhig, still; *m* Ruhe *(Stille)*; Flaute
se calmer [sə kalme] s. beruhigen
caméra sous-marine [kamera sumaʀin] *f* Unterwasserkamera
caméra vidéo [kameʀa video] *f* Videokamera
caméscope [kameskɔp] *m* Camcorder
camion [kamjɔ̃] *m* Lastwagen
camper [kɑ̃pe] zelten
camping [kɑ̃piŋ] *m* Camping; **terrain de camping** [tɛʀɛ̃ də kɑ̃piŋ] *m* Campingplatz
camping-car [kɑ̃piŋkaʀ] *m* Wohnmobil
canal [kanal] *m* Kanal *(naut.)*
cancer [kɑ̃sɛʀ] *m* Krebs
canicule [kanikyl] *f* Hitzewelle
canne à pêche [kana pɛʃ] *f* Angel
canne d'aveugle [kan davœglə] *f* Taststock
canoë [kanɔe] *m* Kanu, Paddelboot
canot (à rames) [kano (a ʀam)] *m* Ruderboot

canot automobile [kano ɔtomɔbil] *m* Motorboot
canot de sauvetage [kanod sovtaʒ] *m* Rettungsboot
canot pneumatique [kano pnømatik] *m* Schlauchboot
capitaine [kapitɛn] *m* Kapitän
capitale [kapital] *f* Hauptstadt
capot [kapo] *m* Motorhaube
car [kaʀ] denn
car [kaʀ] *m* Überlandbus
caractéristique (de) [kaʀakteʀistik (də)] typisch (für)
carafe [kaʀaf] *f* Karaffe
caravane [kaʀavan] *f* Wohnwagen
carnaval [kaʀnaval] *m* Karneval
carnet de tickets [kaʀnɛd tikɛ] *m* Mehrfahrtenkarte
carnet de vaccinations [kaʀnɛd vaksinasjɔ̃] *m* Impfpass
carotte [kaʀɔt] *f* Karotte
carrefour [kaʀfuʀ] *m* Kreuzung
carte [kaʀt] *f* Speisekarte
carte bancaire [kaʀt bɑ̃kɛʀ] *f* Geldkarte
carte géographique [kaʀt ʒeɔgʀafi] *f* Landkarte
carte à puce [kaʀta pys] *f* Chipkarte
carte d'embarquement [kaʀtə dɑ̃baʀkəmɑ̃] *f* Bordkarte
carte d'identité [kaʀt didɑ̃tite] *f* Personalausweis
carte d'invalidité [kaʀt dɛ̃validite] *f* Behindertenausweis
carte de crédit [kaʀt də kʀedi] *f* Kreditkarte
carte de randonnées [kaʀt də ʀɑ̃dɔne] *f* Wanderkarte
carte de téléphone [kaʀt də telefɔn] *f* Telefonkarte
carte grise [kaʀtə gʀiz] *f* Kfz-Schein
carte hebdomadaire [kaʀt ɛbdɔmadɛʀ] *f* Wochenkarte
carte mémoire [kaʀt memwaʀ] *(f)* Speicherkarte
carte postale [kaʀt pɔstal] *f* Postkarte
carte routière [kaʀt ʀutjɛʀ] *f* Straßenkarte
carte verte [kaʀtə vɛʀt] *f* grüne Versicherungskarte
cartouche de gaz [kaʀtuʃ də gaz] *f* Gaskartusche
cas [ka] *m* Vorfall, Fall
cascade [kaskad] *f* Wasserfall
casino [kazino] *m* Spielkasino
casque de moto [kaskə də mɔto] *m* Sturzhelm
casque de protection [kask də pʀɔteksjɔ̃] *m* Fahrradhelm
casquette [kaskɛt] *f* Mütze
cassé [kase] gebrochen
casse-croûte [kaskʀut] *m* Imbiss
casser [kase] brechen, zerbrechen; **se casser** [sə kase] kaputtgehen; reißen
cassé, e [kase] kaputt
cassette [kasɛt] *f* Kassette
cathédrale [katedʀal] *f* Kathedrale, Dom
cause [koz] *f* Ursache; **à cause de** [a koz də] wegen
causer [koze] verursachen
caution [kosjɔ̃] *f* Kaution
caverne [kavɛʀn] *f* Höhle
CD/DVD [sede/devede] *(m)* CD/DVD
ce [sə] diese(r, -s)
ce week-end [sə wikɛnd] am Wochenende
ceinture [sɛ̃tyʀ] *f* Gürtel
ceinture de moto [sɛ̃tyʀ də mɔtɔ] *f* Nierengurt
ceinture de sécurité [sɛ̃tyʀ də sekyʀite] *f* Sicherheitsgurt
célèbre [selɛbʀ] berühmt
céleri [sɛlʀi] *m* Sellerie
célibataire [selibatɛʀ] ledig; *m* Junggeselle
celui-là [səlɥila], **celle-là** [sɛlla], **ceux-là** [søla], **celles-là** [sɛlla] jene(r, -s)
cendrier [sɑ̃dʀije] *m* Aschenbecher
centimètre [sɑ̃timɛtʀ] *m* Zentimeter
central, e [sɑ̃tʀal] zentral
centre [sɑ̃tʀ] *m* Zentrum
centre de gymnastique [sɑ̃tʀə də ʒimnastik] *m* Fitnesscenter
centre de soins [sɑ̃tʀə də swɛ̃] *m* ambulante Pflegestation
centre social de soins [sɑ̃tʀə sɔsjal də swɛ̃] *m* Sozialstation
centre-ville [sɑ̃tʀə vil] *m* Stadtzentrum
céramique [seʀamik] *f* Keramik
cerises [sʀiz] *f pl* Kirschen
certain, e [sɛʀtɛ̃, ɛn] *adj* bestimmt, gewiss
certificat [sɛʀtifika] *m* Attest, Bescheinigung
cerveau [sɛʀvo] *m* Gehirn
ces [se] *prn pl* diese
cet [sɛt] diese(r, -s)

ce, cet, cette, ces [sə, sɛt, sɛt, se] *art* diese(r, -s)
cette [sɛt], **ces** [se] diese(r, -s)
chacun, e [ʃakɛ̃, yn] *prn* jeder, jede
chagrin [ʃagʀɛ̃] *m* Kummer
chaîne [ʃɛn] *f* Kanal *(Fernsehen)*
chaise [ʃɛz] *f* Stuhl
châlet [ʃalɛ] *m* (Alpen-)Hütte
châlet [ʃalɛ] *m* Clubhaus
chaleur [ʃalœʀ] *f* Hitze
chambre [ʃɑ̃bʀ] *f* Zimmer
chambre à air [ʃɑ̃bʀ a ɛʀ] *f* Schlauch
chambre à coucher [ʃɑ̃bʀ a kuʃe] *f* Schlafzimmer
champ [ʃɑ̃] *m* Feld
champagne [ʃɑ̃paɲ] *m* Champagner
chance [ʃɑ̃s] *f* Glück
change [ʃɑ̃ʒ] *m* (Geld-)Wechsel
changer [ʃɑ̃ʒe] verändern; umsteigen; *(Geld)* wechseln; **se changer** [sə ʃɑ̃ʒe] s. umziehen
chanson [ʃɑ̃sɔ̃] *f* Lied
chansonnier [ʃɑ̃sɔnje] *m m* Kabarettist
chanter [ʃɑ̃te] singen
chanteur/chanteuse (cantatrice) [ʃɑ̃tœʀ/ʃɑ̃tøz (kɑ̃tatʀis)] Sänger/in
chantier [ʃɑ̃tje] *m* Baustelle
chapeau [ʃapo] *m* Hut
chapeau de soleil [ʃapod sɔlɛj] *m* Sonnenhut
chapelle [ʃapɛl] *f* Kapelle
chaque [ʃak] *adj* jede(r, -s)
charbon de bois [ʃaʀbɔ̃d bwa] *m* Grillkohle
charcuterie [ʃaʀkytʀi] *f* Wurst
charges [ʃaʀʒ] *f pl* Nebenkosten
chargeur [ʃaʀʒœʀ] *(m)* Ladekabel (Handy)
chariot [ʃaʀjo] *m* Gepäckwagen
chasse d'eau [ʃas do] *f* Wasserspülung
chat [ʃa] *m* Katze
château [ʃato] *m* Schloss
château de sable [ʃato də sablə] *m* Sandburg
chaud, e [ʃo, ʃod] warm; heiß
chauffage [ʃofaʒ] *m* Heizung
chauffage central [ʃofaʒ sɑ̃tʀal] *m* Zentralheizung
chauffe-biberon [ʃofbibʀɔ̃] *m* Fläschchenwärmer
chauffer [ʃofe] heizen, wärmen
chauffeur/chauffeuse [ʃofœʀ/ʃoføz] *m* Fahrer/in; Chauffeur
chauffeur/chauffeuse de taxi [ʃofœʀ/ʃoføz də taksi] *m* Taxifahrer/in
chaussettes [ʃosɛt] *f pl* Strümpfe, Socken
chaussure [ʃosyʀ] *f* Schuh
chaussures de plage [ʃosyʀ də plaʒ] *f pl* Strandschuhe
chaussures de randonnée/montagne *(f pl)* [ʃosyʀ də ʀɑ̃dɔne/mɔ̃taɲ] Wander-/Trekkingschuh
chaussures de ski [ʃosyʀ də ski] *f pl* Skistiefel
chaussures en plastique (pour la baignade) [ʃosyʀ ɑ̃ plastik (puʀ la bɛɲad)] *f pl* Badeschuhe
chef d'orchestre [ʃɛf dɔʀkɛstʀ] *m/f* Dirigent/in
chemin [ʃmɛ̃] *m* Weg
chemin de fer à crémaillère [ʃmɛ̃d fɛʀ a kʀemajɛʀ] *m* Zahnradbahn
chemin de randonnée [ʃəmɛ̃ də ʀɑ̃dɔne] *m* Wanderweg
chemise [ʃmiz] *f* Hemd
chemisier [ʃmizje] *m* Bluse
chèque de voyage [ʃɛk də vwajaʒ] *m* Reisescheck
chercher [ʃɛʀʃe] suchen; **aller chercher** [ale ʃɛʀʃe] holen, abholen
chéri, e *m/f* [ʃeʀi] *m* Liebling
cher, chère [ʃɛʀ] lieb; teuer
cheval [ʃval] *m* Pferd
cheveux [ʃvø] *pl* Haar
cheville [ʃvij] *f* Knöchel
chien [ʃjɛ̃] *m* Hund
chien d'aveugle [ʃjɛ̃ davœglə] *m* Blindenhund
chirurgien [ʃiʀyʀʒjɛ̃] *m* Chirurg/in
choc [ʃɔk] *m* Zusammenstoß
chocolat [ʃɔkɔla] *m* Schokolade
chœur [kœʀ] *m* Chor
choisir [ʃwaziʀ] wählen, auswählen
choix [ʃwa] *m* Wahl, Auswahl
choléra [kɔleʀa] *m* Cholera
chômage [ʃomaʒ] *m* Arbeitslosigkeit
chose [ʃoz] *f* Ding, Sache
chou [ʃu] *m* Kohl
chou-fleur [ʃuflœʀ] *m* Blumenkohl
christianisme [kʀistjanism] *m* Christentum
cicatrice [sikatʀis] *f* Narbe
ciel [sjɛl] *m* Himmel
cigare [sigaʀ] *m* Zigarre
cigarette [sigaʀɛt] *f* Zigarette
cigarillo [sigaʀijo] *m* Zigarillo
cimetière [simtjɛʀ] *m* Friedhof

cinéma [sinema] *m* Kino
cinéma en plein air [sinema ɑ̃ plɛn‿ɛʀ] *m* Freilichtkino
cintre [sɛ̃tʀ] *m* Kleiderbügel
cirage [siʀaʒ] *m* Schuhcreme
circuit [siʀkɥi] *m* Rundfahrt
circulation [siʀkylasjɔ̃] *f* Verkehr
cirque [siʀk] *m* Zirkus
ciseaux [sizo] *m pl* Schere
ciseaux à ongles [sizo a ɔ̃gl] *m pl* Nagelschere
citoyen européen [sitwajɛ̃ øʀopeɛ̃] *m* EU-Bürger
citron [sitʀɔ̃] *m* Zitrone
clair, e [klɛʀ] hell; klar, deutlich
claquage (musculaire) [klakaʒ (myskylɛʀ)] *m* Zerrung
classe [klas] *f* Klasse
classicisme [klasisism] *m* Klassizismus
classique [klasik] *m* Klassiker
clavicule [klavikyl] *f* Schlüsselbein
clé [kle] *f* Schlüssel
clé de contact [kled kɔ̃takt] *f* Zündschlüssel
clé USB [kle yɛsbe] *(f)* Memorystick
client, e [klijɑ̃, ɑ̃t] *m/f* Kunde, Kundin; Käufer
clignotant [kliŋɔtɑ̃] *m* Blinker
climat [klima] *m* Klima
clocher [klɔʃe] *m* Kirchturm
cloître [klwatʀ] *m* Kreuzgang
clou de girofle [klud ʒiʀɔfl] *m* Nelke
club de golf [clœb də gɔlf] *m* Golfclub
clubhouse [klœbaus] *f* Clubhaus
code [kɔd] *m* Türcode
code postal [kɔd pɔstal] *m* Postleitzahl
codes [kɔd] *m pl* Abblendlicht
cœur [kœʀ] *m* Herz
coffre [kɔfʀ] *m* Kofferraum
coffre-fort [kɔfʀəfɔʀ] *m* Safe
coiffer [kwafe] frisieren
coiffeur/coiffeuse [kwafœʀ/ kwaføz] *m/f* Friseur/Friseuse
coiffure [kwafyʀ] *f* Frisur
coin [kwɛ̃] *m* Ecke
coin-cuisine [kwɛ̃kɥizin] *m* Kochnische
coin-fenêtre [kwɛ̃ fənɛtʀ] *m* Fensterplatz
col [kɔl] *m* Pass
colère [kɔlɛʀ] *f* Wut; **en colère** [ɑ̃ kɔlɛʀ] verärgert, böse, zornig
colique [kɔlik] *f* Kolik
colis [kɔli] *m* Paket
collants [kɔlɑ̃] *m pl* Strumpfhose
collectionner [kɔlɛksjɔne] sammeln
collègue [kɔlɛg] *m* Kollege
collier [kɔlje] *m* Kette
colline [kɔlin] *f* Hügel
collision [kɔlizjɔ̃] *f* Zusammenstoß
collyre [kɔliʀ] *m* Augentropfen
colonne [kɔlɔn] *f* Säule
colonne vertébrale [kɔlɔn vɛʀtebʀal] *f* Wirbelsäule
combinaison de plongée [kɔ̃binɛzɔ̃ də plɔ̃ʒe] *f* Neoprenanzug
combiné [kɔ̃bine] *m* Hörer
comédie [kɔmedi] *f* Komödie
comédie musicale [kɔmedi myzikal] *f* Musical
comédien/comédienne [kɔmedjɛ̃/ kɔmedjɛn] Schauspieler/in
comestible [kɔmɛstibl] essbar
commande [kɔmɑ̃d] *f* Bestellung
commandes manuelles [kɔmɑ̃d manyɛl] *f pl* Handgas (Auto)
comme [kɔm] *(Grund)* da; *(Vergleich)* wie; **comme ça** [kɔm sa] so
commencement [kɔmɑ̃smɑ̃] *m* Anfang
commencer [kɔmɑ̃se] anfangen
comment [kɔmɑ̃] *(Frage)* wie
commission [kɔmisjɔ̃] *f* Bearbeitungsgebühr
commotion cérébrale [kɔmɔsjɔ̃ seʀebʀal] *f* Gehirnerschütterung
communication [kɔmynikasjɔ̃] *f (tele)* Verbindung
communication avec préavis [kɔmynikasjɔ̃ avɛk pʀeavi] *f* Voranmeldung
communication en ville [kɔmynikasjɔ̃ ɑ̃ vil] *f* Ortsgespräch
communication interurbaine [kɔmynikasjɔ̃ ɛ̃tɛʀyʀbɛn] *f* Ferngespräch
commun, e [kɔmɛ̃, yn] *adj* gemeinsam; gewöhnlich
compagnie aérienne [kɔ̃paɲi aeʀjɛn] *f* Fluggesellschaft
comparer [kɔ̃paʀe] vergleichen
compartiment [kɔ̃paʀtimɑ̃] *m* Abteil
compartiment fumeurs [kɔ̃paʀtimɑ̃ fymœʀ] *m* Raucherabteil
compartiment non-fumeurs [kɔ̃paʀtimɑ̃ nɔ̃ fymœʀ] *m* Nichtraucherabteil
compatriote [kɔ̃patʀijɔt] *m* Landsmann

compensation [kɔ̃pɑ̃sasjɔ̃] *f* *(Schaden-)* Ersatz
compétent, e [kɔ̃petɑ̃, ɑ̃t] fähig; zuständig
compétition [kɔ̃petisjɔ̃] *f* Wettkampf
complet, -ète [kɔ̃plɛ, ɛt] vollständig; ganz; voll(besetzt); **complètement** [kɔ̃plɛtmɑ̃] *adv* ganz
compliments, faire des ~ [fɛʀ de kɔ̃plimɑ̃] loben
composer (un numéro) [kɔ̃poze (ɛ̃ nymeʀo)] *(tele)* wählen; **se composer de** [sə kɔ̃poze də] bestehen aus
compositeur/compositrice [kɔ̃pozitœʀ/kɔ̃pɔsitʀis] Komponist/in
composter [kɔ̃pɔste] entwerten
composteur [kɔ̃pɔstœʀ] *m* Fahrscheinentwerter
comprendre [kɔ̃pʀɑ̃dʀ] verstehen; **se faire comprendre** [sə fɛʀ kɔ̃pʀɑ̃dʀ] s. verständigen
comprimé [kɔ̃pʀime] *m* Tablette
compris, e [kɔ̃pʀi, iz] inbegriffen; verstanden
comptant, payer ~ [pɛje kɔ̃tɑ̃] bar zahlen
compte [kɔ̃t] *m* Konto
compter [kɔ̃te] zählen
compteur [kɔ̃tœʀ] *m* Tachometer
concert [kɔ̃sɛʀ] *m* Konzert
concert symphonique [kɔ̃sɛʀ sɛ̃fɔnik] *m* Sinfoniekonzert
concierge [kɔ̃sjɛʀʒ] *m/f* Portier
concombre [kɔ̃kɔ̃bʀ] *m* Gurke
condition [kɔ̃disjɔ̃] *f* Bedingung
conduire [kɔ̃dɥiʀ] führen; *(lenken)* fahren; Auto fahren
confiance [kɔ̃fjɑ̃s] *f* Vertrauen
confirmer [kɔ̃fiʀme] bestätigen
confiserie [kɔ̃fizʀi] *f* Süßwarengeschäft
confisquer [kɔ̃fiske] beschlagnahmen
confiture [kɔ̃fityʀ] *f* Marmelade
confondre [kɔ̃fɔ̃dʀ] verwechseln
confortable [kɔ̃fɔʀtabl] bequem
confrère [kɔ̃fʀɛʀ] *m* Kollege
congé [kɔ̃ʒe] *m* Urlaub; **prendre congé** [pʀɑ̃dʀə kɔ̃ʒe] s. verabschieden
connaissance [kɔnɛsɑ̃s] *f* Kenntnis; Bekanntschaft; der, die Bekannte; **faire la connaissance (de)** [fɛʀ la kɔnɛsɑ̃s (də)] kennen lernen
connaître [kɔnɛtʀ] kennen; **faire connaître** [fɛʀ kɔnɛtʀ] bekannt machen
connu, e [kɔny] bekannt
conseil [kɔ̃sɛj] *m* Rat; Tipp
conseiller [kɔ̃seje] raten
consentir (à) [kɔ̃sɑ̃tiʀ (a)] einwilligen, zustimmen
conservation [kɔ̃sɛʀvasjɔ̃] *(f)* Haltbarkeit
conserver [kɔ̃sɛʀve] aufbewahren
conserves [kɔ̃sɛʀv] *f* Konserven
consigne [kɔ̃siɲ] *f (Flaschen)* Pfand
consigne automatique [kɔ̃siɲ_ɔtɔmatik] *f* Schließfach
consommation [kɔ̃sɔmasjɔ̃] *f* Getränk
consommation d'eau [kɔ̃sɔmasjɔ̃ do] *f* Wasserverbrauch
constipation [kɔ̃stipasjɔ̃] *f* Verstopfung
consulat [kɔ̃syla] *m* Konsulat
consultation [kɔ̃syltasjɔ̃] *f* Sprechstunde
contact [kɔ̃takt] *m* Kontakt; Berührung
contagieux [kɔ̃taʒjø] ansteckend
contenir [kɔ̃tәniʀ] enthalten
content, e [kɔ̃tɑ̃, ɑ̃t] froh, zufrieden; **être content de** [ɛtәʀ kɔ̃tɑ̃ də] s. freuen über
contenu [kɔ̃tny] *m* Inhalt
continent [kɔ̃tinɑ̃] *m* Festland
contraceptif [kɔ̃tʀasɛptif] *m* Verhütungsmittel
contraire [kɔ̃tʀɛʀ] *m* Gegenteil
contrat [kɔ̃tʀa] *m* Vertrag
contre [kɔ̃tʀ] gegen; **être contre** [ɛtʀə kɔ̃tʀ] dagegen sein
contre-indications [kɔ̃tʀɛ̃dikasjɔ̃] Gegenanzeigen
contrôle de sécurité [kɔ̃tʀol də sekyʀite] *m* Sicherheitskontrolle
contrôle des passeports [kɔ̃tʀol de paspɔʀ] *m* Passkontrolle
contrôler [kɔ̃tʀole] kontrollieren
contrôleur/contrôleuse [kɔ̃tʀolœʀ/kɔ̃tʀoløz] *m/f* Schaffner/in
contrôle-radar [kɔ̃tʀol ʀadaʀ] *m* Radarkontrolle
contusion [kɔ̃tyzjɔ̃] *f* Prellung
convaincre [kɔ̃vɛ̃kʀ] überzeugen
convenir [kɔ̃vәniʀ] passen; **convenir de** [kɔ̃vәniʀ də] vereinbaren
conversation [kɔ̃vɛʀsasjɔ̃] *f* Unterhaltung
convoyage [kɔ̃vwajaʒ] *m* Rückholservice
copain/copine [kɔpɛ̃/kɔpin] Freund/in

copain/copine (de jeux) [kɔpɛ̃/kɔpin də ʒø] Spielkamerad
copie [kɔpi] *f* Kopie
coqueluche [kɔklyʃ] *f* Keuchhusten
coquetier [kɔktje] *(m)* Eierbecher
coquillage [kɔkijaʒ] *m* Muschel
corde [kɔʀd] *f* Seil
corde à linge [kɔʀda lɛ̃ʒ] *f* Wäscheleine
cordial, e [koʀdjal] herzlich
cordonnier [kɔʀdɔnje] *m* Schuhmacher
coriace [kɔrjas] zäh
cornflakes *(m pl)* [kɔʀnflɛks] Cornflakes
cornichon [kɔʀniʃɔ̃] *m* Gürkchen
corps [kɔʀ] *m* Körper
correspondance [kɔʀɛspɔ̃dɑ̃s] *f* Anschluss
cortège [kɔʀtɛʒ] *m* Umzug
costume [kɔstym] *m* Anzug; **costume régional/folklorique** [kɔstym ʀeʒjɔnal/fɔlklɔʀik] *m* (Volks-)Tracht
côté [kɔte] *m* Seite; **à côté de** [a kote də] neben
côte [kot] *f* Küste
côtelette [kotlɛt] *f* Kotelett
coton [kɔtɔ̃] *m* Baumwolle
coton hydrophile [kɔtɔ̃ idʀɔfil] *m* Watte
coton-tige [kɔtɔ̃tiʒ] *m* Wattestäbchen
cou [ku] *m* Hals
coucher [kuʃe] übernachten; **aller se coucher** [ales kuʃe] zu Bett gehen
couches [kuʃ] *f pl* Windeln
couchette [kuʃɛt] *f* Liegewagenplatz
couler [kule] fließen
couloir [kulwaʀ] *m* Gang
coup [ku] *m* Schlag, Stoß
coup de soleil [ku dsɔlɛj] *m* Sonnenbrand
coup de téléphone [ku də telefɔn] *m* Anruf
coupe de cheveux [kup də ʃvø] *f* Haarschnitt
coupe en dégradé [kup ɑ̃ degʀade] *f* Stufenschnitt
couper [kupe] schneiden
couper les pointes [kupe le pwɛ̃t] Spitzen schneiden
couple [kupl] *m* Paar, Ehepaar
coupole [kupɔl] *f* Kuppel
coupure [kupyʀ] *f* Schnittwunde
cour [kuʀ] *f* Hof
cour intérieur [kuʀ‿ɛ̃teʀjœʀ] *f* Innenhof
courant [kuʀɑ̃] *m (el)* Strom
courgette [kurʒɛt] *(f)* Zucchini
courir [kuʀiʀ] laufen, rennen
couronne [kuʀɔn] *f* Krone
courroie de transmission [kurwa də tʀɑ̃smisjɔ̃] *f* Keilriemen
cours [kuʀ] *m* Kurs; Unterrichtsstunde; **en cours de route** [ɑ̃ kuʀ də ʀut] unterwegs
cours de change [kuʀ də ʃɑ̃ʒ] *m* Wechselkurs
cours de langue [kuʀ də lɑ̃g] *m* Sprachkurs
cours de natation [kuʀ də natasjɔ̃] *m* Schwimmkurs
cours de ski [kuʀ də ski] *m pl* Skikurs
courses, faire ses ~ [fɛʀ se kuʀs] einkaufen
court-circuit [kuʀsiʀkɥi] *m* Kurzschluss
court-métrage [kuʀmetʀaʒ] *m* Kurzfilm
court, e [kuʀ, kuʀt] kurz
cousin/e [kuzɛ̃/kuzin] *m/f* Cousin/e
couteau [kuto] *m* Messer
couteau de poche [kutod pɔʃ] *m* Taschenmesser
coûter [kute] kosten
couvent [kuvɑ̃] *m* Kloster
couvert [kuvɛʀ] *m* Gedeck
couverts [kuvɛʀ] *m pl* Besteck
couverture [kuvɛʀtyʀ] *f* Bettdecke
couverture de laine [kuvɛʀtyʀ də lɛn] *f* Wolldecke
crabe [kʀab] *m* Krebs
craindre [kʀɛ̃dʀ] fürchten; befürchten
crampe [kʀɑ̃p] *f* Krampf
cravate [kʀavat] *f* Krawatte
crayon de couleur [kʀɛjɔ̃d kulœʀ] *m* Farbstift
créatif, -ive [kʀeatif, iv] kreativ
crème [kʀɛm] *f* Creme; Sahne
crème aigre [kʀɛm ɛgʀ] *f* saure Sahne
crème chantilly [kʀɛm ʃɑ̃tiji] *f* Schlagsahne
crème pour les mains [kʀɛm puʀ le mɛ̃] *f* Handcreme
crème solaire [kʀɛm sɔlɛʀ] *f* Sonnencreme
crevettes [kʀəvɛt] *f pl* Krabben
crevettes roses [kʀəvɛt ʀoz] *f* Garnelen
cric [kʀik] *m* Wagenheber

crier [kʀije] schreien
crime [kʀim] *m* Verbrechen
crique [kʀik] *f* Bucht
crise cardiaque [kʀiz kaʀdjak] *f* Herzanfall
cristal [kʀistal] *m* Kristall
critiquer [kʀitike] kritisieren
crochet [kʀɔʃɛ] *m* Haken
croire [kʀwaʀ] glauben
croisière [kʀwazjɛʀ] *f* Kreuzfahrt
croisière à la voile [kʀwasjɛʀ a la vwal] *f* Segeltörn
croix [kʀwa] *f* Kreuz
crosse de golf [kʀɔs də gɔlf] *f* Golfschläger
cru [kʀy] roh
cuillère en bois [kɥijɛʀ‿ɑ̃ bwa] *(f)* Rührlöffel
cueillir [kœjiʀ] pflücken
cuillère [kɥijɛʀ] *f* Löffel
cuillère à café [kɥijɛʀ a kafe] *f* Teelöffel
cuisine [kɥizin] *f* Küche; **faire la cuisine** [fɛʀ la kɥizin] kochen
cuisine diététique [kɥizin djetetik] *f* Schonkost
cuisinier/cuisinière [kɥizinje/kɥizinjɛʀ] Koch/Köchin
cuisinière [kɥizinjɛʀ] *f* Herd
cuisinière à gaz [kɥizinjɛʀ‿a gaz] *f* Gasherd
cuisinière électrique [kɥizinjɛʀ elɛktʀik] *f* Elektroherd
culture [kyltyʀ] *f* Kultur
cumin [kymɛ̃] *m* Kümmel
cure-dents [kyʀdɑ̃] *m* Zahnstocher
curieux, -euse [kyʀjø, øz] neugierig; seltsam, eigen
curiosités [kyʀjosite] *f pl* Sehenswürdigkeiten
curling [kœʀliŋ] *m* Curling
cyclisme [siklism] *m* Radsport
cyste [sist] *(m)* Zyste

D

d'abord [dabɔʀ] zuerst, zunächst
d'autre part [dotʀə paʀ] andererseits
dames [dam] Damen
danger [dɑ̃ʒe] *m* Gefahr
dangereux, -euse [dɑ̃ʒʀø, øz] gefährlich
dans [dɑ̃] in
dans la matinée [dɑ̃ la matine] am Vormittag
dans une semaine [dɑ̃zyn səmɛn] in einer Woche
danse [dɑ̃s] *f* Tanz
danser [dɑ̃se] tanzen
danseur/danseuse [dɑ̃sœʀ/dɑ̃søz] Tänzer/in
date [dat] *f* Datum
date de naissance [dat də nɛsɑ̃s] *f* Geburtsdatum
datte [dat] *f* Dattel
de [də] *(Herkunft)* aus, von
de couleur [də kulœʀ] farbig
de longue conservation [də lɔng kɔnseʀvatiɔ] haltbar
de passage [də pasaʒ] auf der Durchreise
déambulateur [deɑ̃bylatœʀ] *m* Handbike
debout, être ~ [ɛtʀ dəbu] stehen
décembre [desɑ̃bʀ] Dezember
déchirer [deʃiʀe] zerreißen; **se déchirer** [sə deʃiʀe] *(kaputtgehen)* reißen
décider [deside] entscheiden; **décider (de)** [deside (də)] beschließen; **se décider** [sə deside] s. entschließen
déclaration de valeur [deklaʀasjɔ̃d valœʀ] *f* Wertangabe
déclaration en douane [deklaʀasjɔ̃ ɑ̃ duan] *f* Zollerklärung
déclarer [deklaʀe] erklären
déclencheur [deklɑ̃ʃœʀ] *m* Auslöser
déclencheur automatique [deklɑ̃ʃœʀ ɔtɔmatik] *m* Selbstauslöser
décollage [dekɔlaʒ] *m* Abflug
décommander [dekɔmɑ̃de] *(Zimmer)* abbestellen
découvrir [dekuvʀiʀ] entdecken
décrire [dekʀiʀ] beschreiben
décrocher [dekʀɔʃe] abnehmen
déçu, e [desy] enttäuscht
dedans [dədɑ̃] drin, drinnen
défaut [defo] *m* Fehler, Mangel
définitif, -ive [definitif, iv] *adj* endgültig; **définitivement** [definitivmɑ̃] *adv* endgültig
dehors [dəɔʀ] draußen
déjà [deʒa] schon, bereits
déjeuner [deʒœne] *m* frühstücken; Mittagessen; **petit déjeuner** [pti deʒœne] *m* Frühstück
délicieux [delisjø] lecker
deltaplane [dɛltaplan] *m* Drachenfliegen

demande [dəmɑ̃d] *f* Bitte
demander [dəmɑ̃de] verlangen; **demander qc à qn** jdn um etw bitten
démanger [demɑ̃ʒe] jucken
démarreur [demaʀœʀ] *m* Anlasser
demi-pension [dmipɑ̃sjɔ̃] *f* Halbpension
demi, e [dəmi] *adj* halb; **à demi** [a dmi] *adv* halb; **une demi-heure** [yn dəmijœʀ] eine halbe Stunde; **faire demi-tour** [fɛʀ dəmi tuʀ] umkehren
dent [dɑ̃] *f* Zahn
dent de sagesse [dɑ̃ də saʒɛs] *f* Weisheitszahn
dentifrice [dɑ̃tifʀis] *m* Zahncreme, Zahnpasta
déodorant [deɔdɔʀɑ̃] *m* Deo(dorant)
dépanneuse [depanøz] *f* Abschleppwagen
départ [depaʀ] *m* Abfahrt, Abflug
dépasser [depase] überschreiten; überholen
se dépêcher [sə depeʃe] s. beeilen
dépenser [depɑ̃se] ausgeben
déposer [depoze] abstellen, hinstellen; hinterlegen
depuis [dəpɥi] seit
déranger [deʀɑ̃ʒe] stören
dernier, -ière [dɛʀnje, jɛʀ] letzte(r, -s); **en dernier lieu** [ɑ̃ dɛʀnje ljø] zuletzt
derrière [dɛʀjɛʀ] hinter
dès que possible [dɛ kə pɔsibl] so bald wie möglich
désagréable [dezagʀeabl] unangenehm
descendre [desɑ̃dʀ] aussteigen
désespéré, e [dezɛspeʀe] verzweifelt
désignation [deziɲasjɔ̃] *f* Bezeichnung
désinfecter [dezɛ̃fɛkte] desinfizieren
désirer [deziʀe] wünschen; wollen
dessert [desɛʀ] *m* Nachtisch
dessin [dɛsɛ̃] *m* Zeichnung
dessin animé [dɛsɛ̃ anime] *m* Zeichentrickfilm
dessin sur modèle [desɛ̃ syʀ modɛl] *m* Aktzeichnen
dessiner [desine] zeichnen
destinataire [dɛstinatɛʀ] *m* Empfänger
destination [dɛstinasjɔ̃] *f* (Reise-) Ziel
détention préventive [detɑ̃sjɔ̃ pʀevɑ̃tiv] *f* Untersuchungshaft
détour [detuʀ] *m* Umweg
détruire [detʀɥiʀ] zerstören
dette [dɛt] *f (Geld)* Schuld
deux [dø] zwei
deuxième [døzjɛm] zweite(r, -s); **deuxièmement** [døzjɛmmɑ̃] zweitens
devant [dəvɑ̃] *(räumlich)* vor; vorn
développer [devəlɔpe] entwickeln
devenir [dəvniʀ] werden
déviation [devjasjɔ̃] Umleitung
devises [dəviz] *f pl* Devisen
devoir [dəvwaʀ] müssen, sollen; schulden; *m* Pflicht
dextrose [dɛkstʀoz] *f* Traubenzucker
diabète [djabɛt] *m* Diabetes
diabétique [djabetik] *m* Diabetiker
diagnostic [djagnɔstik] *m* Diagnose
diapo [djapo] *(f)* Dia
diarrhée [djaʀe] *f* Durchfall
Dieu [djø] Gott
différence [difeʀɑ̃s] *f* Unterschied
différer [difeʀe] verschieben; verzögern
difficile [difisil] schwierig
digestion [diʒɛstjɔ̃] *f* Verdauung
digue [dig] *f* Deich
dimanche [dimɑ̃ʃ] Sonntag, am Sonntag
dîner [dine] *m* Abendessen
diphtérie [difteʀi] *f* Diphtherie
dire [diʀ] sagen
directeur/directrice Direktor/in, [diʀɛktœʀ/diʀɛktʀis] *m/f* Leiter/in
direction [diʀɛksjɔ̃] *f* Richtung; Direktion
direction du vent [diʀɛksjɔ̃ dy vɑ̃] *f* Windrichtung
directive [diʀektiv] *f* Vorschrift
direct, e [diʀɛkt] direkt, unmittelbar
discothèque [diskɔtɛk] *f* Diskothek
disparaître [dispaʀɛtʀ] verschwinden
dispute [dispyt] *f* Streit
dissolvant [disɔlvɑ̃] *m* Nagellackentferner
distance [distɑ̃s] *f* Entfernung
distingué, e [distɛ̃ge] vornehm; fein
distraction [distʀaksjɔ̃] *f (Vergnügen)* Unterhaltung
se distraire [sə distʀɛʀ] s. unterhalten
distributeur automatique [distʀibytœʀ ɔtɔmatik] *m* Automat
distributeur de billets [distʀibytœʀ də bijɛt] *m* Geldautomat; Fahrkartenautomat
distributeur de timbres [distʀibytœʀ də tɛ̃bʀ] *m* Briefmarkenautomat
diviser [divize] teilen

documentaire [dɔkymɑ̃tɛr] *m* Dokumentarfilm
doigt [dwa] *m* Finger
domaine [dɔmɛn] *m* Gebiet; Landgut
dôme [dom] *m* Kuppel
domicile [dɔmisil] *m* Wohnort
dommage [dɔmaʒ] *m* Schaden; Quel dommage! [kɛl dɔmaʒ] Wie schade!
donc [dɔ̃k] also
donner [dɔne] geben; se donner du mal [sə dɔne dy mal] s. Mühe geben
doré [dɔʀe] goldfarben
dormir [dɔʀmiʀ] schlafen
dos [do] *m* Rücken
douane [dwan] *f* Zoll
double [dubl] doppelt
doucement [dusmɑ̃] leise; langsam
douche [duʃ] *f* Dusche
douche assise [duʃ asiz] *f* Duschsitz
douleurs au dos [dulœʀ o do] *f pl* Rückenschmerzen
doux/moelleux [du/mwɛlø] lieblich *(Wein)*
doux, douce [du, dus] süß
draînage lymphatique [drɛnaʒ lɛ̃fatik] *(m)* Lymphdrainage
drame [dʀam] *m* Drama
drap [dʀa] *m* Tuch
draps [dʀa] *m pl* Bettwäsche
droguerie [dʀɔgʀi] *f* Drogerie
droit [dʀwa] *m* Recht; droits [dʀwa] *m pl* Gebühren
droit, e [dʀwa, dʀwat] rechte(r, -s); gerade; à droite [a dʀwat] rechts
droits de douane [dʀwad duan] *pl* Zollgebühren
durée [dyʀe] *f* Dauer
durer [dyʀe] dauern; halten
dur, e [dyʀ] hart, fest
dynamo [dinamo] *f* Lichtmaschine
dynastie [dinasti] *f* Dynastie

E

eau [o] *f* Wasser
eau chaude [o ʃod] warmes Wasser
eau de refroidissement [od ʀəfʀwadismɑ̃] *f* Kühlwasser
eau froide [o fʀwad] kaltes Wasser
eau minérale [o mineʀal] *f* Mineralwasser
eau potable [o pɔtabl] *f* Trinkwasser
échange [eʃɑ̃ʒ] *f* Austausch, Wechsel
échanger [eʃɑ̃ʒe] (aus)tauschen
écharpe [eʃaʀp] *f* Schal
éclair [eklɛʀ] *m* Blitz
école [ekɔl] *f* Schule
école d'équitation [ekɔl dekitasjɔ̃] *f* Reitschule
écoliers/écolières [ekɔlje/ekɔljɛʀ] *m/f. pl.* Schulkinder
écouter (qn) [ekute (kɛlkɛ̃)] (jdm) zuhören
écouter de la musique [ekute də la myzik] Musik hören
écouteurs [ekutœʀ] *m pl* Kopfhörer
écrire [ekʀiʀ] schreiben; par écrit [paʀ ekʀi] schriftlich
écriture [ekʀityr] *f* Schrift
édifice [edifis] *m* Bauwerk
éducation [edykasjɔ̃] *f* Erziehung
s'efforcer de [sefɔʀse də] s. bemühen
effrayer [efʀeje] erschrecken
s'égarer [segaʀe] s. verirren
église [egliz] *f* Kirche *(kath.)*
éhonté, e [eɔ̃te] unverschämt
élastique [elastik] *m* Haargummi
électricité [elɛktʀisite] *f* Elektrizität
électrique [elɛktʀik] *adj* elektrisch
élévateur [elevatœʀ] Hublift
elle [ɛl] *f sing* sie; elles [ɛl] *f pl* sie
éloigné, e [elwaɲe] weit, entfernt
emballage [ɑ̃balaʒ] *m* Verpackung
emballer [ɑ̃bale] einpacken, verpacken
emblème [ɑ̃blɛm] *m* Wahrzeichen
embolie cérébrale [ɑ̃bɔli seʀebʀal] *f* Gehirnschlag
embouchure [ɑ̃buʃyʀ] *f (Fluss)* Mündung
embouteillage [ɑ̃butɛjaʒ] *m* Stau
embrasser [ɑ̃bʀase] küssen; umarmen
embrayage [ɑ̃bʀɛjaʒ] *m* Kupplung
émission [emisjɔ̃] *f (Radio, Fernsehen)* Sendung
emmener [ɑ̃mne] mitnehmen
empêcher [ɑ̃peʃe] hindern, verhindern
empereur [ɑ̃pʀœʀ] *m* Kaiser
emploi [ɑ̃plwa] *m* Verwendung; *(Anstellung)* Arbeit, Stelle
employer [ɑ̃plwaje] anwenden, verwenden
empoisonnement [ɑ̃pwazɔnmɑ̃] *m* Vergiftung
emporter [ɑ̃pɔʀte] mitnehmen; wegbringen
emprunter (a qn) [ɑ̃pʀɛ̃te] *(von jdm)* leihen

en [ɑ̃] in; *(Material)* aus; **en français** [ɑ̃ fʀɑ̃sɛ] auf Französisch
en arrière [ɑ̃n aʀjɛʀ] rückwärts
en avant [ɑ̃n‿avɑ̃] vorwärts
en bas [ɑ̃ ba] unten
en daube [ɑ̃ dob] geschmort
en dégradé [ɑ̃ degʀade] Stufen
en dernier lieu [ɑ̃ dɛʀnje ljø] zuletzt
en espèces [ɑ̃n‿ɛspɛs] bar
en face de [ɑ̃ fas də] gegenüber
en moyenne [ɑ̃ mwajɛn] durchschnittlich *adv*
en outre [ɑ̃n‿utʀ] außerdem
encore [ɑ̃kɔʀ] noch; **(ne ...) pas encore** [(nə ...) paz‿ɑ̃kɔʀ] noch nicht
endive [ɑ̃div] *f* Chicoree
endommager [ɑ̃dɔmaʒe] beschädigen
endroit [ɑ̃dʀwa] *m* Ort, Stelle
enfant [ɑ̃fɑ̃] *m/f* Kind
enfin [ɑ̃fɛ̃] endlich
enflé [ɑ̃fle] geschwollen
enflure [ɑ̃flyʀ] *f* Schwellung
engagement [ɑ̃gaʒmɑ̃] *m* Verpflichtung; **sans engagement** [sɑ̃z‿ɑ̃gaʒmɑ̃] unverbindlich
ennuyeux, -euse [ɑ̃nɥijø, øz] langweilig
enregistrement des bagages [ɑ̃ʀʒistʀəmɑ̃ de bagaʒ] *m* Gepäckabfertigung
enroué [ɑ̃ʀue] heiser
enseigner [ɑ̃seɲe] lehren, unterrichten
ensemble [ɑ̃sɑ̃bl] *adv* gemeinsam, zusammen
ensoleillé [ɑ̃sɔlɛje] sonnig
ensuite [ɑ̃sɥit] dann
entendre [ɑ̃tɑ̃dʀ] hören
enthousiasmé, e (par) [ɑ̃tuzjasme (paʀ)] begeistert (von)
entier, -ière [ɑ̃tje, ɛʀ] vollständig, ganz
entracte [ɑ̃tʀakt] *m* Pause
s'entraîner [sɑ̃tʀɛne] üben
entre [ɑ̃tʀ] zwischen; unter
entrée [ɑ̃tʀe] *f* Eingang, Einfahrt, Eintritt
entreprise [ɑ̃tʀəpʀiz] *f* Unternehmen; Firma
entrer [ɑ̃tʀe] eintreten, hineingehen; hereinkommen; einreisen; **Entrez.** [ɑ̃tʀe] Herein!
entrez. [ɑ̃tʀe] herein!
enveloppe [ɑ̃vlɔp] *f* Briefumschlag
envie [ɑ̃vi] *f* Verlangen, Lust
environ [ɑ̃viʀɔ̃] ungefähr
environnement [ɑ̃viʀɔnmɑ̃] *m* Umwelt
environs [ɑ̃viʀɔ] *pl* Umgebung
envoyer [ɑ̃vwaje] schicken, senden
épaule [epol] *f* Schulter
épeler [eple] buchstabieren
épice [epis] *f* Gewürz
épicé [epise] scharf
épicerie [episʀi] *f* Lebensmittelgeschäft
épicerie fine [episʀi fin] *f* Feinkostgeschäft *(internationale Spezialitäten)*
épilepsie *f* [epilɛpsi] Epilepsie
épiler les sourcils [epile le suʀsi] Augenbrauen zupfen
épinards [epinaʀ] *m pl* Spinat
épingle de sûreté [epɛ̃gl də syʀte] *f* Sicherheitsnadel
épingles à cheveux [epɛ̃gl a ʃvø] *f pl* Haarklammern
époque [epɔk] *f* Epoche; **à l'époque** [a lepɔk] damals
épuisé, e [epɥize] erschöpft
équipage [ekipaʒ] *m (Schiff)* Mannschaft
équipe [ekip] *f (Sport)* Mannschaft
équipement de plongée [ekipmɑ̃d plɔ̃ʒe] *m* Taucherausrüstung
éraflure [eʀaflyʀ] Kratzer
erreur [ɛʀœʀ] *f* Irrtum
escale [ɛskal] *f* Zwischenlandung
escalier [ɛskalje] *m* Treppe
escroc [ɛskʀo] *m* Schwindler
escroquerie [ɛskʀɔkʀi] *f (Gaunerei)* Betrug
espace [ɛspas] *f* Raum
espadon [ɛspadɔ̃] *m* Schwertfisch
Espagne [ɛspaɲ] *f* Spanien
Espagnol, e [ɛspaɲɔl] Spanier/in; **espagnol, e** [ɛspaɲɔl] spanisch
espèces [ɛspɛs] *f pl* Bargeld
espérer [ɛspeʀe] hoffen
espérons que [ɛsperɔ̃ kə] hoffentlich
essai [esɛ] *m* Versuch, Probe
essayer [eseje] versuchen; anprobieren
essence [ɛsɑ̃s] *f* Benzin; **prendre de l'essence** [pʀɑ̃dʀ də lɛsɑ̃s] tanken
essuie-glace [esɥi glas] *m* Scheibenwischer
Est [ɛst] *m* Osten; **à l'est de** [a lɛst də] östlich von
estimer [ɛstime] schätzen
estomac [ɛstɔma] *m* Magen
et [ɛ] und
étage [etaʒ] *m* Stockwerk

étanche [etɑ̃ʃ] wasserdicht
Etat [eta] *m* Staat; **état** *m* Zustand, Verfassung
état de la mer [etad la mɛʀ] *m* Seegang
été [ete] *m* Sommer
éteindre [etɛ̃dʀ] *(Licht, Radio)* ausmachen, löschen
s'étendre [setɑ̃dʀ] s. hinlegen
étendue [etɑ̃dy] *f* Ausdehnung, Größe
éternuer [etɛʀnye] niesen
étoffe [etɔf] *f* Stoff
étoile [etwal] *f* Stern
s'étonner (de) [setɔne (də)] s. wundern (über)
étranger [etʀɑ̃ʒe] *m* Ausland; Ausländer, der Fremde; **étranger, -ère** [etʀɑ̃ʒe, ɛʀ] ausländisch; fremd
étranger/étrangère [etʀɑ̃ʒe/ etʀɑ̃ʒɛʀ] Ausländer/in, Fremd/e/r
être [ɛtʀ] *verb* sein; **être contre** [ɛtʀə kɔ̃tʀ] dagegen sein; **être pour** [ɛtʀə puʀ] dafür sein; **être humain** [ɛtʀə ymɛ̃] *m* Mensch
être amis [ɛtʀ‿ami] befreundet sein (mit)
être assis, e [ɛtʀ asi, asiz] sitzen
être bon [ɛtʀə bɔ̃] schmecken
être content, e de [ɛtʀə kɔ̃tɑ̃, ɑ̃t də] s. freuen über
être debout [ɛtʀ dəbu] stehen
être originaire (de) [ɛtʀ ɔʀiʒinɛʀ (də)] stammen (aus)
être pressé, e [ɛtʀə pʀɛse] es eilig haben
étroit, e [etʀwa, at] eng, schmal
études [etyd] *f pl* Studium
euro [øʀo] *m* Euro
Europe [øʀɔp] *f* Europa; **Européen, ne** [øʀopeɛ̃, ɛn] *m/f* Europäer/in; **européen, ne** [øʀɔpeɛ̃, ɛn] europäisch
évanoui [evanui] bewusstlos
évanouissement [evanwismɑ̃] *m* Ohnmacht
événement [evɛnmɑ̃] *m* Ereignis
éviter [evite] vermeiden
exact, e [egza, akt] genau; **être exact** [ɛ̃tʀ‿ɛgza] richtig sein, stimmen
exagéré, e [ɛgzaʒeʀe] übertrieben
examen [ɛgzamɛ̃] *m* Untersuchung
examiner [ɛgzamine] prüfen, untersuchen
excellent, e [ɛksɛlɑ̃, ɑ̃t] ausgezeichnet
excursion [ɛkskyʀsjɔ̃] *f* Ausflug
excursion à terre [ɛkskyʀsjɔ̃ a tɛʀ] *f* Landausflug
excursion pour une journée [ɛkskyʀsjø puʀ yn ʒuʀne] *f* Tagesausflug
excuse [ɛkskyz] *f* Entschuldigung; **(s') excuser** [(s)ɛkskyze] (s.) entschuldigen
exemple [ɛgzɑ̃pl] *m* Beispiel; **par exemple** [paʀ‿ɛgzɑ̃pl] zum Beispiel
exempt de droits de douane [ɛgzɑ̃ də dʀwad duan] zollfrei
exercer [ɛgzɛʀse] *(Beruf)* ausüben; **s'exercer** [sɛgzɛʀse] üben
exercice [ɛgzɛʀsis] *m* Übung
expéditeur [ɛkspeditœʀ] *m* Absender
exposition [ɛkspozisjɔ̃] *f* Ausstellung
expressément [ɛkspʀesemɑ̃] ausdrücklich
expression [ɛkspʀɛsjɔ̃] *f* Ausdruck
expressionnisme [ɛkspʀɛsjɔnism] *m* Expressionismus
extérieur [ɛksteʀjœʀ] *m* Aussehen, Äußere; **à l'extérieur (de)** [a lɛksteʀjœʀ (də)] außerhalb
externe [ɛkstɛʀn] äußerlich
extincteur [ɛkstɛ̃ktœʀ] *m* Feuerlöscher
extraordinaire [ɛkstʀaɔʀdinɛʀ] außergewöhnlich

F

façade [fasad] *f* Fassade
face, en ~ de [ɑ̃ fas də] gegenüber
fâcheux, -euse [faʃø, øz] unerfreulich
facile [fasil] leicht
façon [fasɔ̃] *f* Art
facture [faktyʀ] *f* Rechnung
faible [fɛbl] schwach
faim [fɛ̃] *f* Hunger; **avoir faim** [avwaʀ fɛ̃] hungrig sein
faire [fɛʀ] tun; machen; *(veranlassen)* lassen; **faire mal** [fɛʀ mal] schmerzen; **faire la queue** [fɛʀ la kø] Schlange stehen; **fait main** [fɛ mɛ̃] handgemacht
faire de l'auto-stop [fɛʀ də lotɔstɔp] trampen
faire de la musique musizieren [fɛʀ de la myzik]
faire de la nage sous-marine [fɛʀ də la naʒ sumaʀin] schnorcheln
faire de la plongée [fɛʀ də la plɔ̃ʒe] tauchen
faire de la randonnée [fɛʀ də la ʀɑ̃dɔne] wandern
faire des études [fɛʀ dez‿etyd] studieren

faire du canoë/du kayak [fɛʀ dy kanɔe/dy kajak] paddeln
faire du cheval [fɛʀ dy ʃval] reiten
faire du jogging [fɛʀ dy dʒɔgiŋ] joggen
faire du ski [fɛʀ dy ski] Ski laufen
faire du surf [fɛʀ dy sœʀf] surfen
faire du vélo [fɛʀ dy velo] Rad fahren
faire escale à [fɛʀ ɛskal a] anlegen in
faire le ménage [fɛʀ lə menaʒ] putzen
faire les formalités d'embarquement [fɛʀ le fɔʀmalite dɑ̃baʀkəmɑ̃] *f* einchecken
faire ses courses [fɛʀ se kuʀs] einkaufen
faire suivre [fɛʀ sɥivʀ] nachsenden
faire un brushing [fɛʀ ɛ̃ bʀœʃiŋ] föhnen
faire un pansement [fɛʀ ɛ̃ pɑ̃smɑ̃] verbinden
faire un rinçage [fɛʀ ɛ̃ ʀɛ̃saʒ] tönen
faire une coloration [fɛʀ yn kɔlɔʀasjɔ̃] färben
faire une déclaration [fɛʀ‿yn deklaʀasjɔ̃] anzeigen
faire une erreur de calcul [fɛʀ‿yn‿ɛʀœʀ də kalkyl] s. verrechnen
faire une radio(graphie) [fɛʀ yn ʀadjo(gʀafi)] röntgen
fair-play [fɛʀplɛ] fair
fait [fɛ] *m* Tatsache; **en fait** [ɑ̃ fɛt] *adv* eigentlich
fait maison [fɛ mɛzɔ̃] hausgemacht
falaise [falɛz] *f* Felswand
famille [famij] *f* Familie
fanfare [fɑ̃faʀ] *f* Blaskapelle
fango [fɑ̃go] Fango
farci [faʀsi] gefüllt
farine [faʀin] *f* Mehl
fatigant, e [fatigɑ̃, ɑ̃t] anstrengend
fatigué, e [fatige] müde
fausse-couche [foskuʃ] *f* Fehlgeburt
faute [fot] *f* Fehler; Schuld
fauteuil [fotœj] *m* Sessel
fauteuil roulant [fotœj ʀulɑ̃] *m* Rollstuhl
fauteuil roulant électrique [fotœj ʀulɑ̃ elɛktʀik] *m* Elektrorollstuhl
fauteuil roulant pliant [fotœj ʀulɑ̃ pliɑ̃] *m* Faltrollstuhl
fauteuil transfert [fotœj tʀɑ̃sfɛʀ] *m* Bordrollstuhl
faux, fausse [fo, fos] falsch; unecht
fax [faks] *m* Fax
félicitations [felisitasjɔ̃] *f pl* Glückwunsch
féliciter [felisite] gratulieren
féminin, e [feminɛ̃, in] weiblich
femme [fam] *f* Frau; Ehefrau
femme de chambre [fam də ʃɑ̃bʀ] *f* Zimmermädchen
fenêtre [fnɛtʀə] *f* Fenster
fenouil [fənuj] *m* Fenchel
fer à repasser [fɛʀ‿a ʀpase] *(m)* Bügeleisen
ferme [fɛʀm] *f* Bauernhof
fermer [fɛʀme] schließen; zumachen; **fermer à clé** [fɛʀme a kle] abschließen
fermé, e [fɛʀme] geschlossen, zu
féroce [feʀɔs] wild
ferry [fɛʀi] *m* Fähre *(Meer)*
festival [fɛstival] *m* Festival
fête [fɛt] *f* Fest, Party; Namenstag
fête foraine [fɛt fɔʀɛn] *f* Jahrmarkt
Fête-Dieu [fɛt djø] *f* Fronleichnam
feu (de circulation) [fø (də siʀkylasjɔ̃)] *m* Ampel
feu [fø] *m* Feuer
feu d'artifice [fø daʀtifis] *m* Feuerwerk
feuille [fœj] *f* Blatt
feuille de maladie/de soins [fœj də maladi/də swɛ̃] *f* Krankenschein
feux arrière [fø aʀjɛʀ] *m pl* Rücklicht
feux de détresse [fød detʀɛs] *m pl* Warnblinkanlage
feux de position [fød pozisjɔ̃] *m pl* Standlicht
feux de route [fød ʀut] *m* Fernlicht
février [fevʀije] Februar
fiable [fjabl] zuverlässig
fiancé, e [fjɑ̃se] *m/f* der, die Verlobte
ficelle [fisɛl] *f* Bindfaden
fiche [fiʃ] *f* Stecker
fidèle [fidɛl] treu
fièvre [fjɛvʀ] *f* Fieber
figues [fig] *f pl* Feigen
fil [fil] *(m)* Faden
fil de fer [fil də fɛʀ] *m* Draht
filet [filɛ] *m* Netz
fille [fij] *f* Tochter; **jeune fille** [ʒœn fij] *f* Mädchen; **nom de jeune fille** [nɔ̃d jœn fij] *m* Geburtsname
film [film] *m* Film
film alimentaire [film alimɑ̃tɛʀ] *m* Frischhaltefolie
film d'action [film daksjɔ̃] *m* Actionfilm

film en noir et blanc [film ɑ̃ nwaʀ e blɑ̃] *m* Schwarzweißfilm
film policier [film pɔlisje] *m* Thriller
film vidéo [film video] *m* Videofilm
fils [fis] *m* Sohn
filtres à café [filtʀ‿a kafe] *(m pl)* Kaffeefilter
fin [fɛ̃] *f* Ende, Schluss
finalement [finalmɑ̃] schließlich
fin, e [fɛ̃, fin] dünn, fein
fixateur [fiksatœʀ] *m* Haarfestiger
fixation [fiksasjɔ̃] *f* Skibindung
flash [flaʃ] *m* Blitzgerät
fleur [flœʀ] *f* Blume
fleurir [flœʀiʀ] blühen
fleuriste [flœʀist] Blumengeschäft
fleuve [flœv] *m* Fluss, Strom
flocons d'avoine [flɔkɔ̃ davwan] *m pl* Haferflocken
foie [fwa] *m* Leber
foire à la brocante [fwaʀa la bʀɔkɑ̃t] *f* Flohmarkt
fois [fwa] *f* Mal
folklore [fɔlklɔʀ] *m* Folklore
foncé [fɔ̃se] dunkel ...
fonctionner [fɔ̃ksjɔne] funktionieren
fontaine [fɔ̃tɛn] *f* Brunnen
football [futbol] *m* Fußball
force [fɔʀs] *f* Stärke, Kraft
force du vent [fɔʀs dy vɑ̃] *f* Windstärke
forcer [fɔʀse] zwingen
forêt [fɔʀɛ] *f* Wald
forfait [fɔʀfɛ] *m* Pauschale
forfait électricité [fɔʀfɛ elɛktʀisite] *m* Strompauschale
forfait-journée [fɔʀfɛʒuʀne] *m* Tagespass
forfait-semaine [fɔʀfɛsmɛn] *m* Wochenpass
forfait-weekend [fɔʀfɛ wikɛnd] *m* Wochenendpauschale
format en hauteur [fɔrma ɑ̃ otœr] *m* Hochformat
format horizontal [fɔrma ɔrizɔ̃tal] *m* Querformat
formation [fɔʀmasjɔ̃] *f* Ausbildung
forme [fɔʀm] *f* Form; Zustand, Verfassung; **en forme** [ɑ̃ fɔʀm] fit
former [fɔʀme] bilden
formulaire [fɔʀmylɛʀ] *m* Formular
forteresse [fɔʀtəʀɛs] *f* Festung
fort, e [fɔʀ, fɔʀt] stark; scharf
fou, folle [fu, fɔl] verrückt
fouet [fuɛ] *(m)* Schneebesen
fouilles [fuj] *f pl* Ausgrabungen
foulard [fulaʀ] *m* Kopftuch
foulé [fule] verstaucht
four [fuʀ] *(m)* Backofen
fourchette [fuʀʃɛt] *f* Gabel
fournir en [fuʀniʀ ɑ̃] versorgen mit
fracturer [fʀaktyʀe] aufbrechen
frais [fʀɛ] *m pl* Kosten; Unkosten
frais bancaires [fʀɛ bɑ̃kɛʀ] *pl* Bearbeitungsgebühr
fraises [fʀɛz] *f pl* Erdbeeren
frais, fraîche [fʀɛ, fʀɛʃ] kühl; frisch
franc suisse [fʀɑ̃ sɥis] *m* Schweizer Franken
Français, e [fʀɑ̃sɛ, ɛz] *m/f* Franzose, Französin; **français, e** [fʀɑ̃sɛ, ɛz] französisch
France [fʀɑ̃s] *f* Frankreich
frange [fʀɑ̃ʒ] *f* Pony
fraude [fʀod] *f* Schmuggel
frein [fʀɛ̃] *m* Bremse
frein à main [fʀɛ̃ a mɛ̃] *m* Handbremse
fréquemment [fʀekamɑ̃] *adv* häufig
frère [fʀɛʀ] *m* Bruder
friandises [fʀijɑ̃diz] *f pl* Süßigkeiten
frigo [fʀigo] *m* Kühlschrank
frissons [fʀisɔ̃] *m pl* Schüttelfrost
frit [fʀi] gebacken
froid, e [fʀwa, fʀwad] kalt; **avoir froid** [avwaʀ fʀwa] frieren
fromage [fʀɔmaʒ] *m* Käse
fromage à pâte molle [fʀɔmaʒ a pat mɔl] *m* Weichkäse
fromage blanc [fʀɔmaʒ blɑ̃] *m* Quark
fromage de brebis [fʀɔmaʒ də bʀəbi] *m* Schafskäse
fromage de chèvre [fʀɔmaʒ də ʃɛvʀ] *m* Ziegenkäse
frontière [fʀɔ̃tjɛʀ] *f* Grenze
fronton [fʀɔ̃tɔ̃] *m* Giebel
fruits [fʀɥi] *m pl* Obst
fumé [fyme] geräuchert
fumer [fyme] rauchen
fumeur [fymœʀ] *m* Raucher
furieux, -euse [fyʀjø, øz] wütend
fusibles [fyzibl] *m pl (el)* Sicherung
futur, e [fytyʀ] zukünftig

G

gage [gaʒ] *m* Pfand
gagner [gaɲe] gewinnen
gai, e [gɛ] lustig, froh, heiter

gain [gɛ̃] *m* Gewinn; Verdienst
galerie (de peinture) [galəʀi (də pɛ̃tyʀ)] *f* Galerie
gant de toilette [gɑ̃d twalɛt] *m* Waschlappen
gants [gɑ̃] *m Pl* Handschuhe
garage [gaʀaʒ] *m* Werkstatt, Garage
garantie [gaʀɑ̃ti] *f* Garantie
garçon [gaʀsɔ̃] *m* Junge
garçon/serveuse [gaʀsɔ̃/sɛʀvøz] Kellner/in
garder [gaʀde] aufbewahren, behalten; bewachen
garderie [gaʀdəʀi] *f* Kinderbetreuung
garde, mettre en ~ (contre) [mɛtʀ‿ɑ̃ gaʀd (kɔ̃tʀ)] warnen (vor)
gardien de buts [gaʀdjɛ̃d byt] *m* Torwart
gare [gaʀ] *f* Bahnhof
gare principale [gaʀ pʀɛ̃sipal] *f* Hauptbahnhof
gare routière [gaʀ rutjɛr] *f* Busbahnhof
se garer [sə gaʀe] parken
gâteau [gato] *m* Kuchen
gauche [goʃ] linke(r, -s); **à gauche** [a goʃ] links
gaze [gaz] *f* Mullbinde
gazinière [gazinjɛʀ] *f* Gasherd
gel [ʒɛl] *m* Frost
gel pour les cheveux [ʒɛl puʀ le ʃvø] *m* Haargel
gencives [ʒɑ̃siv] *f pl* Zahnfleisch
gêne, sans ~ [sɑ̃ ʒɛn] rücksichtslos
genou [ʒnu] *m* Knie
gens [ʒɑ̃] *m pl* Leute
gentil, le [ʒɑ̃ti] *(freundlich)* nett
gilet [ʒilɛ] *m* Weste
gilet de sauvetage [ʒilɛd sovtaʒ] *m* Schwimmweste
glace [glas] *f* Eis
glacière [glasjɛʀ] *f* Kühltasche
golf [gɔlf] *m* Golf
gorge [gɔʀʒ] *f* Schlucht
gothique [gɔtik] *m* Gotik
gourde [guʀd] *f* Trinkflasche
goût [gu] *m* Geschmack
goûter [gute] *(Speisen)* versuchen
gouttes [gut] *f pl* Tropfen
gouttes pour les oreilles [gut puʀ lez‿ɔʀɛj] *f pl* Ohrentropfen
gouvernement [guvɛʀnəmɑ̃] *m* Regierung
grabataire [gʀabatɛʀ] pflegebedürftig
grâce à [gʀas‿a] *(Mittel)* durch

gramme [gʀam] *m* Gramm
grand magasin [gʀɑ̃ magazɛ̃] *m* Kaufhaus
grand/e handicapé/e [gʀɑ̃/d ɑ̃dikape] *m/f* Schwerstbehinderte/r
grandir [gʀɑ̃diʀ] wachsen
grand-mère [gʀɑ̃mɛʀ] *f* Großmutter
grand-père [gʀɑ̃pɛʀ] *m* Großvater
grand, e [gʀɑ̃, gʀɑ̃d] groß
gras, grasse [gʀa, gʀas] fett
gratiné [gʀatine] überbacken
gratter [gʀate] jucken
gratuit, e [gʀatɥi, ɥit] kostenlos
gratuitement [gʀatɥitmɑ̃] gratis, kostenlos
grave [gʀav] schlimm; *(Krankheit)* schwer
gravillon [gʀavijɔ̃] *m* Rollsplitt
gravure à l'eau-forte [gʀavyʀ a lofɔʀt] *f* Radierung
gravure sur bois [gʀavyʀ syʀ bwa] *f* Holzschnitt
grec [gʀɛk] griechisch
gril [gʀil] *m* Grill
grille-pain [grijpɛ̃] *m* Toaster
grippe [gʀip] *f* Grippe
gris [gʀi] grau
gros, grosse [gʀo, gʀos] dick
grossesse [gʀɔsɛs] *f* Schwangerschaft
grosseur [gʀɔsœʀ] *f* Geschwulst
grotte [gʀɔt] *f* Grotte
groupe [gʀup] *m* Gruppe
groupe sanguin [gʀup sɑ̃gɛ̃] *m* Blutgruppe
groupe théâtral [gʀup teatʀal] *m* Theatergruppe
guêpe [gɛp] *f* Wespe
guichet [giʃɛ] *m* Fahrkartenschalter
guichet des bagages [giʃɛ de bagaʒ] *m* Gepäckschalter
guide [gid] *m* Führer, Reiseführer
guide de camping-caravaning [gid də kɑ̃piŋ kaʀavaniŋ] *m* Campingführer
gym aquatique [ʒim‿akwatik] *f* Aqua-Jogging
gymnastique [ʒimnastik] *f* Gymnastik

H

habitant [abitɑ̃] *m* Einwohner, Bewohner
habiter [abite] wohnen
habits pour enfants [abi puʀ ɑ̃fɑ̃] *m pl* Kinderkleidung

habituel, le [abityɛl] gewöhnlich, üblich; **habituellement** [abityɛlmɑ̃] *adv* gewöhnlich

s'habituer à [sabitye a] s. gewöhnen an; **être habitué, e** [ɛtʀ‿abitye] gewohnt sein

hall [ol] *m* Empfangshalle

hanche [ɑ̃ʃ] *f* Hüfte

hand-ball [ɑ̃dbal] *m* Handball

handicap physique [ɑ̃dikap fizik] *m* Körperbehinderung

handicapé en fauteuil roulant [ɑ̃dikape ɑ̃ fotœj ʀulɑ̃] *m* Rollstuhlfahrer

handicapé mental [ɑ̃dikape mɑ̃tal] geistig behindert

harcèlement sexuel [aʀsɛlmɑ̃ sɛksyɛl] *m* sexuelle Belästigung

hareng [aʀɑ̃] *m* Hering

haricots [aʀiko] *m pl* Bohnen

haricots verts [aʀiko vɛʀ] *m pl* grüne Bohnen

hasard [azaʀ] *m* Zufall

hauteur [otœʀ] *f* Höhe

haut-parleur [opaʀlœʀ] *m* Lautsprecher

haut, e [o, ot] hoch; **en haut** [ɑ̃ o] oben; aufwärts; **vers le haut** [vɛʀ lə o] aufwärts; nach oben

haute tension [ot tɑ̃sjɔ̃] *f* Hochspannung

hebdomadaire [ɛbdomadɛʀ] *adj* wöchentlich

hébergement [ebɛʀʒəmɑ̃] *m* Unterkunft

herbes [ɛʀb] *f pl* Kräuter

herpès [ɛʀpɛs] *m* Herpes

hésiter [ezite] zögern

heure [œʀ] *f* Stunde; **à l'heure** [a lœʀ] *adv* pünktlich, rechtzeitig

heure d'arrivée [œʀ daʀive] *f* Ankunftszeit

heure de départ [œʀ də depaʀ] *f* Abfahrtszeit

heures d'ouverture [œʀ duvɛʀtyʀ] *f pl* Öffnungszeiten

heures de visites [œʀ də vizit] *f pl* Besuchszeit

heureux, -euse [œʀø, øz] glücklich; froh; **(de)** [œʀø, øz (də)] erfreut sein (über)

hier [jɛʀ] gestern

histoire [istwaʀ] *f* Geschichte

hiver [ivɛʀ] *m* Winter

hockey sur glace [ɔkɛ syʀ glas] *m* Eishockey

hold-up [ɔldœp] *m* Überfall *(Bank)*

homme [ɔm] *m* Mensch; Mann

hôpital [ɔpital] *m* Krankenhaus

horaire (de chemin de fer/des bus/du métro/des trolleys) [ɔʀɛʀ (də ʃəmɛ̃d fɛʀ/de bys/dy metʀo/de tʀɔlɛ)] *m* Fahrplan

horloger [ɔʀlɔʒe] *m* Uhrmacher

hors de [ɔʀ də] außer

hors-jeu [ɔʀ ʒø] abseits

hospitalité [ɔspitalite] *f* Gastfreundschaft

hôte/hôtesse [ot/otɛs] Gastgeber/in

hôtel de ville [otɛl də vil] *m* Rathaus *(hist. Gebäude)*

hovercraft [ɔvœʀkʀaft] *m* Luftkissenboot

huile [ɥil] *f* Öl

huile d'olive [ɥil dɔliv] *f* Olivenöl

huile solaire [ɥil sɔlɛʀ] *f* Sonnenöl

huîtres [ɥitʀ] *f pl* Austern

humide [ymid] feucht

hydroglisseur [idʀoglisœʀ] *m* Tragflügelboot

hypertension [ipɛʀtɑ̃sjɔ̃] *f* Blutdruck *(hoher)*

hypotension [ipotɑ̃sjɔ̃] *f* Blutdruck *(niedriger)*

I

ici [isi] hier; hierher

idée [ide] *f* Idee, Gedanke; Ahnung; Vorstellung

identité [idɑ̃tite] *f* Personalien

il [il] er

il y a [il‿ja] es gibt

il y a dix minutes [il‿ja di minyt] vor zehn Minuten

île [il] *f* Insel

ils [il] sie *pl m*

impératrice [ɛ̃peʀatʀis] *f* Kaiserin

imperméable [ɛ̃pɛʀmeabl] *m* Regenmantel

importance [ɛ̃pɔʀtɑ̃s] *f* Wichtigkeit, Bedeutung

important, e [ɛ̃pɔʀtɑ̃, ɑ̃t] wichtig; bedeutend

importuner [ɛ̃pɔʀtyne] belästigen

impossible [ɛ̃pɔsibl] unmöglich

impression [ɛ̃pʀɛsjɔ̃] *f* Eindruck

impressionnant [ɛ̃pʀɛsjɔnɑ̃] beeindruckend

impressionnisme [ɛ̃pʀɛsjɔnism] *m* Impressionismus
imprimante [ɛ̃pʀimɑ̃t] *m* Drucker
impropre [ɛ̃pʀɔpʀ] ungeeignet
incendie [ɛ̃sɑ̃di] *f* Brand
incident [ɛ̃sidɑ̃] *m* Zwischenfall; Vorfall
inconnu, e [ɛ̃kɔny] unbekannt, fremd; *m/f* Fremd/e/r
incroyable [ɛ̃kʀwajabl] unglaublich
indécent, e [ɛ̃desɑ̃, ɑ̃t] unanständig
indécis, e [ɛ̃desi, iz] unentschlossen
indicatif [ɛ̃dikatif] *m* Vorwahlnummer
indication [ɛ̃dikasjɔ̃] *f* Angabe
indications [ɛ̃dikasjɔ̃] *f* Anwendungsgebiete
indice de protection [ɛdis də pʀɔtɛksjɔ̃] *m* Lichtschutzfaktor
infarctus [ɛ̃faʀktys] *m* Herzinfarkt
infection [ɛ̃fɛksjɔ̃] *f* Infektion
infirmier [ɛ̃fiʀmje] Krankenpfleger
infirmière [ɛ̃fiʀmjɛʀ] Krankenschwester
inflammable [ɛ̃flamabl] feuergefährlich
inflammation [ɛ̃flamasjɔ̃] *f* Entzündung
inflammation des amygdales [ɛ̃flamasjɔ̃ dez‿amidal] *f* Mandelentzündung
information [ɛ̃fɔʀmasjɔ̃] *f* Mitteilung; **informations** Auskunft/ Nachrichten
informer [ɛ̃fɔʀme] informieren, unterrichten
infusion à la camomille [ɛ̃fysjɔ̃ a la kamɔmij] *f* Kamillentee
inhabituel, le [inabitɥɛl] ungewöhnlich
innocent, e [inɔsɑ̃, ɑ̃t] unschuldig
inquiet, -iète [ɛ̃kjɛ, ɛt] unruhig
s'inquiéter [sɛ̃kjete] s. beunruhigen
inscription [ɛ̃skʀipsjɔ̃] *f* Inschrift; Anmeldung
insecte [ɛ̃sɛkt] *m* Insekt
insignifiant, e [ɛ̃siɲifjɑ̃, ɑ̃t] unwichtig
insister sur [ɛ̃siste syʀ] bestehen auf
insolation [ɛ̃sɔlasjɔ̃]Sonnenstich
insomnie [ɛ̃sɔmni] *f* Schlaflosigkeit
installation [ɛ̃stalasjɔ̃] *f* Anlage
installations sanitaires [ɛ̃stalasjɔ̃ sanitɛʀ] *f pl* Sanitäreinrichtungen
instant [ɛstɑ̃] *m* Augenblick, Moment
instantané [ɛ̃stɑ̃tane] *m* Schnappschuss
instruction [ɛ̃stʀyksjɔ̃] *f* Vorschrift; (Schul-)Ausbildung
insuline [ɛ̃sylin] *f* Insulin
insupportable [ɛ̃sypɔʀtabl] unerträglich
intelligent, e [ɛ̃teliʒɑ̃, ɑ̃t] klug
intention [ɛ̃tɑ̃sjɔ̃] *f* Absicht
interdiction [ɛ̃tɛʀdiksjɔ̃] *f* Verbot
interdire [ɛ̃tɛʀdiʀ] verbieten
interdit, e [ɛ̃tɛʀdi, it] verboten!
intéressant, e [ɛ̃teʀɛsɑ̃, ɑ̃t] interessant
s'intéresser (à) [sɛ̃teʀese (a)] s. interessieren (für)
intérieur [ɛ̃teʀjœʀ] *m* das Innere
intermédiaire [ɛ̃tɛʀmedjɛʀ] *m* Vermittler
international, e [ɛ̃tɛʀnasjɔnal] international
interphone [ɛ̃tɛʀfɔn] *m* Babyfon
Interrail [ɛ̃tɛʀʀaj] Interrail
interroger [ɛ̃tɛʀoʒe] befragen
interrompre [ɛ̃tɛʀɔ̃pʀ] unterbrechen
interrupteur [ɛ̃teʀyptœʀ] *m* Lichtschalter
intestin [ɛ̃tɛstɛ̃] *m* Darm
intoxication alimentaire [ɛ̃tɔksikasjɔ̃ alimɑ̃tɛʀ] *f* Lebensmittelvergiftung
inutile [inytil] unnütz, nutzlos; **inutilement** [inytilmɑ̃] vergeblich
inverse [ɛ̃vɛʀs] umgekehrt
inversement [ɛ̃vɛʀsəmɑ̃] umgekehrt
inviter [ɛ̃vite] einladen; auffordern
invité, e [ɛ̃vite] *m/f* Gast
invraisemblable [ɛ̃vʀɛsɑ̃blabl] unwahrscheinlich
itinéraire [itineʀɛʀ] *m* (Reise-) Route
ivre [ivʀə] betrunken

J

jamais [ʒamɛ] jemals; **ne (...) jamais** [(nə...) ʒamɛ] nie
jambe [ʒɑ̃b] *f* Bein
jambon [ʒɑ̃bɔ̃] *m* Schinken
jambon cru [ʒɑ̃bɔ̃ kʀy] *m* roher Schinken
jambon cuit/blanc/de Paris [ʒɑ̃bɔ̃ kɥi/blɑ̃/də paʀi] *m* gekochter Schinken
janvier [ʒɑ̃vje] Januar
jardin [ʒaʀdɛ̃] *m* Garten
jardin botanique [ʒaʀdɛ̃ bɔtanik] *m* Botanischer Garten
jaune [ʒon] gelb

jazz [dʒaz] *m* Jazz
je [ʒə] ich
jean [dʒin] *m* Jeans
jetée [ʒte] *f* Mole
jeter [ʒəte] werfen
jeu de boules [ʒød bul] *m* Boulespiel
jeu de quilles [ʒød kij] *m* Kegeln
jeudi [ʒœdi] Donnerstag
jeun [ʒɛ̃] *(med)* nüchtern
jeune [ʒœn] jung; *m/f* Jugendliche(r); **jeune fille** [ʒœn fij] *f* Mädchen
jeûne [ʒøn] *m* Fasten
jeûne curatif [ʒøn] *m* Heilfasten
joie [ʒwa] *f* Freude
joli, e [ʒɔli] hübsch, nett
jouer [ʒue] spielen
jouets [ʒuɛ] *m pl* Spielsachen
jouir de [ʒwiʀ də] genießen
jour [ʒuʀ] *m* Tag; **les jours ouvrables** [le ʒuʀz‿uvʀabl] werktags
jour de l'arrivée [ʒuʀ də laʀive] *m* Anreisetag
jour ouvrable [ʒuʀ uvʀablə] *m* Werktag
journal [ʒuʀnal] *m* Zeitung
juge [ʒyʒ] *m/f* Richter/in
juillet [ʒɥijɛ] Juli
juin [ʒɥɛ̃] Juni
jupe [ʒyp] *f* Rock
jus d'orange [ʒy dɔʀɑ̃ʒ] *m* Orangensaft
jusqu'à [ʒyska] bis; **jusqu'à maintenant** [ʒyska mɛ̃tnɑ̃] bis jetzt
juste [ʒyst] gerecht; richtig
juteux [ʒytø] saftig

K

kayak [kajak] *m* Paddelboot
kermesse [kɛʀmɛs] *f* Kirmes
ketchup [kɛtʃəp] *m* Ketschup
kilo (gramme) [kilɔ(gʀam)] *m* Kilo(gramm)
kilomètre [kilɔmɛtʀ] *m* Kilometer
kit de réparation des pneus [kit də ʀepaʀasjɔ̃ de pnø] *m* Flickzeug
kitsch [kitʃ] kitschig
kiwi [kiwi] *m* Kiwi
klaxon [klaksɔn] *m* Hupe

L

l'autre [lotʀ] der/die/das andere
l'autre jour [lotʀə ʒuʀ] kürzlich
là [la] *(dort)* da; **là-bas** [laba] dort (unten)
lac [lak] *m* der See
lacet [lasɛ] *m* Schnürsenkel
laid, e [lɛ, lɛd] hässlich
laine [lɛn] *f* Wolle
laisser [lɛse] lassen
lait [lɛ] *m* Milch
lait écrémé [lɛ ekʀeme] *m* fettarme Milch
laiterie [lɛtʀi] *f* Milchgeschäft
laitue [lɛty] *f* Kopfsalat
lames de rasoir [lam də ʀazwaʀ] *f pl* Rasierklingen
lampe [lɑ̃p] *f* Lampe
lampe de chevet [lɑ̃p də ʃvɛ] *f* Nachttischlampe
lande [lɑ̃d] *f* Heide
langue [lɑ̃g] *f* Zunge; Sprache
langue des signes [lɑ̃g de siɲ] *f* Zeichensprache
lapin [lapɛ̃] *m* Kaninchen
large [laʀʒ] breit; *(Kleidung)* weit
largeur [laʀʒœʀ] *f* Breite
largeur de la porte [laʀʒœʀ de la pɔʀt] *f* Türbreite
largeur du couloir [laʀʒœʀ dy kulwaʀ] *f* Flurbreite
laurier [lɔʀje] *m* Lorbeer
lavabo [lavabo] *m* Handwaschbecken
lavabos [lavabo] *m pl* Waschraum
lave-vaisselle [lav vesɛl] *m* Geschirrspülmaschine
laver [lave] waschen
laverie [lavʀi] *f* Waschsalon
laxatif [laksatif] *m* Abführmittel
leçons de ski [ləsɔ̃ də ski] *f pl* Skikurs
lecteur de cassettes [lɛktœʀ də kasɛt] *m* Kassettenrekorder
lecteur de CD [lɛktœʀ də sede] *m* CD-Spieler
léger, -ère [leʒe, ɛʀ] *(Gewicht)* leicht
légumes [legym] *m pl* Gemüse
lent, e [lɑ̃, lɑ̃t] langsam
lentement [lɑ̃tmɑ̃] langsam *adv*
lentille [lɑ̃tij] *f* Kontaktlinse
lentilles [lɑ̃tij] *f pl* Linsen
lessive [lɛsiv] *f* Wäsche *(zum Waschen)*; Waschmittel
lettre [lɛtʀ] *f* Brief
lettre exprès [lɛtʀ‿ɛkspʀɛs] *f* Eilbrief
lettre recommandée [lɛtʀə ʀəkɔmɑ̃de] *f* Einschreibebrief
leur [lœʀ] *poss prn f* ihr

levée [ləve] *f* Leerung
lever [ləve] heben; **se lever** [sə ləve] aufstehen
lèvre [lɛvʀ] *f* Lippe
librairie [libʀɛʀi] *f* Buchhandlung
libre [libʀə] frei
licence camping [lisɑ̃s kɑ̃piŋ] *f* Campingausweis
lieu [ljø] *m* Ort; **au lieu de** [o ljø də] anstatt, statt; **avoir lieu** [avwaʀ ljø] stattfinden
lieu de naissance [ljød nɛsɑ̃s] *m* Geburtsort
lieu de pèlerinage [ljɔ̃ də pɛlʀinaʒ] *m* Wallfahrtsort
light [lajt] fettarm
ligne [liɲ] *f* Linie; (Bahn-)Strecke; *(el, tele)* Leitung
lilas [lila] lila
limonade [limɔnad] *f* Limonade
lin [lɛ̃] *m* Leinen
liquide [likid] flüssig
liquide de frein [likid də fʀɛ̃] *m* Bremsflüssigkeit
lire [liʀ] lesen
liste [list] *f* Liste, Verzeichnis
lit [li] *m* Bett
lit à étages [li a etaʒ] *m* Etagenbett
lit d'enfant [li dɑ̃fɑ̃] *m* Kinderbett
litre [litʀ] *m* Liter
livre [livʀ] *m* Buch
livre de cuisine [livʀ də kɥizin] *m* Kochbuch
livre de poche [livʀə də pɔʃ] *m* Taschenbuch
livret d'épargne [livʀɛd depaʀɲ] *m* Postsparbuch
local, e [lɔkal] einheimisch
localité [lɔkalite] *f* Ortschaft
location [lɔkasjɔ̃] *f* Vorverkauf
loge [lɔʒ] *f* Loge
loin [lwɛ̃] *(Weg)* weit
long, longue [lɔ̃, lɔ̃g] lang
longueur [lɔ̃gœʀ] *f* Länge
Lorraine [lɔʀɛn] *f* Lothringen
lotion après-rasage [lɔsjɔ̃ apʀɛʀazaʒ] *f* Rasierwasser
louche [luʃ] *f* Schöpfkelle
louer [lue] loben; mieten; vermieten
lourd [luʀ] schwül
lourd, e [luʀ, luʀd] schwer
loyer [lwaje] *m* Miete
luge [lyʒ] *f* Schlitten
lui [lɥi] er; ihm
lumbago [lɛ̃bago] *m* Hexenschuss
lumière [lymjɛʀ] *f* Licht
lundi [lɛ̃di] Montag
lundi de Pâques [lɛ̃did pak] *m* Ostermontag
lundi de Pentecôte [lɛ̃did pɑ̃tkot] *m* Pfingstmontag
lune [lyn] *f* Mond
lunettes de plongée [lynɛt də plɔ̃ʒe] *f pl* Taucherbrille
lunettes de ski [lynɛt də ski] *f pl* Skibrille
luxueux, -euse [lyksyø, øz] luxuriös

M

ma [ma] *poss prn* meine
machine [maʃin] *f* Maschine
machine à café [maʃin a kafe] *f* Kaffeemaschine
machine à laver [maʃin‿a lave] *f* Waschmaschine
mâchoire [maʃwaʀ] *f* Kiefer
madame [madam] *(Anrede, vor Namen)* Frau
mademoiselle [madmwazɛl] Fräulein
magasin (d'articles) de sport [magazɛ̃ (daʀtikl) də spɔʀ] Sportartikel
magasin d'antiquités [magazɛ̃ dɑ̃tikite] *m* Antiquitätengeschäft
magasin d'électro-ménager [magazɛ̃ delɛktʀomenaʒe] *m* Elektrohandlung
magasin de (vins et) spiritueux [magazɛ̃d (vɛ̃ e) spiʀityø] *m* Spirituosengeschäft
magasin de chaussures [magazɛ̃d ʃosyʀ] *m* Schuhgeschäft
magasin de disques [magazɛ̃d‿disk] *m* Plattenladen
magasin de fruits et légumes [magazɛd fʀɥi e legym] *m* Obst- und Gemüsehändler
magasin d'informatique [magazɛ̃ dɛ̃fɔʀmatik] *m* Computerfachgeschäft
magasin de jouets [magazɛ̃d ʒuɛ] *m* Spielwarengeschäft
magasin de musique [magazɛ̃d mysik] *m* Musikgeschäft
magasin de photos [magazɛ̃d fɔto] *m* Fotogeschäft
magasin de produits diététiques [magazɛ̃d pʀɔdɥi djetetik] *m* Reformhaus
magasin de produits naturels [magazɛ̃ də pʀɔdɥi natyʀɛl] *m* Bioladen

magasin de souvenirs [magazɛ̃d suvniʀ] *m* Souvenirladen
magasin de vins [magazɛ̃d vɛ̃] *m* Weinhandlung
magazine [magazin] *m* Zeitschrift, Illustrierte
magnétoscope [maɲetɔskɔp] *m* Videorekorder
magnifique [maɲifik] herrlich
mai [mɛ] Mai
maigre [mɛgʀ] mager
maillot de bain [majod bɛ̃] *m* Badehose
maillot de corps [majod kɔʀ] *m* Unterhemd
maillot une pièce [majo yn pjɛs] *m* Badeanzug
main [mɛ̃] *f* Hand; fait main [fɛ mɛ̃] handgemacht
maintenant [mɛ̃tnɑ̃] jetzt
mairie [mɛʀi] *f* Rathaus *(Verwaltung)*
mais [mɛ] aber; sondern
maïs [mais] *m* Mais
maison [mɛzɔ̃] *f* Haus; à la maison [a la mɛzɔ̃] daheim
maison de vacances/de campagne [mɛzɔ̃d vakɑ̃s/kɑ̃paɲ] *f* Ferienhaus
maître-nageur [mɛtʀənaʒœʀ] *m* Bademeister
mal [mal] *adv* schlecht; faire mal [fɛʀ mal] schmerzen; mal de dents [mal də dɑ̃] *m* Zahnschmerzen; mal de gorge [mal də gɔʀʒ] *m* Halsschmerzen
malade [malad] krank
maladie [maladi] *f* Krankheit; maladie infantile [maladi ɛ̃fɑ̃til] *f* Kinderkrankheit
malentendant [malɑ̃tɑ̃dɑ̃] hörgeschädigt
malentendu [malɑ̃tɑ̃dy] *m* Missverständnis
malgré [malgʀe] trotz; malgré cela [malgʀe səla] trotzdem
malheur [malœʀ] *m* Unglück
malheureusement [malœʀøzmɑ̃] leider
malvoyant [malvwajɑ̃] sehbehindert
malvoyant/e [malvwajɑ̃/t] *m/f* Sehbehinderte/r; Blinde/r
manche [mɑ̃ʃ] *f* Ärmel
Manche [mɑ̃ʃ] *f* Ärmelkanal
mandarine [mɑ̃daʀin] *f* Mandarine
mandat [mɑ̃da] *m* Geldanweisung, mandat télégraphique [mɑ̃da telegʀafik] *m* telegrafische Überweisung
manger [mɑ̃ʒe] essen
mangue [mɑ̃g] *f* Mango
manière [manjɛʀ] *f* Art, Weise
manifestation [manifɛstasjɔ̃] *f* Veranstaltung
manquer [mɑ̃ke] fehlen; verfehlen, verpassen
manteau [mɑ̃to] *m* Mantel
maquereau [makʀo] *m* Makrele
marais [maʀɛ] *m* Sumpf
marchand de journaux [maʀʃɑ̃d ʒuʀno] *m* Zeitungshändler
marchand d'objets d'art [maʀʃɑ̃ dɔbʒɛ daʀ] *m* Kunsthändler
marchander [maʀʃɑ̃de] feilschen
marche [maʀʃ] *f* Stufe
marche arrière [maʀʃ aʀjɛʀ] *f* Rückwärtsgang
marche-pied [maʀʃəpje] *m* Einstiegshilfe
marché [maʀʃe] *m* Markt
marché aux puces [maʀʃe o pys] *m* Flohmarkt
marcher [maʀʃe] *(zu Fuß)* gehen
mardi [maʀdi] Dienstag; mardi gras [maʀdi gʀa] *m* Fastnachtsdienstag
marée basse [maʀe bas] *f* Ebbe
marée haute [maʀe ot] *f* Flut
margarine [maʀgaʀin] *f* Margarine
mari [maʀi] *m* Ehemann
mariage [maʀjaʒ] *m* Hochzeit; Heirat; Ehe
se marier [sə maʀje] heiraten
marié, e (à) [maʀje (a)] verheiratet (mit)
maroquinerie [maʀɔkinʀi] *f* Lederwarengeschäft
marron [maʀɔ̃] braun
mars [maʀs] März
marteau [maʀto] *m* Hammer
mascara [maskaʀa] *m* Wimperntusche
masculin, e [maskylɛ̃, in] männlich
massage [masaʒ] *m* Massage
match [matʃ] *m* Spiel
match de football [matʃ də futbol] *m* Fußballspiel
match nul [matʒə nyl] unentschieden
matelas [matla] *m* Matratze; matelas pneumatique [matla pnømatik] *m* Luftmatratze
matériel [mateʀjɛl] *m* Material
matin [matɛ̃] *m* Morgen

matinée [matine] *f* Vormittag
mauvais, e [movɛ, ɛz] schlecht; übel
mauve [mov] lila
maux d'estomac [mo dɛstɔma] *m pl* Magenschmerzen
maux de tête [mod tɛt] *m pl* Kopfschmerzen
maximum, au ~ [o maksimɔm] höchstens
mayonnaise [majɔnɛz] *f* Mayonnaise
me [mə] mich, mir
méchant, e [meʃɑ̃, ɑ̃t] böse, gemein
mèches [mɛʃ] Strähnchen
médicament [medikamɑ̃] *m* Medikament
médicament pour la circulation [medikamɑ̃ puʀ la siʀkylasjɔ̃] *m* Kreislaufmittel
méditation [meditasjɔ̃] *f* Meditation
Méditerranée, la ~ [la mediteʀane] *f* Mittelmeer
méduse [medyz] *f* Qualle
se méfier de [sə mefje də] misstrauen
meilleur, e [mɛjœʀ] besser, beste(r, -s)
mélangé, e [melɑ̃ʒe] gemischt
melon [məlɔ̃] *m* (Honig-)Melone
même [mɛm] selbst; sogar; **la même chose** [la mɛm ʃoz] *f* dasselbe
mémorial [memɔʀjal] *m* Gedenkstätte
ménage, faire le ~ [fɛʀ lə menaʒ] putzen
méningite [menɛ̃ʒit] *f* Hirnhautentzündung
mensonge [mɑ̃sɔ̃ʒ] *m* Lüge
mensuel, le [mɑ̃syɛl] *adj* monatlich
menu [məny] *m* Menü; **menu enfants** [məny ɑ̃fɑ̃] *m* Kinderteller
mer [mɛʀ] *f* Meer; **la mer du Nord** [la mɛʀ dy nɔʀ] die Nordsee
mercredi [mɛʀkʀədi] Mittwoch; **mercredi des cendres** [mɛʀkʀədi de sɑ̃dʀ] *m* Aschermittwoch
mère [mɛʀ] *f* Mutter
merveilleux, -euse [mɛʀvɛjø, øz] wunderbar
messe [mɛs] *f (rel)* Messe
météo [meteo] *f* Wetterbericht
mètre [mɛtʀ] *m* Meter; **mètre carré** [mɛtʀə kaʀe] *m* Quadratmeter
métro [metʀo] *m* S-Bahn, U-Bahn
mettre [mɛtʀ] setzen, stellen, legen; anziehen; *(Zeit)* brauchen; **se mettre en colère** [sə mɛtʀ‿ɑ̃ kɔlɛʀ] wütend werden
meuble [mœbl] *m* Möbel
micro-ondes [mikʀoɔ̃d] *m* Mikrowelle
midi [midi] *m* Mittag
miel [mjɛl] *m* Honig
mieux [mjø] *adv* besser
migraine [migʀɛn] *f* Migräne
milieu [miljø] *m* Mitte
millimètre [milimɛtʀ] *m* Millimeter
mince [mɛ̃s] dünn, schlank
minibar [minibaʀ] *m* Minibar
minigolf [minigɔlf] *m* Minigolf
minitel-dialogue [minitɛldjalɔg] *m* Schreibtelefon
minute [minyt] *f* Minute
miroir [miʀwaʀ] *m* Spiegel
mise en scène [miz‿ɑ̃ sɛn] *f* Regie, Inszenierung
mixer [miksɛʀ] *m* Mixer
mixte [mikst] gemischt
mode [mɔd] *f* Mode; **à la mode** [a la mɔd] modern
modèle [mɔdɛl] *m* Modell
modern jazz [mɔdɛʀn djaz] *m* Jazzgymnastik
moderne [mɔdɛʀn] modern
moi [mwa] ich; mich; **à moi** [a mwa] mir
moins [mwɛ̃] weniger; minus; **au moins** [o mwɛ̃] mindestens, wenigstens
mois [mwa] *m* Monat
moitié [mwatje] *f* Hälfte; **à moitié** [a mwatje] *adv* halb
môle [mol] *m* Mole
mon [mɔ̃] *poss prn* mein
monastère [mɔnastɛʀ] *m* Kloster
monde [mɔ̃d] *m* Welt
moniteur/monitrice de ski [mɔnitœʀ/mɔnitʀis də ski] *m* Skilehrer/in
monnaie [mɔnɛ] *f* Wechselgeld
monsieur [məsjø] Herr
Monsieur! [məsjø] Ober *(Anrede)*
montagne [mɔ̃taɲ] *f* Berg, Gebirge
montant [mɔ̃tɑ̃] *m* Summe, Betrag
monter [mɔ̃te] einsteigen
montgolfière [mɔ̃gɔlfjɛʀ] *f* Heißluftballon
montre-bracelet [mɔ̃tʀəbʀaslɛ] *f* Armbanduhr
montrer [mɔ̃tʀe] zeigen
monument [mɔnymɑ̃] *m* Denkmal
mordre [mɔʀdʀ] beißen
mort [mɔʀ] *f* Tod
mort, e [mɔʀ, mɔʀt] tot
mosaïque [mɔzaik] *f* Mosaik
mot [mo] *m* Wort

motel [mɔtɛl] *m* Motel
moteur [mɔtœʀ] *m* Motor
mou, molle [mu, mɔl] weich
mouche [muʃ] *f* Fliege
mouchoirs en papier [muʃwaʀ ɑ̃ papje] *m pl* Papiertaschentücher
mouette [muɛt] *f* Möwe
mouillé, e [muje] nass
moule [mul] *f* Miesmuschel
mourir [muʀiʀ] sterben
mousse à raser [musa ʀaze] *f* Rasierschaum
mousse gel [musʒɛl] *f* Duschgel
moustache [mustaʃ] *f* Schnurrbart
moustique [mustik] *m* Mücke
moutarde [mutaʀd] *f* Senf
mouton [mutɔ̃] *m* Hammelfleisch
moyen [mwajɛ̃] *m* Mittel; **Moyen Age** [mwajɛn‿aʒ] *m* Mittelalter;
moyen, ne [mwajɛ̃, ɛn] *adj* mittlere(r, -s); durchschnittlich; **moyenne** [mwajɛn] *f* Durchschnitt
MP3/l'iPod *m* [ɛmpetʀwa/ipɔd] *m* MP3Player/iPod
muet [mɥɛ] stumm
multicolore [myltikɔlɔʀ] bunt
mur [myʀ] *m* Wand
murs de la ville [myʀ də la vil] *m pl* Stadtmauer
mûr, e [myʀ] reif
mûres [myʀ] *f pl* Brombeeren
muscle [myskl] *m* Muskel
musculation [myskylasjɔ̃] *f* Bodybuilding
musée [myze] *m* Museum
musée ethnologique [myze ɛtnɔlɔʒik] *m* Völkerkundemuseum
musique [myzik] *f* Musik
musique classique [mysik klasik] *f* Klassik
musique en direct [myzik ɑ̃ diʀɛkt] *f* Livemusik
musique folklorique [mysik fɔlklɔʀik] *f* Volksmusik
musli [mysli] *m* Müsli
mycose [mykoz] *f* Pilzinfektion

N

nager [naʒe] schwimmen
nageur/nageuse [naʒœʀ/naʒøz] Schwimmer/in
nappe [nap] *f* Tischtuch
nationalité [nasjɔnalite] *f* Staatsangehörigkeit
national, e [nasjɔnal] national; einheimisch
nature [natyʀ] *f* Natur; **nature morte** [natyʀ mɔʀt] *f* Stillleben
naturel, le [natyʀɛl] *adj* natürlich; **naturellement** [natyʀɛlmɑ̃] *adv* natürlich
nausée [noze] *f* Übelkeit, Brechreiz
navette [navɛt] *f* Transferbus
né, e [ne] geboren
nécessaire [nesɛsɛʀ] notwendig, nötig
négatif, -ive [negatif, iv] negativ
neige [nɛʒ] *f* Schnee; **neige poudreuse** [nɛʒ pudʀøz] *f* Pulverschnee
néphrite [nefʀit] *f* Nierenentzündung
nerf [nɛʀ] *m* Nerv
nerveux, -euse [nɛʀvø, øz] nervös
nettoyage de fin de séjour [nɛtwajaʒ də fɛ̃d seʒuʀ] *m* Endreinigung
nettoyer [nɛtwaje] reinigen, putzen; **nettoyer (à sec)** [nɛtwaje (a sɛk)] chemisch reinigen
neuf, neuve [nœf, nœv] *(ungebraucht)* neu
nez [ne] *m* Nase
Noël [nɔɛl] Weihnachten
noir [nwaʀ] schwarz
noix [nwa] *f* Nuss; **noix de coco** [nwad koko] *f* Kokosnuss
nom [nɔ̃] *m* Name; **nom de famille** [nɔ̃d famij] *m* Familienname
nombre [nɔ̃bʀ] *m* Zahl
non-fumeur [nɔ̃fymœʀ] Nichtraucher
Nord [nɔʀ] *m* Norden; **au nord de** [o nɔʀ də] nördlich von
normal, e [nɔʀmal] normal; **normalement** [nɔʀmalmɑ̃] normalerweise
nos [no] *poss prn* unsere
note [nɔt] *f* *(im Hotel)* Rechnung; **notees** [nɔt] *f* Aufzeichnungen
noter [nɔte] aufschreiben
notre [nɔtʀ] *poss prn* unser, unsere
nouilles [nuj] *f pl* Nudeln
nourisson [nuʀisɔ] *m* Säugling
nourriture [nuʀityʀ] *f* Nahrung, Verpflegung
nourriture pour bébés [nuʀityʀ puʀ bebe] *f* Babynahrung
nous [nu] wir; uns
nouveau, nouvel, le [nuvo, nuvɛl] neu; frisch; **de nouveau** [də nuvo] wieder
Nouvel An [nuvɛl‿ɑ̃] *m* Neujahr

nouvelle [nuvɛl] *f* Neuigkeit; Nachricht
novembre [nɔvɑ̃bʀ] November
nu [ny] *m* Akt
nu, e [ny] nackt
nuage [nyaʒ] *m* Wolke
nuageux [nyaʒø] bewölkt
nuisible [nɥizibl] schädlich
nuit [nɥi] *f* Nacht
nulle part [nyl paʀ] nirgends
numéro [nymeʀo] *m* Nummer
numéro de code [nymeʀod kɔd] *m* Geheimzahl
numéro de la maison/de l'immeuble [nymeʀod la mɛzɔ̃/də limœbl] *m* Hausnummer
numéro de la voiture [nymeʀo də la vwatyʀ] *m* Wagennummer
numéro de téléphone [nymeʀod telefɔn] *m* Telefonnummer

O

objectif [ɔbʒɛktif] *m* Objektiv
objet [ɔbʒɛ] *m* Gegenstand; **objets de valeur** [ɔbjɛd valœʀ] *m pl* Wertsachen
obligé, e, être ~ de [ɛtʀ‿ɔbliʒe də] müssen
observatoire [ɔbsɛʀvatwaʀ] *m* Sternwarte
observer [ɔpsɛʀve] beobachten
occasion [ɔkazjɔ̃] *f* Gelegenheit; Anlass
occupé, e [ɔkype] beschäftigt; *(Platz)* besetzt
s'occuper de [sɔkype də] s. kümmern um, sorgen für
octobre [ɔktɔbʀ] Oktober
odeur [odœʀ] *f* Geruch
œuf [ø] *m* Ei
offense [ɔfɑ̃s] *f* Beleidigung
office [ɔfis] *m (Dienststelle)* Amt; **office de tourisme** [ɔfis də tuʀism] *m* Verkehrsamt
officiel, le [ɔfisjɛl] offiziell; amtlich
offrir [ɔfʀiʀ] anbieten, bieten; schenken
oignon [ɔɲɔ̃] *m* Zwiebel
oiseau [wazo] *m* Vogel
olive [ɔliv] *f* Olive
ombre [ɔ̃bʀ] *f* Schatten
on [ɔ̃] man
opéra [ɔpeʀa] *m* Oper
opération [ɔpeʀasjɔ̃] *f* Operation
opérette [ɔpeʀɛt] *f* Operette
opinion [ɔpiɲɔ̃] *f* Meinung
opposé, e [ɔpoze] entgegengesetzt
opticien/ne [ɔptisjɛ/ɔptisjɛñ] *m/f* Optiker/in
or [ɔʀ] *m* Gold
orage [ɔʀaʒ] *m* Gewitter
orange [ɔʀɑ̃ʒ] orange
orange [ɔʀɑ̃ʒ] *f* Apfelsine
orchestre [ɔʀkɛstʀə] *m* Orchester
orchestre de danse [ɔʀkɛstʀə də dɑ̃s] *m* Tanzkapelle
ordonnance [ɔʀdɔnɑ̃s] *f* Rezept
ordre [ɔʀdʀ] *m* Ordnung
ordures [ɔʀdyʀ] *f pl* Abfall, Müll
oreille [ɔʀɛj] *f* Ohr
oreiller [ɔʀɛje] *m* Kopfkissen
oreillons [ɔʀɛjɔ̃] *m pl* Mumps
orfèvrerie [ɔʀfɛvʀəʀi] *f* Goldschmiedekunst
originaire [oʀiʒinɛʀ] gebürtig
original [ɔʀiʒinal] *m* Original
orteil [ɔʀtɛj] *m* Zehe
os [ɔs] *m* Knochen
oser [oze] wagen
otite [ɔtit] *f* Mittelohrentzündung
ou [u] oder; **ou bien ... ou bien** [u bjɛ̃ ... u bjɛ̃] entweder ... oder
oublier [ublje] vergessen; liegen lassen
Ouest [wɛst] *m* Westen; **à l'ouest de** [a lwɛst də] westlich von
ouïe [wi] *f* Gehör
outil [uti] *m* Werkzeug
outre, en ~ [ɑ̃n‿utʀ] außerdem
ouvert, e [uvɛʀ, t] offen, geöffnet
ouverture automatique des portes [uvɛʀtyʀ ɔtɔmatik de pɔʀt] *f* automatische Türöffnung
ouvre-boîtes [uvʀəbwat] *m* Dosenöffner
ouvre-bouteilles [uvʀəbutɛj] *m* Flaschenöffner
ouvrir [uvʀiʀ] öffnen, aufmachen

P

pages jaunes [paʒ ʒon] *f pl* gelbe Seiten
paiement [pɛmɑ̃] *m* Zahlung
paille [paj] *f* Strohhalm
pain [pɛ̃] *m* Brot; **pain blanc** [pɛ̃ blɑ̃] *m* Weißbrot; **pain complet** [pɛ̃

kɔ̃plɛ] *m* Vollkornbrot; **pain noir** [pɛ̃ nwaʀ] *m* Schwarzbrot; **pain de glace** [pɛ̃d glas] *m* Kühlelement
paire [pɛʀ] *f* Paar
palais [palɛ] *m* Palast
pâle [pal] bleich
palmes [palm] *f pl* Schwimmflossen
palourde [paluʀd] *f* Venusmuschel
pamplemousse [pɑ̃pləmus] *m* Grapefruit
panier [paɲe] *m* Korb
panne [pan] *f* Panne; **en panne** [ɑ̃ pan] kaputt
panneau [pano] *m* (Hinweis-)Schild
panorama [panɔʀama] *m* Panorama
pansement [pɑ̃smɑ̃] *m* Verband
pantalon [pɑ̃talɔ̃] *m* Hose; **pantalon de jogging** [pɑ̃talɔ̃ də ʒɔgiŋ] *m* Jogginghose; **pantalon de ski** [pɑ̃talɔ̃ də ski] *m* Skihose
papeterie [papɛtʀi] *f* Schreibwarengeschäft
papier [papje] *m* Papier; **papier (d') alu** [papje (d)aly] *m* Alufolie; **papier à lettres** [papje a lɛtʀ] *m* Briefpapier; **papier hygiénique** [papje iʒjenik] *m* Toilettenpapier; **papiers** [papje] *m pl* Papiere
paprika [papʀika] *m* Paprika
Pâques [pak] *f* Ostern
paquet [pakɛ] *m* Päckchen
par [paʀ] pro; *(Passiv)* durch, von; **par avance** [paʀ‿avɑ̃s] im Voraus
par avion [paʀ‿avjɔ̃] mit Luftpost
par hasard [paʀ azaʀ] zufällig
parachutisme [paʀaʃytism] *m* Fallschirmspringen
paralysie [paʀalizi] *f* Lähmung
parapente [paʀapɑ̃t] *m* Gleitschirm
paraplégique [paʀapleʒik] querschnittsgelähmt
parapluie [paʀaplɥi] *m* Schirm
parc [paʀk] *m* Park; **parc animalier** [paʀk animalje] *m* Wildpark; **parc de loisirs** [paʀk də lwaziʀ] *m* Freizeitpark; **parc national** [paʀk nasjɔnal] *m* Nationalpark; **parc ornithologique** [paʀk ɔʀnitɔlɔʒik] *m* Vogelschutzgebiet
parce que [paʀskə] weil
pardessus [paʀdəsy] *m* Mantel *(Herren)*
pare-brise [paʀbʀiz] *m* Windschutzscheibe
pare-chocs [paʀʃɔk] *m* Stoßstange
pareil, le [paʀɛj] gleich
parents [paʀɑ̃] *m pl* Eltern
parent, e [paʀɑ̃, ɑ̃t] verwandt
paresser [paʀɛse] faulenzen
paresseux, -euse [paʀɛsø, øz] faul
parfum [paʀfɛ̃] *m* Parfüm
parfumerie [paʀfymʀi] *f* Parfümerie
parler [paʀle] reden, sprechen
part [paʀ] *f* Anteil; **à part** [a paʀ] extra
partager [paʀtaʒe] teilen
parterre [paʀtɛʀ] *m* Parkett
partie [paʀti] *f* Teil
partir [paʀtiʀ] weggehen; aufbrechen; **partir (de)** [paʀtiʀ (də)] abfahren (von); **partir pour** [paʀtiʀ puʀ] (ab) reisen nach; **partir en voyage** [paʀtiʀ‿ɑ̃ vwajaʒ] verreisen; **à partir de** [a paʀtiʀ də] ab; **partir (pour)** [paʀtiʀ (puʀ)] abreisen (nach)
parti, e [paʀti] fort, weg
partout [paʀtu] überall
(ne ...) pas [(nə ...) pa] nicht; **(ne ...) pas du tout** [(nə ...) pa dy tu] gar nicht; keinesfalls; **(ne ...) pas non plus** [(nə ...) pa nɔ̃ ply] auch nicht
passage [pasaʒ] *m* Durchgang; Übergang; Passage; **passage souterrain** [pasaʒ sutɛʀɛ̃] *m* Unterführung
passager/passagère [pasaʒe/pasaʒɛʀ] Passagier, Fahrgast
passe [pas] *f* Pass
passé [pase] *m* Vergangenheit
passé, e [pase] vorüber
passeport [paspɔʀ] *m* Reisepass
passer [pase] vorübergehen; *(Zeit)* vergehen, verbringen; **passer la nuit** [pase la nɥi] übernachten
passerelle [pasʀɛl] *f* Steg
pastèque [pastɛk] *f* Wassermelone
pastilles contre le mal de gorge [pastij kɔ̃tʀə lə mal də gɔʀʒ] *f pl* Halstabletten
passoire [paswaʀ] *f* Küchensieb
pataugeoire [patoʒwaʀ] *f* Planschbecken
pâté de foie [pated fwa] *m* Leberpastete
patience [pasjɑ̃s] *f* Geduld
patin à roulette [patɛ̃ a ʀulɛt] *m* Rollschuh
patinage [patinaʒ] *m* Eislauf
patinoire [patinwaʀ] *f* Eisbahn
patins à glace [patɛ̃ a glas] *m pl* Schlittschuhe
pâtisserie [patisʀi] *f* Konditorei
pâtisseries [patisʀi] *f pl* Gebäck

patron [patʀɔ̃] *m* Chef; Wirt
pauvre [povʀə] arm
payer [peje] zahlen, bezahlen; **payer comptant/en liquide** [peje kɔ̃tɑ̃/ɑ̃ likid] bar zahlen
pays [pei] *m* Land; **pays natal** [pei natal] *m* Heimat
paysage [peizaʒ] *m* Landschaft
péage [peaʒ] *m* Autobahngebühr
périmé [peʀime] abgelaufen
peau [po] *f* Haut
pêche [pɛʃ] *f* Pfirsich
pêcher [pɛʃe] angeln
pédalo [pedalo] *m* Tretboot
pédiatre [pedjatʀ] *m/f* Kinderarzt/ärztin
peigne [pɛɲ] *m* Kamm
peigner [peɲe] kämmen
peignoir de bain [pɛɲwaʀ də bɛ̃] *m* Bademantel
peindre [pɛ̃dʀ] malen
peine [pɛn] *f* Mühe; Strafe; **à peine** [a pɛn] kaum
peintre [pɛ̃tʀ] *m/f* Maler/in
peinture [pɛ̃tyʀ] *f* Malerei, Gemälde
peinture à l'huile [pɛ̃tyʀ a lɥil] *f* Ölmalerei
peinture sur soie [pɛ̃tyʀ syʀ swa] *f* Seidenmalerei
peinture sur verre [pɛ̃tyʀ syʀ vɛʀ] *f* Glasmalerei
pellicules [pelikyl] *f pl* Schuppen
pelouse [pəluz] *f* Rasen
pendant [pɑ̃dɑ̃] *prp* während; **pendant la journée** [pɑ̃dɑ̃ la ʒuʀne] tagsüber; **pendant la semaine** [pɑ̃dɑ̃ la səmɛn] wochentags
pendentif [pɑ̃dɑ̃tif] *m* Anhänger
pénible [penibl] lästig
péniche [peniʃ] *f* Hausboot
penser [pɑ̃se] denken; meinen
penser à [pɑ̃se a] denken an
pension (de famille) [pɑ̃sjɔ̃(d famij)] *f* Pension
pension complète [pɑ̃sjɔ̃ kɔ̃plɛt] *f* Vollpension
pente [pɑ̃t] *f* Steigung
Pentecôte [pɑ̃tkot] *f* Pfingsten
perche [pɛʀʃ] *f* Barsch
perdre [pɛʀdʀ] verlieren
père [pɛʀ] *m* Vater
perfusion [pɛʀfyzjɔ̃] *f* Infusion
période de fermeture de la pêche [peʀjɔd də fɛʀmətyʀ də pɛʃ] *f* Schonzeiten
perle [pɛʀl] *f* Perle
permanente [pɛʀmanɑ̃t] *f* Dauerwelle
permettre [pɛʀmɛtʀ] erlauben
permis-bateau [pɛʀmi bato] *m* Bootsführerschein
permis de conduire [pɛʀmid kɔ̃dɥiʀ] *m* Führerschein
permis de pêche [pɛʀmi(d pɛʃ)] *m* Angelschein
permission [pɛʀmisjɔ̃] *f* Erlaubnis
permis, e [pɛʀmi, iz] zulässig
perruque [peʀyk] *f* Perücke
persil [pɛʀsi] *m* Petersilie
personne [pɛʀsɔn] *f* Person; **ne personne** [nə pɛʀsɔn] niemand; keiner
personne à mobilité réduite [pɛʀsɔn a mɔbilite ʀedɥit] *f* Rollstuhlfahrer/in
personnel [pɛʀsɔnɛl] *m* Personal
personnel, le [pɛʀsɔnɛl] persönlich
persuader [pɛʀsɥade] überreden
perte [pɛʀt] *f* Verlust
peser [pəze] wiegen
pétanque [petɑ̃k] *f* Boulespiel
petit, e [pəti, pətit] klein
petit pain [pti pɛ̃] *m pl* Brötchen
petite cuillère [pøtit kɥijɛr] *f* Kaffeelöffel
petit-fils/petite-fille [ptifis/ptitfij] *m/f* Enkel/in
petits pois [pti pwa] *m pl* Erbsen
pétrole [petʀɔl] *m* Petroleum
peu [pø] wenig; **à peu près** [a pø pʀɛ] etwa; **un peu** [ɛ̃ pø] ein wenig, ein bisschen; **un peu de** [ɛ̃ pø də] ein wenig, etwas
peuple [pœpl] *m* Volk
peur [pœʀ] *f* Angst; **avoir peur de** [avwaʀ pœʀ də] s. fürchten vor
peut-être [pøt‿ɛtʀ] vielleicht
phare [faʀ] *m* Scheinwerfer; Leuchtturm
pharmacie [faʀmasi] *f* Apotheke
photo [fɔto] *f* Foto, Aufnahme, Bild
photographie [fɔtogʀafi] *f* Fotografie; Fotografieren
photomètre [fɔtomɛtʀ] *m* Belichtungsmesser
phrase [fʀaz] *f* Satz
pickpocket [pikpɔkɛt] *m* Taschendieb
pièce [pjɛs] *f* Stück; Zimmer, Raum
pièce de monnaie [pjɛs də mɔnɛ] *f* Münze
pièce de théâtre [pjɛs də teatʀ] *f* Theaterstück

pièce populaire [pjɛs pɔpylɛʀ] *f* Volksstück
pied [pje] *m* Fuß; Stativ
pierre [pjɛʀ] *f* Stein
pierreux, -euse [pjɛʀø, øz] steinig
piéton [pjetɔ̃] *m* Fußgänger
pile [pil] *f* Batterie
pillule (anticonceptionnelle) [pilyl (ɑ̃tikɔ̃sɛpsjɔnɛl)] *f* Antibabypille
pilote [pilɔt] *m/f* Pilot/in
piment [pimɑ̃] *m* Paprika
pince à épiler [pɛ̃s a epile] *f* Pinzette
pinces à linge [pɛ̃s a lɛ̃ʒ] *f pl* Wäscheklammern
ping-pong [piŋpɔŋ] *m* Tischtennis
piquer [pike] stechen
piquet de tente [pikɛd tɑ̃t] *m* Zeltstange
piqûre [pikyʀ] *f* Spritze
piscine [pisin] *f* Swimmingpool
piscine à vagues [pisin‿a vag] *f* Wellenbad
piste cyclable [pistə siklabl] *f* Fahrradweg
piste de ski de fond [pistə də skid fɔ̃] *f* Loipe
pitié [pitje] *f* Mitleid
place [plas] *f* Platz
place de stationnement [plas də stasjɔnmɑ̃] *f* Parkplatz
place de stationnement pour handicapés [plas də stasjɔ̃nmɑ̃ puʀ ɑ̃dikape] *f* Behindertenparkplatz
plafond [plafɔ̃] *m* Decke
plage [plaʒ] *f* Strand
plage de nudistes [plaʒ də nydist] *f* FKK-Strand
plaie [plɛ] *f* Wunde
se plaindre (de) [sə plɛ̃dʀ (də)] s. beschweren (über)
se plaindre (de) [sə plɛ̃dʀ (də)] s. beschweren (über), s. beklagen (über)
plaine [plɛn] *f* Ebene
plaire [plɛʀ] gefallen
plaisanterie [plɛzɑ̃tʀi] *f* Scherz, Spaß, Witz
plaisir [pleziʀ] *m* Vergnügen; Genuss; Lust
plan [plɑ̃] *m* Plan; **plan de la ville** [plɑ̃ də la vil] *m* Stadtplan
planche à découper [plɑ̃ʃ‿a dekupe] *f* Schneidebrett
planche à roulettes [plɑ̃ʃ a ʀulɛt] *f* Skateboard
plancher [plɑ̃ʃe] *m* Fußboden
plante [plɑ̃t] *f* Pflanze
plaque d'immatriculation [plak dimatʀikylasjɔ̃] *f* Nummernschild
plaque de nationalité [plak də nasjɔnalite] *f* Nationalitätskennzeichen
plat [pla] *m (Essen)* Gang, Gericht; Platte; Schüssel
plat du jour [pla dy ʒuʀ] *m* Tagesgericht
plat fait à la poêle [pla fɛ a la pwal] *m* Pfannengericht
plat principal [pla pʀɛ̃sipal] *m* Hauptspeise
plate-forme [platfɔʀm] *f* Hublift
plat, e [pla, plat] eben, flach
plein, e [plɛ̃, plɛn] voll; besetzt
pleine saison [plɛn sɛzɔ̃] *f* Hauptsaison
pleurer [plœʀe] weinen
plombage [plɔ̃mbaʒ] *m* Plombe
plombs [plɔ̃] *m pl (el)* Sicherung
pluie [plɥi] *f* Regen
plus [plys] mehr; plus; **plus de** [ply də] mehr als; **plus que** [plys kə] mehr als; **au plus** [o ply] höchstens; **en plus** [ɑ̃ plys] zusätzlich
plus tard [ply taʀ] später
plus tôt [ply to] früher *(eher)*
plutôt [plyto] eher, lieber; vielmehr
pluvieux [plyvjø] regnerisch
pneu [pnø] *m* Reifen
pneu crevé [pnø kʀəve] *m* Platten
pneu neige [pnø nɛʒ] *m* Winterreifen
pneumonie [pnømɔni] *f* Lungenentzündung
poche [pɔʃ] *f* Tasche
poêle [pwal] *f* Pfanne
poids [pwa] *m* Gewicht
poignée [pwaɲe] *f* Haltegriff
point d'arrivée du téléski [pwɛ̃ daʀive dy teleski] *m* Bergstation
point de départ du téléski [pwɛ̃d depaʀ dy teleski] *m* Talstation
point de vue [pwɛ̃d vy] *m* Aussichtspunkt
point mort [pwɛ̃ mɔʀ] *m* Leerlauf
pointe [pwɛ̃t] *f* Spitze
pointure [pwɛ̃tyʀ] *f (Schuhe)* Größe
poireau [pwaʀo] *m* Lauch
poires [pwaʀ] *f pl* Birnen
pois chiches [pwa ʃiʃ] *m pl* Kichererbsen
poison [pwazɔ̃] *m* Gift
poisson [pwasɔ̃] *m* Fisch

poissonnerie [pwasɔnʀi] *f* Fischgeschäft
poissonnier [pwasɔɲe] *m* Fischhändler
poitrine [pwatʀin] *f* Brust
poivre [pwavʀ] *m* Pfeffer
poivron [pwavʀɔ̃] *m* Paprika(schote)
polaroïd [pɔlaʀɔid] *m* Sofortbildkamera
poli, e [pɔli] höflich
police [pɔlis] *f* Polizei
polio(myélite) [pɔljɔ(mjelit)] *f* Kinderlähmung
pommade [pɔmad] *f* Salbe
pommade contre les brûlures [pɔmad kɔ̃tʀə le bʀylyʀ] *f* Brandsalbe
pomme [pɔm] *f* Apfel
pommes de terre [pɔm də tɛʀ] *f pl* Kartoffeln
pompe [pɔ̃p] *f* Luftpumpe
pompe à essence [pɔ̃p‿a ɛsɑ̃s] *f* Benzinpumpe
pompiers [pɔ̃pje] *m pl* Feuerwehr
pont [pɔ̃] *m* Brücke; Deck
porc [pɔʀ] *m* Schweinefleisch
porcelaine [pɔʀsəlɛn] *f* Porzellan
port [pɔʀ] *m* Hafen
port [pɔʀ] *m* Porto
portable [pɔʀtabl] *m* Handy, Mobiltelefon; Notebook
(ordinateur) portable [(ɔʀdinatœʀ) pɔrtabl] *m* Laptop
portail [pɔʀtaj] *m* Portal
porte [pɔʀt] *f* Tür
porte automatique [pɔʀt ɔtɔmatik] *f* automatische Tür
porte d'embarquement [pɔʀt dɑ̃baʀkəmɑ̃] *f* Flugsteig
portefeuille [pɔʀtəfœj] *m* Brieftasche
porte-monnaie [pɔʀtmɔnɛ] *m* Geldbeutel
porter [pɔʀte] tragen
portier [pɔʀtje] *m* Portier
portion [pɔʀsjɔ̃] *f* Portion
portrait [pɔʀtʀɛ] *m* Porträt
posemètre [pozmɛtʀ] *m* Belichtungsmesser
poser [poze] hinlegen
positif, -ive [pozitif, iv] positiv
possibilité [posibilite] *f* Möglichkeit
possible [pɔsibl] möglich; **rendre possible** [ʀɑ̃dʀə pɔsibl] ermöglichen
poste [post] *f* Post
poste frontière [pɔstə fʀɔ̃tjɛʀ] *m* Grenzübergang
poste principale [pɔst pʀɛ̃sipal] *f* Hauptpostamt
poste restante [pɔstə ʀɛstɑ̃t] postlagernd
potage [pɔtaʒ] *m* Suppe
poteau des buts [pɔto de byt] *f* Tor *(Pfosten)*
poteau indicateur [pɔto ɛ̃dikatœʀ] *m* Wegweiser
poterie [pɔtʀi] *f* Töpferei, Töpferwaren
potiron [pɔtiʀɔ̃] *m* Kürbis
poubelle [pubɛl] *f* Mülltonne
poudre [pudʀ] *f* Puder
poulet [pulɛ] *m* Hähnchen
pouls [pu] *m* Puls
poumon [pumɔ̃] *m* Lunge
pour [puʀ] für; *(Grund)* aus; **être pour** [ɛtʀə puʀ] dafür sein; **pour cent** [puʀsɑ̃] Prozent
pourboire [puʀbwaʀ] *m* Trinkgeld
pourquoi [puʀkwa] warum, weshalb
pourri, e [puʀi] faul, verdorben
pourtant [puʀtɑ̃] jedoch, doch
pousser [puse] stoßen; drücken, schieben; *(Pflanzen)* wachsen
poussière [pusjɛʀ] *f* Staub
pouvoir [puvwaʀ] können; dürfen
poux [pu] *m pl* Läuse
pratique [pʀatik] *adj* praktisch
pré [pʀe] *m* Wiese
préférer [pʀefeʀe] vorziehen, lieber haben
premier, -ière [pʀəmje, jɛʀ] erste(r, -s); **premiers secours** [pʀəmje skuʀ] *m pl* erste Hilfe
première [pʀəmjɛʀ] *f* Premiere; erster Gang
prendre [pʀɑ̃dʀ] nehmen; wegnehmen; *(Verkehrsmittel)* benutzen; **prendre congé** [pʀɑ̃dʀə kɔ̃ʒe] s. verabschieden, Abschied nehmen; **prendre part (à)** [pʀɑ̃dʀ paʀ (a)] teilnehmen (an)
prendre de l'essence [pʀɑ̃dʀ də lɛsɑ̃s] tanken
prendre son petit déjeuner [pʀɑ̃dʀə sɔ̃ pəti deʒœne] frühstücken
prénom [pʀenɔ̃] *m* Vorname
préparer [pʀepaʀe] vorbereiten; *(Essen)* zubereiten
près [pʀɛ] nah
près de [pʀɛ də] nahe bei; **à peu près** [a pø pʀɛ] etwa
prescrire [pʀɛskʀiʀ] verschreiben
présent, e [pʀezɑ̃, ɑ̃t] anwesend; **à présent** [a pʀezɑ̃] jetzt

présentation [pʀezɑ̃tasjɔ̃] *f* Vorstellung
présenter [pʀezɑ̃te] vorstellen, vorzeigen
préservatif [pʀezɛʀvatif] *m* Kondom, Präservativ
presque [pʀɛsk] beinahe, fast
pressé, e [pʀɛse] eilig; **être pressé, e** [ɛtʀə pʀɛse] es eilig haben
pressing [pʀesiŋ] *m* Wäscherei
pression [pʀɛsjɔ̃] vom Fass
prêt, e [pʀɛ, pʀɛt] bereit; fertig
prêter [pʀɛte] *(jdm)* leihen
prêtre [pʀɛtʀ] *m* Priester
preuve [pʀœv] *f* Beweis, Zeichen
prévenir qn [pʀevəniʀ kɛlkɛ̃] jdn verständigen
prévisions météo(rologiques) [pʀevizjɔ̃ meteɔ(ʀɔlɔʒik)] *f pl* Wettervorhersage
prier [pʀije] beten
principal, e [pʀɛ̃sipal] hauptsächlich
principalement [pʀɛ̃sipalmɑ̃] hauptsächlich *adv*
printemps [pʀɛ̃tɑ̃] *m* Frühling
priorité [pʀijɔʀite] *f* Vorrang; Vorfahrt
prise de courant [pʀiz də kuʀɑ̃] *f* Steckdose, Stromanschluss
prise multiple [pʀiz myltipl] *f* Zwischenstecker
prison [pʀizɔ̃] *f* Gefängnis
pris, e de vertige [pʀi, pʀiz də vɛʀtiʒ] schwindlig
privé, e [pʀive] privat
prix [pʀi] *m* Preis; **prix d'entrée** [pʀi dɑ̃tʀe] *m* Eintrittspreis
prix au kilomètre [pʀi o kilɔmɛtʀ] *m* Kilometerpreis
prix du billet [pʀi dy bijɛ] *m* Fahrpreis
prix forfaitaire [pʀi fɔʀfɛtɛʀ] *m* Pauschalpreis
probable [pʀɔbablə(mɑ̃)] wahrscheinlich *adj*
probablement [pʀɔbabləmɑ̃] wahrscheinlich *adv*
problème [pʀɔblɛm] *m* Problem
procession [pʀɔsɛsjɔ̃] *f* Prozession
proche [pʀɔʃ] nahe
procurer [pʀɔkyʀe] verschaffen, beschaffen, besorgen
produire [pʀɔdɥiʀ] erzeugen; **se produire** [sə pʀɔdɥiʀ] s. ereignen
produit [pʀɔdɥi] *m* Erzeugnis, Produkt
produit anti-moustique [pʀodɥi ɑ̃timustik] *m* Mückenschutz
produit de nettoyage [pʀodɥid‿nɛtwajaʒ] *m* Putzmittel
produit pour laver la vaisselle [pʀɔdɥi puʀ lave la vɛsɛl] *m* Spülmittel
profession [pʀɔfɛsjɔ̃] *f* Beruf
profond, e [pʀɔfɔ̃, ɔ̃d] tief
programme [pʀɔgʀam] *m* Programm
projet [pʀɔʒɛ] *m (Absicht)* Plan
promenade [pʀɔmnad] *f* Spaziergang
promenade à cheval [pʀɔmnad a ʃval] *f* Ausritt
se promener [sə pʀɔmne] spazieren gehen
promettre [pʀɔmɛtʀ] versprechen
prononcer [pʀɔnɔ̃se] aussprechen
proposer [pʀɔpoze] vorschlagen; anbieten, bieten
proposition [pʀɔpozisjɔ̃] *f* Vorschlag
propre [pʀɔpʀ] sauber, frisch; eigen
propriétaire [pʀɔpʀijetɛʀ] *m* Eigentümer, Besitzer
propriétaire (de la maison) [pʀɔpʀijetɛʀ (də la mɛzɔ̃)] *m/f* Hausbesitzer/in
propriété [pʀɔpʀijete] *f* Eigentum, Besitz; Landgut
prospectus [pʀɔspɛktys] *m* Prospekt
protection des monuments [pʀɔtɛksjɔ̃ de mɔnymɑ̃] *f* Denkmalschutz
protection solaire [pʀɔtɛksjɔ̃ sɔlɛʀ] *f* Sonnenschutz
protège-slips [pʀɔtɛʒslip] *m pl* Slipeinlagen
protester [pʀɔtɛste] protestieren
prothèse [pʀɔtɛz] *f* Prothese
provisions [pʀɔvizjɔ̃] *f pl* Vorrat
provisoire [pʀɔvizwaʀ] *adj* provisorisch, vorübergehend
prudent, e [pʀydɑ̃, ɑ̃t] vorsichtig
prune [pʀyn] *f* Pflaume
public [pyblik] *m* Publikum
public, -ique [pyblik] öffentlich
pull-over [pylɔvɛʀ] *m* Pullover
se purger, se détoxiquer [sə pyʀʒe, sə dezɛ̃tɔksike] entschlacken, entgiften
pus [py] *m* Eiter

Q

qu'est-ce que [kɛs‿kə] was
quai [kɛ] *m* Kai; Bahnsteig
qualité [kalite] *f* Qualität; Eigenschaft
quand [kɑ̃] *(zeitlich)* als, wenn; *(Frage)* wann

quantité [kɑ̃tite] *f* Menge
quart [kaʀ] *m* Viertel
quartier [kaʀtje] *m* Stadtteil
que [kə] *(Frage prn)* was; *(Vergleich)* als; wie; *conj* dass; **ne … que** [nə kə] *(nicht früher als)* erst
quel/le [kɛl] was für ein/eine … ?
quelqu'un [kɛlkɛ̃] jemand
quelque chose [kɛlkə ʃoz] etwas
quelquefois [kɛlkəfwa] manchmal
quelques [kɛlkə] einige, ein paar
question [kɛstjɔ̃] *f* Frage
qui n'a plus faim [ki na ply fɛ̃] satt
quincaillerie [kɛ̃kajʀi] *f* Eisenwarengeschäft
quitter [kite] verlassen; ausziehen

R

raccourci [ʀakuʀsi] *m (Weg)* Abkürzung
raconter [ʀakɔ̃te] erzählen
radiateur [ʀadjatœʀ] *m* Kühler
radio [ʀadjo] *f* Radio
radio(graphie) [ʀadjo(gʀafi)] *f* Röntgenaufnahme
rafale [ʀafal] *f* Bö
rafraîchissement [ʀafʀɛʃismɑ̃] *m* Erfrischung
raide [ʀɛd] steil
raie [ʀɛ] *f* Scheitel
raisins [ʀɛzɛ̃] *m pl* Weintrauben
raison [ʀɛzɔ̃] *f* Grund; Vernunft, Verstand; **avoir raison** [avwaʀ ʀɛzɔ̃] Recht haben
rallonge [ʀalɔ̃ʒ] *f* Verlängerungsschnur
rame [ʀam] *f* Ruder
ramer [ʀame] rudern
rampe [ʀɑ̃p] *f* Rampe, Handlauf
rampe d'accès [ʀɑ̃p daksɛ] *f* Auffahrtrampe
randonnée (pour la journée) [ʀɑ̃dɔne (puʀ la ʒuʀne)] *f* Tagestour
randonnée cycliste [ʀɑ̃dɔne siklist] *f* Radtour
randonné, faire de la ~ pédestre [fɛʀ də la ʀɑ̃dɔne pedɛstʀ] wandern
râpe [ʀɑp] *f* Reibe
rapide [ʀapid] schnell, rasch
rappeler qc à qn [ʀaple kɛlkə ʃoz a kɛlkɛ̃] jdn an etw erinnern
rapporter [ʀapɔʀte] melden, berichten; zurückbringen
raquette [ʀakɛt] *f* Schläger
raquette de tennis [ʀakɛt də tenis] *f* Tennisschläger
rare [ʀaʀ] selten
rarement [ʀaʀmɑ̃] selten *adv*
rasoir [ʀazwaʀ] *m* Rasierapparat
rater [ʀate] verfehlen
ravissant, e [ʀavisɑ̃, ɑ̃t] bezaubernd; entzückend
réception [ʀesɛpsjɔ̃] *f* Rezeption
recevoir [ʀəsəvwaʀ] bekommen, erhalten, empfangen
rechargeur [ʀəʃaʀʒœʀ] *m* Ladegerät
réchaud [reʃo] *m* Kocher
réchaud à gaz [ʀeʃo a gaz] *m* Gaskocher
récipient [ʀesipjɑ̃] *m* Behälter, Gefäß
réclamation [ʀeklamasjɔ̃] *f* Beanstandung; **faire une réclamation** [fɛʀ yn ʀeklamasjɔ̃] reklamieren
réclamer [ʀeklame] verlangen, fordern
récolte [ʀekɔlt] *f* Ernte
recommander [ʀəkɔmɑ̃de] empfehlen
récompense [ʀekɔ̃pɑ̃s] *f* Belohnung
recoudre [ʀəkudʀ] nähen
reçu [ʀəsy] *m* Quittung
réduction [ʀedyksjɔ̃] *f* Ermäßigung
réduction-enfants [ʀedyksjɔ̃ɑ̃fɑ̃] *f* Kinderermäßigung
réflexologie plantaire [reflɛksɔlɔʒi plɑ̃tɛʀ] *f* Fuß(reflexzonen)massage
réfrigérateur [ʀefʀiʒeʀatœʀ] *m* Kühlschrank
refuge [ʀəfyʒ] *m* Schutzhütte
refuser [ʀəfyze] ablehnen, zurückweisen; **refuser de** [ʀəfyze də] s. weigern
regard [ʀəgaʀ] *m* Blick
regarder [ʀəgaʀde] betrachten, ansehen; schauen; zuschauen
régime [ʀeʒim] *m* Diät
région [ʀeʒjɔ̃] *f* Gegend
règlement [ʀɛgləmɑ̃] *m* Vorschrift
régler [ʀegle] erledigen; regeln
règles [ʀɛgl] *f pl* Menstruation
regretter [ʀəgʀɛte] bedauern
régulier, -ière [ʀegylje, jɛʀ] *adj* regelmäßig; **régulièrement** [ʀegyljɛʀmɑ̃] *adv* regelmäßig
réhausseur [ʀeosœʀ] *m* Kindersitzkissen *(fürs Auto)*
rein [ʀɛ̃] *m* Niere
reine [ʀɛn] *f* König/in
se réjouir [sə ʀeʒwiʀ] s. freuen

se réjouir à l'avance de [sə reʒwiʀ‿a lavɑ̃s də] s. freuen auf
relation [ʀəlasjɔ̃] *f* Verbindung
relève de la garde [ʀəlɛv də la gaʀd] *f* Wachablösung
religion [ʀəliʒjɔ̃] *f* Religion
remarquer [ʀəmaʀke] bemerken, merken
remède [ʀəmɛd] *m* (Heil-)Mittel
remercier (qn) [ʀəmɛʀsje (kɛlkɛ̃)] (jdm) danken
remettre [ʀəmɛtʀ] abgeben, überbringen; **remettre à plus tard** [ʀəmɛtʀ‿a ply taʀ] aufschieben, verschieben
remise [ʀəmiz] *f* Rabatt
remise des clés [ʀəmiz de kle] *f* Schlüsselübergabe
remonte-pente [ʀəmɔ̃tpɑ̃t] *m* Schlepplift
remonte-pentes pour enfants [ʀəmɔ̃tpɑ̃t puʀ ɑ̃fɑ̃] *m* Babylift
remorquer [ʀəmɔʀke] abschleppen
remplacer [ʀɑ̃plase] ersetzen
remplir [ʀɑ̃pliʀ] füllen
Renaissance [ʀənɛsɑ̃s] *f* Renaissance
rencontre [ʀɑ̃kɔ̃tʀ] *f* Begegnung; Treffen
rencontrer [ʀɑ̃kɔ̃tʀe] begegnen, treffen
rendez-vous [ʀɑ̃devu] *m* Verabredung
rendre [ʀɑ̃dʀ] wiedergeben, zurückgeben; abgeben; *(Geld)* herausgeben
renseignement [ʀɑ̃sɛɲmɑ̃] *m* Auskunft
se renseigner [sə ʀɑ̃seɲe] s. erkundigen
réparer [ʀepaʀe] reparieren; *(Schaden)* ersetzen
repas [ʀəpa] *m* Essen, Mahlzeit
repasser [ʀəpase] bügeln
répéter [ʀepete] wiederholen
répondeur automatique [ʀepɔ̃dœʀ ɔtɔmatik] *m* Anrufbeantworter
répondre [ʀepɔ̃dʀ] antworten; **répondre à** [ʀepɔ̃dʀ a] beantworten
repos [ʀəpo] *m* Ruhe
se reposer [sə ʀəpoze] s. ausruhen
repousser [ʀəpuse] *(zeitlich)* verschieben
représentation [ʀəpʀezɑ̃tasjɔ̃] *f* *(Theater)* Vorstellung
réservation [ʀezɛʀvasjɔ̃] *f* Reservierung, Buchung, Voranmeldung; Vorverkauf
réserve naturelle [ʀesɛʀv natyʀɛl] *f* Naturschutzgebiet
réserver [ʀezɛʀve] vorbestellen, reservieren; *(Platz)* buchen
réservoir [ʀezɛʀvwaʀ] *m* Tank
résoudre [ʀezudʀ] lösen
respecter [ʀɛspɛkte] beachten
respirer [ʀɛspiʀe] atmen
responsable [ʀɛspɔ̃sabl] verantwortlich; zuständig
ressembler [ʀəsɑ̃ble] gleichen
restaurant [ʀɛstɔʀɑ̃] *m* Restaurant
rester [ʀɛste] bleiben, übrig bleiben
restes [ʀɛst] *m pl* Überreste
restoroute [ʀɛstɔʀut] *m* Raststätte
résultat [ʀezylta] *m* Ergebnis
se rétablir [sə ʀetabliʀ] s. erholen
retard [ʀətaʀ] *m* Verspätung
retenir [ʀətəniʀ] einbehalten; *(Platz)* buchen; **retenir qc** [ʀətəniʀ kɛlkə ʃoz] s. etw merken
retour [ʀətuʀ] *m* Rückkehr; Rückfahrt; Heimreise; **de retour** [də ʀətuʀ] zurück
retourner [ʀətuʀne] zurückfahren, zurückgehen
rétroviseur [ʀetʀɔvizœʀ] *m* Rückspiegel
rêve [ʀɛv] *m* Traum
réveil [ʀevɛj] *m* Wecker
réveillé, e [ʀevɛje] wach
réveiller [ʀevɛje] (auf)wecken; **se réveiller** [sə ʀevɛje] aufwachen
réveillon [ʀevɛjɔ̃] *m* Heiliger Abend
revenir [ʀəvniʀ] wiederkommen, zurückkehren
rez-de-chaussée [ʀedʃose] *m* Erdgeschoss
rhumatisme [ʀymatism] *m* Rheuma
rhume [ʀym] *m* Erkältung, Schnupfen; **rhume des foins** [ʀym de fwɛ̃] *m* Heuschnupfen
riche [ʀiʃ] reich
ridicule [ʀidikyl] lächerlich
rien, (ne ...) ~ [(nə ...) ʀjɛ̃] nichts
rire [ʀiʀ] lachen
risque [ʀisk] *m* Risiko
rissolé [ʀisɔle] geröstet *(Kartoffeln)*
rivage [ʀivaʒ] *m (Meer)* Ufer
rive [ʀiv] *f (Fluss)* Ufer
rivière [ʀivjɛʀ] *f* Fluss
riz [ʀi] *m* Reis
robe [ʀɔb] *f* Kleid
robinet [ʀɔbinɛ] *m* Wasserhahn
rocade [ʀɔkad] *f* Umgehungsstraße
rocher [ʀɔʃe] *m* Fels
roi [ʀwa] *m* König

rôle principal [ʀol pʀɛ̃sipal] *m* Hauptrolle
roller [ʀɔlɛʀ] *m* Inliner
roman [ʀɔmɑ̃] *m* Roman
romarin [ʀɔmaʀɛ̃] *m* Rosmarin
rond, e [ʀɔ̃, ʀɔ̃d] rund
ronfler [ʀɔ̃fle] schnarchen
rose [ʀoz] rosa
rôti [ʀoti] gebraten
roue [ʀu] *f* Rad
roue de secours [ʀud səkuʀ] *f* Ersatzrad
rouer de coups [ʀued ku] zusammenschlagen
rouge [ʀuʒ] rot
rouge à lèvres [ʀuʒ a lɛvʀ] *m* Lippenstift
rougeole [ʀuʒɔl] *f* Masern
rougeurs [ʀuʒœʀ] *f pl* Ausschlag
route [ʀut] *f* Straße, Weg; Landstraße; **en cours de route** [ɑ̃ kuʀ də ʀut] unterwegs
route départementale [ʀut depaʀtəmɑ̃tal] *f* Landstraße
route secondaire [ʀut səgɔ̃dɛʀ] *f* Landstraße
rubéole [ʀybeɔl] *f* Röteln
rue [ʀy] *f* Straße
rue adjacente [ʀy adʒasɑ̃t] *f* Nebenstraße
rue principale [ʀy pʀɛ̃sipal] *f* Hauptstraße
ruelle [ʀyɛl] *f* Gasse
ruine [ʀɥin] *f* Ruine
rupture de tendon [ʀyptyʀ də tɑ̃dɔ̃] *f* Bänderriss
rusé, e [ʀyze] schlau

S

sa [sa] *poss prn* seine, ihre
sac [sak] *m* Sack; Tüte; **sac à dos** [sak a do] *m* Rucksack; **sac à main** [sak‿a mɛ̃] *m* Handtasche
sac de voyage [sak də vwajaʒ] *m* Reisetasche
sac en plastique [sak ɑ̃ plastik] *m* Plastikbeutel
sachet [saʃɛ] *m (kleine)* Tüte
sachet de thé [saʃɛd te] *m* Teebeutel
sacoche [sakɔʃ] *f* Umhängetasche
sac-poubelle [sak pubɛl] *m* Abfallbeutel
safran [safʀɑ̃] *m* Safran
saignement [sɛɲəmɑ̃] *m* Blutung
saignements de nez [sɛɲmɑ̃d ne] *m pl* Nasenbluten
saigner [seɲe] bluten
Saint-Sylvestre [sɛ̃ silvɛstʀ] *f* Silvester
saint, e [sɛ̃, sɛ̃t] heilig
saison [sɛzɔ̃] *f* Jahreszeit, Saison
salade [salad] *f* Salat
salami [salami] *m* Salami
sale [sal] schmutzig
saleté [salte] *f* Schmutz
salière [saljɛʀ] *f* Salzstreuer
salle [sal] *f* Saal, Halle
salle à manger [sal a mɑ̃ʒe] *f* Speisesaal
salle d'attente [sal datɑ̃t] *f* Wartezimmer, Wartesaal
salle de bains [sal də bɛ̃] *f* Badezimmer
salle de petit déjeuner [sal də pti deʒœne] *f* Frühstücksraum
salle de séjour [sal də seʒuʀ] *f* Wohnzimmer
salle de télévision [sal də televizjɔ̃] *f* Fernsehraum
salmonelle [salmɔnɛl] *f* Salmonellen
salmonellose [salmɔnɛloz] *f* Salmonellenvergiftung
salon [salɔ̃] *m* Wohnzimmer
saluer [salye] grüßen, begrüßen
samedi [samdi] Samstag
sandales [sɑ̃dal] *f pl* Sandalen
sandwich [sɑ̃dwitʃ] *m* belegtes Brötchen
sang [sɑ̃] *m* Blut
sans [sɑ̃] ohne
sans alcool [sɑ̃z‿alkɔl] alkoholfrei
sans connaissance [sɑ̃ kɔnɛsɑ̃s] bewusstlos
sans importance [sɑ̃z‿ɛ̃pɔʀtɑ̃s] unwichtig
sans obstacle [sɑ̃z‿ɔpstakl] barrierefrei
santé [sɑ̃te] *f* Gesundheit; **en bonne santé** [ɑ̃ bɔn sɑ̃te] gesund
sauce [sos] *f* Soße
saucisse [sosis] *f* Würstchen
sauge [soʒ] *f* Salbei
sauna [sona] *m* Sauna
saut à l'élastique [so a lelastik] *m* Bungeejumping
sauter [sote] springen
sauteuse [sotøz] *f* Bräter
sauvage [sovaʒ] wild
sauver [sove] retten

savoir [savwaʀ] wissen; *m* Wissen
savon [savɔ̃] *m* Seife
savourer [savuʀe] genießen
scanner [skanɛr] *m* Scanner
sciatique [sjatik] *f* Ischias
sculpteur [skyltœʀ] *m* Bildhauer
sculpture [skyltyʀ] *f* Skulptur, Plastik
sculpture sur bois [skyltyʀ syʀ bwa] *f* Schnitzerei
seau [so] *m* Eimer
sèche-cheveux [sɛʃ ʃəvø] *m* Föhn
sécher [seʃe] trocknen
second, e [səgɔ̃, ɔ̃d] zweite(r, -s)
seconde [səgɔ̃d] *f* Sekunde
sec, sèche [sɛk, sɛʃ] trocken
séchoir [seʃwaʀ] *m* Trockner
secret, secrète [səkʀɛ, ɛt] *adj* geheim; heimlich; **en secret** [ɑ̃ səkʀɛ] *adv* heimlich
sécurité [sekyʀite] *f* Sicherheit
seiche [sɛʃ] *f* Tintenfisch
séjour [seʒuʀ] *m* Aufenthalt
séjourner [seʒuʀne] s. aufhalten
sel [sɛl] *m* Salz
sélectionner [selɛksjɔne] aussuchen
self-service [sɛlfsɛʀvis] *m* Selbstbedienung
selles [sɛl] *f pl* Stuhlgang
semaine [səmɛn] *f* Woche; **pendant la semaine** [pɑ̃dɑ̃ la səmɛn] wochentags
semaine supplémentaire [smɛn syplemɑ̃tɛʀ] *f* Verlängerungswoche
semblable [sɑ̃blabl] ähnlich
semelle [smɛl] *f* Sohle
sens [sɑ̃s] *m* Sinn
sensibilité [sɑ̃sibilite] *f* Filmempfindlichkeit
sentier [sɑ̃tje] *m* Pfad, Weg
sentiment [sɑ̃timɑ̃] *m* Gefühl
sentir [sɑ̃tiʀ] fühlen; riechen
sentir mauvais [sɑ̃tiʀ movɛ] stinken
séparer [sepaʀe] trennen
septembre [sɛptɑ̃bʀ] September
septicémie [sɛptisemi] *f* Blutvergiftung
sérieux, -euse [seʀjø, øz] ernst
séropositif [seʀɔpozitif] HIV-positiv
serpent [sɛʀpɑ̃] *m* Schlange
serpillière [sɛʀpijɛr] *f* Wischmopp
serrure [sɛʀyʀ] *f (Tür)* Schloss
service [sɛʀvis] *m* Dienst; Gefallen; Bedienung
service (administratif) [sɛʀvis administʀatif] Amt
service auto-express [sɛʀvis ɔto ɛkspʀɛs] *m* Autoreisezug *(tags)*
service d'assistance [sɛʀvis dasistɑ̃s] *m* Betreuungsdienst
service de dépannage [sɛʀvis də depanaʒ] *m* Abschleppdienst, Pannendienst
service de transport (pour handicapés) [sɛʀvis də tʀɑ̃spɔʀ (puʀ ɑ̃dikape)] *m* Fahrdienst
services d'aide sociale [sɛʀvis ded sɔsjal] *m pl* sozialer Hilfsdienst
serviette [sɛʀvjɛt] *f* Serviette
serviette de toilette [sɛʀvjɛt də twalɛt] *f* Handtuch
serviettes en papier [sɛʀvjɛt ɑ̃ papje] *f pl* Papierservietten
serviettes hygiéniques [sɛʀvjɛt iʒjenik] *f pl* Damenbinden
servir [sɛʀviʀ] dienen; bedienen, servieren; **se servir** [sə sɛʀviʀ] sich bedienen, zugreifen
seuil [sœj] *m* Türschwelle
seul [sœl] allein
seulement [sœlmɑ̃] nur; *(nicht früher als)* erst
seul, e [sœl] einzig; allein, einsam
sexe [sɛks] *m* Sex
shampooing [ʃɑ̃pwɛ̃] *m* Shampoo
short [ʃɔʀt] *m* Shorts
show [ʃo] *m* Show
si [si] *(Bedingung)* wenn; ob; **si!** doch
siècle [sjɛkl] *m* Jahrhundert
siège [sjɛʒ] *m* Sitz
siège-enfants [sjɛʒɑ̃fɑ̃] *m* Kindersitz
signal [siɲal] *m* Signal
signal d'alarme [siɲal dalaʀm] *m* Notbremse
signature [siɲatyʀ] *f* Unterschrift
signe [siɲ] *m* Zeichen; **faire signe** [fɛʀ siɲ] winken
signer [siɲe] unterschreiben
signification [siɲifikasjɔ̃] *f (Sinn)* Bedeutung
simple [sɛ̃pl] einfach
sinusite [sinysit] *f* Stirnhöhlenentzündung
sirop contre la toux [siʀo kɔ̃tʀə la tu] *m* Hustensaft
situation [sityasjɔ̃] *f* Lage
ski [ski] *m* Ski
ski de fond [skid fɔ̃] *m* Langlaufski
ski nautique [ski notik] *m* Wasserski
skier [skje] Ski laufen
slip [slip] *m* Unterhose, Slip

socquettes [sɔkɛt] *f pl* Söckchen
sœur [sœʀ] *f* Schwester
soie [swa] *f* Seide
soif [swaf] *f* Durst
soigner [swaɲe] behandeln
soin [swɛ̃n] *m* Behandlung
soin de balnéothérapie [swɛ̃d balneɔteʀapi] *m* Kneipp-Anwendung
soin du corps [swɛ̃ dy kɔʀ] *m* Ganzkörpermassage
soin du visage [swɛ̃ dy vizaʒ] *m* Gesichtsbehandlung
soir [swaʀ] *m* Abend
soirée [swaʀe] *f* Abend; Party
soirée de danse folklorique [swaʀe də dɑ̃s fɔlklɔʀik] *f* Folkloreabend
sol [sɔl] *m* Boden
solarium [sɔlaʀjɔm] *m* Solarium
soldes [sɔld] *m pl* Ausverkauf
sole [sɔl] *f* Seezunge
soleil [sɔlɛj] *m* Sonne
solide [sɔlid] fest
soliste [sɔlist] *m/f* Solist/in
solitaire [sɔlitɛʀ] einsam
solution de réhydratation [sɔlysjɔ̃ də ʀeidʀatasjɔ̃] *f* Elektrolytlösung
sombre [sɔ̃bʀ] dunkel
somme [sɔm] *f* Summe
sommet [sɔmɛ] *m* Gipfel, Spitze
somnifères [sɔmnifɛʀ] *m pl* Schlaftabletten
son [sɔ̃] *m* Klang
son [sɔ̃] *poss prn* sein, ihr
sonner [sɔne] klingeln, läuten; *(Uhr)* schlagen
sonnette [sɔnɛt] *f* Klingel
sorte [sɔʀt] *f* Sorte
sortie [sɔʀti] *f* Ausgang
sortie (d'autoroute) [sɔʀti (dotoʀut)] *f* Ausfahrt
sortie de secours [sɔʀtid səkuʀ] *f* Notausgang
sortir [sɔʀtiʀ] hinausgehen; ausgehen
souci [susi] *m* Sorge; **se faire du souci pour** [sə fɛʀ dy susi puʀ] s. sorgen um
soucoupe [sukup] *f* Untertasse
soudain [sudɛ̃] plötzlich
soulever [sulve] heben
soûl, e [su, sul] betrunken
soumis aux droits de douane [sumi o dʀwad duan] zollpflichtig
soupe [sup] *f* Suppe
source [suʀs] *f* Quelle
sourd [suʀ] gehörlos, taub
sourd/sourde [suʀ/suʀdə] Gehörlose/r
sourd/e-muet/te *m/f* [suʀmɥɛ/t] Taubstumme/r
sous [su] unter
sous-titres [sutitʀ] *m pl* Untertitel
sous-vêtements [suvɛtmɑ̃] *m pl* Unterwäsche
soutien-gorge [sutjɛ̃gɔʀʒ] *m* BH
souvenir [suvniʀ] *m* Mitbringsel
se souvenir [sə suvniʀ] s. erinnern
souvent [suvɑ̃] oft
sparadrap [spaʀadʀa] *m* Pflaster
spécialiste [spesjalist] *m/f* Facharzt/ärztin
spécialité [spesjalite] *f* Spezialität
spécial, e [spesjal] speziell; eigenartig
spectacle [spɛktakl] *m* Aufführung, Veranstaltung
spectateur/spectatrice [spɛktatœʀ/spɛktatʀis] *m* Zuschauer/in
sport [spɔʀ] *m* Sport
sportif/sportive [spɔʀtif/spɔʀtiv] Sportler/in
stade [stad] *m* Sportplatz
station [stasjɔ̃] *f* Haltestelle
station balnéaire [stasjɔ̃ balneɛʀ] *f* Badeort
station de taxis [stasjɔ̃ də taksi] *f* Taxistand
statue [staty] *f* Statue
steward/hôtesse de l'air [stiwaʀt/otɛs də lɛʀ] *m/f* Steward/ess
stimulateur cardiaque [stimylatœʀ kaʀdjak] *m* Herzschrittmacher
stop! [stɔp] halt!
stops [stɔp] *m pl* Bremslichter
studio [stydjo] *m* Studio, Apartment
stupide [stypid] blöd(e)
style [stil] *m* Stil
stylo à bille [stilo a bij] *m* Kugelschreiber
sucette (de caoutchouc) [sysɛt (də kautʃu)] *f* Schnuller
sucre [sykʀə] *m* Zucker
sucré, e [sykʀe] süß
sucrettes [sykʀɛt] *f pl* Süßstoff
Sud [syd] *m* Süden; **au sud de** [o syd də] südlich von
suffire [syfiʀ] (aus)reichen
suffisamment [syfizamɑ̃] genug
Suisse [sɥis] *f* Schweiz; *m* Schweizer; **Suissesse** [sɥisɛs] *f* Schweizerin
suivant, e [sɥivɑ̃, ɑ̃t] nächste(r, -s)

suivre [sɥivʀ] folgen, befolgen
supermarché [sypɛʀmaʀʃe] *m* Supermarkt
supplément [syplemɑ̃] *m* Zuschlag
supplémentaire [syplemɑ̃tɛʀ] zusätzlich
supporter [sypɔʀte] ertragen; vertragen
suppositoires [sypozitwaʀ] *m pl* Zäpfchen
sur [syʀ] auf
sûr, e [syʀ] sicher, zuverlässig
sur le gril [syʀ lə gʀil] vom Grill
sur les bords de la Seine [syʀ le bɔʀ də la sɛn] an der Seine
surbaissé [syʀbese] ebenerdig
sûrement [syʀmɑ̃] bestimmt, sicher
surf [sœʀf] *m* Surfbrett
surface de réparation [syʀfas də ʀepaʀasjɔ̃] *f* Strafraum
surpris, e [syʀpʀi, iz] überrascht
surtout [syʀtu] besonders
surveiller [syʀvɛje] bewachen, aufpassen (auf)
sympa [sɛ̃pa] gemütlich *(Ort)*
sympathique [sɛ̃patik] sympathisch
syncope [sɛ̃kɔp] *f* Ohnmacht
syndicat d'initiative [sɛ̃dika dinisjativ] *m* (Fremden-)Verkehrsamt
système d'alarme [sistɛm dalaʀm] *m* Alarmanlage

T

t(ee)-shirt [tiʃœʀt] *m* T-Shirt
ta [ta] deine
table [tabl] *f* Tisch
table à langer [tabla lɑ̃ʒe] *f* Wickeltisch
table de nuit [tablə də nɥi] *f* Nachttisch
tableau [tablo] *m* Gemälde, Bild
tache [taʃ] *f* Fleck(en)
taille [taj] *f (Kleidung)* Größe
tailleur [tajœʀ] *m* Kostüm
tailleur/couturière [tajœʀ/kutyʀjɛʀ] Schneider/in
se taire [sə tɛʀ] schweigen
talon [talɔ̃] *m* Absatz
tampon [tɑ̃pɔ̃] *m* Stempel; Tampon
tard [taʀ] spät
tas, un ~ de [ɛ̃ ta də] eine Menge
tasse [tas] *f* Tasse
taux d'alcoolémie maximal [to dalkɔlemi maksimal] *m* Promillegrenze
taxe de sécurité [taks də sekyʀite] *f* Sicherheitsgebühr
taxe de séjour [taks də seʒuʀ] *f* Kurtaxe
taxes d'aéroport [taks daeʀɔpɔʀ] *m pl* Flughafengebühr
te [tə] dich, dir
teinte [tɛ̃t] *f (Farbe)* Ton
teinture d'iode [tɛ̃tyʀ djɔd] *f* Jod(tinktur)
teinturerie [tɛ̃tyʀəʀi] *f* Reinigung
télécopieur [telekɔpjœʀ] *m* Faxgerät
télégramme [telegʀam] *m* Telegramm
téléobjectif [teleɔbʒɛktif] *m* Teleobjektiv
téléphérique [telefeʀik] *m* Seilbahn
téléphone [telefɔn] *m* Telefon
téléphone (de la chambre) [telefɔn (də la ʃɑ̃bʀ)] *m* Zimmertelefon
téléphone de secours [telefɔn də skuʀ] *m* Notrufsäule
téléphoner [telefɔne] telefonieren, anrufen
téléphoner à [telefɔne a] jdn anrufen
télésiège [telesjɛʒ] *m* Sessellift
téléski [teleski] *m* Schlepplift
téléviseur [televizœʀ] *m* Fernseher
témoin [temwɛ̃] *m/f* Zeuge/Zeugin
température [tɑ̃peʀatyʀ] *f* Temperatur; Fieber
tempête [tɑ̃pɛt] *f* Sturm
temple [tɑ̃pl] *m* Kirche *(ev.)*, Tempel
temps [tɑ̃] *m* Zeit; Wetter; **à temps** [a tɑ̃] *adv* rechtzeitig; **en même temps** [ɑ̃ mɛm tɑ̃] gleichzeitig
tendre [tɑ̃dʀ] *(weich)* zart; zärtlich
tendre [tɑ̃dʀ] geben, reichen
tenir [təniʀ] halten; **être tenu de** [ɛtʀ təny də] verpflichtet sein
tennis [tenis] *m* Tennis; *f pl* Turnschuhe
tente [tɑ̃t] *f* Zelt
terminal [tɛʀminal] *m* Terminal
terminer [tɛʀmine] beenden; **se terminer** [sə tɛʀmine] ablaufen; enden
terminus [tɛʀminys] *m* Endstation
terrain [tɛʀɛ̃] *m* Gelände; **terrain de sport** [tɛʀɛ̃ də spɔʀ] *m* Sportplatz
terrain de football [tɛʀɛ̃d futbol] *m* Fußballplatz
terrasse [tɛʀas] *f* Terrasse
terre [tɛʀ] *f* Erde; Land

terre cuite [tɛʀ kɥit] *f* Terrakotta
terre ferme [tɛʀ fɛʀm] *f* Festland
tétanos [tetanos] *m* Tetanus
tête [tɛt] Kopf
tétine [tetin] *f* Sauger
thé [te] *m* Tee
théâtre [teatʀ] *m* Theater
théâtre de la danse [teatʀ də la dɑ̃s] *m* Tanztheater
thérapie [teʀapi] *f* Therapie
thermomètre [tɛʀmɔmɛtʀ] *m* Fieberthermometer
thon [tɔ̃] *m* Thunfisch
thym [tɛ̃] *m* Thymian
tibia [tibja] *m* Schienbein
tilleul [tijœl] *m* Lindenblütentee
timbre [tɛ̃bʀ] *m* Briefmarke
timbre de collection [tɛ̃bʀə də kɔlɛksjø] *m* Sondermarke
timide [timid] schüchtern
tique [tik] *f* Zecke
tire-bouchon [tiʀbuʃɔ̃] *m* Korkenzieher
tirer [tiʀe] ziehen; schießen
toast [tost] *m* Toast
toi [twa] du; dich; **à toi** [a twa] dir
toile [twal] *f* Leinen
toilettes [twalɛt] *f pl* Toiletten
toilettes pour handicapés [twalɛt puʀ ɑ̃dikape] *f pl* Behindertentoilette
toit [twa] *m* Dach
toit ouvrant [twa uvʀɑ̃] *m* Schiebedach
tomate [tɔmat] *f* Tomate
tombe [tɔ̃b] *f* Grab
tombeau [tɔ̃bo] *m* Grabmal
tomber [tɔ̃be] fallen, stürzen
ton [tɔ̃] *poss prn* dein
ton [tɔ̃] *m* Ton
tongs [tɔ̃g] *f pl* Flipflops
torchon [tɔʀʃɔ̃] *m* Spültuch, Geschirrtuch
tôt [to] früh
toucher [tuʃe] berühren
toujours [tuʒuʀ] immer, stets
tour [tuʀ] *m* Tour
tour de l'île [tuʀ də lil] *m* Inselrundfahrt
tour de reins [tuʀ də ʀɛ̃] *m* Hexenschuss
touriste [lə/la tuʀist] *m/f* Tourist/in
tous [tus] alle
tous les jours [tu le ʒuʀ] täglich
tous/toutes les deux [tu/tut le dø] beide
tout [tu] *adv* ganz; **tout à coup** [tut‿a ku] plötzlich; **tout de suite** [tud sɥit] gleich, sofort
tout droit [tu dʀwa] geradeaus
toutes les heures [tut lez‿œʀ] stündlich
tout, toute [tu, tut] ganz; alles; **tous, toutes** [tus, tut] alle
toux [tu] *f* Husten
toxique [tɔksik] giftig
traduire [tʀadɥiʀ] übersetzen
tragédie [tʀaʒedi] *f* Tragödie
train [tʀɛ̃] *m* Zug
train autos-couchettes [tʀɛ̃ ɔtokuʃɛt] *m* Autoreisezug *(nachts)*
train de banlieue [tʀɛ̃d bɑ̃ljø] *m* Nahverkehrszug
traité [tʀɛte] gespritzt
traiteur [tʀɛtœʀ] *m* Feinkostgeschäft *(hausgemachte Produkte)*, Partyservice
trajet [tʀaʒɛ] *m* Strecke; Fahrt
tram [tʀam] *m* Straßenbahn
tranche [tʀɑ̃ʃ] *f* Scheibe
tranches de charcuterie/de viande froide [tʀɑ̃ʃ də ʃaʀkytʀi/də vjɑ̃d fʀwad] *f pl* Aufschnitt
tranquillisant [tʀɑ̃kilizɑ̃] *m* Beruhigungsmittel
transpirer [tʀɑ̃spiʀe] schwitzen
travail [tʀavaj] *m* Arbeit
travailler [tʀavaje] arbeiten
traverser [tʀavɛʀse] überqueren
travers, à ~ [a tʀavɛʀ] quer durch
très [tʀɛ] sehr
tri des déchets [tʀi de deʃɛ] *m* Mülltrennung
triangle de présignalisation [tʀijɑ̃gl də pʀesiɲalizasjɔ̃] *m* Warndreieck
tribunal [tʀibynal] *m (Justiz)* Gericht
triste [tʀist] traurig
troisième [tʀwazjɛm] dritte(r, -s)
tromper [tʀɔ̃pe] betrügen; **se tromper** [sə tʀɔ̃pe] s. irren, s. täuschen
trop [tʀo] zu viel, zu sehr; *(mit adj)* zu
trou [tʀu] *m* Loch
trouble [tʀubl] *(Flüssigkeit)* trüb
troubles cardiaques [tʀublə kaʀdjak] *m pl* Herzbeschwerden
troubles de la circulation [tʀublə də la siʀkylasjɔ̃] *m pl* Kreislaufstörung
troubles digestifs [tʀublə diʒɛstif] *m pl* Verdauungsstörung

troubles respiratoires [tʀubləʀɛspiʀatwaʀ] *m pl* Atembeschwerden
trousse de secours [trus də skuʀ] *f* Verbandskasten
trouver [tʀuve] finden; **se trouver** [sə tʀuve] *(Ort)* liegen
tu [ty] du
tuba [tyba] *m* Schnorchel
tube digestif [tyb diʒɛstif] *m* Speiseröhre
tumeur [tymœʀ] *f* Geschwulst
tunnel [tynɛl] *m* Tunnel
turquoise [tyʀkwaz] türkis
tuyau [tɥijo] *m* Schlauch, Rohr; Tipp
tuyau d'échappement [tɥijo deʃapmɑ̃] *m* Auspuff
tympan [tɛ̃pɑ̃] *m* Trommelfell
typhoïde [tifɔid] *f* Typhus
typique (de) [tipik (də)] typisch (für)

U

ulcère [ylsɛʀ] *m* Geschwür
un, une [ɛ̃, yn] ein(e)
un morceau de pain [ɛ̃ mɔʀso də pɛ̃] ein Stück Brot
un quart d'heure [ɛ̃ kaʀ dœʀ] eine Viertelstunde
une fois [yn fwa] einmal
uni [yni] einfarbig
université [ynivɛʀsite] *f* Universität
urgence [yʀʒɑ̃s] Notfall
urgent, e [yʀʒɑ̃, ɑ̃t] dringend
urine [yʀin] *f* Urin
urinoir [yʀinwaʀ] *m* Stehklosett
usine [lyzin] *f* Fabrik
usuel, le [yzɥɛl] gebräuchlich
utiliser [ytilize] benutzen

V

V.T.C. (vélo tout chemin) [vetese (velo tu ʃmɛ̃)] *m* Trekkingrad
vacances [vakɑ̃s] *f pl* Ferien; Urlaub
vaccination [vaksinasjɔ̃] *f* Impfung
vague de chaleur [vag də ʃalœʀ] *f* Hitzewelle
vaisselle [vɛsɛl] *f* Geschirr
valable [valabl] gültig; **être valable** [ɛtʀə valabl] gelten
valeur [valœʀ] *f* Wert; **sans valeur** [sɑ̃ valœʀ] wertlos
valise [valiz] *f* Koffer
vallée [vale] *f* Tal
vapeur [vapœʀ] *m* Dampfer
variable [vaʀjabl] wechselhaft
varicelle [vaʀisɛl] *f* Windpocken
variétés [vaʀjete] *f pl* Varietee
vase [vaz] *m* Vase
veau [vo] *m* Kalbfleisch
végétarien [veʒetaʀjɛ] vegetarisch
veille de Noël [vɛj də nɔɛl] *f* Heiliger Abend
vélo [velo] *m* Fahrrad
vélo de course [velod kuʀs] *m* Rennrad
vendre [vɑ̃dʀ] verkaufen
vendredi [vɑ̃dʀədi] Freitag
vendredi saint [vɛ̃dʀədi sɛ̃] *m* Karfreitag
venimeux [vənimø] giftig
venir [vəniʀ] kommen
vent [vɑ̃] *m* Wind
vente [vɑ̃t] *f* Verkauf
ventilateur [vɑ̃tilatœʀ] *m* Ventilator
ventre [vɑ̃tʀ] *m* Bauch
vents [vɑ̃] *m pl* Blähungen
ver [vɛʀ] *m* Wurm
verglas [vɛʀgla] *m* Glatteis
véritable [veʀitabl] *adj* eigentlich
vernis à ongles [vɛʀni a ɔ̃gl] *m* Nagellack
verre [vɛʀ] *m* Glas
verre à eau [vɛʀ a o] *m* Wasserglas
verre à vin [vɛʀ a vɛ̃] *m* Weinglas
vers [vɛʀ] *(räumlich)* in Richtung auf, gegen; *(zeitlich)* gegen, um; **vers le bas** [vɛʀ lə ba] abwärts; **vers le haut** [vɛʀ lə o] nach oben; **vers midi** [vɛʀ midi] gegen Mittag
version originale (la v.o.) [vɛʀsjɔ̃ ɔʀiʒinal (la ve o)] *f* Originalfassung
vert [vɛʀ] grün
vertige [vɛʀtiʒ] *m* Schwindel(gefühl)
vésicule biliaire [vezikyl biljɛʀ] *f* Gallenblase
vessie [vesi] *f* Blase
veste [vɛst] *f* Jacke
veste de cuir [vɛstə də kɥiʀ] *f* Lederjacke
veste de laine [vɛstə də lɛn] *f* Strickjacke
vestiaire [vɛstjɛʀ] *m* Garderobe
vestiges [vɛstiʒ] *m pl* Überreste
vestiges archéologiques [vɛstiʒ aʀkeɔlɔʒik] *m* Funde
vêtements [vɛtmɑ̃] *m pl* Kleidung

vêtements habillés [vɛtmɑ̃ abije] *m pl* Abendgarderobe
veuf/veuve [vœf/vœv] *mf* verwitwet
vexation [vɛksasjɔ̃] *f* Beleidigung
viande [vjɑ̃d] *f* Fleisch
viande hachée [vjɑ̃d aʃe] *f* Hackfleisch
vidange [vidɑ̃ʒ] *f* Ölwechsel
vide [vid] leer
vidéocassette [videokasɛt] *f* Videokassette
vie [vi] *f* Leben
vieille ville [vjɛj vil] *f* Altstadt
vieux, vieil, vieille [vjø, vjɛj, vjɛj] alt
vif, vive [vif, viv] lebhaft
vigne [viɲ] *f* Weinberg
village [vilaʒ] *m* Dorf
village de montagne [vilaʒ də mɔ̃taɲ] *m* Bergdorf
village de pêcheurs [vilaʒ də pɛʃœʀ] *m* Fischerort
village de vacances [vilaʒ də vakɑ̃s] *m* Ferienanlage
ville [vil] *f* Stadt
vin [vɛ̃] *m* Wein
vin blanc [vɛ̃ blɑ̃] *m* Weißwein; **(vin) rosé** [vɛ̃ ʀoze] *m* Rosé; **(vin) rouge** [vɛ̃ ʀuʒ] *m* Rotwein
vinaigre [vinɛgʀ] *m* Essig
viol [vjɔl] *m* Vergewaltigung
violet [vjɔlɛ] violett
virage [viʀaʒ] *m* Kurve
virement [viʀmɑ̃] *m* Überweisung
virus [viʀys] *m* Virus
vis [vis] *f* Schraube
visa [viza] *m* Visum
visage [vizaʒ] *m* Gesicht
viseur [vizœʀ] *m* Sucher
visite [vizit] *f* Besuch; **rendre visite à qn** [ʀɑ̃dʀ vizit‿a kɛlkɛ̃] jdn besuchen
visite guidée [vizit gide] *f* Führung
visite guidée de la ville [vizit gide də la vil] *f* Stadtrundfahrt
visiter [vizite] besichtigen
vite [vit] *adv* schnell, rasch
vitesse [vitɛs] *f* Geschwindigkeit; Schnelligkeit; *(Auto)* Gang
vitrine [vitʀin] *f* Schaufenster
vivre [vivʀ] leben
voie [vwa] *f* Gleis
voie rapide [vwa ʀapid] *f* Schnellstraße
voir [vwaʀ] sehen; besichtigen
voisin, e [vwazɛ̃, in] *m/f* Nachbar/in
voiture [vwatyʀ] *f* Wagen, Auto
voiture-couchettes [vwatyʀ kuʃɛt] *f* Liegewagen
voiture de police [vwatyʀ də pɔlis] *f* Polizeiwagen
voix [vwa] *f* Stimme
vol [vɔl] *m* Diebstahl
vol [vɔl] *m* Flug
vol à voile [vɔl a vwal] *m* Segelfliegen
vol intérieur [vɔl ɛ̃teʀjœʀ] *m* Inlandsflug
vol international [vɔl ɛ̃tɛʀnasjɔnal] *m* Auslandsflug
volant [vɔlɑ̃] *m* Federball *(Ball)*
volant mobile [vɔlɑ̃ mɔbil] *m* Lenkrad-Drehknopf (Auto)
volcan [vɔlkɑ̃] *m* Vulkan
voler [vɔle] fliegen; stehlen
voleur [vɔlœʀ] *m* Dieb
voleur à la tire [vɔlœʀ a la tiʀ] *m* Taschendieb
volley-ball [vɔlɛbol] *m* Volleyball; **volley-ball de plage** [vɔlɛbol də plaʒ] *m* Beach-Volleyball
volontiers [vɔlɔ̃tje] gern
volt [vɔlt] *m* Volt
voltage [vɔltaʒ] *m* Stromspannung
votre [vɔtʀ] euer
vouloir [vulwaʀ] wollen; mögen
vous [vu] euch, Sie
voûte [vut] *f* Gewölbe
voyage [vwajaʒ] *m* Reise, Fahrt; **voyage organisé** [vwajaʒ ɔʀganize] *m* Reisegesellschaft
voyager [vwajaʒe] reisen
voyageur, -euse [vwajaʒœʀ, øz] *m/f* der, die Reisende
vraiment [vʀɛmɑ̃] *adv* wirklich
vrai, e [vʀɛ] wahr; echt, wirklich; **être vrai, e** [ɛ̃tʀɛ vʀɛ] *(richtig sein)* stimmen; **à vrai dire** [a vʀɛ diʀ] *adv* eigentlich
V.T.T. (vélo tout terrain) [vetete (velo tu tɛʀɛ̃)] *m* Mountainbike
vue [vy] *f* Sicht; Ansicht; Aussicht

W

wagon aménagé pour handicapés [vagɔ̃ amenaʒe puʀ ɑ̃dikape] *m* rollstuhlgängiger Wagen (Zug)
wagon sans compartiments [vagɔ̃ sɑ̃ kɔ̃paʀtimɑ̃] *m* Großraumwagen
wagon-lits [vagɔ̃li] *m* Schlafwagen

wagon-restaurant [vagɔ̃ ʀɛstɔʀɑ̃] *m* Speisewagen
watt [wat] *m* Watt
western [wɛstɛʀn] *m* Western

Y

yaourt [jauʀt] *m* Joghurt
yeux [jø] *m pl* Augen
yoga [jɔga] *m* Yoga

Z

zone piétonne [zɔn pjetɔn] *f* Fußgängerzone
zoo [zo] *m* Zoo

A

Aal l'anguille *f* [lɑ̃gij]
ab à partir de [a paʀtiʀ də]
Abblendlicht les codes *m* [le kɔd]
Abend le soir [lə swaʀ], la soirée [la swaʀe]
Abendessen le dîner [lə dine]
Abendgarderobe les vêtements *m* habillés [le vɛtmɑ̃ abije]
abends le soir [lə swaʀ]
aber mais [mɛ]
abfahren (von) partir (de) [paʀtiʀ (də)]
Abfahrt le départ [lə depaʀ]
Abfahrtszeit l'heure *f* de départ [lœʀ də depaʀ]
Abfall les ordures *f pl* [lez‿ɔʀdyʀ]
Abfallbeutel le sac-poubelle [lə sak pubɛl]
Abflug le départ [lə depaʀ], le décollage [lə dekɔlaʒ]
Abführmittel le laxatif [lə laksatif]
abgeben rendre [ʀɑ̃dʀ], remettre [ʀəmɛtʀ]
abgelaufen périmé [peʀime]
abholen aller chercher [ale ʃɛʀʃe]
Abkürzung l'abréviation *f* [labʀevjasjɔ̃]; *(Weg)* le raccourci [lə ʀakuʀsi]
ablehnen refuser [ʀəfyze]
abnehmen décrocher [dekʀɔʃe]
abreisen (nach) partir (pour) [paʀtiʀ (puʀ)]
Absatz le talon [lə talɔ̃]
Abschleppdienst le service de dépannage [lə sɛʀvis də depanaʒ]
abschleppen remorquer [ʀəmɔʀke]
Abschleppseil le câble de remorquage [lə kablə də ʀəmɔʀkaʒ]
Abschleppwagen la dépanneuse [la depanøz]
abschließen fermer à clé [fɛʀme a kle]
abseits hors-jeu [ɔʀ ʒø]
Absender l'expéditeur *m* [lɛkspeditœʀ]
Abszess l'abcès *m* [labsɛ]
Abtei l'abbaye *f* [labei]
Abteil le compartiment [lə kɔ̃paʀtimɑ̃]
Achtung attention [atɑ̃sjɔ̃]
Action film le film d'action [lə film daksjɔ̃]
Adapter l'adaptateur *m* [ladaptatœʀ]
Adresse l'adresse *f* [ladʀɛs]
Aerobic l'aérobic *m* [laeʀɔbik]
Agentur l'agence *f* [laʒɑ̃s]
ähnlich semblable [sɑ̃blabl]
akklimatisieren, s. s'acclimater [saklimate]
Akku la batterie [la batʀi]
Akt l'acte *m* [lakt]; le nu [lə ny]
Aktzeichnen le dessin sur modèle [lə desɛ̃ syʀ modɛl]
Akupunktur l'acupuncture *f* [lakypɔ̃tyʀ]
Alarmanlage le système d'alarme [lə sistɛm dalaʀm]
alkoholfrei sans alcool [sɑ̃z‿alkɔl]
alkoholfreies Bier la bière sans alcool [la bjɛʀ sɑ̃z‿alkɔl]
alle tous [tus], toutes [tut]
allein seul [sœl]
Allergie l'allergie *f* [lalɛʀʒi]
alles tout [tu]
als *(zeitlich)* quand [kɑ̃]; *(Vergleich)* que [kə]
also donc [dɔ̃k]
alt vieux, vieil, le [vjø, vjɛj]; *(aus früheren Zeiten)* ancien, ne [ɑ̃sjɛ̃, ɛn]
Altar l'autel *m* [lotɛl]
Alter l'âge *m* [laʒ]
Altstadt la vieille ville [la vjɛj vil]
Alufolie le papier (d')alu [lə papje (d) aly]
am Sonntag dimanche [dimɑ̃ʃ]
am Vormittag dans la matinée [dɑ̃ la matine]
am Wochenende le week-end [lə wikɛnd]
ambulante Pflegestation le centre de soins [lə sɑ̃tʀə də swɛ̃]
Ampel le feu (de circulation) [lə fø (də siʀkylasjɔ̃)]
Amphitheater l'amphithéâtre *m* [lɑ̃fiteatʀ]
Amt l'office *m* [lɔfis], le service (administratif) [sɛʀvis administʀatif]
amüsieren, s. s' amuser [samyze]

an à [a]; **~ der Seine** sur les bords de la Seine [syʀ le bɔʀ də la sɛn]
Ananas l'ananas *m* [lanana]
andere, der/die/das l'autre [lotʀ]
anders *adv* autrement [otʀəmɑ̃]
anderswo ailleurs [ajœʀ]
Anfang le début/le commencement [lə deby/lə kɔmɑ̃smɑ̃]
anfangen commencer [kɔmɑ̃se]
Angabe l'indication *f* [lɛ̃dikasjɔ̃]
Angel la canne à pêche [la kana pɛʃ]
angeln pêcher [pɛʃe]
Angelschein le permis (de pêche) [lə pɛʀmi(d pɛʃ)]
angenehm agréable [agʀeabl]
Angina l'angine *f* [lɑ̃ʒin]
anhalten arrêter [aʀete], s'arrêter [saʀete]
Anhänger *(Schmuck)* le pendentif [lə pɑ̃dɑ̃tif] ; *(Auto)* la remorque [la ʀəmɔʀk]
ankommen arriver [aʀive]
Ankunft l'arrivée *f* [laʀive]
Ankunftszeit l'heure *f* d'arrivée [lœʀ daʀive]
Anlage *(Geld-)* le placement [lə plasmɑ]; *(Ferien)* le complexe [lə kɔ̃plɛks]
Anlasser le démarreur [lə demaʀœʀ]
anlegen in faire escale à [fɛʀ ɛskal a]
anmelden *(ankündigen)* annoncer [anɔ̃se] ; *(einschreiben)* inscrire [ɛ̃skʀiʀ]
Anmeldung *(Ankündigung)* l'annonce [lanɔ̃s] ; *(Einschreibung)* l'inscription [lɛ̃skʀipsjɔ̃]
Anorak l'anorak *m* [lanɔʀak]
Anreisetag le jour de l'arrivée [lə ʒuʀ də laʀive]
Anruf le coup de téléphone [lə ku də telefɔn]
Anrufbeantworter le répondeur automatique [lə ʀepɔ̃dœʀ ɔtɔmatik]
anrufen appeler [aple], téléphoner à [telefɔne a]
Anschluss la correspondance [la kɔʀɛspɔ̃dɑ̃s]
ansehen regarder [ʀəgaʀde]
Ansichtskarte la carte postale [la kaʀt pɔstal]
anstatt au lieu de [o ljø də]
ansteckend contagieux [kɔ̃taʒjø]
anstrengend fatigant, e [fatigɑ̃, ɑ̃t]
Antibabypille la pillule (anticonceptionnelle) [la pilyl (ɑ̃tikɔ̃sɛpsjɔnɛl)]
Antibiotikum l'antibiotique *m* [lɑ̃tibjɔtik]
antik antique [ɑ̃tik]
Antiquitätengeschäft le magasin d'antiquités [lə magazɛ̃ dɑ̃tikite]
antworten répondre [ʀepɔ̃dʀ]
Anwendungsgebiete indications *f* [ɛ̃dikasjɔ̃]
anzeigen faire une déclaration [fɛʀ‿yn deklaʀasjɔ̃]
anziehen mettre [mɛtʀ]
Anzug le costume [lə kɔstym]
anzünden allumer [alyme]
Apartment le studio [lə stydjo]
Äpfel les pommes *f* [le pɔm]
Apfelsinen les oranges *f* [lez‿ɔʀɑ̃ʒ]
Apotheke la pharmacie [la faʀmasi]
Apparat l'appareil *m* [lapaʀɛj]
Appetit l'appétit *m* [lapeti]
Aprikosen les abricots *m* [lez‿abʀiko]
April avril [avʀil]
Aqua-Jogging la gym aquatique [la ʒim‿akwatik]
Aquarell l'aquarelle *f* [lakwaʀɛl]
Aquarellmalen l'aquarelle *f* [lakwaʀɛl]
Arbeit le travail [lə tʀavaj]; *(Anstellung)* l'emploi *m* [lɑ̃plwa]
arbeiten travailler [tʀavaje]
arbeitslos au chômage [o ʃomaʒ]
Archäologie l'archéologie *f* [laʀkeɔlɔʒi]
Architekt l'architecte *m/f* [laʀʃitɛkt]
Architektur l'architecture *f* [laʀʃitɛktyʀ]
Arena l'arène *f* [laʀɛn]
ärgern, s. ~ über se mettre en colère à cause de [sə mɛtʀ ɛ̃ kɔlɛʀ a koz də]
arm pauvre [povʀ]
Armband le bracelet [lə bʀaslɛ]
Armbanduhr la montre-bracelet [la mɔ̃tʀəbʀaslɛ]
Ärmel la manche [la mɑ̃ʃ]
Ärmelkanal la Manche [la mɑ̃ʃ]
Aromabad le bain aux huiles essentielles [lə bɛ̃ oz‿ɥilz‿ɛsɑ̃sjɛl]
Art la manière [la manjɛʀ], la façon [la fasɔ̃]
Artischocken les artichauts *m* [lez‿aʀtiʃo]
Aschenbecher le cendrier [lə sɑ̃dʀije]
Aschermittwoch le mercredi des cendres [lə mɛʀkʀədi de sɑ̃dʀ]
Aspirin l'aspirine *f* [laspiʀin]
Asthma l'asthme *m* [lasm]
Atembeschwerden les troubles *m* respiratoires [le tʀublə ʀɛspiʀatwaʀ]

Wörterbuch Deutsch - Französisch

Atlantik l'Atlantique *m* [latlɑ̃tik]
atmen respirer [ʀɛspiʀe]
Attest l'attestation *f* [latɛstasjɔ̃], le certificat [lə sɛʀtifika]
Auberginen les aubergines *f* [lez‿obɛʀʒin]
auch aussi [osi]; **~ nicht** (ne ...) pas non plus [(nə ...) pa nɔ̃ ply]
Auf-/Abfahrt la bretelle [la bʀətɛl]
auf sur [syʀ]; **~ Französisch** en français [ɑ̃ fʀɑ̃sɛ]; *(offen)* ouvert, e [uvɛʀ, uvɛʀt]
aufbewahren garder [gaʀde], conserver [kɔ̃sɛʀve]
aufbrechen fracturer [fʀaktyʀe]
Aufenthalt le séjour [lə seʒuʀ]
Aufenthaltsraum la salle d'attente [la sal datɑ̃t]
Auffahrtrampe la rampe d'accès [la ʀɑ̃p daksɛ]
Aufführung la représentation [la ʀəpʀezɑ̃tasjɔ̃]
aufhalten, s. séjourner [seʒuʀne]
aufhören arrêter [aʀete]
aufpassen (auf) surveiller [syʀveje]
Aufschnitt les tranches *f* de charcuterie/de viande froide [lə tʀɑ̃ʃ də ʃaʀkytʀi/də vjɑ̃d fʀwad]
aufschreiben noter [nɔte]
aufstehen se lever [sə ləve]
aufwachen se réveiller [sə ʀeveje]
aufwärts en haut [ɑ̃ o], vers le haut [vɛʀ lə o]
Aufzug l'ascenseur *m* [lasɑ̃sœʀ]
Augen les yeux *m* [lez‿jø]
Augenblick l'instant *m* [lɛ̃stɑ̃]
Augenbrauen zupfen épiler les sourcils [epile le suʀsi]
Augentropfen le collyre [lə kɔliʀ]
August août [u(t)]
aus *(Herkunft)* de [də]; *(Material)* en [ɑ̃]; *(Grund)* pour [puʀ]
Ausbildung l'instruction *f* [lɛ̃stʀyksjɔ̃]; *(beruflich)* la formation [la fɔʀmasjɔ̃]
Ausdruck l'expression *f* [lɛkspʀɛsjɔ̃]
ausdrücklich expressément [ɛkspʀɛssemɑ̃]
Ausfahrt la sortie (d'autoroute) [la sɔʀti (dotoʀut)]
Ausflug l'excursion *f* [lɛkskyʀsjɔ̃]
ausfüllen remplir [ʀɑ̃pliʀ]
Ausgang la sortie [la sɔʀti]
ausgeben dépenser [depɑ̃se]
ausgehen sortir [sɔʀtiʀ]
ausgezeichnet excellent, e [ɛkselɑ̃, ɑ̃t]
Ausgrabungen les fouilles *f* [le fuj]
Auskunft le renseignement [lə ʀɑ̃sɛɲmɑ̃]
Ausland l'étranger *m* [letʀɑ̃ʒe]
Ausländer/in l'étranger [letʀɑ̃ʒe]/l'étrangère [letʀɑ̃ʒɛʀ]
ausländisch étranger, -ère [etʀɑ̃ʒe, ɛʀ]
Auslandsflug le vol international [lə vɔl ɛ̃tɛʀnasjɔnal]
Auslandsgespräch l'appel *m* pour l'étranger [lapɛl puʀ letʀɑ̃ʒe]
Auslöser le déclencheur [lə deklɑ̃ʃœʀ]
Auspuff le tuyau d'échappement [lə tɥijo deʃapmɑ̃]
Ausreise la sortie [la sɔʀti]
Ausritt la promenade à cheval [la pʀɔmnad a ʃval]
ausruhen, s. se reposer [sə ʀəpoze]
Ausschlag les rougeurs *f* [le ʀuʒœʀ]
außen à l'extérieur [a lɛksteʀjœʀ]
außer hors de [ɔʀ də]
außerdem d'autre part [dotʀə paʀ], en outre [ɑ̃n‿utʀ]
außergewöhnlich extraordinaire [ɛkstʀaɔʀdinɛʀ]
außerhalb à l'extérieur (de) [a lɛksteʀjœʀ (də)]
äußerlich *(Anwendung)* externe [ɛkstɛrn]
Aussicht la vue [la vy]
Aussichtspunkt le point de vue [lə pwɛ̃d vy]
aussprechen prononcer [pʀɔnɔ̃se]
aussteigen descendre [desɑ̃dʀ]
Ausstellung l'exposition *f* [lɛkspozisjɔ̃]
aussuchen sélectionner [selɛksjɔne]
austauschen échanger [eʃɑ̃ʒe]
Austern les huîtres *f* [lez‿ɥitʀ]
Ausverkauf les soldes *m pl* [le sɔld]
Auswahl le choix [lə ʃwa]
auszahlen payer [peje]
Auto la voiture [la vwatyʀ]; **~ fahren** conduire [kɔ̃dɥiʀ]
Autobahn l'autoroute *f* [lotɔʀut]
Autobahnausfahrt la sortie d'autoroute [la sʀti dotoʀut]
Autobahngebühr le péage [lə peaʒ]
Automat *(Waren)* le distributeur automatique [lə distʀibytœʀ otomatik]
Automatik(getriebe) la boîte automatique [la bwat ɔtɔmatik]
automatisch automatique [otomatik]
automatische Tür la porte automatique [la pɔʀt ɔtɔmatik]
automatische Türöffnung l'ouverture f automatique des portes [luvɛʀtyʀ ɔtɔmatik de pɔʀt]

Autoradio l'autoradio *m* [lɔtoʀadjo]
Autoreisezug *(nachts)* le train autos-couchettes [lə tʀɛ̃ ɔtokuʃɛt],*(tags)* le service auto-express [lə sɛʀvis ɔto ɛkspʀɛs]
Avocado l'avocat *m* [lavɔka]
Ayurveda l'Ayurveda *m* [lajyʀveda]

B

Baby le bébé [lə bebe]
Babyfon l'interphone *m* [lɛ̃tɛʀfɔn]
Babylift le remonte-pentes pour enfants [lə ʀəmɔ̃tpɑ̃t puʀ ɑ̃fɑ̃]
Babynahrung la nourriture pour bébés [la nuʀityʀ puʀ bebe]
Babyschale le pèse-bébés [lə pɛz bebe]
Babysitter le baby-sitter [lə bebisitɛʀ]
Bäckerei la boulangerie [la bulɑ̃ʒʀi]
Backofen le four [lə fuʀ]
Badeanzug le maillot une pièce [lə majo yn pjɛs]
Badehose le maillot de bain [lə majod bɛ̃]
Bademantel le peignoir de bain [lə pɛɲwaʀ də bɛ̃]
Bademeister le maître-nageur [lə mɛtʀənaʒœʀ]
Bademütze le bonnet de bain [lə bɔnɛd bɛ̃]
Badeort la station balnéaire [la stasjɔ̃ balneɛʀ]
Badeschuhe les chaussures *f* en plastique (pour la baignade) [le ʃosyʀ ɑ̃ plastik (puʀ la bɛɲad)]
Badewanne la baignoire [la bɛɲwaʀ]
Badezimmer la salle de bains [la sal də bɛ̃]
Badminton le badminton [lə badmintɔn]
Bahnhof la gare [la gaʀ]
Bahnsteig le quai [lə kɛ]
bald bientôt [bjɛ̃to]; **so ~ wie möglich** dès que possible [dɛ kə pɔsibl]
Balkon le balcon [lə balkɔ̃]
Ball le ballon [lə balɔ̃], la balle [la bal]; *(Fest)* le bal [lə bal]
Ballett le ballet [lə balɛ]
Bananen les bananes *f* [le banan]
Band le groupe [lə gʀup]
Bänderriss la rupture de tendon [la ʀyptyʀ də tɑ̃dɔ̃]
Bank la banque [la bɑ̃k]; *(Sitz~)* le banc [lə bɑ̃]
bar zahlen payer comptant [pɛje kɔ̃tɑ̃], payer en liquide [pɛje ɑ̃ likid]
bar en espèces [ɑ̃n‿ɛspɛs]
Bargeld les espèces *f* [lez‿ɛspɛs]
Barock le baroque [lə baʀɔk]
barrierefrei sans obstacle [sɑ̃z‿ɔpstakl]
Barsch la perche [la pɛʀʃ]
Bart la barbe [la baʀb]
Basilikum le basilic [lə bazilik]
Basketball le basket-ball [lə baskɛtbol]
Batterie la pile [la pil]
Bauch le ventre [lə vɑ̃tʀ]
Bauernhof la ferme [la fɛʀm]
Baum l'arbre *m* [laʀbʀ]
Baumwolle le coton [lə kɔtɔ̃]
Baustelle le chantier [lə ʃɑ̃tje]
Bauwerk le bâtiment *m* [lə batimɑ̃], l'édifice *m* [ledifis]
beachten respecter [ʀɛspɛkte]
Beach-Volleyball le volley-ball de plage [lə vɔlɛbol də plaʒ]
beantworten répondre à [ʀepɔ̃dʀ a]
Bearbeitungsgebühr la commission [la kɔmisjɔ̃], les frais bancaires [le fʀɛ bɑ̃kɛʀ]
bedauern regretter [ʀəgʀɛte]
Bedeutung *(Sinn)* la signification [la siɲifikasjɔ̃]
Bedienung le service [lə sɛʀvis]
beeilen, s. se dépêcher [sə depeʃe]
beeindruckend impressionnant [ɛ̃pʀɛsjɔnɑ̃]
befinden, s. se trouver [sə tʀuve]
befreundet sein (mit) être amis [ɛtʀ‿ami]
befürchten craindre [kʀɛ̃dʀ]
begegnen rencontrer [ʀɑ̃kɔ̃tʀe]
begeistert sein (von) enthousiasmé, e (par) [ɑ̃tuzjasme (paʀ)]
begleiten accompagner [akɔ̃paɲe]
Begleitperson l'accompagnateur m/l'accompagnatrice f [lakɔ̃paɲatœʀ/lakɔ̃paɲatʀis]
begrüßen saluer [salye]
behalten garder [gaʀde]
Behälter le récipient [lə ʀesipjɑ̃]
behandeln soigner [swaɲe]
Behandlung le soin [lə swɛ̃]
behaupten affirmer [afiʀme]
Behindertenausweis la carte d'invalidité [la kaʀt dɛ̃validite]
behindertengerecht aménagé/équipé pour handicapés [amenaʒe/ekipe puʀ ɑ̃dikape]

Behindertenparkplatz la place de stationnement pour handicapés [la plas də stasjɔ̃nmɑ̃ puʀ ɑ̃dikape]
Behindertentoilette les toilettes f pour handicapés [le twalɛt puʀ ɑ̃dikape]
Behindertenverband l'association f de handicapés [lasɔsjasjɔ̃ də ɑ̃dikape]
Behörde l'administration *f* [ladministʀasjɔ̃]
bei *(örtlich)* près de [pʀɛ də]
beide tous/toutes les deux [tu/tut le dø]
Beifall les applaudissements *m pl* [lez‿aplodismɑ̃]
beige beige [bɛʒ]
Bein la jambe [la ʒɑ̃b]
Beispiel l'exemple *m* [lɛgzɑ̃pl]; **zum ~** par exemple [paʀ‿ɛgzɑ̃pl]
beißen mordre [mɔʀdʀ]
bekannt connu, e [kɔny]; **~ machen** faire connaître [fɛʀ kɔnɛtʀ]
Bekannte, der/die ~ la connaissance [la kɔnɛsɑ̃s]
Bekanntschaft la connaissance [la kɔnɛsɑ̃s], la rencontre [la ʀɑ̃kɔ̃tʀ]
beklagen, s. ~ über se plaindre de [sə plɛ̃dʀə də]
bekommen recevoir [ʀəsəvwaʀ]
belästigen importuner [ɛ̃pɔʀtyne]
Belgier/in le/la Belge [lə/la bɛlʒ]
Belichtungsmesser le photomètre [lə fɔtomɛtʀ], le posemètre [lə pozmɛtʀ]
Belohnung la récompense [la ʀekɔ̃pɑ̃s]
bemerken remarquer [ʀəmaʀke]
bemühen, s. s'efforcer de [sefɔʀse də]
benachrichtigen informer [ɛ̃fɔʀme]
benutzen utiliser [ytilize]
Benzinkanister le bidon d'essence [lə bidɔ̃ dɛsɑ̃s]
Benzinpumpe la pompe à essence [la pɔ̃p‿a ɛsɑ̃s]
bequem confortable [kɔ̃fɔʀtabl]
berechnen calculer [kalkyle]
bereits déjà [deʒa]
Berg la montagne [la mɔ̃taɲ]
Bergdorf le village de montagne [lə vilaʒ də mɔ̃taɲ]
Bergstation le point d'arrivée du téléski [lə pwɛ̃ daʀive dy teleski]
Bergsteigen l'alpinisme *m* [lalpinism]
Beruf la profession [la pʀɔfɛsjɔ̃]
beruhigen, s. se calmer [sə kalme]
Beruhigungsmittel le tranquillisant [lə tʀɑ̃kilizɑ̃]
berühmt célèbre [selɛbʀ]
berühren toucher [tuʃe]
beschädigen endommager [ɑ̃dɔmaʒe]
bescheinigen attester [atɛste]
Bescheinigung le certificat [lə sɛʀtifika], l'attestation *f* [latɛstasjɔ̃]
beschlagnahmen confisquer [kɔ̃fiske]
beschließen décider (de) [deside (də)]
beschreiben décrire [dekʀiʀ]
beschweren, s. ~ (über) se plaindre (de) [sə plɛ̃dʀ (də)]
Besen le balai [lə balɛ]
besetzt occupé, e [ɔkype]
besichtigen visiter [vizite]
Besichtigung la visite [la vizit]
Besitzer/in le/ propriétaire [lə pʀɔpʀijetɛʀ]
besonders surtout [syʀtu]
besorgen procurer [pʀɔkyʀe]
besser *adj* meilleur, e [mɛjœʀ]; *adv* mieux [mjø]
bestätigen confirmer [kɔ̃fiʀme]
beste(r, -s) le/la meilleur, e [lə/la mɛjœʀ]
Besteck les couverts *m* [le kuvɛʀ]
bestehen aus se composer de [sə kɔ̃poze də]
Bestellung la commande [la kɔmɑ̃d]
bestimmt *adj* certain, e [sɛʀtɛ̃, ɛn]; *adv* sûrement [syʀmɑ̃]
Besuch la visite [la vizit]
besuchen, jdn rendre visite à qn [ʀɑ̃dʀ vizit‿a kɛlkɛ̃]
Besuchszeit les heures *f* de visites [lez‿œʀ də vizit]
beten prier [pʀije]
Betrag le montant [lə mɔ̃tɑ̃]
Betreuungsdienst le service d'assistance [lə sɛʀvis dasistɑ̃s]
Betrug l'escroquerie *f* [lɛskʀɔkʀi]
betrunken soûl, e [su, sul], ivre [ivʀə]
Bett le lit [lə li]; **zu ~ gehen** aller se coucher [ales kuʃe]
Bettdecke la couverture [la kuvɛʀtyʀ]
Bettwäsche les draps *m* [le dʀa]
beunruhigen, s. s'inquiéter [sɛ̃kjete]
bevor avant que [avɑ̃ kə]
bewölkt nuageux [nyaʒø]
bewusstlos sans connaissance [sɑ̃ kɔnɛsɑ̃s], évanoui [evanui]
bezahlen payer [pɛje]
bezaubernd ravissant, e [ʀavisɑ̃, ɑ̃t]
BH le soutien-gorge [lə sutjɛ̃gɔʀʒ]
Biene l'abeille *f* [labɛj]
Bier la bière [la bjɛʀ]

bieten offrir [ɔfʀiʀ]
Bikini le bikini [lə bikini]
Bild *(Foto)* la photo [la fɔto]; *(Gemälde)* le tableau [lə tablo]
Bildhauer le sculpteur [lə skyltœʀ]
billig bon marché [bɔ̃ maʀʃe]
Bindfaden la ficelle [la fisɛl]
Bioladen le magasin de produits naturels [lə magazɛ̃ də pʀɔdɥi natyʀɛl]
Birnen les poires *f* [le pwaʀ]
bis jusqu'à [ʒyska]; **~ jetzt** jusqu'à maintenant [ʒyska mɛ̃tnɑ̃]
bisschen, ein ~ un peu [ɛ̃ pø]
Bitte la demande [la dəmɑ̃d]
bitten, jdn um etw ~ demander qc à qn [dəmɑ̃de]
bitter amer, -ère [amɛʀ]
Blähungen les vents *m* [le vɑ̃]
Blase la vessie [la vesi]
Blaskapelle la fanfare [la fɑ̃faʀ]
Blatt la feuille [la fœj]
blau bleu [blø]
Blazer le blazer [lə blazɛʀ]
bleiben rester [ʀɛste]
Blick le regard [lə ʀəgaʀ]; *(Ausblick)* la vue [la vy]
blind aveugle [avœglə]; non-voyant/e [nɔ̃vwajɑ̃/t]
Blinddarmentzündung l'appendicite *f* [lapɛ̃disit]
Blinde/r l'aveugle m/f [lavœglə]; le/la non-voyant/e [lə/la nɔ̃vwajɑ̃/t]
Blindenhund le chien d'aveugle [lə ʃjɛ̃ davœglə]
Blindenschrift le braille [lə bʀaj]
Blinker le clignotant [lə kliɲɔtɑ̃]
Blitz l'éclair *m* [leklɛʀ]
Blitzgerät le flash [lə flaʃ]
Block le bloc [lə blɔk]
blöd(e) stupide [stypid]
blond blond [blɔ̃]
Blues le blues [lə bluz]
Blume la fleur [la flœʀ]
Blumengeschäft le/la fleuriste [lə/la flœʀist]
Blumenkohl le chou-fleur [lə ʃuflœʀ]
Bluse le chemisier [lə ʃmizje]
Blut le sang [lə sɑ̃]
Blutdruck *(hoher)* l'hypertension *f* [lipɛʀtɑ̃sjɔ̃]; *(niedriger)* l'hypotension *f* [lipotɑ̃sjɔ̃]
bluten saigner [seɲe]
Blutgruppe le groupe sanguin [lə gʀup sɑ̃gɛ̃]
Blutung le saignement [lə sɛɲəmɑ̃]
Blutvergiftung la septicémie [la sɛptisemi]
Bö la rafale [la ʀafal]
Boden le sol [lə sɔl]; *(Fuß~)* le plancher [lə plɑ̃ʃe]
Body le body [lə bɔdi]
Bodybuilding la musculation [la myskylasjɔ̃]
Bogen l'arc *m* [laʀk]
Bohnen les haricots *m* [le aʀiko]
Bonbon le bonbon [bɔ̃bɔ̃]
Bootsführerschein le permis-bateau [lə pɛʀmi bato]
Bordkarte la carte d'embarquement [la kaʀtə dɑ̃baʀkəmɑ̃]
Bordrollstuhl le fauteuil transport [lə fotœj tʀɑ̃spɔʀ]
Borreliose la borréliose [la bɔʀeljoz]
böse méchant, e [meʃɑ̃, ɑ̃t]; *(verärgert)* en colère [ɑ̃ kɔlɛʀ]
Botanischer Garten le jardin botanique [lə ʒaʀdɛ̃ bɔtanik]
Botschaft *(dipl. Vertretung)* l'ambassade *f* [lɑ̃basad]
Boulespiel le jeu de boules [lə ʒød bul], la pétanque [la petɑ̃k]
Boutique la boutique [la butik]
Bowling le bowling [lə buliŋ]
Brandsalbe la pommade contre les brûlures [la pɔmad kɔ̃tʀə le bʀylyʀ]
Bräter la sauteuse [la sotøz]
brauchen avoir besoin de [avwaʀ bəzwɛ̃ də]
braun marron [maʀɔ̃]; *(gebräunt)* bronzé, e [bʀɔ̃ze]
Brechreiz la nausée [la noze]
breit large [laʀʒ]
Breite la largeur [la laʀʒœʀ]
Bremse le frein [lə fʀɛ̃]
Bremsflüssigkeit le liquide de frein [lə likid də fʀɛ̃]
Bremslichter les stops *m* [le stɔp]
brennen brûler [bʀyle]
Brennspiritus l'alcool *m* à brûler [lakɔl a bʀyle]
Brief la lettre [la lɛtʀ]
Briefkasten la boîte aux lettres [la bwat‿o lɛtʀ]
Briefmarke le timbre [lə tɛ̃bʀ]
Briefmarkenautomat le distributeur de timbres [lə distʀibytœʀ də tɛ̃bʀ]
Briefpapier le papier à lettres [lə papje a lɛtʀ]
Brieftasche le portefeuille [lə pɔʀtəfœj]
Briefumschlag l'enveloppe *f* [lɑ̃vlɔp]

bringen *(her~)* apporter [apɔʀte]; *(weg~)* emporter [ɑ̃pɔʀte]
Brombeeren les mûres *f* [le myʀ]
Bronchien les bronches *f* [le bʀɔ̃ʃ]
Bronchitis la bronchite [la bʀɔ̃ʃit]
Bronze le bronze [lə bʀɔ̃z]
Brosche la broche [la bʀɔʃ]
Brot le pain [lə pɛ̃]
Brötchen le petit pain [le pti pɛ̃]
Bruch *(Knochen~)* la fracture [la fʀaktyʀ]; *(Leisten~)* la hernie [la ɛʀni]
Brücke le pont [lə pɔ̃]
Bruder le frère [lə fʀɛʀ]
Brunnen la fontaine [la fɔ̃tɛn]
Brust la poitrine [la pwatʀin]
Buch le livre [lə livʀ]
buchen *(Platz)* retenir [ʀətəniʀ], réserver [ʀezɛʀve]
Buchhandlung la librairie [la libʀɛʀi]
buchstabieren épeler [eple]
Bucht *(groß)* la baie [la bɛ]; *(klein)* la crique [la kʀik]
Buchung la réservation [la ʀesɛʀvasjɔ̃]
Bügeleisen le fer à repasser [lə fɛʀ‿a ʀpase]
bügeln repasser [ʀəpase]
Bungalow le bungalow [lə bɛ̃galo]
Bungeejumping le saut à l'élastique [lə so a lelastik]
bunt multicolore [myltikɔlɔʀ]
Burg le château [lə ʃato]
Büro le bureau [lə byʀo]
Bürste la brosse [la bʀɔs]
Bus le bus [lə bys]
Busbahnhof la gare routière [la gaʀ ʀutjɛʀ]
Busch le buisson [lə bɥisɔ̃]
Bußgeld l'amende *f* [lamɑ̃d]
Butter le beurre [lə bœʀ]
Buttermilch le babeurre [lə babœʀ]
Bypass le by-pass [lə baipas]
byzantinisch byzantin [bizɑ̃tɛ]

C

Café le café [lə kafe]
Camcorder le caméscope [lə kameskɔp]
Camping le camping [lə kɑ̃piŋ]
Campingausweis la licence camping [la lisɑ̃s də kɑ̃piŋ]
Campingführer le guide de camping-caravaning [lə gid də kɑ̃piŋ kaʀavaniŋ]
Campingplatz le (terrain de) camping [lə (tɛʀɛ̃ də) kɑ̃piŋ]
CD/DVD le CD/DVD [lə sede/devede]
CD-Spieler le lecteur de CD [lə lɛktœʀ də sede]
Champagner le champagne [lə ʃɑ̃paɲ]
Chef le patron [lə patʀɔ̃]
chemisch reinigen nettoyer (à sec) [nɛtwaje (a sɛk)]
Chicoree l'endive *f* [lɑ̃div]
Chipkarte la carte à puce [la kaʀta pys]
Chirurg/in le/la chirurgien/ne [lə/la ʃiʀyʀʒjɛ/ɛn]
Cholera le choléra [lə kɔleʀa]
Chor le chœur [lə kœʀ]
Christentum le christianisme [lə kʀistjanism]
Clubhaus le châlet [lə ʃalɛ], la club-house [la klœbaus]
Computerfachgeschäft le magasin d'informatique [lə magazɛ̃ dɛ̃fɔʀmatik]
Cornflakes les cornflakes *m* [le kɔʀnflɛks]
Cousin/e le/la cousin/e [lə/la kuzɛ/iñ]
Creme la crème [la kʀɛm]
Curling le curling [lə kœʀliɲ]

D

da *(dort)* là [la]; *(Grund)* comme [kɔm]
Dach le toit [lə twa]
dafür sein être pour [ɛtʀə puʀ]
dagegen sein être contre [ɛtʀə kɔ̃tʀ]
daheim à la maison [a la mɛzɔ̃]
damals à l'époque [a lepɔk]
Damen dames [dam]
Damenbinden les serviettes *f* hygiéniques [le sɛʀvjɛt iʒjenik]
Dampfer le vapeur [lə vapœʀ]
danach après [apʀɛ]
danken, (jdm) ~ remercier (qn) [ʀəmɛʀsje (kɛlkɛ̃)]
dann ensuite [ɑ̃sɥit]
Darm l'instestin *m* [lɛ̃tɛstɛ̃]
dass que [kə]
dasselbe la même chose [la mɛm ʃoz]
Datteln les dattes *f* [le dat]
Datum la date [la dat]
dauern durer [dyʀe]
Dauerwelle la permanente [la pɛʀmanɑ̃t]

Deck le pont [lə pɔ̃]
Decke le plafond [lə plafɔ̃]
Defekt la panne [la pan]
Deich la digue [la dig]
dein ton [tɔ̃], ta [ta]
Delle la bosse [la bɔs]
denken an penser à [pɑ̃se a]
Denkmal le monument [lə mɔnymɑ̃]
Denkmalschutz la protection des monuments [la pʀɔtɛksjɔ̃ de mɔnymɑ̃]
denn car [kaʀ]
Deo(dorant) le déodorant [lə deɔdɔʀɑ̃]
deshalb c'est pourquoi [sɛ puʀkwa]
Desinfektionsmittel l'antiseptique *m* [lɑ̃tisɛptik]
desinfizieren désinfecter [dezɛ̃fɛkte]
deutlich clair, e [klɛʀ]
deutsch allemand, e [almɑ̃, ɑ̃d]
Deutsche, der/die l'Allemand [lalmɑ̃]/l'Allemande [lalmɑ̃d]
Deutschland l'Allemagne *f* [lalmaɲ]
Devisen les devises *f* [le dəviz]
Dezember décembre [desɑ̃bʀ]
Dia la diapo [la djapo]
Diabetes le diabète [lə djabɛt]
Diabetiker le diabétique [lə djabetik]
Diagnose le diagnostic [lə djagnɔstik]
Diät le régime [lə ʀeʒim]
dich te [tə], toi [twa]
dick gros, grosse [gʀo, gʀos]
Dieb le voleur [lə vɔlœʀ]
Diebstahl le vol [lə vɔl]
Dienstag mardi [maʀdi]
diese(r, -s) ce [sə], cet [sɛt], cette [sɛt], ces [se]
Digitalkamera l'appareil *m* photo digital [lapaʀɛj fɔto diʒital]
Ding la chose [la ʃoz]
Diphtherie la diphtérie [la difteʀi]
dir te [tə], à toi [a twa]
direkt direct, e [diʀɛkt]
Direktion la direction [la diʀɛksjɔ̃]
Dirigent/in le/la chef d'orchestre [lə/la ʃɛf dɔʀkɛstʀ]
Diskothek la discothèque [la diskɔtɛk]
doch si! [si]; pourtant [puʀtɑ̃]
Dokumentarfilm le documentaire [lə dɔkymɑ̃tɛʀ]
Dom la cathédrale [la katedʀal]
Donnerstag jeudi [ʒœdi]
Doppel le double [lə dubl]
doppelt double [dubl]
Dorf le village [lə vilaʒ]
dort là-bas [laba]
Dose la boîte [la bwat]
Dosenöffner l'ouvre-boîtes *m* [luvʀəbwat]
Dosierungsanleitung: la posologie [la pozɔlɔʒi]
Drachenfliegen le deltaplane [lə dɛltaplan]
Draht le fil de fer [lə fil də fɛʀ]
Drama le drame [lə dʀam]
draußen dehors [dəɔʀ]
Dreikönigstag la Fête des Rois [la fɛt de ʀwa], l'Epiphanie [lepifani]
Dressing l'assaisonnement *m* [lasɛzɔnmɑ̃]
drin, drinnen à l'intérieur [a lɛ̃teʀjœʀ], dedans [dədɑ̃]
dringend urgent, e [yʀʒɑ̃, ɑ̃t]
dritte(r, -s) le/la troisième [lə/la tʀwazjɛm]
Drogerie la droguerie [la dʀɔgʀi]
Drogerieartikel articles d'hygiène [artikl diʒjɛn]
Drucker l'imprimante [lɛ̃pʀimɑ̃t]
du tu [ty], toi [twa]
dumm bête [bɛt]
dunkel ... foncé [fɔ̃se]
dunkel sombre [sɔ̃bʀ]
dünn mince [mɛ̃s]
durch *(quer durch)* à travers [a tʀavɛʀ]; *(Mittel)* grâce à [gʀas‿a]; *(Passiv)* par [paʀ]
Durchfall la diarrhée [la djaʀe]
durchgebraten bien cuit [bjɛ̃ kɥi]
Durchreise, auf der ~ de passage [də pasaʒ]
durchschnittlich *adj* moyen, ne [mwajɛ̃, ɛn]; *adv* en moyenne [ɑ̃ mwajɛn]
dürfen pouvoir [puvwaʀ]
durstig sein avoir soif [avwaʀ swaf]
Dusche la douche [la duʃ]
Duschgel la mousse gel [la musʒɛl]
Duschsitz la douche assise [la duʃ asiz]
Dynastie la dynastie [la dinasti]

E

Ebbe la marée basse [la maʀe bas]
Ebene la plaine [la plɛn]
ebenerdig au niveau du sol [o nivo dy sɔl], surbaissé [syʀbese]
echt authentique [otɑ̃tik]
Ecke le coin [lə kwɛ̃]
Ehefrau la femme [la fam]

Ehemann le mari [lə maʀi]
Eier les œufs *m* [lez‿ø]
Eierbecher le coquetier [lə kɔktje]
eigen propre [pʀɔpʀ]
eigentlich *adj* véritable [veʀitabl]; *adv* en fait [ɑ̃ fɛt], à vrai dire [a vʀɛ diʀ]
Eigentümer/in le/la propriétaire [lə/la pʀɔpʀijetɛʀ]
Eilbrief la lettre exprès [la lɛtʀ‿ɛkspʀɛs]
eilig pressé, e [pʀɛse]; **es ~ haben** être pressé, e [ɛtʀə pʀɛse]
Eimer le seau [lə so]
ein(e) un, une [ɛ̃, yn]
einchecken faire les formalités *f* d'embarquement [fɛʀ le fɔʀmalite dɑ̃baʀkəmɑ̃]
einfach simple [sɛ̃pl]
Einfahrt l'entrée *f* [lɑ̃tʀe]
einfarbig uni [yni]
Eingang l'entrée *f* [lɑ̃tʀe]
einheimisch local, e [lɔkal], national, e [nasjɔnal]
einige quelques [kɛlk(ə)]
einkaufen faire ses courses [fɛʀ se kuʀs]
einladen inviter [ɛ̃vite]
einmal une fois [yn fwa]
einpacken emballer [ɑ̃bale]
Einreise l'entrée *f* [lɑ̃tʀe]
einsam seul, e [sœl], solitaire [sɔlitɛʀ]
einschalten brancher [bʀɑ̃ʃe]
Einschreibebrief la lettre recommandée [la lɛtʀə ʀəkɔmɑ̃de]
einsteigen monter [mɔ̃te]
Einstiegshilfe le marche-pied [lə maʀʃəpje]
Eintritt l'entrée *f* [lɑ̃tʀe]
Eintrittskarte le billet d' entrée [lə bijɛ dɑ̃tʀe]
Eintrittspreis le prix d'entrée [lə pʀi dɑ̃tʀe]
Einwohner/in l'habitant/e *m/f* [labitɑ̃/t]
Einzel le simple [lə sɛ̃pl]
einzig seul, e [sœl]
Eis la glace [la glas]
Eisbahn la patinoire [la patinwaʀ]
Eisenwarengeschäft la quincaillerie [la kɛ̃kajʀi]
Eishockey le hockey sur glace [lə ɔkɛ syʀ glas]
Eislauf le patinage [lə patinaʒ]
Eiter le pus [lə py]
Elastikbinde la bande élastique [la bɑ̃d elastik]
elektrisch *adj* électrique [elɛktʀik]
Elektrohandlung le magasin d'électroménager [lə magazɛ̃ delɛktʀomenaʒe]
Elektroherd la cuisinière électrique [la kɥizinjɛʀ elɛktʀik]
Elektrolytlösung la solution de réhydratation [la sɔlysjɔ̃ də ʀeidʀatasjɔ̃]
Elektrorollstuhl le fauteuil roulant électrique [lə fotœj ʀulɑ̃ elɛktʀik]
Elsass l'Alsace *f* [lalzas]
Eltern les parents *m pl* [le paʀɑ̃]
empfangen recevoir [ʀəsəvwaʀ], accueillir [akœjiʀ]
Empfänger le destinataire [lə dɛstinatɛʀ]
Empfangshalle le hall [lə ol]
empfehlen recommander [ʀəkɔmɑ̃de]
Ende la fin [la fɛ̃]; **am ~** finalement [finalmɑ̃]
endgültig *adj* définitif, -ive [definitif, iv]; *adv* définitivement [definitivmɑ̃]
endlich enfin [ɑ̃fɛ̃]
Endreinigung le nettoyage de fin de séjour [lə nɛtwajaʒ də fɛ̃d seʒuʀ]
Endstation le terminus [lə tɛʀminys]
eng étroit, e [etʀwa, at]
englisch anglais, e [ɑ̃glɛ, lɛz]
Enkel/in le petit-fils [lə ptifis]/la petite-fille [la ptitfij]
entdecken découvrir [dekuvʀiʀ]
Entfernung la distance *f* [la distɑ̃s]
entgegengesetzt opposé, e [ɔpoze]
entscheiden décider [deside]
entschlacken, entgiften se purger, se détoxiquer [sə pyʀʒe, sə dezɛ̃tɔksike]
entschuldigen, s. s'excuser [sɛkskyze]
Entschuldigung l'excuse *f* [lɛkskyz]
enttäuscht déçu, e [desy]
entweder ... oder ou ... ou [u … u], ou bien ... ou bien [u bjɛ̃ … u bjɛ̃]
entwerten composter [kɔ̃pɔste]
entwickeln développer [devəlɔpe]
entzückend ravissant, e [ʀavisɑ̃, ɑ̃t]
Entzündung l'inflammation *f* [lɛ̃flamasjɔ̃]
Epilepsie l'épilepsie f [lepilɛpsi]
Epoche l'époque *f* [lepɔk]
er il [il], lui [lɥi]
Erbsen les petits pois *m* [le pti pwa]
belegtes Brötchen le sandwich [le sɑ̃dwitʃ]
Beleidigung l'offense *f* [lɔfɑ̃s], la vexation [la vɛksasjɔ̃]
Belgien la Belgique [la bɛlʒik]
Erdbeeren les fraises *f* [le fʀɛz]
Erde la terre [la tɛʀ]

Erdgeschoss le rez-de-chaussée [lə ʀedʃose]
erfahren apprendre [apʀɑ̃dʀ]
erfreut sein (über) heureux, -euse (de) [œʀø, øz (də)]
Erfrischungen les rafraîchissements [le ʀafʀɛʃismɑ̃]
erhalten recevoir [ʀəsəvwaʀ]
erholen, s. se rétablir [sə ʀetabliʀ]
erinnern, jdn an etw ~ rappeler qc à qn [ʀaple kɛlkə ʃoz a kɛlkɛ̃]; **s. ~** se souvenir [sə suvniʀ]
Erkältung le rhume [lə ʀym]
Ermäßigung la réduction [la ʀedyksjɔ̃]
ernst sérieux, -euse [seʀjø, øz]
erreichen atteindre [atɛ̃dʀ]
Ersatz la compensation [la kɔ̃pɑ̃sasjɔ̃]
Ersatzrad la roue de secours [la ʀud səkuʀ]
erschöpft épuisé, e [epɥize]
erschrecken effrayer [efʀeje]
ersetzen remplacer [ʀɑ̃plase]; *(Schaden)* réparer [ʀepaʀe]
erst *(zuerst)* d'abord [dabɔʀ]; *(nicht früher als)* seulement [sœlmɑ̃], ne ... que [nə ... kə]
erste(r, -s) premier, -ière [pʀəmje, jɛʀ]
erster Gang la première [la pʀəmjɛʀ]
Erwachsene(r) l'adulte *m/f* [ladylt]
erwarten attendre [atɑ̃dʀ]; *(rechnen mit)* s'attendre à [satɑ̃dʀ a]
erzählen raconter [ʀakɔ̃te]
essbar comestible [kɔmɛstiblə]
Essen le repas [lə ʀəpa]
Essig le vinaigre [lə vinɛgʀ]
Etage l'étage *m* [letaʒ]
Etagenbett le lit à étages [lə li a etaʒ]
etwa à peu près [a pø pʀɛ]
etwas quelque chose [kɛlkə ʃoz]; *(ein wenig)* un peu de [ɛ̃ pø də]
EU-Bürger/in le/la citoyen européen/ne [lə sitwajɛ̃ øʀopeɛ̃/ɛn]
euch vous [vu], à vous [a vu]
euer votre [vɔtʀ]
Euro l'euro *m* [løʀo]
Europa l'Europe *f* [løʀɔp]
Europäer/in l'Européen *m* [løʀɔpeɛ̃]/l'Européenne *f* [løʀɔpeɛn]
europäisch européen, ne [øʀɔpeɛ̃, ɛn]
Exponat la pièce d'exposition [la pjɛs dɛkspozisjɔ̃]
Expressionismus l'expressionnisme *m* [lɛkspʀɛsjɔnism]
extra *(gesondert)* à part [a paʀ]

F

Fabrik l'usine *f* [lyzin]
Facharzt/ärztin le/la spécialiste [lə/la spesjalist]
Faden le fil [lə fil]
Fahrdienst le service de transport (pour handicapés) [lə sɛʀvis də tʀɑ̃spɔʀ (puʀ ɑ̃dikape)]{c"Rot"}
Fähre *(Fluss)* le bac [lə bak], *(Meer)* le ferry [lə fɛʀi]
fahren aller [ale]; *(lenken)* conduire [kɔ̃dɥiʀ]
Fahrer/in le/la chauffeur/la chauffeuse [lə ʃofœʀ/la ʃoføz]
Fahrgast le passager [lə pasaʒe]
Fahrkarte le billet [lə bijɛ]
Fahrkartenautomat le distributeur de billets [lə distʀibytœʀ də bijɛ]
Fahrkartenschalter le guichet [lə giʃɛ]
Fahrplan l'horaire *m* (de chemin de fer/des bus/du métro/des trolleys) [lɔʀɛʀ (də ʃəmɛ̃d fɛʀ/de bys/dy metʀo/de tʀɔlɛ)]
Fahrpreis le prix du billet [lə pʀi dy bijɛ]
Fahrrad le vélo [lə velo], la bicyclette [la bisiklɛt]
Fahrradhelm le casque de protection [lə kask də pʀɔteksjɔ̃]
Fahrradweg la piste cyclable [la pistə siklabl]
Fahrschein le billet [lə bijɛ]
Fahrscheinentwerter le composteur [lə kɔ̃pɔstœʀ]
Fahrstuhl l'ascenseur *m* [lasɑ̃sœʀ]
Fahrt le voyage [lə vwajaʒ], le trajet [lə tʀaʒɛ]
fair fair-play [fɛʀplɛ]
fallen tomber [tɔ̃be]
falls au cas où [o ka u]
Fallschirmspringen le parachutisme [lə paʀaʃytism]
falsch faux, fausse [fo, fos]
Faltrollstuhl le fauteuil roulant pliant [lə fotœj ʀulɑ̃ pliɑ̃]
Familie la famille [la famij]
Familienname le nom de famille [lə nɔ̃d famij]
fangen attraper [atʀape]
Fango l'application de boue [laplikasj ɔ̃ də bu]
färben faire une coloration [fɛʀ yn kɔlɔʀasjɔ̃]
farbig de couleur [də kulœʀ]

Farbstift le crayon de couleur [lə krɛjɔ̃d kulœr]
Fassade la façade [la fasad]
fast presque [prɛsk]
Fasten jeûne [ʒøn]
Fastnachtsdienstag le mardi gras [lə mardi gra]
faul paresseux, -euse [parɛsø, øz]; *(Obst)* abîmé, e [abime]
faulenzen paresser [parɛse]
Fax le fax [lə faks]
Faxgerät le télécopieur [lə telekɔpjœr]
Februar février [fevrije]
Federball *(Ball)* le volant [lə vɔlɑ̃]; *(Spiel)* le badminton [lə badmintɔn]
fehlen manquer [mɑ̃ke]
Fehler *(den man macht)* la faute [la fot]; *(den man hat)* le défaut [lə defo]
Fehlgeburt la fausse-couche [la foskuʃ]
Feigen les figues *f* [le fig]
fein *(dünn)* fin, e [fɛ̃, fin]
Feinkostgeschäft *(internationale Spezialitäten)* l'épicerie *f* fine [lepisri fin]; *(hausgemachte Produkte)* le traiteur [lə trɛtœr]
Feld le champ [lə ʃɑ̃]
Fels le rocher [lə rɔʃe]
Felswand la falaise [la falɛz]
Fenchel le fenouil [lə fənuj]
Fenster la fenêtre [la fnɛtrə]
Fensterplatz le coin-fenêtre [lə kwɛ̃ fənɛtr]
Ferien les vacances *f pl* [le vakɑ̃s]
Ferienanlage le village de vacances [lə vilaʒ də vakɑ̃s]
Ferienhaus la maison de vacances/de campagne [la mɛzɔ̃d vakɑ̃s/kɑ̃paɲ]
Ferngespräch la communication interurbaine [la kɔmynikasjɔ̃ ɛ̃tɛryrbɛn]
Fernlicht les feux *m* de route [le fød rut]
Fernseher le téléviseur [lə televizœr]
Fernsehraum la salle de télévision [la sal də televizjɔ̃]
fertig *(bereit)* prêt, e [prɛ, prɛt]
fest ferme [fɛrm]; *(hart)* dur, e [dyr]
Festival le festival [lə fɛstival]
Festland la terre ferme [la tɛr fɛrm], le continent [lə kɔ̃tinɑ̃]
Festung la forteresse [la fɔrtərɛs]
fett gras, grasse [gra, gras]
fettarm light [lajt]
fettarme Milch le lait écrémé [lə lɛ ekreme]
feucht humide [ymid]
Feuer le feu [lə fø]
feuergefährlich inflammable [ɛ̃flamabl]
Feuerlöscher l'extincteur *m* [lɛkstɛ̃ktœr]
Feuermelder l'avertisseur *m* d'incendie [lavɛrtisœr dɛ̃sɑ̃di]
Feuerwehr les pompiers *m pl* [le pɔ̃pje]
Feuerwerk le feu d'artifice [lə fø dartifis]
Fieber la fièvre [la fjɛvr], la température [la tɑ̃peratyr]
Fieberthermometer le thermomètre [lə tɛrmɔmɛtr]
Film le film [lə film]
Filmempfindlichkeit la sensibilité [la sɑ̃sibilite]
Filmschauspieler/in l'acteur/l'actrice de cinéma [laktœr/laktris də sinema]
finden trouver [truve]
Finger le doigt [lə dwa]
Firma l'entreprise *f* [lɑ̃trəpriz]
Fisch le poisson [lə pwasɔ̃]
Fischerdorf le village de pêcheurs [lə vilaʒ də pɛʃœr]
Fischgeschäft la poissonnerie [la pwasɔnri]
Fischhändler le poissonnier [lə pwasɔɲe]
fit en forme [ɑ̃ fɔrm]
Fitnesscenter le centre de gymnastique [lə sɑ̃trə də ʒimnastik]
FKK-Strand la plage de nudistes [la plaʒ də nydist]
flach plat, e [pla, plat]
Fläschchenwärmer le chauffe-biberon [lə ʃofbibrɔ̃]
Flasche la bouteille [la butɛj]
Flaschenöffner l'ouvre-bouteilles *m* [luvrəbutɛj]
Flaute l'accalmie [lakalmi]
Fleck(en) la tache [la taʃ]
Fleisch la viande [la vjɑ̃d]
Flickzeug le kit de réparation des pneus [lə kit də reparasjɔ̃ de pnø]
Fliege la mouche [la muʃ]
fliegen voler [vɔle]
Flipflops les tongs *f* [le tɔ̃g]
Flohmarkt la foire à la brocante [la fwara la brɔkɑ̃t], le marché aux puces [lə marʃe o pys]
Flug le vol [lə vɔl]
Flügel l'aile *f* [lɛl]

Fluggesellschaft la compagnie aérienne [la kɔ̃paɲi aeʀjɛn]
Flughafen l'aéroport *m* [laeʀɔpɔʀ]
Flughafenbus le bus pour l'aéroport [lə bys puʀ laeʀɔpɔʀ]
Flughafengebühr les taxes *m* d'aéroport [le taks daeʀɔpɔʀ]
Flugsteig la porte *f* d'embarquement [la pɔʀt dɑ̃baʀkəmɑ̃]
Flurbreite la largeur du couloir [la laʀʒœʀ dy kulwaʀ]
Fluss la rivière [la ʀivjɛʀ]
flüssig liquide [likid]
Flut la marée haute [la maʀe ot]
Föhn le sèche-cheveux [lə sɛʃ ʃəvø]
föhnen faire un brushing [fɛʀ ɛ̃ bʀœʃiŋ]
Folklore le folklore [lə fɔlklɔʀ]
Folkloreabend la soirée folklorique [la swaʀe fɔlklɔʀik]
Form la forme [la fɔʀm]
Formular le formulaire [lə fɔʀmylɛʀ]
fort parti, e [paʀti]
Foto la photo [la fɔto]
Fotoapparat l'appareil photo *m* [lapaʀɛjfɔto]
Fotogeschäft le magasin de photos [lə magazɛ̃ fɔto]
Fotografie la photographie [la fɔtogʀafi]
fotografieren photographier [fɔtogʀafje]
Frage la question [la kɛstjɔ̃]
fragen interroger [ɛ̃tɛʀɔʒe]
frankieren affranchir [afʀɑ̃ʃiʀ]
Frankreich la France [la fʀɑ̃s]
Franzose le Français [lə fʀɑ̃sɛ]
Französin la Française [la fʀɑ̃sɛz]
französisch français, e [fʀɑ̃sɛ, ɛz]
Frau la femme [la fam]; *(Anrede, vor Namen)* madame [madam]
Fräulein la demoiselle [la dəmwazɛl]; *(Anrede, vor Namen)* mademoiselle [madmwazɛl]
frei libre [libʀ]
Freilichtkino le cinéma en plein air [lə sinema ɑ̃ plɛn‿ɛʀ]
Freitag vendredi [vɑ̃dʀədi]
Freizeitpark le parc de loisirs [lə paʀk də lwaziʀ]
fremd *(unbekannt)* inconnu, e [ɛ̃kɔny]
Fremde/r l'étranger *m* [letʀɑ̃ʒe]/ l'étrangère *f* [letʀɑ̃ʒɛʀ]; l'inconnu(e) [lɛ̃kɔny]
Fremdenführer/in le/la guide [lə/la gid]
Fremdenverkehrsamt l'office *m* de tourisme [lɔfis də tuʀism], le syndicat d'initiative [lə sɛ̃dika dinisjativ]
freuen, s. ~ über être content, e de [ɛtʀə kɔ̃tɑ̃, ɑ̃t də]; **s. ~ auf** se réjouir à l'avance de [sə ʀeʒwiʀ‿a lavɑ̃s də]
Freund/in l'ami/l'amie [lami], le copain/la copine [lə kɔpɛ̃/la kɔpin]
freundlich aimable [ɛmablə]
Friedhof le cimetière [lə simtjɛʀ]
frieren avoir froid [avwaʀ fʀwa]
frisch frais, fraîche [fʀɛ, fʀɛʃ]; *(neu)* nouveau, nouvel, le [nuvo, nuvɛl]
Frischhaltefolie le film alimentaire [lə film alimɑ̃tɛʀ]
Friseur le coiffeur/la coiffeuse [lə kwaføʀla kwafœz]
frisieren coiffer [kwafe]
Frisur la coiffure [la kwafyʀ], la coupe de cheveux [la kup də ʃvø]
froh *(glücklich)* heureux, -euse [œʀø, øz]
Fronleichnam la Fête-Dieu [la fɛt djø]
Frost le gel [lə ʒɛl]
Frostschutzmittel l'antigel *m* [lɑ̃tiʒɛl]
früh tôt [to]
früher *(eher)* plus tôt [ply to]; *(einst)* autrefois [otʀəfwa]
Frühling le printemps [lə pʀɛ̃tɑ̃]
Frühstück le petit déjeuner [lə pti deʒœne]
frühstücken prendre son petit déjeuner [pʀɑ̃dʀə sɔ̃ pəti deʒœne], déjeuner [deʒœne]
Frühstücksbüfett le buffet (de petit déjeuner) [lə byfɛ (də pti deʒœne)]
Frühstücksraum la salle de petit déjeuner [la sal də pti deʒœne]
fühlen sentir [sɑ̃tiʀ]
Führer *(für Fremde)* le/la guide [lə/la gid]
Führerschein le permis de conduire [lə pɛʀmid kɔ̃dɥiʀ]
Führung la visite guidée [la vizit gide]
Fundbüro le bureau des objets perdus [lə byro dez‿ɔbjɛ pɛʀdy]
Funde les vestiges *m* archéologiques [le vɛstiʒ aʀkeɔlɔʒik]
funktionieren fonctionner [fɔ̃ksjɔne]
für pour [puʀ]
fürchten craindre [kʀɛ̃dʀ]; **s. ~ vor** avoir peur de [avwaʀ pœʀ də]
fürchterlich affreux, -euse [afʀø, øz]
Fuß le pied [lə pje]
Fußball le football [lə futbol]

Fußballplatz le terrain de football [lə tɛʀɛ̃d futbol]
Fußballspiel le match de football [lə matʃ də futbol]
Fußgänger/in le/ piéton [lə pjetɔ̃]
Fußgängerzone la zone piétonne [la zɔn pjetɔn]
Fuß(reflexzonen)massage la réflexologie plantaire [la reflɛksɔlɔʒi plɑ̃tɛʀ]

G

Gabel la fourchette [la fuʀʃɛt]
Galerie la galerie (de peinture) [la galəʀi (də pɛ̃tyʀ)]
Gallenblase la vésicule biliaire [la vɛzikyl biljɛʀ]
Gang la vitesse [la vitɛs]; le couloir [lə kulwaʀ]; le plat [lə pla]
ganz tout [tu], toute [tut]; *adv* complètement [kɔ̃plɛtmɑ̃]; *(vollständig)* entier, -ère [ɑ̃tje, ɛʀ], complet, -ète [kɔ̃plɛ, ɛt]
Ganzkörpermassage le soin du corps [lə swɛ̃ dy kɔʀ]
gar à point [a pwɛ̃]
Garage le garage [lə gaʀaʒ]
Garantie la garantie [la gaʀɑ̃ti]
Garderobe le vestiaire [lə vɛstjɛʀ]
Garnelen les crevettes *f* roses [le kʀəvɛt ʀoz]
Garten le jardin [lə ʒaʀdɛ̃]
Gasflasche la bouteille de gaz [la butɛj də gaz]
Gasherd la cuisinière à gaz [la kɥizinjɛʀ‿a gaz]
Gasherd la gazinière [la gazinjɛʀ]
Gaskartusche la cartouche de gaz [la kaʀtuʃ də gaz]
Gaskocher le réchaud à gaz [lə ʀeʃo a gaz]
Gaspedal l'accélérateur *m* [lakseleʀatœʀ]
Gasse la ruelle [la ʀyɛl]
Gast l'hôte *m* [lot], l'invité, e [lɛ̃vite]
Gastfreundschaft l'hospitalité *f* [lɔspitalite]
Gastgeber/in l'hôte *m* [lot]/l'hôtesse *f* [lotɛs]
Gebäck les pâtisseries *f* [le patisʀi]
gebacken frit [fʀi]
Gebäude le bâtiment [lə batimɑ̃]
geben donner [dɔne]
Gebirge la montagne [la mɔ̃taɲ]
geboren né, e [ne]
gebraten rôti [ʀoti]
gebräuchlich usuel/le [yzɥɛl], commun, e [kɔmɛ̃, yn]
gebrochen cassé [kase]
Gebühren les droits *m pl* [le dʀwa]
Geburtsdatum la date de naissance [la dat də nɛsɑ̃s]
Geburtsname le nom de jeune fille [lə nɔ̃d jœn fij]
Geburtsort le lieu de naissance [lə ljød nɛsɑ̃s]
Geburtstag l'anniversaire *m* [lanivɛʀsɛʀ]
gedämpft à l'étouffée [a letufe]
Gedeck le couvert [lə kuvɛʀ]
Gedenkstätte le mémorial [lə memɔʀjal]
Geduld la patience [la pasjɑ̃s]
gedünstet à l'étuvée [a letyve]
Gefahr le danger [lə dɑ̃ʒe]
gefährlich dangereux, -euse [dɑ̃ʒʀø, øz]
gefallen plaire [plɛʀ]
Gefängnis la prison [la pʀizɔ̃]
Gefühl le sentiment [lə sɑ̃timɑ̃]
gefüllt farci [faʀsi]
gegen Mittag vers midi [vɛʀ midi]
gegen contre [kɔ̃tʀ]; *(in Richtung auf, zeitlich)* vers [vɛʀ]
Gegenanzeigen la contre-indication [la kɔ̃tʀɛ̃dikasjɔ̃]
Gegend la région [la ʀeʒjɔ̃]
Gegenstand l'objet *m* [lɔbʒɛ]
Gegenteil le contraire [lə kɔ̃tʀɛʀ]
gegenüber en face de [ɑ̃ fas də]
Geheimzahl le numéro de code [lə nymeʀod kɔd]
gehen aller [ale]; *(zu Fuß)* marcher [maʀʃe]
Gehirn le cerveau [lə sɛʀvo]
Gehirnerschütterung la commotion cérébrale [la kɔmɔsjɔ̃ seʀebʀal]
Gehirnschlag l'embolie *f* cérébrale [lɑ̃bɔli seʀebʀal]
Gehör l'ouïe *f* [lwi]
gehören appartenir [apaʀtəniʀ]
gehörlos sourd [suʀ]
Gehörlose/r le sourd/la sourde [lə suʀ/la suʀdə] ; le malentendant [lə malɑ̃tɑ̃dɑ̃]
geistig behindert handicapé mental [ɑ̃dikape mɑ̃tal]
gekocht bouilli [buji]
gekochter Schinken le jambon cuit/blanc/de Paris [lə ʒɑ̃bɔ̃ kɥi/blɑ̃/də paʀi]

Gelände le terrain [lə tɛʀɛ̃]
gelb jaune [ʒon]
gelbe Seiten les pages *f* jaunes [le paʒ ʒon]
Geld l'argent *m* [laʀʒɑ̃]
Geldanweisung le mandat [lə mɑ̃da]
Geldautomat le distributeur de billets [lə distʀibytœʀ də bijɛt]
Geldbeutel le porte-monnaie [lə pɔʀtmɔnɛ]
Geldkarte la carte bancaire [la kaʀt bɑ̃kɛʀ]
Geldschein le billet [lə bijɛ]
Geldwechsel le change [lə ʃɑ̃ʒ]
gelegentlich *adv* à l'occasion [a lɔkazjɔ̃]
Gelenk l'articulation *f* [laʀtikylasjɔ̃]
Gemälde la peinture [la pɛ̃tyʀ], le tableau [lə tablo]
gemeinsam *adj* commun, e [kɔmɛ̃, yn]; *adv* ensemble [ɑ̃sɑ̃bl]
gemischt mixte [mikst], mélangé, e [melɑ̃ʒe]
Gemüse les légumes *m* [le legym]
gemütlich *(Ort)* sympa [sɛ̃pa]
genau exact, e [egzakt]
genauso ... wie aussi ... que [osi ... kə]
genießen jouir de [ʒwiʀ də], savourer [savuʀe]
genug assez [ase], suffisamment [syfizamɑ̃]
geöffnet ouvert, e [uvɛʀ, uvɛʀt]
Gepäck les bagages *m* [le bagaʒ]
Gepäckabfertigung l'enregistrement *m* des bagages [lɑ̃ʀʒistʀəmɑ̃ de bagaʒ]
Gepäckaufbewahrung la consigne [la kɔ̃siɲ]
Gepäckausgabe l'arrivée *f* des bagages [laʀive de bagaʒ]
Gepäckschalter le guichet des bagages [lə giʃɛ de bagaʒ]
Gepäckwagen le chariot [lə ʃaʀjo]
gerade droit, e [dʀwa, dʀwat]
geradeaus tout droit [tu dʀwa]
geräuchert fumé [fyme]
Geräusch le bruit [lə bʀɥi]
Gericht *(Essen)* le plat [lə pla]; *(Justiz)* le tribunal [lə tʀibynal]
gern volontiers [vɔlɔ̃tje]; **nicht gern** à contre-cœur [a kɔ̃tʀəkœʀ]
geröstet *(Kartoffeln)* rissolées [ʀisɔle]
Geruch l'odeur *f* [lodœʀ]
Geschenk le cadeau [lə kado]
Geschichte l'histoire *f* [listwaʀ]
Geschirr la vaisselle [la vɛsɛl]
Geschirrspülmaschine le lave-vaisselle [lə lav vɛsɛl]
Geschirrtuch le torchon [lə tɔʀʃɔ̃]
geschlossen fermé, e [fɛʀme]
Geschmack le goût [lə gu]
geschmort en daube [ɑ̃ dob]
Geschwindigkeit la vitesse [la vitɛs]
geschwollen enflé [ɑ̃fle]
Geschwulst la grosseur [la gʀɔsœʀ], la tumeur [la tymœʀ]
Geschwür l'ulcère *m* [lylsɛʀ]
Gesicht le visage [lə vizaʒ]
Gesichtsbehandlung le soin du visage [lə swɛ̃ dy vizaʒ]
Gespräch la conversation [la kɔ̃vɛʀsasjɔ̃]
gespritzt traité [tʀɛte]
gestern hier [jɛʀ]
gesund en bonne santé [ɑ̃ bɔn sɑ̃te]
Getränk la boisson [la bwasɔ̃], la consommation [la kɔ̃sɔmasjɔ̃]
Getriebe la boîte de vitesses [la bwat də vitɛs]
Gewicht le poids [lə pwa]
Gewinn *(Geld)* le bénéfice [benefis] ; *(Vortel)* l'enrichissement *m* [ɑ̃riʃismɑ̃]
gewinnen gagner [gaɲe]
Gewitter l'orage *m* [lɔʀaʒ]
gewöhnlich habituel, le [abityɛl]; *adv* habituellement [abityɛlmɑ̃]
gewohnt sein être habitué, e [ɛtʀ abitye]
Gewölbe la voûte [la vut]
Gewürz l'épice *f* [lepis]
gibt, es ~ il y a [il ja]
Giebel le fronton [lə fʀɔ̃tɔ̃]
Gift le poison [lə pwazɔ̃]
giftig toxique [tɔksik]
giftig venimeux [vənimø]
Gipfel le sommet [lə sɔmɛ]
Glas le verre [lə vɛʀ]
Glasmalerei la peinture sur verre [la pɛ̃tyʀ syʀ vɛʀ]
Glatteis le verglas [lə vɛʀgla]
glauben croire [kʀwaʀ]
gleich pareil, le [paʀɛj]; *(sofort)* tout de suite [tud sɥit]
gleichzeitig en même temps [ɑ̃ mɛm tɑ̃]
Gleis la voie [la vwa]
Gleitschirm le parapente [lə paʀapɑ̃t]
Glück la chance [la ʃɑ̃s]
glücklich heureux, -euse [œʀø]
Glückwunsch les félicitations *f pl* [le felisitasjɔ̃]

Glühbirne l'ampoule *f* [lɑ̃pul]
Gold l'or *m* [lɔʀ]
goldfarben doré [dɔʀe]
Goldschmiedekunst l'orfèvrerie *f* [lɔʀfɛvʀəʀi]
Golf le golf [lə gɔlf]
Golfclub le club de golf [lə clœb də gɔlf]
Golfschläger la crosse de golf [la kʀɔs də gɔlf]
Gotik le gothique [lə gɔtik]
Gott Dieu [djø]
Grab la tombe [la tɔ̃b]
Grabmal le tombeau [lə tɔ̃bo]
Grafik l'art *m* graphique [laʀ gʀafik]
Gramm le gramme [lə gʀam]
Grapefruit le pamplemousse [lə pɑ̃pləmus]
Gräte l'arête *f* [laʀɛt]
gratis gratuit, e [gʀatɥi]
gratulieren féliciter [felisite]
grau gris [gʀi]
Grenze la frontière [la fʀɔ̃tjɛʀ]
Grenzübergang le poste frontière [lə pɔstə fʀɔ̃tjɛʀ]
griechisch grec [gʀɛk]
Grill le gril [lə gʀil]
Grillanzünder l'allume-barbecue *m* [lalymbaʀbəky]
Grillkohle le charbon de bois [lə ʃaʀbɔ̃d bwa]
Grippe la grippe [la gʀip]
groß grand, e [gʀɑ̃, gʀɑ̃d]
Größe *(Ausdehnung)* l'étendue *f* [letɑ̃dy]; *(Kleidung)* la taille [la taj]; *(Schuhe)* la pointure [la pwɛ̃tyʀ]
Großmutter la grand-mère [la gʀɑ̃mɛʀ]
Großraumwagen le wagon sans compartiments [lə vagɔ̃ sɑ̃ kɔ̃paʀtimɑ̃]
Großvater le grand-père [lə gʀɑ̃pɛʀ]
Grotte la grotte [la gʀɔt]
grün vert [vɛʀ]
Grund *(Anlass)* la raison [la ʀɛzɔ̃]
grüne Bohnen les haricots *m* verts [le aʀiko vɛʀ]
grüne Versicherungskarte la carte verte [la kaʀtə vɛʀt]
Gruppe le groupe [lə gʀup]
grüssen saluer [salye]
gültig valable [valabl]
Gummistiefel les bottes *f* en caoutchouc [le bɔt ɑ̃ kautʃu]
Gurke le concombre [lə kɔ̃kɔ̃bʀ]; *(Gürkchen)* le cornichon [lə kɔʀniʃɔ̃]
Gürtel la ceinture [la sɛ̃tyʀ]
gut *adj* bon, bonne [bɔ̃, bɔn]; *adv* bien [bjɛ̃]
Gutschein le bon [lə bɔ̃]
Gymnastik la gymnastique [la ʒimnastik]

H

Haar les cheveux [le ʃvø]
Haarfestiger le fixateur [lə fiksatœʀ]
Haargel le gel pour les cheveux [lə ʒɛl puʀ le ʃvø]
Haargummi l'élastique *m* [lelastik]
Haarklammern les épingles *f* à cheveux [lez‿epɛ̃gl a ʃvø]
haben avoir [avwaʀ]
Hackfleisch la viande hachée [la vjɑ̃d aʃe]
Hafen le port [lə pɔʀ]
Haferflocken les flocons *m* d'avoine [le flɔkɔ̃ davwan]
Hähnchen le poulet [lə pulɛ]
Haken *(Halterung)* crochet [kʀɔʃɛ]; *(Angel-)* le hameçon [lə amsɔ̃]
halb *adj* demi, e [dəmi]; *adv* à demi [a dəmi], à moitié [a mwatje]
Halbpension la demi-pension [la dmipɑ̃sjɔ̃]
Hälfte la moitié [la mwatje]
Hals le cou [lə ku]
Halsschmerzen le mal de gorge [lə mal də gɔʀʒ]
Halstabletten les pastilles *f* contre le mal de gorge [le pastij kɔ̃tʀə lə mal də gɔʀʒ]
Halstuch le foulard [lə fulaʀ]
halt! stop! [stɔp]
haltbar de longue conservation [də lɔng kɔnseʀvatiɔ]
Haltbarkeit la conservation [la kɔ̃sɛʀvasjɔ̃]
Haltegriff la poignée [la pwaɲe]
halten tenir [təniʀ]; *(dauern)* durer [dyʀe]; *(stehen bleiben)* s'arrêter [saʀete]
Haltestelle l'arrêt *m* [laʀɛ], la station [la stasjɔ̃]
Hammelfleisch le mouton [lə mutɔ̃]
Hammer le marteau [lə maʀto]
Hand la main [la mɛ̃]
Handball le hand-ball [lə ɑ̃dbal]
Handbike le déambulateur [lə deɑ̃bylatœʀ]
Handbremse le frein à main [lə fʀɛ̃ a mɛ̃]

Handcreme la crème pour les mains [la kʀɛm puʀ le mɛ̃]
Handgas (Auto) les commandes *f* manuelles [le kɔmɑ̃d manyɛl]
handgemacht fait main [fɛ mɛ̃]
Handlauf la rampe [la ʀɑ̃p]
Handschuhe les gants *m* [le gɑ̃]
Handtasche le sac à main [lə sak‿a mɛ̃]
Handtuch la serviette de toilette [la sɛʀvjɛt də twalɛt]
Handwaschbecken le lavabo [lə lavabo]
Handy le portable [lə pɔʀtabl]
Handygeschäft la boutique de téléphones (portables) [la butik də telefɔn (pɔʀtabl)]
hart dur, e [dyʀ]
hässlich laid, e [lɛ, lɛd]
häufig *adv* fréquemment [fʀekamɑ̃]
Hauptbahnhof la gare principale [la gaʀ pʀɛ̃sipal]
Hauptpostamt la poste principale [la pɔst pʀɛ̃sipal]
Hauptrolle le rôle principal [lə ʀol pʀɛ̃sipal]
hauptsächlich *adv* principalement [pʀɛ̃sipalmɑ̃]
Hauptsaison la pleine saison [la plɛn sɛzɔ̃]
Hauptspeise le plat principal [lə pla pʀɛ̃sipal]
Hauptstadt la capitale [la kapital]
Hauptstraße la rue principale [la ʀy pʀɛ̃sipal]
Haus la maison [la mɛzɔ̃]
Hausbesitzer/in le/la propriétaire (de la maison) [lə/la pʀɔpʀijetɛʀ (də la mɛzɔ̃)]
Hausboot la péniche [la peniʃ]
hausgemacht (fait) maison [(fɛ) mɛzɔ̃]
Haushaltswaren les articles *m* ménagers [lez‿aʀtikl menaʒe]
Hausnummer le numéro de la maison/de l'immeuble [lə nymeʀod la mɛzɔ̃/də limœbl]
Haustiere les animaux *m* domestiques [lez‿animo dɔmɛstik]
Haut la peau [la po]
Heide la lande [la lɑ̃d]
Heilbad le bain curatif [lə bɛ̃ kyʀatif]
Heilfasten le jeûne curatif [lə ʒøn kyʀatif]
heilig saint, e [sɛ̃, sɛ̃t]
Heiliger Abend la veille de Noël [la vɛj də nɔɛl], le réveillon [lə ʀevɛjɔ̃]
Heimat le pays natal [lə pei natal]
Heimreise le retour [lə ʀətuʀ]
heiraten se marier [sə maʀje]
heiser enroué [ɑ̃ʀue]
heiß chaud, e [ʃo, ʃod]
heißen *(sich nennen)* s'appeler [sapəle]
Heißluftballon la montgolfière [la mɔ̃gɔlfjɛʀ]
Heizung le chauffage [lə ʃofaʒ]
helfen, jdm ~ aider qn [ɛde kɛlkɛ̃]
hell... clair [klɛʀ]
Hemd la chemise [la ʃmiz]
Herbst l'automne *m* [lotɔn]
Herd la cuisinière [la kɥizinjɛʀ]
herein! entrez. [ɑ̃tʀe]
hereinkommen entrer [ɑ̃tʀe]
Hering le hareng [lə aʀɑ̃]
Herpes l'herpès *m* [lɛʀpɛs]
Herr monsieur [məsjø]
herrlich magnifique [maɲifik]
Herz le cœur [lə kœʀ]
Herzanfall la crise cardiaque [la kʀiz kaʀdjak]
Herzbeschwerden les troubles *m* cardiaques [le tʀublə kaʀdjak]
Herzinfarkt l'infarctus *m* [lɛ̃faʀktys]
herzlich cordial, e [kɔʀdjal]
Herzschrittmacher le stimulateur cardiaque [lə stimylatœʀ kaʀdjak]
Heu-Bad le bain de foin [lə bɛ̃d‿fwɛ̃]
Heuschnupfen le rhume des foins [lə ʀym de fwɛ̃]
heute Morgen/Abend ce matin/ce soir [sə matɛ̃/ sə swaʀ]
heute aujourd'hui [ɔʒuʀdɥi]
Hexenschuss le tour de reins [lə tuʀ də ʀɛ̃], le lumbago [lə lɛ̃bago]
hier ici [isi]
Hilfe l'aide *f* [lɛd]; **erste Hilfe** les premiers secours [le pʀəmje skuʀ]
Himmel le ciel [lə sjɛl]
hindern empêcher [ɑ̃pɛʃe]
hinlegen, s. s'étendre [setɑ̃dʀ]
hinten à l'arrière [a laʀiɛʀ]
hinter derrière [dɛʀjɛʀ]
Hinterland l'arrière-pays *m* [laʀjɛʀpei]
hinterlegen déposer [depoze]
hinzufügen ajouter [ajute]
Hirnhautentzündung la méningite [menɛ̃ʒit]
Hitze la chaleur [la ʃalœʀ]
Hitzewelle la canicule [la kanikyl], la vague de chaleur [la vag də ʃalœʀ]

HIV-positiv séropositif [seʀɔpozitif]
hoch haut, e [o, ot]
Hochformat le format en hauteur [lə fɔrma ɑ̃ otœr]
Hochspannung haute tension [ot tɛ̃sjɔ̃]
höchstens au plus [o plys], au maximum [o maksimɔm]
Hochzeit le mariage [lə maʀjaʒ]
Hof la cour [la kuʀ]
hoffentlich espérons que [ɛsperɔ̃ kə]
höflich poli, e [pɔli]
Höhe la hauteur [la otœʀ], l'altitude *f* [laltityd]
Höhepunkt *(bedeutendster Teil)* le grand moment [lə gʀɑ̃ mɔmɑ̃]; *(Ruhm/Macht)* l'apogée [lapɔʒe]
Höhle la caverne [la kavɛʀn]
Holz le bois [lə bwa]
Holzschnitt la gravure sur bois [la gʀavyʀ syʀ bwa]
Honig le miel [lə mjɛl]
hören entendre [ɑ̃tɑ̃dʀ]
Hörer le combiné [lə kɔ̃bine]
hörgeschädigt malentendant [malɑ̃tɑ̃dɑ̃]
Hose le pantalon [lə pɑ̃talɔ̃]
Hublift la plate-forme [la platfɔʀm], l'élévateur [elevatœʀ]
hübsch joli, e [ʒɔli]
Hüfte la hanche [la ɑ̃ʃ]
Hügel la colline [la kɔlin]
Hund le chien [lə ʃjɛ̃]
hungrig sein avoir faim [avwaʀ fɛ̃]
Hupe le klaxon [lə klaksɔn]
Husten la toux [la tu]
Hustensaft le sirop contre la toux [lə siʀo kɔ̃tʀə la tu]
Hut le chapeau [lə ʃapo]
Hütte *(Alpen~)* le châlet [lə ʃalɛ]

I

ich je [ʒə], moi [mwa]
Idee l'idée *f* [lide]
ihr *poss prn f* son [sɔ̃], sa [sa]; *pl* leur [lœʀ]
Illustrierte le magazine [lilystʀe]
Imbiss le casse-croûte [lə kaskʀut]
immer toujours [tuʒuʀ]
Impfpass le carnet de vaccinations [lə kaʀnɛd vaksinasjɔ̃]
Impfung la vaccination [la vaksinasjɔ̃]
Impressionismus l'impressionnisme *m* [lɛ̃pʀesjɔnism]
in einer Woche dans une semaine [dɑ̃zyn səmɛn]
in dans [dɑ̃], en [ɑ̃]
inbegriffen compris, e [kɔ̃pʀi, iz]
Induktionsschleife la boucle magnétique [la buklə maɲetik]
Infektion l'infection *f* [lɛ̃fɛksjɔ̃]
informieren, s. informer [ɛ̃fɔʀme]
Infusion la perfusion [la pɛʀfyzjɔ̃]
Inhalt le contenu [lə kɔ̃tny]
Inlandsflug le vol intérieur [lə vɔl ɛ̃teʀjœʀ]
Inliner le roller [lə ʀɔlɛʀ]
innen à l'intérieur [a lɛ̃teʀjœʀ]
Innenhof la cour intérieur [la kuʀ‿ɛ̃teʀjœʀ]
Inschrift l'inscription *f* [lɛ̃skʀipsjɔ̃]
Insekt l'insecte *m* [lɛ̃sɛkt]
Insektenmittel produit contre les insectes [pʀɔdɥi kɔ̃tʀ lez‿ɛ̃sɛkt]
Insel l'île *f* [lil]
Inselrundfahrt le tour de l'île [lə tuʀ də lil]
Insulin l'insuline *f* [lɛ̃sylin]
Inszenierung la mise en scène [la miz‿ɑ̃ sɛn]
interessant intéressant, e [ɛ̃teʀɛsɑ̃, ɑ̃t]
interessieren, s. ~(für) s'intéresser (à) [sɛ̃teʀɛse (a)]
international international, e [ɛ̃tɛʀnasjɔnal]
Interrail Interrail [ɛ̃tɛʀʀaj]
Irrtum l'erreur *f* [lɛʀœʀ]
Ischias la sciatique [la sjatik]

J

Jacke la veste [la vɛst]
Jahr l'année *f* [lane], l'an *m* [lɑ̃]
Jahreszeit la saison [la sɛsɔ̃]
Jahrhundert le siècle [lə sjɛkl]
jährlich annuel, le [anyɛl]
Jahrmarkt le fête foraine [la fɛt fɔʀɛn]
Januar janvier [ʒɑ̃vje]
Jazz le jazz [lə dʒaz]
Jazzgymnastik le modern jazz [lə mɔdɛʀn djaz]
Jeans le jean [lə dʒin]
jeden Tag tous les jours [tu le ʒuʀ]
jeder *adj* chaque [ʃak]; *prn* chacun, e [ʃakɛ̃, yn]
jemand quelqu'un [kɛlkɛ̃]
jene(r, -s) celui-là [səlɥila], celle-là [sɛlla], ceux-là [søla], celles-là [sɛlla]

jetzt maintenant [mɛ̃tnɑ̃], à présent [a pʀezɑ̃]
Jod(tinktur) la teinture d'iode [la tɛ̃tyʀ djɔd]
joggen faire du jogging [fɛʀ dy dʒɔgiŋ]
Jogginghose le pantalon de jogging [lə pɑ̃talɔ̃ də dʒɔgiŋ]
Joghurt le yaourt [lə jauʀt]
jucken démanger [demɑ̃ʒe], gratter [gʀate]
Jugendliche(r) le/la jeune [lə/la ʒœn]
Jugendstil l'Art nouveau [lar nuvo]
Juli juillet [ʒɥijɛ]
jung jeune [ʒœn]
Junge le garçon [lə gaʀsɔ̃]
Junggeselle le célibataire [lə selibatɛʀ]
Juni juin [ʒɥɛ̃]
Juwelier la bijouterie [la biʒutʀi]

K

Kabarett le cabaret [lə kabaʀɛ]
Kabarettist le chansonnier *m* [lə ʃɑ̃sɔnje]
Kabine la cabine [la kabin]
Kaffee le café [lə kafe]
Kaffeefilter les filtres à café [le filtʀ‿a kafe]
Kaffeelöffel la petite cuillère [la pøtit kɥijɛʀ]
Kaffeemaschine la machine à café [la maʃin a kafe]
Kai le quai [lə kɛ]
Kaiser/in l'empereur *m*/l'impératrice *f* [lɑ̃pʀœʀ/lɛ̃peʀatʀis]
Kalbfleisch le veau [lə vo]
kalorienarm allégé [aleʒe]
kalt froid, e [fʀwa, fʀwad]
kaltes Wasser l'eau froide [lo fʀwad]
Kamillentee l'infusion de camomille [lɛ̃fyzjɔ̃ də kamɔmij]
Kamm le peigne [lə pɛɲ]
kämmen peigner [peɲe]
Kanal *(naut.)* le canal [lə kanal]: *(Fernsehen)* la chaîne [la ʃɛn]
Kaninchen le lapin [lə lapɛ̃]
Kanu le canoë [lə kanɔe]
Kapelle la chapelle [la ʃapɛl]
Kapitän le capitaine [lə kapitɛn]
kaputt cassé, e [kase], en panne [ɑ̃ pan]
Karaffe la carafe [la kaʀaf]
Karfreitag le vendredi saint [lə vɛ̃dʀədi sɛ̃]
Karneval le carnaval [lə kaʀnaval]
Karotten les carottes *f* [le kaʀɔt]
Kartoffeln les pommes *f* de terre [le pɔm də tɛʀ]
Käse le fromage [lə fʀɔmaʒ]
Kasse la caisse [la kɛs]
Kassette la cassette [la kasɛt]
Kassettenrekorder le lecteur de cassettes [lə lɛktøʀ də kasɛt]
Kathedrale la cathédrale [la katedʀal]
Katze le chat [lə ʃa]
kaufen acheter [aʃte]
Kaufhaus le grand magasin [lə gʀɑ̃ magazɛ̃]
Kaugummi le chewing-gum [lə ʃwiŋgɔm]
kaum à peine [a pɛn]
Kaution la caution [la kosjɔ̃]
Kegeln le jeu de quilles [lə ʒød kij]
Kehrschaufel la balayette [la balɛjɛt]
Keilriemen la courroie de transmission [la kuʀwa də tʀɑ̃smisjɔ̃]
kein aucun, e [okɛ̃, yn]; **keiner** personne [pɛʀsɔn]
Kekse les biscuits *m* [le biskɥi]
Kellner/in le garçon/la serveuse [lə gaʀsɔ̃/la sɛʀvøz]
kennen connaître [kɔnɛtʀ]; **kennen lernen** faire la connaissance (de) [fɛʀ la kɔnɛsɑ̃s (də)]
Keramik la céramique [la seʀamik]
Kerzen les bougies *f* [le buʒi]
Ketschup le ketchup [lə kɛtʃəp]
Kette (Schmuck) le collier [lə kɔlje] ; (Auto) la chaîne [la ʃɛn]
Keuchhusten la coqueluche [la kɔklyʃ]
Kfz-Schein la carte grise [la kaʀtə gʀiz]
Kichererbsen les pois *m* chiches [le pwa ʃiʃ]
Kiefer la mâchoire [la maʃwaʀ]
Kilogramm le kilogramme [lə kilɔgʀam], le kilo {pho}[l@ kilo]
Kilometer le kilomètre [lə kilɔmɛtʀ]
Kilometerpreis le prix au kilomètre [lə pʀi o kilɔmɛtʀ]
Kind l'enfant *m/f* [lɑ̃fɑ̃]
Kinderarzt/ärztin le/la pédiatre [lə/la pedjatʀ]
Kinderbecken le bassin pour enfants [lə basɛ̃ puʀ ɑ̃fɑ̃]
Kinderbetreuung la garderie [la gaʀdəʀi]
Kinderbett le lit d'enfant [lə li dɑ̃fɑ̃]
Kinderermäßigung la réduction-enfants [la ʀedyksjɔ̃ɑ̃fɑ̃]

Kinderfahrkarte le billet enfants [lə bijɛ ɑ̃fɑ̃]
Kinderkleidung les habits *m* pour enfants [lez‿abi puʀ ɑ̃fɑ̃]
Kinderkrankheit la maladie infantile [la maladi ɛ̃fɑ̃til]
Kinderlähmung la polio(myélite) [la pɔljɔ(mjelit)]
Kindersitz le siège-enfants [lə sjɛʒɑ̃fɑ̃]
Kindersitzkissen *(fürs Auto)* le réhausseur [lə ʀeosœʀ]
Kinderteller le menu enfants [lə məny ɑ̃fɑ̃]
Kino le cinéma [lə sinema]
Kirche *(kath.)* l'église *f* [legliz]; *(ev.)* le temple [lə tɑ̃pl]
Kirchturm le clocher [lə klɔʃe]
Kirmes la kermesse [la kɛʀmɛs]
Kirschen les cerises *f* [le sʀiz]
Kiste la caisse [la kɛs]
kitschig kitsch [kitʃ]
Kiwi le kiwi [lə kiwi]
klar clair, e [klɛʀ]
Klasse la classe [la klas]
Klassik la musique classique [la myzik klasik]
Klassiker le classique [lə klasik]
Klassizismus le classicisme [lə klasisism]
Kleid la robe [la ʀɔb]
Kleiderbügel le cintre [lə sɛ̃tʀ]
Kleidung les vêtements *m pl* [le vɛtmɑ̃]
klein petit, e [pəti, pətit]
Kleingeld la monnaie [la mɔnɛ]
Kleinkinder (bis zu … Jahren) les petits enfants (jusqu'à … ans) [le pətiz‿ɑ̃fɑ (ʒyska … ɑ̃]
Kleinkunstbühne le café-théâtre [lə kafeteatʀ]
Klima le climat [lə klima]
Klimaanlage l'air *m* conditionné [lɛʀ kɔ̃disjɔne]
Klingel la sonnette [la sɔnɛt]
Kloster le monastère [lə mɔnastɛʀ], le couvent [lə kuvɑ̃]
klug intelligent, e [ɛ̃teliʒɑ̃, ɑ̃t]
Kneipe le bistrot [lə bistʀo]
Kneipp-Anwendung le soin de balnéothérapie [lə swɛ̃d balneɔteʀapi]
Knie le genou [lə ʒnu]
Knoblauch l'ail *m* [laj]
Knöchel la cheville [la ʃvij]
Knochen l'os *m* [lɔs]
Knochenbruch la fracture [la fʀaktyʀ]
Knopf le bouton [lə butɔ̃]
Koch le cuisinier/la cuisinière [lə kɥizinje/la kɥizinjɛʀ]
Kochbuch le livre de cuisine [lə livʀ də kɥizin]
kochen faire la cuisine [fɛʀ la kɥizin]
Kocher le réchaud [lə ʀeʃo]
Kochnische le coin-cuisine [lə kwɛ̃kɥizin]
Koffer la valise [la valiz]
Kofferraum le coffre [lə kɔfʀ]
Kohl le chou [lə ʃu]
Kokosnuss la noix de coco [la nwad koko]
Kolik la colique [la kɔlik]
Kollege/Kollegin le/ collègue [lə kɔlɛg], le/ confrère [lə kɔ̃fʀɛʀ]
kommen venir [vəniʀ]
Komödie la comédie [la kɔmedi]
Kompass la boussole [la busol]
Komponist/in le compositeur/la compositrice [lə kɔ̃pozitœʀ/la kɔ̃pɔsitʀis]
Konditorei la pâtisserie [la patisʀi]
Kondom le préservatif [lə pʀezɛʀvatif]
König/in le roi/la reine [lə ʀwa/la ʀɛn]
können pouvoir [puvwaʀ]; *(gelernt haben)* savoir [savwaʀ]
Konserven les conserves [le kɔ̃sɛʀv]
Konsulat le consulat [lə kɔ̃syla]
Kontakt le contact [lə kɔ̃takt]
Konto le compte [lə kɔ̃t]
Kontrolleur le contrôleur [lə kɔ̃tʀolœʀ]
kontrollieren contrôler [kɔ̃tʀole]
Konzert le concert [lə kɔ̃sɛʀ]
Kopf tête [la tɛt]
Kopfhörer les écouteurs m [lez‿ekutœʀ]
Kopfkissen l'oreiller *m* [lɔʀɛje]
Kopfsalat la laitue [la lɛty]
Kopfschmerzen les maux *m* de tête [le mod tɛt]
Kopfschmerztabletten les cachets *m* contre les maux de tête [le kaʃɛ kɔ̃tʀə le mod tɛt]
Kopie la copie [la kɔpi]
Korb le panier [lə paɲe]
Korkenzieher le tire-bouchon [lə tiʀbuʃɔ̃]
Körper le corps [lə kɔʀ]
Körperbehinderung le handicap physique [lə ɑ̃dikap fizik]
kosten coûter [kute]
kostenlos gratuitement [gʀatɥitmɑ̃]
Kostüm le tailleur [lə tajœʀ]
Kotelett la côtelette [la kotlɛt]
Koteletten les pattes *f* [le pat]
Krabben les crevettes *f* [le kʀəvɛt]

Krampf la crampe [la kʀɑ̃p]
krank malade [malad]
Krankenhaus l'hôpital *m* [lɔpital]
Krankenkasse la caisse d'assurance-maladie [la kɛs dasyʀɑ̃smaladi]
Krankenpfleger l'infirmier [lɛ̃fiʀmje]
Krankenschein la feuille de maladie/de soins [la fœj də maladi/də swɛ̃]
Krankenschwester l'infirmière [lɛ̃fiʀmjɛʀ]
Krankenwagen l'ambulance *f* [lɑ̃bylɑ̃s]
Krankheit la maladie [la maladi]
Kratzer l'éraflure [leʀaflyʀ]
Kräuter les herbes *f* [lez‿ɛʀb]
Krawatte la cravate [la kʀavat]
kreativ créatif, -ive [kʀeatif, iv]
Krebs le cancer [lə kɑ̃sɛʀ]; le crabe [le kʀab]
Kreditkarte la carte de crédit [la kaʀt də kʀedi]
Kreislaufmittel le médicament pour la circulation [lə medikamɑ̃ puʀ la siʀkylasjɔ̃]
Kreislaufstörung les troubles *m* de la circulation [le tʀublə də la siʀkylasjɔ̃]
Kreuz la croix [la kʀwa]
Kreuzfahrt la croisière [la kʀwazjɛʀ]
Kreuzgang le cloître [lə klwatʀ]
Kreuzung le carrefour [lə kaʀfuʀ]
Kristall le cristal [lə kʀistal]
Krone la couronne [la kuʀɔn]
Krücke la béquille [la bekij]
Küche la cuisine [la kɥizin]
Kuchen le gâteau [lə gato]
Küchensieb la passoire [la paswaʀ]
Kugelschreiber le stylo à bille [lə stilo a bij]
kühl frais, fraîche [fʀɛ, fʀɛʃ]
Kühlelement le pain de glace [lə pɛ̃d glas]
Kühler le radiateur [lə ʀadjatœʀ]
Kühlschrank le réfrigérateur [lə ʀefʀiʒeʀatœʀ], le frigo [lə fʀigo]
Kühltasche la glacière [la glasjɛʀ]
Kühlwasser l'eau *f* de refroidissement [lod ʀəfʀwadismɑ̃]
Kultur la culture [la kyltyʀ]
Kümmel le cumin [lə kymɛ̃]
kümmern, s. ~ um s'occuper de [sɔkype də]
Kunde/Kundin le client [lə klijɑ̃]/la cliente [la klijɑ̃t]
Kunst l'art *m* [laʀ]
Kunstgewerbe les arts *m* décoratifs [lez‿aʀ dekɔʀatif]
Kunsthändler le marchand d'objets d'art [lə maʀʃɑ̃ dɔbʒɛ daʀ]
Kuppel la coupole [la kupɔl], le dôme [lə dom]
Kupplung l'embrayage *m* [lɑ̃bʀɛjaʒ]
Kürbis le potiron [lə pɔtiʀɔ̃]
Kurs le cours [lə kuʀ]
Kurtaxe la taxe de séjour [la taks də seʒuʀ]
Kurve le virage [lə viʀaʒ]
kurz *(räumlich)* court, e [kuʀ, kuʀt]
Kurzfilm le court-métrage [lə kuʀmetʀaʒ]
kurzfristig à court terme [a kuʀ tɛʀm]
kürzlich l'autre jour [lotʀə ʒuʀ]
Kurzschluss le court-circuit [lə kuʀsiʀkɥi]
Kuss le baiser [lə bɛze]
küssen embrasser [ɑ̃bʀase]
Küste la côte [la kot]

L

lachen rire [ʀiʀ]
lächerlich ridicule [ʀidikyl]
Ladegerät le rechargeur [lə ʀəʃaʀʒœʀ]
Ladekabel *(Handy)* le chargeur [lə ʃaʀʒœʀ]
Ladekabel *(Laptop)* le câble réseau [lə kabl ʀezo]
Lage la situation [la sitɥasjɔ̃]
Lähmung la paralysie [la paʀalizi]
Lammfleisch l'agneau *m* [laɲo]
Lampe la lampe [la lɑ̃p]
Land le pays [lə pei]; *(Gegensatz zu Wasser)* la terre [la tɛʀ]
Landausflug l'excursion *f* à terre [lɛkskyʀsjɔ̃ a tɛʀ]
Landgut la propriété [la ʀɔpʀijete], le domaine [lə dɔmɛn]
Landkarte la carte (géographique) [la kaʀt (ʒeɔgʀafi)]
Landschaft le paysage [lə peizaʒ]
Landsmann le compatriote [lə kɔ̃patʀijɔt]
Landstraße la route secondaire [la ʀut səgɔ̃dɛʀ], la route départementale [la ʀut depaʀtəmɑ̃tal]
Landung l'atterrissage *m* [lateʀisaʒ]
lang long, longue [lɔ̃, lɔ̃g]
Langlaufski le ski de fond [lə skid fɔ̃]
langsam *adj* lent, e [lɑ̃, lɑ̃t]; *adv* lentement [lɑ̃tmɑ̃]
langweilig ennuyeux, -euse [ɑ̃nɥijø, øz]

Laptop (l'ordinateur) portable [(lɔʀdinatœʀ) pɔʀtabl]
Lärm le bruit [lə bʀɥi]
lästig pénible [penibl]
Lastwagen le camion [lə kamjɔ̃]
Lauch le poireau [lə pwaʀo]
laufen courir [kuʀiʀ]
Läuse les poux [le pu]
laut bruyant, e [bʀɥijɑ̃, ɑ̃t]
Lautsprecher le haut-parleur [lə opaʀlœʀ]; *(Stereoanlage)* le baffle [lə bafl]
Leben la vie [la vi]
Lebensmittelgeschäft l'épicerie *f* [lepisʀi]
Lebensmittelvergiftung l'intoxication *f* alimentaire [lɛ̃tɔksikasjɔ̃ alimɑ̃tɛʀ]
Leber le foie [lə fwa]
Leberpastete le pâté de foie [lə pated fwa]
lebhaft vif, vive [vif, viv]
lecker délicieux [delisjø]
Lederjacke la veste de cuir [la vɛstə də kɥiʀ]
Lederwaren les articles de maroquinerie [lez‿aʀtikl də maʀokinʀi]
Lederwarengeschäft la maroquinerie [la maʀɔkinʀi]
ledig célibataire [selibatɛʀ]
leer vide [vid]
Leerlauf le point mort [lə pwɛ̃ mɔʀ]
Leerung la levée [la ləve]
legen mettre [mɛtʀ]
Leggins le caleçon [lə kalsɔ̃]
leicht facile [fasil]; *(Gewicht)* léger, -ère [leʒe, ɛʀ]
Leichtathletik l'athlétisme [latletism]
leider malheureusement [malœʀøzmɑ̃]
leihen *(jdm)* prêter [pʀɛte]; *(von jdm)* emprunter [ɑ̃pʀɛ̃te]
Leinen le lin [lə lɛ̃], la toile [la twal]
leise doucement [dusmɑ̃]
Leistenbruch la hernie [la ɛʀni]
Leiter/in le directeur [lə diʀɛktœʀ]/la directrice [la diʀɛktʀis]
Lenkrad-Drehknopf (Auto) le volant mobile [lə vɔlɑ̃ mɔbil]
lernen apprendre [apʀɑ̃dʀ]
lesen lire [liʀ]
letzte(r, -s) dernier, -ière [dɛʀnje, jɛʀ]
letzten Montag lundi dernier [lɛ̃di dɛʀnje]
Leuchtturm le phare [lə faʀ]
Leute les gens *m pl* [le ʒɑ̃]
Licht la lumière [la lymjɛʀ]
Lichtmaschine la dynamo [la dinamo]
Lichtschalter l'interrupteur *m* [lɛ̃teʀyptœʀ]
Lichtschutzfaktor l'indice *m* de protection [lɛdis də pʀɔtɛksjɔ̃]
lieb cher, chère [ʃɛʀ]
Liebe l'amour *m* [lamuʀ]
lieben aimer [ɛme]
liebenswürdig aimable [ɛmabl]
lieblich *(Wein)* doux/moelleux [du/mwɛlø]
Liebling le chéri [lə ʃeʀi], la chérie [la ʃeʀi]
Lied la chanson [la ʃɑ̃sɔ̃]
liegen se trouver [sə tʀuve]
Liegewagen la voiture-couchettes [la vwatyʀ kuʃɛt]
Liegewagenplatz la couchette [la kuʃɛt]
Liegewiese la pelouse [la pluz]
lila lilas [lila], mauve [mov]
Limonade la limonade [la limɔnad]
Linie la ligne [la liɲ]
linke(r, -s) gauche [goʃ]
links à gauche [a goʃ]
Linse la lentille [la lɑ̃tij]
Linsen les lentilles *f* [le lɑ̃tij]
Lippe la lèvre [la lɛvʀ]
Lippenstift le rouge à lèvres [lə ʀuʒ a lɛvʀ]
Liter le litre [lə litʀ]
Livemusik la musique en direct [la myzik ɑ̃ diʀɛkt]
Loch le trou [lə tʀu]
Locken les boucles *f* [le bukl]
Lockenwickler les bigoudis *m* [le bigudi]
Löffel la cuillère [la kɥijɛʀ]
Loge la loge [la lɔʒ]
Loipe la piste de ski de fond [la pistə də skid fɔ̃]
Lorbeer le laurier [lə lɔʀje]
Lothringen la Lorraine [la lɔʀɛn]
Luft l'air *m* [lɛʀ]
Luftkissenboot l'hovercraft *m* [lɔvœʀkʀaft], l'aéroglisseur *m* [laeʀoglisœʀ]
Luftmatratze le matelas pneumatique [lə matla pnømatik]
Luftpumpe la pompe [la pɔ̃p]
Lunge le poumon [lə pumɔ̃]
Lungenentzündung la pneumonie [la pnømɔni]
lustig gai, e [gɛ]
luxuriös luxueux, -euse [lyksyø, øz]

Lymphdrainage le draînage lymphatique [lə drɛnaʒ lɛ̃fatik]

M

machen *(herstellen)* faire [fɛʀ]
Mädchen la (jeune) fille [la (ʒœn) fij]
Magen l'estomac *m* [lɛstɔma]
Magenschmerzen les maux *m* d'estomac [le mo dɛstɔma]
mager maigre [mɛgʀ]
Mahlzeit le repas [lə ʀəpa]
Mai mai [mɛ]
Mais le maïs [lə mais]
Makrele le maquereau [lə makʀo]
Malbuch l'album *m* à colorier [lalbɔm‿a kɔlɔʀje]
malen peindre [pɛ̃dʀ]
Maler/in le/la peintre [lə/la pɛ̃tʀ]
Malerei la peinture [la pɛ̃tyʀ]
man on [ɔ̃]
manchmal quelquefois [kɛlkəfwa]
Mandarinen les mandarines *f* [le mɑ̃daʀin]
Mandelentzündung l'inflammation *f* des amygdales [lɛ̃flamasjɔ̃ dez‿amidal]
Mandeln les amandes *f* [lez‿amɑ̃d]; les amygdales *f* [lez‿amidal]
Mango la mangue [la mɑ̃g]
Mann l'homme [lɔm]
Mannschaft *(Sport)* l'équipe *f* [lekip], *(Schiff)* l'équipage *m* [lekipaʒ]
Mantel le manteau [lə mɑ̃to]; *(Herren)* le pardessus [lə paʀdəsy]
Margarine la margarine [la maʀgaʀin]
Markt le marché [lə maʀʃe]
Marmelade la confiture [la kɔ̃fityʀ]
März mars [maʀs]
Maschine la machine [la maʃin]
Masern la rougeole [la ʀuʒɔl]
Massage le massage [lə masaʒ]
Material le matériel [lə mateʀjɛl]
Matratze le matelas [lə matla]
Mauer le mur [lə myʀ]
Mayonnaise la mayonnaise [la majɔnɛz]
Medikament le médicament [lə medikamɑ̃]
Meditation la méditation [la meditasjɔ̃]
Meer la mer [la mɛʀ]
Mehl la farine [la faʀin]
mehr plus [plys]; **~ als** plus que [plys kə], plus de [ply də]
Mehrfahrtenkarte le carnet de tickets [lə kaʀnɛd tikɛ]
mein mon [mɔ̃], ma [ma]
meinen penser [pɑ̃se]
meinetwegen *(von mir aus)* si tu veux/ si vous voulez [si ty vø/ si vu vule]
Meinung l'opinion *f* [lɔpiɲɔ̃]
Melone *(Honig~)* le melon [lə məlɔ̃]; *(Wasser~)* la pastèque [la pastɛk]
Memorystick la clé USB [la kle yɛsbe]
Mensch l'homme *m* [lɔm]; l'être *m* humain [lɛtʀ‿ymɛ̃]
Menstruation les règles *f* [le ʀɛgl]
Menü le menu [lə məny]
merken remarquer [ʀəmaʀke]; **s. etw ~** retenir qc [ʀətəniʀ kɛlkə ʃoz]
Messe *(rel)* la messe [la mɛs]
Messer le couteau [lə kuto]
Meter le mètre [lə mɛtʀ]
Metzgerei la boucherie [la buʃʀi]
mich me [mə], moi [mwa]
Miesmuscheln les moules *f* [le mul]
Miete le loyer [lə lwaje]
mieten louer [lue]
Migräne la migraine [la migʀɛn]
Mikrowelle le micro-ondes [lə mikʀoɔ̃d]
Milch le lait [lə lɛ]
Milchgeschäft la laiterie [la lɛtʀi]
mild doux, douce [du, dus]
Millimeter le millimètre [lə milimɛtʀ]
mindestens au moins [o mwɛ̃]
Mineralwasser l'eau *f* minérale [lo mineʀal]
Minibar la vente ambulante [la vɑ̃t‿ɑ̃bylɑ̃t]
Minigolf le minigolf [lə minigɔlf]
Minute la minute [la minyt]
mir me [mə], à moi [a mwa]
Missverständnis le malentendu [lə malɑ̃tɑ̃dy]
mit Luftpost par avion [paʀ‿avjɔ̃]
mit avec [avɛk]
mitbringen apporter [apɔʀte]
Mitbringsel le souvenir [lə suvniʀ]
mitnehmen *(Sachen)* emporter [ɑ̃pɔʀte]; *(Menschen)* emmener [ɑ̃mne]
Mittag midi *m* [midi]
Mittagessen le déjeuner [lə deʒœne]
mittags le midi [lə midi]
Mitte le milieu [lə miljø]
Mitteilung l'information *f* [lɛ̃fɔʀmasjɔ̃]
Mittel le moyen [lə mwajɛ̃]; *(Medizin)* le remède [lə ʀəmɛd]

Mittelalter le Moyen Age [lə mwajɛn‿aʒ]
Mittelmeer la Méditerranée [la mediteʀane]
Mittelohrentzündung l'otite *f* [lɔtit]
Mittwoch mercredi [mɛʀkʀədi]
Mixer le mixer [lə miksɛr]
Möbel le meuble [lə mœbl]
Mobilitätsbehinderte/r la personne à mobilité réduite [la pɛʀsɔn a mɔbilite ʀedɥit]
Mobiltelefon le portable [lə pɔʀtabl]
Mode la mode [la mɔd]
Modell le modèle [lə mɔdɛl]
modern moderne [mɔdɛʀn]; *(modisch)* à la mode [a la mɔd]
Modeschmuck les bijoux *m* fantaisie [le biʒu fɑ̃tɛzi]
mögen *(gern haben)* aimer [ɛme]; *(wünschen)* vouloir [vulwaʀ]
möglich possible [pɔsibl]
Mole le môle [lə mol]
Monat le mois [lə mwa]
monatlich mensuel, le [mɑ̃syɛl]
Mond la lune [la lyn]
Montag lundi [lɛ̃di]
morgen früh/Abend demain matin/soir [dəmɛ̃ matɛ̃/ swar]
Morgen le matin [lə matɛ̃]
morgens le matin [lə matɛ̃]
Mosaik la mosaïque [la mɔzaik]
Motel le motel [lə mɔtɛl]
Motor le moteur [lə mɔtœʀ]
Motorboot le canot automobile [lə kano ɔtomɔbil]
Motorhaube le capot [lə kapo]
Mountainbike le V.T.T. (vélo tout terrain) [lə vetete (velo tu tɛʀɛ̃)]
Möwe la mouette [la mwɛt]
MP3Player/iPod le MP3/l'iPod *m* [lə ɛmpetʀwa/ipɔd]
Mücke le moustique [lə mustik]
Mückenschutz le produit anti-moustique [lə prodɥi ɑ̃timustik]
müde fatigué, e [fatige]
Müll les ordures *f pl* [lez‿ɔʀdyʀ]
Mullbinde la gaze [la gaz]
Mülltonne la poubelle [la pubɛl]
Mülltrennung le tri des déchets [lə tʀi de deʃɛ]
Mumps les oreillons *m* [lez‿ɔʀɛjɔ̃]
Mund la bouche [la buʃ]
Mündung l'embouchure *f* [lɑ̃buʃyʀ]
Münze la pièce de monnaie [la pjɛs də mɔnɛ]
Muschel le coquillage [le kɔkijaʒ]; **Miesmuschel** la moule [la mul]
Museum le musée [lə myze]
Musical la comédie musicale [la kɔmedi myzikal]
Musik hören écouter de la musique [ekute də la myzik]
Musik la musique [la myzik]
Musikgeschäft le magasin de musique [lə magazɛ̃ də myzik]
musizieren faire de la musique fɛʀ de la myzik]
Muskatnuss la noix de muscade [la nwa də myskad]
Muskel le muscle [lə myskl]
Müsli le musli [lə mysli]
Mutter la mère [la mɛʀ]
Mütze la casquette [la kaskɛt]

N

nach dem Essen après le repas [apʀɛl ʀəpa]
nach *(zeitlich)* après [apʀɛ]; *(räumlich)* à [a]
Nachbar/in le voisin [lə vwazɛ̃]/la voisine [la vwazin]
Nachmittag l'après-midi *m* [lapʀɛmidi]
nachmittags l'après-midi [lapʀɛmidi]
Nachricht la nouvelle [la nuvɛl]
Nachsaison l'arrière-saison *f* [laʀjɛʀsɛzɔ̃]
nachsenden faire suivre [fɛʀ sɥivʀ]
nächste(r, -s) le suivant [lə sɥivɑ̃], la suivante [la sɥivɑ̃t]
nächstes Jahr l'année prochaine [lane pʀɔʃɛn]
Nacht la nuit [la nɥi]
Nachtisch le dessert [lə desɛʀ]
Nachtklub la boîte de nuit [la bwat də nɥi]
nachts la nuit [la nɥi]
Nachttisch la table de nuit [la tablə də nɥi]
Nachttischlampe la lampe de chevet [la lɑ̃p də ʃvɛ]
nackt nu, e [ny]
Nadel l'aiguille *f* [legɥij]
Nagellack le vernis à ongles [lɛ vɛʀni a ɔ̃gl]
Nagellackentferner le dissolvant [lə disɔlvɑ̃]
Nagelschere les ciseaux *m* à ongles [le sizo a ɔ̃gl]

nah près [pʀɛ]
nahe proche [pʀɔʃ]; **~ bei** près de [pʀɛ də]
nähen recoudre [ʀəkudʀ]
Nahverkehrszug le train de banlieue [lə tʀɛ̃d bɑ̃ljø]
Name le nom [lə nɔ̃]
Narbe la cicatrice [la sikatʀis]
Narkose l'anesthésie *f* [lanɛstezi]
Nase le nez [lə ne]
Nasenbluten les saignements *m* de nez [le sɛɲmɑ̃d ne]
nass mouillé, e [muje]
Nationalitätskennzeichen la plaque de nationalité [la plak də nasjɔnalite]
Nationalpark le parc national [lə paʀk nasjɔnal]
Natur la nature [la natyʀ]
natürlich *adj* naturel, le [natyʀɛl]; *adv* naturellement [natyʀɛlmɑ̃]
Naturschutzgebiet la réserve naturelle [la ʀesɛʀv natyʀɛl]
Nebel le brouillard [lə bʀujaʀ]
neben à côté de [a kote də]
Nebenkosten les charges *f* [le ʃaʀʒ]
Nebenstraße la rue adjacente [la ʀy adʒasɑ̃t]
Nebenwirkungen les effets secondaires [lez‿efɛ səgɔ̃dɛʀ]
negativ négatif, -ive [negatif, iv]
nehmen prendre [pʀɑ̃dʀ]
Nelken les clous *m* de girofle [le klud ʒiʀɔfl]
Neoprenanzug la combinaison de plongée [la kɔ̃binɛzɔ̃ də plɔ̃ʒe]
Nerv le nerf [le nɛʀ]
nervös nerveux, -euse [nɛʀvø, øz]
nett gentil, le [ʒɑ̃nti, tij]
Netz le filet [lə filɛ]
neu nouveau, nouvel, le [nuvo, nuvɛl]; *(ungebraucht)* neuf, neuve [nœf, nœv]
neugierig curieux, -euse [kyʀjø, øz]
Neujahr le Nouvel An [lə nuvɛl‿ɑ̃]
nicht (ne ...) pas [(nə ...) pa]; **gar nicht** (ne ...) pas du tout [(nə ...) pa dy tu]
Nichtraucher non-fumeur [nɔ̃ fymøʀ]
Nichtraucherabteil le compartiment non-fumeurs [lə kɔ̃paʀtimɑ̃ nɔ̃ fymœʀ]
nichts (ne ...) rien [(nə ...) ʀjɛ̃]
nie (ne ...) jamais [(nə ...) ʒamɛ]
nieder, niedrig bas, basse [ba, bas]
niemand (ne ...) personne [(nə ...) pɛʀsɔn]
Niere le rein [lə ʀɛ̃]
Nierenentzündung la néphrite [la nefʀit]
Nierengurt la ceinture de moto [la sɛ̃tyʀ də mɔtɔ]
Nierenstein le calcul rénal [lə kalkyl ʀenal]
niesen éternuer [etɛʀnye]
nirgends nulle part [nyl paʀ]
noch encore [ɑ̃kɔʀ]; **~ nicht** (ne ...) pas encore [(nə ...) paz‿ɑ̃kɔʀ]
Norden le Nord [lə nɔʀ]
nördlich von au nord de [o nɔʀ də]
Nordsee, die la mer du Nord [la mɛʀ dy nɔʀ]
normal normal, e [nɔʀmal]
normalerweise normalement [nɔʀmalmɑ̃]
Notausgang la sortie de secours [la sɔʀtid səkuʀ]
Notbremse le signal d'alarme [lə siɲal dalaʀm]
Notebook le portable [lə pɔʀtabl]
Notfall l'urgence [lyʀʒɑ̃s]
Notrufsäule le téléphone de secours [lə telefɔn də skuʀ]
notwendig nécessaire [nesɛsɛʀ]
November novembre [nɔvɑ̃bʀ]
nüchtern *(med)* jeun [ʒɛ̃]
Nudeln les nouilles *f* [le nuj]
Nummer le numéro [lə nymeʀo]
Nummernschild la plaque d'immatriculation [la plak dimatʀikylasjɔ̃]
nur seulement [sœlmɑ̃]
Nüsse les noix *f* [le nwa]

O

ob si [si]
oben en haut [ɑ̃ o]
Ober le garçon [lə gaʀsɔ̃]; *(Anrede)* Monsieur! [məsjø]
Objektiv l'objectif *m* [lɔbʒɛktif]
Obst- und Gemüsehändler le magasin de fruits et légumes [lə magazɛd fʀɥi e legym]
Obst les fruits *m* [le fʀɥi]
obwohl bien que [bjɛ̃ kə]
oder ou [u]
offen ouvert, e [uvɛʀ, uvɛʀt]
öffentlich public, -ique [pyblik]
offiziell officiel, le [ɔfisjɛl]
öffnen ouvrir [uvʀiʀ]
Öffnungszeiten les heures *f pl* d'ouverture [lez‿œʀ duvɛʀtyʀ]

oft souvent [suvɑ̃]
ohne sans [sɑ̃]
Ohnmacht l'évanouissement *m* [levanwismɑ̃], la syncope [la sɛ̃kɔp]
Ohr l'oreille *f* [lɔʀɛj]
Ohrentropfen les gouttes *f* pour les oreilles [le gut puʀ lez‿ɔʀɛj]
Ohropax les boules Quies *f* [le bul kjɛs]
Ohrringe les boucles *f* d'oreilles [le buklə dɔʀɛj]
Oktober octobre [ɔktɔbʀ]
Öl l'huile *f* [lɥil]
Oliven les olives *f* [lezɔliv]
Olivenöl l'huile *f* d'olive [lɥil dɔliv]
Ölmalerei la peinture à l'huile [la pɛ̃tyʀ a lɥil]
Ölwechsel la vidange [la vidɑ̃ʒ]
Oper l'opéra *m* [lɔpeʀa]
Operation l'opération *f* [lɔpeʀasjɔ̃]
Operette l'opérette *f* [lɔpeʀɛt]
Optiker l'opticien *m* [lɔptisjɛ̃]
orange orange [ɔʀɑ̃ʒ]
Orangensaft le jus d'orange [lə ʒy dɔʀɑ̃ʒ]
Orchester l'orchestre *m* [lɔʀkɛstʀə]
Original l'original *m* [lɔʀiʒinal]
Originalfassung la version originale (la v.o.) [la vɛʀsjɔ̃ ɔʀiʒinal (la ve o)]
Ort le lieu [lə ljø]
Ortschaft la localité [la lɔkalite]
Ortsgespräch la communication en ville [la kɔmynikasjɔ̃ ɑ̃ vil]
Osten l'Est *m* [lɛst]
Ostermontag le lundi de Pâques [lə lɛ̃did pak]
Ostern Pâques *f* [pak]
Österreich l'Autriche *f* [lotʀiʃ]
Österreicher/in l'Autrichien [lotʀiʃjɛ̃]/ l'Autrichienne [lotʀiʃjɛn]
östlich von à l'est de [a lɛst də]

P

paar, ein ~ quelques [kɛlk]
Paar la paire [la pɛʀ]; *(Ehe~)* le couple [lə kupl]
Päckchen le paquet [lə pakɛ]
Paddelboot le canoë [lə kanɔe], le kayak [lə kajak]
paddeln faire du canoë/du kayak [fɛʀ dy kanɔe/dy kajak]
Paket le colis [lə kɔli]
Palast le palais [lə palɛ]
Panne la panne [la pan]
Pannendienst le service de dépannage [lə sɛʀvis də depanaʒ]
Pannenhilfe le service de dépannage [lə sɛʀvis də depanaj]
Papier le papier [lə papje]
Papiere les papiers *m* [le papje]
Papierservietten les serviettes *f* en papier [le sɛʀvjɛt ɑ̃ papje]
Papiertaschentücher les mouchoirs *m* en papier [le muʃwaʀ ɑ̃ papje]
Paprika(schote) le poivron [lə pwavʀɔ̃]
Paprika le paprika [lə papʀika], le piment [lə pimɑ̃]
Parfüm le parfum [lə paʀfɛ̃]
Parfümerie la parfumerie [la paʀfymʀi]
Park le parc [lə paʀk]
parken se garer [sə gaʀe]
Parkett le parterre [lə paʀtɛʀ]
Parkplatz la place de stationnement [la plas də stasjɔnmɑ̃]
Party la soirée [la swaʀe], la fête [la fɛt]
Partyservice le traiteur [lə tʀɛtœʀ]
Pass la passe [la pas]; le col [lə kɔl]
Passagier le passager/la passagère [lə pasaʒe/la pasaʒɛʀ]
passen aller [ale]; *(gelegen kommen)* convenir [kɔ̃vəniʀ]
Passkontrolle le contrôle des passeports [lə kɔ̃tʀol de paspɔʀ]
Pauschalpreis le prix forfaitaire [lə pʀi fɔʀfɛtɛʀ]
Pause l'entracte *m* [lɑ̃tʀakt]
Pension la pension (de famille) [la pɑ̃sjɔ̃(d famij)]
Perle la perle [la pɛʀl]
Person la personne [la pɛʀsɔn]
Personalausweis la carte d'identité [la kaʀt didɑ̃tite]
Personalien l'identité *f* [lidɑ̃tite]
persönlich personnel, le [pɛʀsɔnɛl]
Perücke la perruque [la peʀyk]
Petersilie le persil [lə pɛʀsi]
Petroleum le pétrole [lə petʀɔl]
Pfand le gage [lə gaʒ]; *(Flaschen~)* la consigne [lə kɔ̃siɲ]
Pfanne la poêle [la pwal]
Pfannengericht le plat fait à la poêle [lə pla fɛ a la pwal]
Pfeffer le poivre [lə pwavʀ]
Pfeffermühle le moulin à poivre [lə mulɛ̃ a pwavʀ]
Pferd le cheval [lə ʃval]
Pfingsten la Pentecôte [la pɑ̃tkot]

Pfingstmontag le lundi de Pentecôte [lə lɛ̃did pɑ̃tkot]
Pfirsiche les pêches *f* [le pɛʃ]
Pflanze la plante [la plɑ̃t]
Pflaster le sparadrap [lə spaʀadʀa]
Pflaumen les prunes *f* [le pʀyn]
pflegebedürftig grabataire [gʀabatɛʀ]
Pfund la livre [la livʀ]
Pilot/in le/la pilote [lə/la pilɔt]
Pilz la mycose [la mikoz]
Pilzinfektion la mycose [la mykoz]
Pinzette la pince à épiler [la pɛ̃s a epile]
Plakat l'affiche *f* [lafiʃ]
Planschbecken la pataugeoire [la patoʒwaʀ]
Plastik la sculpture [la skyltyʀ]
Plastikbeutel le sac en plastique [lə sak ɑ̃ plastik]
Platten le pneu crevé [lə pnø kʀəve]
Plattenladen le magasin de disques [lə magazɛ̃d‿disk]
Platz la place [la plas]
Platzkarte la réservation [la ʀesɛʀvasjɔ̃]
Plombe le plombage [lə plɔ̃mbaʒ]
plötzlich soudain [sudɛ̃], tout à coup [tut‿a ku]
Polizei la police [la pɔlis]
Polizeiwagen la voiture de police [la vwatyʀ də pɔlis]
Polizist/in l'agent *m* de police [laʒɑ̃d pɔlis]
Pony la frange [la fʀɑ̃ʒ]
Portal le portail [lə pɔʀtaj]
Portier le portier [lə pɔʀtje], le/la concierge [lə/la kɔ̃sjɛʀʒ]
Portion la portion [la pɔʀsjɔ̃]
Porto le port [lə pɔʀ]
Porträt le portrait [lə pɔʀtʀɛ]
Porzellan la porcelaine [la pɔʀsəlɛn]
Postamt le bureau de poste [lə byʀod pɔst]
Postkarte la carte postale [la kaʀt pɔstal]
postlagernd poste restante [pɔstə ʀɛstɑ̃t]
Postleitzahl le code postal [lə kɔd pɔstal]
Postsparbuch le livret d'épargne [lə livʀɛd depaʀɲ]
praktisch pratique [pʀatik]
Präservativ le préservatif [lə pʀezɛʀvatif]
Preis le prix [lə pʀi]
Prellung la contusion [la kɔ̃tyzjɔ̃]
Premiere la première [la pʀəmjɛʀ]
Priester le prêtre [lə pʀɛtʀ]
privat privé, e [pʀive]
Probe l'essai *m* [lesɛ]
Problem le problème [lə pʀɔblɛm]
Produkt le produit [lə pʀɔdɥi]
Programm le programme [lə pʀɔgʀam]
Programmheft le programme [lə pʀɔgʀam]
Promillegrenze le taux d'alcoolémie maximal [lə to dalkɔlemi maksimal]
Prospekt le prospectus [lə pʀɔspɛktys]
Prothese la prothèse [la pʀɔtɛz]
provisorisch *adj* provisoire [pʀɔvizwaʀ]
Prozent pour cent [puʀsɑ̃]
Prozession la procession [la pʀɔsɛsjɔ̃]
Puder la poudre [la pudʀ]
Pullover le pull-over [lə pylɔvɛʀ]
Puls le pouls [lə pu]
Pulverschnee la (neige) poudreuse [la (nɛʒ) pudʀøz]
pünktlich à l'heure [a lœʀ]
putzen nettoyer [nɛtwaje], faire le ménage [fɛʀ lə menaʒ]
Putzmittel le produit de nettoyage [lə pʀodɥid‿nɛtwajaʒ]

Q

Quadratmeter le mètre carré [lə mɛtʀə kaʀe]
Qualität la qualité [la kalite]
Qualle la méduse [la medyz]
Quark le fromage blanc [lə fʀɔmaʒ blɑ̃]
Quelle la source [la suʀs]
quer durch à travers [a tʀavɛʀ]
Querformat le format horizontal [lə fɔrma ɔrizɔ̃tal]
querschnittsgelähmt paraplégique [paʀapleʒik]
Quittung le reçu [lə ʀəsy]

R

Rabatt la remise [la ʀəmiz]
Rad fahren faire du vélo [fɛʀ dy velo]
Rad la roue [la ʀu]
Radarkontrolle le contrôle radar [lə kɔ̃tʀol ʀadaʀ]
Radierung (la gravure à) l'eau-forte [(la gʀavyʀ a) lofɔʀt]

Radio la radio [la ʀadjo]
Radsport le cyclisme [lə siklism]
Radtour la randonnée cycliste [la ʀɑ̃dɔne siklist]
Rampe la rampe [la ʀɑ̃p]
Rasen la pelouse [la pəluz]
Rasierapparat le rasoir [lə ʀazwaʀ]
Rasierklingen les lames *f* de rasoir [le lam də ʀazwaʀ]
Rasierpinsel le blaireau [lə blɛʀo]
Rasierschaum la mousse à raser [la musa ʀaze]
Rasierwasser la lotion après-rasage [la lɔsjɔ̃ apʀɛʀazaʒ]
Rastplatz l'aire *f* de repos [lɛʀ də ʀəpo], l'aire *f* de service [lɛʀ də sɛʀvis]
Raststätte le restoroute [lə ʀɛstɔʀut]
Rathaus *(Verwaltung)* la mairie [la mɛʀi]; *(hist. Gebäude)* l'hôtel *m* de ville [lotɛl də vil]
rauchen fumer [fyme]
Raucher le fumeur [lə fymœʀ]
Raucherabteil le compartiment fumeurs [lə kɔ̃paʀtimɑ̃ fymœʀ]
Raum l'espace *f* [lɛspas]; *(Zimmer)* la pièce [la pjɛs]
Rechnung la facture [la faktyʀ]; *(im Restaurant, Café)* l'addition *f* [ladisjɔ̃]; *(im Hotel)* la note [la nɔt]
rechte(r, -s) droit, e [dʀwa, dʀwat]
rechts à droite [a dʀwat]
Rechtsanwalt/anwältin l'avocat/e *m/f* [lavɔka/t]
rechtzeitig *adv* à temps [a tɑ̃], à l'heure [a lœʀ]
reden parler [paʀle]
Reformhaus le magasin de produits diététiques [lə magazɛ̃ pʀɔdɥi djetetik]
regelmäßig *adj* régulier, -ière [ʀegylje, jɛʀ]; *adv* régulièrement [ʀegyljɛʀmɑ̃]
Regen la pluie [la plɥi]
Regenmantel l'imperméable *m* [lɛ̃pɛʀmeabl]
Regenschauer l'averse *f* [lavɛʀs]
Regie la mise en scène [la miz‿ɑ̃ sɛn]
Regierung le gouvernement [lə guvɛʀnəmɑ̃]
Region la région [la ʀeʒiɔ̃]
regnerisch pluvieux [plyvjø]
Reibe la râpe [la ʀɑp]
reich riche [ʀiʃ]
reif mûr, e [myʀ]
Reifen le pneu [lə pnø]
reinigen nettoyer [nɛtwaje]
Reinigung la teinturerie [la tɛ̃tyʀəʀi]
Reis le riz [lə ʀi]
Reise le voyage [lə vwajaʒ]
Reisebüro l'agence *f* de voyages [laʒɑ̃s də vwajaʒ]
Reiseführer le guide [lə gid]
Reisegesellschaft le voyage organisé [lə vwajaʒ ɔʀganize]
reisen voyager [vwajaʒe]
Reisepass le passeport [lə paspɔʀ]
Reisescheck le chèque de voyage [lə ʃɛk də vwajaʒ]
Reisetasche le sac de voyage [lə sak də vwajaʒ]
reiten faire du cheval [fɛʀ dy ʃval]
Reitschule l'école *f* d'équitation [lekɔl dekitasjɔ̃]
reklamieren faire une réclamation [fɛʀ yn ʀeklamasjɔ̃]
Religion la religion [la ʀəliʒjɔ̃]
Renaissance la Renaissance [la ʀənɛsɑ̃s]
rennen courir [kuʀiʀ]
Rennrad le vélo de course [lə velod kuʀs]
reparieren réparer [ʀepaʀe]
reservieren réserver [ʀezɛʀve]
Reservierung la réservation [la ʀezɛʀvasjɔ̃]
Restaurant le restaurant [lə ʀɛstorɑ̃]
Rettungsboot le canot de sauvetage [lə kanod sovtaʒ]
Rettungsring la bouée de sauvetage [la bued sovtaʒ]
Rezept l'ordonnance *f* [lɔʀdɔnɑ̃s]
Rezeption la réception [la ʀesɛpsjɔ̃]
R-Gespräch l'appel *m* en P.C.V. [lapɛl ɑ̃ peseve]
Rheuma le rhumatisme [lə ʀymatism]
Richter/in le/la juge [lə/la ʒyʒ]
richtig juste [ʒyst]; *(geeignet)* bon, bonne [bɔ̃, bɔn]
Richtung la direction [la diʀɛksjɔ̃]
riechen sentir [sɑ̃tiʀ]
Rindfleisch le bœuf [lə bœf]
Ring la bague [la bag]
Rock la jupe [la ʒyp]
roh cru [kʀy]
roher Schinken le jambon cru [lə ʒɑ̃bɔ̃ kʀy]
Roller les rollers [le ʀɔlɛʀ]
Rollschuh le patin à roulette [lə patɛ̃ a ʀulɛt]
Rollsplitt le gravillon [lə gʀavijɔ̃]

Rollstuhl le fauteuil roulant [lə fotœj ʀulɑ̃]
Rollstuhlfahrer/in la personne en fauteuil roulant [la pɛʀsɔn ɑ̃ fotœj ʀulɑ̃]
rollstuhlgängiger Wagen (Zug) le wagon aménagé pour handicapés [lə vagɔ̃ amenaʒe puʀ ɑ̃dikape]
rollstuhlgerecht aménagé/équipé pour handicapés [amenaʒe/ekipe puʀ ɑ̃dikape]
Rollstuhlkabine (Schiff) la cabine équipée pour handicapés [la kabin ekipe puʀ ɑ̃dikape]
Roman le roman [lə ʀɔmɑ̃]
röntgen faire une radio(graphie) [fɛʀ yn ʀadjo(gʀafi)]
Röntgenaufnahme la radio(graphie) [la ʀadjo(gʀafi)]
rosa rose [ʀoz]
Rosé le (vin) rosé [lə vɛ̃ ʀoze]
Rosmarin le romarin [lə ʀɔmaʀɛ̃]
rot rouge [ʀuʒ]
Röteln la rubéole [la ʀybeɔl]
Rotwein le (vin) rouge [lə vɛ̃ ʀuʒ]
Route l'itinéraire *m* [litineʀɛʀ]
Rücken le dos [lə do]
Rückenschmerzen les douleurs *f* au dos [le dulœʀ o do]
Rückfahrkarte le billet aller-retour [lə bijɛ aleʀtuʀ]
Rückfahrt le retour [lə ʀətuʀ]
Rückholservice le convoyage [lə kɔ̃vwajaʒ]
Rücklicht les feux *m* arrière [le fø aʀjɛʀ]
Rucksack le sac à dos [lə sak a do]
Rückspiegel le rétroviseur [lə ʀetʀɔvizœʀ]
rückwärts en arrière [ɑ̃n aʀjɛʀ]
Rückwärtsgang la marche arrière [la maʀʃ aʀjɛʀ]
Ruder la rame [la ʀam]
Ruderboot la barque le canot (à rames) [la baʀk lə kano (a ʀam)]
rudern ramer [ʀame]
Ruhe le repos [lə ʀəpo]; *(Stille)* le calme [lə kalm]
ruhig calme [kalm]
Rührlöffel la cuillère en bois [la kɥijɛʀ‿ɑ̃ bwa]
Ruine la ruine [la ʀɥin]
rund rond, e [ʀɔ̃, ʀɔ̃d]
Rundfahrt le circuit [lə siʀkɥi]

S

Saal la salle [la sal]
Sache la chose [la ʃoz]
Safe le coffre-fort [lə kɔfʀəfɔʀ]
Safran le safran [lə safʀɑ̃]
saftig juteux [ʒytø]
sagen dire [diʀ]
Sahne la crème [la kʀɛm]
Saison la saison [la sɛzɔ̃]
Salami le salami [lə salami]
Salat la salade [la salad]
Salatbüfett le buffet de salades [lə byfɛd salad]
Salbe la pommade [la pɔmad]
Salbei la sauge [la soʒ]
Salmonellen la salmonelle [la salmɔnɛl]
Salmonellenvergiftung la salmonellose [la salmɔnɛloz]
Salz le sel [lə sɛl]
Salzstreuer la salière [la saljɛʀ]
sammeln collectionner [kɔlɛksjɔne]
Samstag samedi [samdi]
Sandalen les sandales *f* [le sɑ̃dal]
Sandburg le château de sable [lə ʃato də sablə]
Sandkasten le bac à sable [lə bak a sablə]
Sänger/in le chanteur/la chanteuse [lə ʃɑ̃tœʀ/la ʃɑ̃tøz]
Sanitäreinrichtungen les installations f sanitaires [lez‿ɛ̃stalasjɔ̃ sanitɛʀ]
satt qui n'a plus faim [ki na ply fɛ̃]
Satz la phrase [la fʀaz]
sauber propre [pʀɔpʀ]
sauer aigre [ɛgʀ]
Sauerstoffgerät la bouteille d'oxygène [la butɛj dɔksiʒɛn]
Sauger la tétine [la tetin]
Saugflasche le biberon [lə bibʀɔ̃]
Säugling le nourisson [lə nuʀisɔ̃]
Säule la colonne [la kɔlɔn]
Sauna le sauna [lə sona]
saure Sahne la crème aigre [la kʀɛm ɛgʀ]
S-Bahn le métro [lə metʀo]
Scanner le scanner [lə skanɛr]
schade! dommage [dɔmaʒ]
Schaden le dommage [lə dɔmaʒ]
Schaffner/in le contrôleur/la contrôleuse [lə kɔ̃tʀolœʀ/la kɔ̃tʀoløz]
Schafskäse le fromage de brebis [lə fʀɔmaʒ də bʀəbi]
Schal l'écharpe *f* [leʃaʀp]

scharf épicé [epise]
Schatten l'ombre *f* [lɔ̃bʀ]
schauen regarder [ʀəgaʀde]
Schaufenster la vitrine [la vitʀin]
Schauspieler/in l'acteur/l'actrice [laktœʀ/laktʀis], le comédien/la comédienne [lə kɔmedjɛ̃/la kɔmedjɛn]
Scheibe la tranche [la tʀɑ̃ʃ]
Scheibenwischer l'essuie-glace *m* [lesɥi glas]
Scheinwerfer le phare [lə faʀ]
Scheitel la raie [la ʀɛ]
schenken offrir [ɔfʀiʀ]
Schere les ciseaux *m* [le sizo]
schicken envoyer [ɑ̃vwaje]
Schiebedach le toit ouvrant [lə twa uvʀɑ̃]
Schienbein le tibia [lə tibja]
Schiene l'attelle *f* [latɛl]
Schild *(Hinweis~)* le panneau [lə pano]
Schinken le jambon [lə ʒɑ̃bɔ̃]
Schirm le parapluie [lə paʀaplɥi]
Schlafcouch la banquette-lit [la bɑ̃kɛtli]
schlafen dormir [dɔʀmiʀ]
Schlaflosigkeit l'insomnie *f* [lɛ̃sɔmni]
Schlaftabletten les somnifères *m* [le sɔmnifɛʀ]
Schlafwagen le wagon-lit [lə vagɔ̃li]
Schlafzimmer la chambre à coucher [la ʃɑ̃bʀ a kuʃe]
Schlaganfall l'attaque *f* [latak]
Schläger la raquette [la ʀakɛt]
Schlagsahne la crème chantilly [la kʀɛm ʃɑ̃tiji]
Schlange le serpent [lə sɛʀpɑ̃]; **~ stehen** faire la queue [fɛʀ la kø]
schlank mince [mɛ̃s]
Schlauch la chambre à air [la ʃɑ̃bʀ‿a ɛʀ]
Schlauchboot le canot pneumatique [lə kano pnømatik]
schlecht *adj* mauvais, e [movɛ, ɛz]; *adv* mal [mal]
Schlepplift le téléski [lə teleski], le remonte-pente [lə ʀəmɔ̃tpɑ̃t]
Schließfach la consigne automatique [la kɔ̃siɲ‿ɔtɔmatik]
Schlitten la luge [la lyʒ]
Schlittschuhe les patins *m* à glace [le patɛ̃ a glas]
Schloss le château [lə ʃato]; *(Tür)* la serrure [la sɛʀyʀ]
Schlucht la gorge [la gɔʀʒ]
Schlüssel la clé [la kle]
Schlüsselbein la clavicule [la klavikyl]
Schlüsselübergabe la remise des clés [la ʀəmiz de kle]
schmal étroit, e [etʀwa, at]
schmecken être bon [ɛtʀə bɔ̃]
schmerzen faire mal [fɛʀ mal]
Schmerztabletten les cachets *m* contre la douleur [le kaʃɛ kɔ̃tʀə la dulœʀ]
Schmuck les bijoux *m* [le biʒu]
Schmuggel la fraude [la fʀod]
schmutzig sale [sal]
Schnappschuss l'instantané *m* [lɛ̃stɑ̃tane]
schnarchen ronfler [ʀɔ̃fle]
Schnee la neige [la nɛʒ]
Schneebesen le fouet [lə fuɛ]
Schneidebrett la planche à découper [la plɑ̃ʃ‿a dekupe]
Schneider/in le tailleur/la couturière [lə tajœʀ/la kutyʀjɛʀ]
schnell *adj* rapide [ʀapid]; *adv* vite [vit]
Schnellstraße la voie rapide [la vwa ʀapid]
Schnittwunde la coupure [la kupyʀ]
Schnitzerei la sculpture sur bois [la skyltyʀ syʀ bwa]
Schnorchel le tuba [lə tyba]
schnorcheln faire de la nage sous-marine [fɛʀ də la naʒ sumaʀin]
Schnuller la sucette (de caoutchouc) [la sysɛt (də kautʃu)]
Schnupfen le rhume [lə ʀym]
Schnurrbart la moustache [la mustaʃ]
Schnürsenkel le lacet [lə lasɛ]
Schokolade le chocolat [lə ʃɔkɔla]
Schokoriegel la barre de chocolat [la baʀ də ʃɔkɔla]
schön beau, bel, le [bo, bɛl]
schon déjà [deʒa]
Schonkost la cuisine diététique [la kɥizin djetetik]
Schonzeiten la période de fermeture de la pêche [la peʀjɔd də fɛʀmətyʀ də pɛʃ]
Schöpfkelle la louche [la luʃ]
Schrank l'armoire *f* [laʀmwaʀ]
Schraube la vis [la vis]
schrecklich affreux, -euse [afʀø, øz]
schreiben écrire [ekʀiʀ]
Schreibtelefon le minitel-dialogue [lə minitɛldjalɔg]
Schreibwaren les articles *m* de papeterie [lez‿aʀtikl də papɛtʀi]

Schreibwarengeschäft la papeterie [la papɛtʀi]
schreien crier [kʀije]
Schrift l'écriture [lekʀityʀ]
schriftlich par écrit [paʀ ekʀi]
schüchtern timide [timid]
Schuh la chaussure [la ʃosyʀ]
Schuhbürste la brosse à chaussures [la bʀɔs a ʃosyʀ]
Schuhcreme le cirage [lə siʀaʒ]
Schuhgeschäft le magasin de chaussures [lə magazɛ̃d ʃosyʀ]
Schuhmacher le cordonnier [lə kɔʀdɔnje]
Schuld la faute [la fot]; *(Geld)* la dette [la dɛt]
Schule l'école *f* [lekɔl]
Schulkinder les écoliers/les écolières [lez‿ekɔlje/lez‿ekɔljɛʀ]
Schulter l'épaule *f* [lepol]
Schuppen les pellicules *f* [le pelikyl]
Schüssel le plat [lə pla]
Schüttelfrost les frissons *m* [le fʀisɔ̃]
Schutzhütte le refuge [lə ʀəfyʒ]
schwach faible [fɛbl]
Schwager le beau-frère [lə bofʀɛʀ]
Schwägerin la belle-soeur [la bɛlsøʀ]
Schwangerschaft la grossesse [la gʀɔsɛs]
schwarz noir [nwaʀ]
Schwarzbrot le pain noir [lə pɛ̃ nwaʀ]
Schwarzweißfilm le film en noir et blanc [lə film ɑ̃ nwaʀ e blɑ̃]
Schweinefleisch le porc [lə pɔʀ]
Schweiz la Suisse [la sɥis]
Schweizer Franken le franc suisse [lə fʀɑ̃ sɥis]
Schweizer/in le Suisse [lə sɥis]/la Suissesse [la sɥisɛs]
Schwellung l'enflure *f* [lɑ̃flyʀ]
schwer lourd, e [luʀ, luʀd]; *(schwierig)* difficile [difisil]
Schwerstbehinderte/r le/la grand/e handicapé/e [lə/la gʀɑ̃/d ɑ̃dikape]
Schwertfisch l'espadon *m* [lɛspadɔ̃]
Schwester la sœur [la sœʀ]
schwierig difficile [difisil]
schwimmen nager [naʒe]
Schwimmer/in le nageur/la nageuse [lə naʒœʀ/la naʒøz]
Schwimmflossen les palmes *f* [le palm]
Schwimmflügel les bracelets *m* [le bʀaslɛ]
Schwimmkurs le cours de natation [lə kuʀ də natasjɔ̃]
Schwimmring la bouée [la bue]
Schwimmweste le gilet de sauvetage [lə ʒilɛd sovtaʒ]
Schwindel le vertige [lə vɛʀtiʒ]
schwindlig pris, e de vertige [pʀi, pʀiz də vɛʀtiʒ]
schwitzen transpirer [tʀɑ̃spiʀe]
schwül lourd [luʀ]
See le lac [lə lak]
Seegang l'état *m* de la mer [letad la mɛʀ]
seekrank sein avoir le mal de mer [avwaʀ lə mal də mɛʀ]
Seezunge la sole [la sɔl]
Segelboot le bateau à voiles [lə bato a vwal]
Segelfliegen le vol à voile [lə vɔl a vwal]
segeln faire de la voile [fɛʀ də la vwal]
Segeltörn la croisière à la voile [la kʀwasjɛʀ a la vwal]
sehbehindert malvoyant [malvwajɑ̃]
Sehbehinderte/r le/la malvoyant/e [lə/la malvwajɑ̃/t]
sehen voir [vwaʀ]
Sehenswürdigkeiten les curiosités *f* [le kyʀjosite]
sehr très [tʀɛ]
Seide la soie [la swa]
Seidenmalerei la peinture sur soie [la pɛ̃tyʀ syʀ swa]
Seife le savon [lə savɔ̃]
Seil la corde [la kɔʀd]
Seilbahn le téléphérique [lə telefeʀik]
sein *(verb)* être [ɛtʀ]; *(poss prn)* son [sɔ̃], sa [sa]
seit depuis [dəpɥi]
Seite le côté [lə kote]
Sekunde la seconde [la səgɔ̃d]
selbst même [mɛm]
Selbstauslöser le déclencheur automatique [lə deklɑ̃ʃœʀ ɔtɔmatik]
Selbstbedienung le self-service [lə sɛlfsɛʀvis]
Sellerie le céleri [lə sɛlʀi]
selten *adj* rare [ʀaʀ]; *adv* rarement [ʀaʀmɑ̃]
Seminar le seminaire [lə seminɛʀ]
Sendung *(Radio, Fernsehen)* l'émission *f* [lemisjɔ̃]
Senf la moutarde [la mutaʀd]
September septembre [sɛptɑ̃bʀ]
servieren servir [sɛʀviʀ]
Serviette la serviette [la sɛʀvjɛt]
Sessel le fauteuil [lə fotœj]
Sessellift le télésiège [lə telesjɛʒ]

sexuelle Belästigung le harcèlement sexuel [lə arsɛlmɑ̃ sɛksyɛl]
Shampoo le shampooing [lə ʃɑ̃pwɛ̃]
Shorts le short [lə ʃɔrt]
Show le show [lə ʃo]
sicher *adj* sûr, e [syr]; *adv* sûrement [syrmɑ̃]
Sicherheitsgebühr la taxe de sécurité [la taks də sekyrite]
Sicherheitsgurt la ceinture de sécurité [la sɛ̃tyr də sekyrite]
Sicherheitskontrolle le contrôle de sécurité [lə kɔ̃trol də sekyrite]
Sicherheitsnadel l'épingle *f* de sûreté [lepɛ̃gl də syrte]
Sicherung *(el)* les plombs *m pl* [le plɔ̃], les fusibles *m pl* [le fyzibl]
sie *f* elle [ɛl]; *pl m* ils [il]; *pl f* elles [ɛl]
Silber l'argent *m* [larʒɑ̃]
silbern argenté [arʒɑ̃te]
Silvester la Saint-Sylvestre [la sɛ̃ silvɛstr]
Sinfoniekonzert le concert symphonique [lə kɔ̃sɛr sɛ̃fɔnik]
singen chanter [ʃɑ̃te]
Sitz le siège [lə sjɛʒ]
sitzen être assis, e [ɛtr asi, asiz]
Skateboard la planche à roulettes [la plɑ̃ʃ a rulɛt]
Ski laufen skier [skje], faire du ski [fɛr dy ski]
Ski le ski [lə ski]
Skibindung la fixation [la fiksasjɔ̃]
Skibrille les lunettes *f* de ski [le lynɛt də ski]
Skihose le pantalon de ski [lə pɑ̃talɔ̃ də ski]
Skikurs les cours *m*/leçons *f* de ski [le kur/ləsɔ̃ də ski]
Skilehrer/in le moniteurla monitrice de ski [lə mɔnitœr/la mɔnitris də ski]
Skistiefel les chaussures *f* de ski [le ʃosyr də ski]
Skistöcke les bâtons *m* [le batɔ̃]
Skulptur la sculpture [la skyltyr]
Slip le slip [lə slip]
Slipeinlagen les protège-slips *m* [le prɔtɛʒslip]
Söckchen les socquettes *f* [le sɔkɛt]
Socken les chaussettes *f* [le ʃosɛt]
Sodbrennen les aigreurs *f* d'estomac [lez‿ɛgrœr dɛstɔma]
sofort tout de suite [tud sɥit]
Sofortbildkamera le polaroïd [lə pɔlarɔid]
Sohle la semelle [la smɛl]
Sohn le fils [lə fis]
Solarium le solarium [lə sɔlarjɔm]
Solist/in le/la soliste [lə/la sɔlist]
sollen devoir [dəvwar]
Sommer l'été *m* [lete]
Sondermarke le timbre de collection [lə tɛ̃brə də kɔlɛksjø]
Sonne le soleil [lə sɔlɛj]
Sonnenbrand le coup de soleil [lə ku dsɔlɛj]
Sonnencreme la crème solaire [la krɛm sɔlɛr]
Sonnenhut le chapeau de soleil [lə ʃapod sɔlɛj]
Sonnenöl l'huile *f* solaire [lɥil sɔlɛr]
Sonnenschutz la protection solaire [la prɔtɛksjɔ̃ sɔlɛr]
Sonnenstich l'insolation *f* [lɛ̃sɔlasjɔ̃]
sonnig ensoleillé [ɑ̃sɔlɛje]
Sonntag dimanche [dimɑ̃ʃ]
sorgen, s. ~ um se faire du souci pour [sə fɛr dy susi pur]
Sorte la sorte [la sɔrt]
Soße la sauce [la sos]
Souvenirladen le magasin de souvenirs [lə magazɛ̃d suvnir]
sozialer Hilfsdienst les services m d'aide sociale [le sɛrvis ded sɔsjal]
Sozialstation le centre social de soins [lə sɑ̃trə sɔsjal də swɛ̃]
Spanien l'Espagne *f* [lɛspaɲ]
Spanier/in l'Espagnol/e [lɛspaɲɔl]
spanisch espagnol, e [ɛspaɲɔl]
Spargel l'asperge *f* [laspɛrʒ]
Spaß *(Scherz)* la plaisanterie [la plɛzɑ̃tri]; *(Vergnügen)* l'amusement *m* [lamyzmɑ̃]
spät tard [tar]
später plus tard [ply tar]
spazieren gehen se promener [sə prɔmne]
Spaziergang la promenade [la prɔmnad]
Speicherkarte la carte mémoire [la kart memwar]
Speisekarte la carte [la kart]
Speiseröhre le tube digestif [lə tyb diʒɛstif]
Speisesaal la salle à manger [la sal a mɑ̃ʒe]
Speisewagen le wagon-restaurant [lə vagɔ̃ rɛstɔrɑ̃]
Spezialität la spécialité [la spesjalite]

speziell spécial, e [spesjal]
Spiegel le miroir [lə miʀwaʀ]
Spiel le match [lə matʃ]
Spieldose la boîte à musique [la bwata mysik]
spielen jouer [ʒue]
Spielkamerad le copain/la copine (de jeux) [lə kɔpɛ̃/la kɔpin də ʒø]
Spielkasino le casino [lə kazino]
Spielplan le programme [lə pʀɔgʀam]
Spielplatz l'aire *f* de jeux [lɛʀ də ʒø]
Spielsachen les jouets *m* [le ʒuɛ]
Spielwarengeschäft le magasin de jouets [lə magazɛ̃d ʒuɛ]
Spinat les épinards *m* [lez‿epinaʀ]
Spirituosengeschäft le magasin de (vins et) spiritueux [lə magazɛ̃d (vɛ̃ e) spiʀityø]
Spitzen schneiden couper les pointes [kupe le pwɛ̃t]
Sport le sport [lə spɔʀ]
Sportartikel le magasin (d'articles) de sport [lə magazɛ̃ (daʀtikl) də spɔʀ]
Sportler/in le sportif/la sportive [lə spɔʀtif/la spɔʀtiv]
Sportplatz le terrain de sport [lə tɛʀɛ̃ də spɔʀ], le stade [lə stad]
Sprache la langue [la lɑ̃g]
Sprachkurs le cours de langue [lə kuʀ də lɑ̃g]
sprechen parler [paʀle]
Sprechstunde la consultation [la kɔ̃syltasjɔ̃]
Spritze la piqûre [la pikyʀ]
Spülbecken l'évier [levje]
Spülbürste la brosse pour la vaisselle [la bʀɔs puʀ la vɛsɛl]
Spülmittel le produit pour la vaisselle [lə pʀɔdɥi puʀ la vɛsɛl]
Spültuch le torchon [lə tɔʀʃɔ̃]
Staat l'Etat *m* [leta]
Staatsangehörigkeit la nationalité [la nasjɔnalite]
Stadion le stade [lə stad]
Stadt la ville [la vil]
Stadtbus le bus [lə bys]
Stadtmauer les murs *m* de la ville [le myʀ də la vil]
Stadtplan le plan de la ville [lə plɑ̃ də la vil]
Stadtrundfahrt la visite guidée de la ville [la vizit gide də la vil]
Stadtteil le quartier [lə kaʀtje]
Stadtzentrum le centre-ville [lə sɑ̃tʀə vil]
stammen (aus) être originaire (de) [ɛtʀ ɔʀiʒinɛʀ (də)]
Standlicht les feux *m* de position [le fød pozisjɔ̃]
stark fort, e [fɔʀ, fɔʀt]
Starthilfekabel le câble de démarrage [lə kablə də demaʀaʒ]
Station le service [lə sɛʀvis]
Stativ le pied [lə pje]
stattfinden avoir lieu [avwaʀ ljø]
Statue la statue [la staty]
Stau l'embouteillage *m* [lɑ̃butɛjaʒ]
Staub la poussière [la pusjɛʀ]
Staubsauger l'aspirateur *m* [laspiratœʀ]
stechen piquer [pike]
Steckdose la prise de courant [la pʀiz də kuʀɑ̃]
Stecker la fiche [la fiʃ]
Steg la passerelle [lə pasʀɛl]
stehen être debout [ɛtʀ dəbu]; **~ bleiben** s'arrêter [saʀɛte]
Stehklosett l'urinoir *m* [lyʀinwaʀ]
stehlen voler [vɔle]
Steigung la pente [la pɑ̃t]
steil raide [ʀɛd]
Stein la pierre [la pjɛʀ]
steinig pierreux, -euse [pjɛʀø, øz]
Stempel le tampon [lə tɑ̃pɔ̃]
Stern l'étoile *f* [letwal]
Sternwarte l'observatoire *m* [lɔbsɛʀvatwaʀ]
Steward/ess le steward/l'hôtesse *f* de l'air [lə stiwaʀt/lotɛs də lɛʀ]
Stickerei la broderie [la bʀɔdʀi]
Stiefel les bottes *f* [le bɔt]
Stil le style [lə stil]
still calme [kalm]
Stillleben la nature morte [la natyʀ mɔʀt]
stinken sentir mauvais [sɑ̃tiʀ movɛ]
Stirnhöhlenentzündung la sinusite [la sinysit]
Stock *(Holzstange)* le bâton [lə batɔ̃] ; *(Bienen-)* la ruche [la ryʃ]
Stockwerk l'étage *m* [letaʒ]
Stoff l'étoffe *f* [letɔf]
stören déranger [deʀɑ̃ʒe]
stornieren *(Zimmer)* décommander [dekɔmɑ̃de]; *(Fahr-, Flugkarten)* annuler [anyle]
Stoßstange le pare-chocs [lə paʀʃɔk]
Strafe la peine [la pɛn]; *(Geld~)* l'amende *f* [lamɑ̃d]
Strafraum la surface de réparation [la syʀfas də ʀepaʀasjɔ̃]

Strähnchen les mèches [le mɛʃ]
Strand la plage [la plaʒ]
Strandschuhe les chaussures *f* de plage [le ʃosyʀ də plaʒ]
Straße la rue [la ʀy]; *(Land~)* la route [la ʀut]
Straßenbahn le tram [lə tʀam]
Straßenkarte la carte routière [la kaʀt ʀutjɛʀ]
Strauß (Blumen~) le bouquet [lə bukɛ]
Streichholz l'allumette *f* [lalymɛt]
Strickjacke la veste de laine [la vɛstə də lɛn]
Strohhalm la paille [la paj]
Strom *(Fluss)* le fleuve [lə flœv]; *(el)* le courant [lə kuʀɑ̃]
Stromanschluss la prise de courant [la pʀiz də kuʀɑ̃]
Strompauschale le forfait électicité [lə fɔʀfɛ elɛktʀisite]
Stromspannung le voltage [lə vɔltaʒ]
Strümpfe les bas *m* [le ba], les chaussettes *f* [le ʃosɛt]
Strumpfhose les collants *m* [le kɔlɑ̃]
Stück la pièce [la pjɛs]; **ein ~ Brot** un morceau de pain [ɛ̃ mɔʀso də pɛ̃]
studieren faire des études [fɛʀ dez‿etyd]
Studio le studio [lə stydjo]
Stufe la marche [la maʀʃ]
Stufen en dégradé [ɑ̃ degʀade]
stufenloser Zugang l'accès m sans marche [laksɛ sɑ̃ maʀʃ]
Stufenschnitt la coupe en dégradé [la kup ɑ̃ degʀade]
Stuhl la chaise [la ʃɛz]
Stuhlgang les selles *f* [le sɛl]
stumm muet [mɥɛ]
Stunde l'heure *f* [lœʀ]; *(Unterrichts~)* le cours [lə kuʀ]; **eine halbe ~** une demi-heure [yn dəmijœʀ]; **eine Viertel~** un quart d'heure [ɛ̃ kaʀ dœʀ]
stündlich toutes les heures [tut lez‿œʀ]
Sturm la tempête [la tɑ̃pɛt]
stürzen tomber [tɔ̃be]
Sturzhelm le casque de moto [lə kaskə də mɔto]
suchen chercher [ʃɛʀʃe]
Sucher le viseur [lə vizœʀ]
Süden le Sud [lə syd]
südlich von au sud de [o syd də]
Summe la somme [la sɔm], le montant [lə mɔ̃tɑ̃]
Sumpf le marais [lə maʀɛ]
Supermarkt le supermarché [lə sypɛʀmaʀʃe]
Suppe la soupe [la sup], le potage [lə pɔtaʒ]
Suppenteller l'assiette *f* creuse [lasjɛt kʀøz]
Surfbrett le surf [lə sœʀf]
surfen faire du surf [fɛʀ dy sœʀf]
süß sucré, e [sykʀe]
Süßigkeiten les friandises *f* [le fʀijɑ̃diz]
Süßstoff les sucrettes *f* [le sykʀɛt]
Süßwarengeschäft la confiserie [la kɔ̃fizʀi]
Swimmingpool la piscine [la pisin]
sympathisch sympathique [sɛ̃patik]

T

Tabak le tabac [lə taba]
Tabakladen le bureau de tabac [lə byʀod taba]
Tablette le comprimé [lə kɔ̃pʀime], le cachet [lə kaʃɛ]
Tachometer le compteur [lə kɔ̃tœʀ]
Tag le jour [lə ʒuʀ]
Tagesausflug l'excursion *f* pour une journée [lɛkskyʀsjø puʀ yn ʒuʀne]
Tagesgericht le plat du jour [lə pla dy ʒuʀ]
Tageskarte le billet pour une journée [lə bijɛ puʀ yn ʒuʀne]
Tagespass le forfait-journée [lə fɔʀfɛʒuʀne]
Tagestour la randonnée (pour la journée) [la ʀɑ̃dɔne (puʀ la ʒuʀne)]
täglich tous les jours [tu le ʒuʀ]
tagsüber pendant la journée [pɑ̃dɑ̃ la ʒuʀne]
Tal la vallée [la vale]
Talstation le point de départ du téléski [lə pwɛ̃d depaʀ dy teleski]
Tampons les tampons *m* [le tɑ̃pɔ̃]; mini/normal/super/super plus [mini/nɔʀmal/sypɛʀ/sypɛʀ plys]
Tank le réservoir [lə ʀezɛʀvwaʀ]
tanken prendre de l'essence [pʀɑ̃dʀ də lɛsɑ̃s]
tanzen danser [dɑ̃se]
Tänzer/in le danseur/la danseuse [lə dɑ̃sœʀ/la dɑ̃søz]
Tanzkapelle l'orchestre *m* de danse [lɔʀkɛstʀə də dɑ̃s]
Tanztheater le théâtre de la danse [lə teatʀ də la dɑ̃s]

Verlängerungsschnur la rallonge [la ʀalɔ̃ʒ]
Verlängerungswoche la semaine supplémentaire [la smɛn syplemɑ̃tɛʀ]
verlassen quitter [kite]
verletzen blesser [blese]
Verletzte, der/die le blessé [lə blɛse]/ la blessée [la blɛse]
Verletzung la blessure [la blesyʀ]
verlieren perdre [pɛʀdʀ]
Verlobte, der/die le fiancé [lə fjɑ̃se]/ la fiancée [la fjɑ̃se]
vermieten louer [lue]
Verpackung l'emballage [lɑ̃balaʒ]
verpassen manquer [mɑ̃ke], rater [ʀate]
Verpflegung la nourriture [la nuʀityʀ]
verrechnen, s. faire une erreur de calcul [fɛʀ yn ɛʀœʀ də kalkyl]
verreisen partir en voyage [paʀtiʀ ɑ̃ vwajaʒ]
verrückt fou, folle [fu, fɔl]
verschieben *(zeitlich)* remettre à plus tard [ʀəmɛtʀ a ply taʀ], repousser [ʀəpuse]
verschließen fermer [fɛʀme]
verschreiben prescrire [pʀɛskʀiʀ]
Versicherung l'assurance *f* [lasyʀɑ̃s]
Verspätung le retard [lə ʀətaʀ]
verstaucht foulé [fule]
verstehen comprendre [kɔ̃pʀɑ̃dʀ]
Verstopfung la constipation [la kɔ̃stipasjɔ̃]
versuchen essayer [eseje]; *(Speisen)* goûter [gute]
Vertrag le contrat [lə kɔ̃tʀa]
Vertrauen la confiance [la kɔ̃fjɑ̃s]
verunglücken avoir un accident [avwaʀ ɛ̃n aksidɑ̃]
verursachen causer [koze]
Verwaltung l'administration *f* [ladministʀasjɔ̃]
verwandt parent, e [paʀɑ̃, ɑ̃t]
verwechseln confondre [kɔ̃fɔ̃dʀ]
verwitwet *(Mann)* veuf [vœf]; *(Frau)* veuve [vœv]
Videofilm le film vidéo [lə film video]
Videokamera la caméra vidéo [la kameʀa video]
Videokassette la vidéocassette [la videokasɛt]
Videorekorder le magnétoscope [lə maɲetɔskɔp]
viel beaucoup de [boku də]
vielleicht peut-être [pøtɛtʀ]
Villa la villa [la vila]
violett violet [vjɔlɛ]
Virus le virus [lə viʀys]
Visum le visa [lə viza]
Vogel l'oiseau *m* [lwazo]
Vogelschutzgebiet le parc ornithologique [lə paʀk ɔʀnitɔlɔʒik]
Volk le peuple [lə pœpl]
Völkerkundemuseum le musée ethnologique [lə myze ɛtnɔlɔʒik]
Volksmusik la musique folklorique [la mysik fɔlklɔʀik]
Volksstück la pièce populaire [la pjɛs pɔpylɛʀ]
voll plein, e [plɛ̃, plɛn]; *(besetzt)* complet, -ète [kɔ̃plɛ, ɛt]; *(ganz)* entier, -ière [ɑ̃tje, jɛʀ]
Volleyball le volley-ball [lə vɔlɛbol]
Vollkasko l'assurance tous risques [lasyʀɑ̃s tu ʀisk]
Vollkornbrot le pain complet [lə pɛ̃ kɔ̃plɛ]
Vollpension la pension complète [la pɑ̃sjɔ̃ kɔ̃plɛt]
vom Fass pression [pʀɛsjɔ̃]
vom Grill sur le gril [syʀ lə gʀil]
von Zeit zu Zeit de temps en temps [də tɑ̃z ɑ̃ tɑ̃]
von de [də]; *(Passiv)* par [paʀ]
vor dem Essen avant les repas *m pl* [avɑ̃ le ʀpa]
vor zehn Minuten il y a dix minutes [il ja di minyt]
vor *(räumlich)* devant [dəvɑ̃]; *(zeitlich)* avant [avɑ̃]
Voranmeldung la communication avec préavis [la kɔmynikasjɔ̃ avɛk pʀeavi], la réservation [la ʀezɛʀvasjɔ̃]
Voraus, im ~ par avance [paʀ avɑ̃s]
vorbereiten préparer [pʀepaʀe]
Vordruck le formulaire [lə fɔʀmylɛʀ]
vorgestern avant-hier [avɑ̃t jɛʀ]
vorher avant [avɑ̃]
vorletzte(r, -s) avant-dernier, -ière [avɑ̃dɛʀnje, jɛʀ]
Vormittag le matin [lə matɛ̃]
vormittags le matin [lə matɛ̃]
vorn devant [dəvɑ̃]
Vorname le prénom [lə pʀenɔ̃]
vornehm distingué, e [distɛ̃ge]
Vorort la banlieue [la bɑ̃ljø]
Vorrat les provisions *f pl* [le pʀɔvizjɔ̃]
Vorsaison l'avant-saison *f* [lavɑ̃sɛzɔ̃]
Vorschlag la proposition [la pʀɔpozisjɔ̃]
Vorschrift la directive [la diʀɛktiv], le règlement [lə ʀɛgləmɑ̃]

Tasche la poche [la pɔʃ]; *(Hand~)* le sac à main [lə sak a mɛ̃]
Taschenbuch le livre de poche [lə livʀə də pɔʃ]
Taschendieb le voleur à la tire [lə vɔlœʀ a la tiʀ], le pickpocket [lə pikpɔkɛt]
Taschenmesser le couteau de poche [lə kutod pɔʃ]
Taschenrechner la calculatrice [la kalkylatʀis]
Tasse la tasse [la tas]
Taststock la canne d'aveugle [la kan davœglə]
taub sourd [suʀ]
taubstumm sourd-muet [suʀmyɛ]
Taubstumme/r le/la sourd/e-muet/te [lə/la suʀmyɛ/t]
tauchen faire de la plongée [fɛʀ də la plɔ̃ʒe]
Taucherausrüstung l'équipement *m* de plongée [lekipmɑ̃d plɔ̃ʒe]
Taucherbrille les lunettes *f* de plongée [le lynɛt də plɔ̃ʒe]
täuschen, s. ~ se tromper [sə tʀɔ̃pe]
Taxifahrer/in le chauffeur/la chauffeuse de taxi [lə ʃofœʀ/la ʃoføse də taksi]
Taxistand la station de taxis [la stasjɔ̃ də taksi]
Tee le thé [lə te]
Teebeutel le sachet de thé [lə saʃɛd te]
Teelöffel la cuillère à café [la kɥijɛʀ a kafe]
Teil la partie [la paʀti]
Teilkasko l'assurance *f* au tiers [lasyʀɑ̃s o tjɛʀ]
teilnehmen (an) prendre part (à) [pʀɑ̃dʀ paʀ (a)]
Telefon le téléphone [lə telefɔn]
Telefonbuch l'annuaire *m* [lanyɛʀ]
telefonieren téléphoner [telefɔne]
Telefonkarte la télécarte [la telekaʀt]
Telefonnummer le numéro de téléphone [lə nymeʀod telefɔn]
Telefonzelle la cabine téléphonique [la kabin telefɔnik]
telegrafische Überweisung le mandat télégraphique [lə mɑ̃da telegʀafik]
Telegramm le télégramme [lə telegʀam]
Teleobjektiv le téléobjectif [lə teleɔbʒɛktif]
Telex le télex [lə telɛks]
Teller l'assiette *f* [lasjɛt]
Tempel le temple [lə tɑ̃pl]
Temperatur la température [la tɑ̃peʀatyʀ]
Tennis le tennis [lə tenis]
Tennisschläger la raquette de tennis [la ʀakɛt də tenis]
Termin le rendez-vous [lə ʀɑ̃devu]
Terminal le terminal [lə tɛʀminal]
Terrakotta la terre cuite [la tɛʀ kɥit]
Terrasse la terrasse [la tɛʀas]
Tetanus le tétanos [lə tetanos]
teuer cher, chère [ʃɛʀ]
Theater le théâtre [lə teatʀ]
Theatergruppe le groupe théâtral [lə gʀup teatʀal]
Theaterstück la pièce de théâtre [la pjɛs də teatʀ]
Therapie la thérapie [la teʀapi]
Thermalbad le bain thermal [lə bɛ̃ tɛʀmal]
Thermosflasche® la (bouteille) thermos [la (butɛj) tɛʀmos]
Thriller le film policier [lə film pɔlisje]
Thunfisch le thon [lə tɔ̃]
Thymian le thym [lə tɛ̃]
tief profond, e [pʀɔfɔ̃, ɔ̃d]
Tier l'animal *m* [lanimal]
Tintenfisch la seiche [la sɛʃ]
Tipp le tuyau [lə tɥijo], le conseil [lə kɔ̃sɛj]
Tisch la table [la tabl]
Tischtennis le ping-pong [lə piŋpɔŋ]
Tischtuch la nappe [la nap]
Toast le toast [lə tost]
Toaster le grille-pain [lə gʀij pɛ̃]
Tochter la fille [la fij]
Toiletten les toilettes [le twalɛt]
Toilettenpapier le papier hygiénique [lə papje iʒjenik]
Tomaten les tomates *f* [le tɔmat]
Ton le ton [lə tɔ̃]; *(Farbe)* la teinte [la tɛ̃t]
tönen faire un rinçage [fɛʀ ɛ̃ ʀɛ̃zaʒ]
Töpferei la poterie [la pɔtʀi]
Töpferwaren la poterie [la pɔtʀi]
Tor la porte [la pɔʀt]; *(Fußball: Schuss)* le but *m* [le byt]; *(Pfosten)* le poteau des buts [lə pɔto de byt]
Torwart le gardien de buts [lə gaʀdjɛ̃d byt]
Tour le tour [lə tuʀ]
Tourist/in le/la touriste [lə/la tuʀist]
Tracht *(Volkstracht)* le costume régional/folklorique [lə kɔstym ʀeʒjɔnal/ fɔlklɔʀik]

tragbarer CD-Spieler le baladeur [lə baladœʀ]
tragen porter [pɔʀte]
Tragflügelboot l'hydroglisseur *m* [lidʀoglisœʀ]
Tragödie la tragédie [la tʀaʒedi]
trampen faire de l'auto-stop [fɛʀ də lotɔstɔp]
Transferbus la navette [la navɛt]
Traubenzucker la dextrose [la dɛkstʀoz]
Traum le rêve [lə ʀɛv]
traurig triste [tʀist]
treffen rencontrer [ʀɑ̃kɔ̃tʀe]
Trekkingrad le V.T.C. (vélo tout chemin) [lə vetese (velo tu ʃmɛ̃)]
Treppe l'escalier *m* [lɛskalje]
Tretboot le pédalo [lə pedalo]
trinken boire [bwaʀ]
Trinkflasche la gourde [la guʀd]
Trinkgeld le pourboire [lə puʀbwaʀ]
Trinkwasser l'eau *f* potable [lo pɔtabl]
trocken (Wein) sec [sɛk]
trockenes Haar les cheveux secs [le ʃøvø sɛk]
trocknen sécher [seʃe]
Trockner le séchoir [lə seʃwaʀ]
Trödler le brocanteur [lə bʀɔkɑ̃tœʀ]
Trommelfell le tympan [lə tɛ̃pɑ̃]
Tropfen les gouttes *f* [le gut]
trotzdem malgré cela [malgʀe səla]
T-Shirt le t(ee)-shirt [lə tiʃœʀt]
Tuch le drap [lə dʀa]; *(Kopf~)* le foulard [lə fulaʀ]
tun faire [fɛʀ]
Tunnel le tunnel [lə tynɛl]
Tür la porte [la pɔʀt]
Türbreite la largeur de la porte [la laʀʒœʀ də la pɔʀt]
Türcode le code [lə kɔd]
türkis turquoise [tyʀkwaz]
türkisfarben turquoise [tyʀkwaz]
Turm la tour [la tuʀ]
Turnschuhe les tennis *f* [le tɛnis]; *(höhere)* les baskets *m* [le baskɛt]
Türschwelle le seuil [lə sœj]
Tüte le sac [lə sak]; *(kleine)* le sachet [lə saʃɛ]
Typhus la typhoïde [la tifɔid]
typisch (für) typique (de) [tipik (də)], caractéristique (de) [kaʀakteʀistik (də)]

U

U-Bahn le métro [lə metʀo]
Übelkeit la nausée [la noze]
üben s'exercer [sɛgzɛʀse], s'entraîner [sɑ̃tʀɛne]
über au-dessus (de) [odsy (də)]
überall partout [paʀtu]
überbacken gratiné [gʀatine]
Überfall *(Person)* l'agression *f* [lagʀɛsjɔ̃]; *(Bank)* le hold-up [ɔldœp]
Übergang le passage [lə pasaʒ]
überholen dépasser [depase]
Überlandbus le car [lə kaʀ]
übermorgen après-demain [apʀɛ dmɛ̃]
übernachten coucher [kuʃe], passer la nuit [pase la nɥi]
Übernachtung la nuit [la nɥit]
Überreste les vestiges *m* [le vɛstiʒ], les restes *m* [le ʀɛst]
übersetzen traduire [tʀadɥiʀ]
Überweisung le virement [lə viʀmɑ̃]
üblich habituel, le [abitɥɛl]
übrig bleiben rester [ʀɛste]
Ufer *(Fluss)* la rive [la ʀiv]; *(Meer)* le bord [lə bɔʀ], le rivage [lə ʀivaʒ]
Uhrmacher l'horloger *m* [lɔʀlɔʒe]
um diese Zeit à cette heure-ci [a sɛt‿œʀ si]
um *(herum)* autour de [otuʀ də]; *(Zeitangabe)* à [a]; *(gegen)* vers [vɛʀ]
umbuchen changer [ʃɑ̃ʒe]
Umgebung les environs [lez‿ɑ̃viʀɔ]
Umgehungsstraße la rocade [la ʀɔkad]
umgekehrt inversement [ɛ̃vɛʀsəmɑ̃]
Umhängetasche la sacoche [la sakɔʃ]
umkehren faire demi-tour [fɛʀ dəmi tuʀ]
Umleitung la déviation [la devjasjɔ̃]
umtauschen échanger [eʃɑ̃ʒe]
Umweg le détour [lə detuʀ]
Umwelt l'environnement *m* [lɑ̃viʀɔnmɑ̃]
umziehen, s. se changer [sə ʃɑ̃ʒe]
Umzug le cortège [lə kɔʀtɛʒ]
unangenehm désagréable [dezagʀeabl]
unbedingt *adv* absolument [apsɔlymɑ̃]
und et [ɛ]
unentschieden match nul [matʒə nyl]
unerträglich insupportable [ɛ̃sypɔʀtabl]
Unfall l'accident *m* [laksidɑ̃]
ungeeignet impropre [ɛ̃pʀɔpʀ]
ungefähr environ [ɑ̃viʀɔ̃]
ungewöhnlich inhabituel, le [inabitɥɛl]
unglaublich incroyable [ɛ̃kʀwajabl]
Unglück le malheur [lə malœʀ]
Universität l'université *f* [lynivɛʀsite]
Unkosten les frais *m pl* [le fʀɛ]
unmöglich impossible [ɛ̃pɔsibl]
uns nous [nu], à nous [a nu]
unser, e notre [nɔtʀ], nos [no]
unten en bas [ɑ̃ ba]
unter sous [su]; *(zwischen)* entre [ɑ̃tʀ]
unterbrechen interrompre [ɛ̃tɛʀɔ̃pʀ]
Unterführung le passage souterrain [lə pasaʒ sutɛʀɛ̃]
unterhalb au-dessous (de) [odsu (də)]
unterhalten, s. se distraire [sə distʀɛʀ]
Unterhaltung *(Gespräch)* la conversation [la kɔ̃vɛʀsasjɔ̃]; *(Vergnügen)* la distraction [la distʀaksjɔ̃]
Unterhemd le maillot de corps [lə majod kɔʀ]
Unterhose le slip [lə slip]
Unterkunft l'hébergement *m* [lebɛʀʒəmɑ̃]
Unterleib le bas-ventre [lə bavɑ̃tʀ]
unterrichten informer [ɛ̃fɔʀme]; *(Schule)* enseigner [ɑ̃seɲe]
unterschreiben signer [siɲe]
Unterschrift la signature [la siɲatyʀ]
Untersuchung l'examen *m* [lɛgzamɛ̃], l'analyse *f* [lanaliz]
Untersuchungshaft la détention préventive [la detɑ̃sjɔ̃ pʀevɑ̃tiv]
Untertasse la soucoupe [la sukup]
Untertitel les sous-titres *m* [le sutitʀ]
Unterwäsche les sous-vêtements *m* [le suvɛtmɑ̃]
Unterwasserkamera la caméra sous-marine [la kameʀa sumaʀin]
unterwegs en cours de route [ɑ̃ kuʀ də ʀut]
unverbindlich sans engagement [sɑ̃z‿ɑ̃gaʒmɑ̃]
unverschämt éhonté, e [eɔ̃te]
unwahrscheinlich invraisemblable [ɛ̃vʀɛsɑ̃blabl]
unwichtig insignifiant, e [ɛ̃siɲifjɑ̃, ɑ̃t], sans importance [sɑ̃z‿ɛ̃pɔʀtɑ̃s]
Urin l'urine *f* [lyʀin]
Urlaub *(Ferien)* les vacances *f pl* [le vakɑ̃s]

V

Varietee les variétés *f* [le vaʀjete]
Vase le vase [lə vaz]
Vater le père [lə pɛʀ]
vegetarisch végétarien [veʒetaʀjɛ]
Ventilator le ventilateur [lə vɑ̃tilatœʀ]
Venusmuschel les palourdes *f* [le paluʀd]
Verabredung le rendez-vous [lə ʀɑ̃devu]
verabschieden, s. prendre congé [pʀɑ̃dʀə kɔ̃ʒe]
Veranstaltung la manifestation [la manifɛstasjɔ̃]; *(Aufführung)* le spectacle [lə spɛktakl]
verantwortlich responsable [ʀɛspɔ̃sabl]
Verband le pansement [lə pɑ̃smɑ̃]
Verbandskasten la trousse de secours [la tʀus də skuʀ]
verbinden faire un pansement [fɛʀ ɛ̃ pɑ̃smɑ̃]
Verbindung la relation [la ʀəlasjɔ̃]; *(tele)* la communication [la kɔmynikasjɔ̃]
verboten interdit, e [ɛ̃tɛʀdi, it]
Verbrechen le crime [lə kʀim]
Verbrennung la brûlure [la bʀylyʀ]
Verdauung la digestion [la diʒɛstjɔ̃]
Verdauungsstörung les troubles *m* digestifs [le tʀublə diʒɛstif]
verdorben abîmé, e [abime]; *(faul)* pourri, e [puʀi]
Verein l'association *f* [lasɔsjasjɔ̃]
vereinbaren convenir de [kɔ̃vəniʀ də]
Vergangenheit le passé [lə pase]
vergessen oublier [ublije]
Vergewaltigung le viol [lə vjɔl]
Vergiftung l'empoisonnement *m* [lɑ̃pwazɔnmɑ̃]
Vergnügen le plaisir [lə plɛziʀ]
Vergnügungspark le parc de loisirs [lə paʀk də lwaziʀ]
verhaften arrêter [aʀɛte]
verheiratet marié [maʀje]
Verhütungsmittel le contraceptif [lə kɔ̃tʀasɛptif]
verirren, s. s'égarer [segaʀe]
verkaufen vendre [vɑ̃dʀ]
Verkehr la circulation [la siʀkylasjɔ̃]
Verkehrsamt l'office *m* de tourisme [lɔfis də tuʀism], le syndicat d'initiative [lə sɛ̃dika dinisjativ]
verlängern allonger [alɔ̃ʒe]

Tasche la poche [la pɔʃ]; *(Hand~)* le sac à main [lə sak‿a mɛ̃]
Taschenbuch le livre de poche [lə livʀə də pɔʃ]
Taschendieb le voleur à la tire [lə vɔlœʀ a la tiʀ], le pickpocket [lə pikpɔkɛt]
Taschenmesser le couteau de poche [lə kutod pɔʃ]
Taschenrechner la calculatrice [la kalkylatʀis]
Tasse la tasse [la tas]
Taststock la canne d'aveugle [la kan davœglə]
taub sourd [suʀ]
taubstumm sourd-muet [suʀmɥɛ]
Taubstumme/r le/la sourd/e-muet/te [lə/la suʀmɥɛ/t]
tauchen faire de la plongée [fɛʀ də la plɔ̃ʒe]
Taucherausrüstung l'équipement *m* de plongée [lekipmɑ̃d plɔ̃ʒe]
Taucherbrille les lunettes *f* de plongée [le lynɛt də plɔ̃ʒe]
täuschen, s. ~ se tromper [sə tʀɔ̃pe]
Taxifahrer/in le chauffeur/la chauffeuse de taxi [lə ʃofœʀ/la ʃoføse də taksi]
Taxistand la station de taxis [la stasjɔ̃ də taksi]
Tee le thé [lə te]
Teebeutel le sachet de thé [lə saʃɛd te]
Teelöffel la cuillère à café [la kɥijɛʀ a kafe]
Teil la partie [la paʀti]
Teilkasko l'assurance *f* au tiers [lasyʀɑ̃s o tjɛʀ]
teilnehmen (an) prendre part (à) [pʀɑ̃dʀ paʀ (a)]
Telefon le téléphone [lə telefɔn]
Telefonbuch l'annuaire *m* [lanyɛʀ]
telefonieren téléphoner [telefɔne]
Telefonkarte la télécarte [la telekaʀt]
Telefonnummer le numéro de téléphone [lə nymeʀod telefɔn]
Telefonzelle la cabine téléphonique [la kabin telefɔnik]
telegrafische Überweisung le mandat télégraphique [lə mɑ̃da telegʀafik]
Telegramm le télégramme [lə telegʀam]
Teleobjektiv le téléobjectif [lə teleɔbʒɛktif]
Telex le télex [lə telɛks]
Teller l'assiette *f* [lasjɛt]
Tempel le temple [lə tɑ̃pl]
Temperatur la température [la tɑ̃peʀatyʀ]
Tennis le tennis [lə tenis]
Tennisschläger la raquette de tennis [la ʀakɛt də tenis]
Termin le rendez-vous [lə ʀɑ̃devu]
Terminal le terminal [lə tɛʀminal]
Terrakotta la terre cuite [la tɛʀ kɥit]
Terrasse la terrasse [la tɛʀas]
Tetanus le tétanos [lə tetanos]
teuer cher, chère [ʃɛʀ]
Theater le théâtre [lə teatʀ]
Theatergruppe le groupe théâtral [lə gʀup teatʀal]
Theaterstück la pièce de théâtre [la pjɛs də teatʀ]
Therapie la thérapie [la teʀapi]
Thermalbad le bain thermal [lə bɛ̃ tɛʀmal]
Thermosflasche® la (bouteille) thermos [la (butɛj) tɛʀmos]
Thriller le film policier [lə film pɔlisje]
Thunfisch le thon [lə tɔ̃]
Thymian le thym [lə tɛ̃]
tief profond, e [pʀɔfɔ̃, ɔ̃d]
Tier l'animal *m* [lanimal]
Tintenfisch la seiche [la sɛʃ]
Tipp le tuyau [lə tɥijo], le conseil [lə kɔ̃sɛj]
Tisch la table [la tabl]
Tischtennis le ping-pong [lə piŋpɔŋ]
Tischtuch la nappe [la nap]
Toast le toast [lə tost]
Toaster le grille-pain [lə grij pɛ̃]
Tochter la fille [la fij]
Toiletten les toilettes [le twalɛt]
Toilettenpapier le papier hygiénique [lə papje iʒjenik]
Tomaten les tomates *f* [le tɔmat]
Ton le ton [lə tɔ̃]; *(Farbe)* la teinte [la tɛ̃t]
tönen faire un rinçage [fɛʀ ɛ̃ ʀɛ̃zaʒ]
Töpferei la poterie [la pɔtʀi]
Töpferwaren la poterie [la pɔtʀi]
Tor la porte [la pɔʀt]; *(Fußball: Schuss)* le but *m* [le byt]; *(Pfosten)* le poteau des buts [lə pɔto de byt]
Torwart le gardien de buts [lə gaʀdjɛ̃d byt]
Tour le tour [lə tuʀ]
Tourist/in le/la touriste [lə/la tuʀist]
Tracht *(Volkstracht)* le costume régional/folklorique [lə kɔstym ʀeʒjɔnal/fɔlklɔʀik]

tragbarer CD-Spieler le baladeur [lə baladœʀ]
tragen porter [pɔʀte]
Tragflügelboot l'hydroglisseur *m* [lidʀoglisœʀ]
Tragödie la tragédie [la tʀaʒedi]
trampen faire de l'auto-stop [fɛʀ də lotɔstɔp]
Transferbus la navette [la navɛt]
Traubenzucker la dextrose [la dɛkstʀoz]
Traum le rêve [lə ʀɛv]
traurig triste [tʀist]
treffen rencontrer [ʀɑ̃kɔ̃tʀe]
Trekkingrad le V.T.C. (vélo tout chemin) [lə vetese (velo tu ʃmɛ̃)]
Treppe l'escalier *m* [lɛskalje]
Tretboot le pédalo [lə pedalo]
trinken boire [bwaʀ]
Trinkflasche la gourde [la guʀd]
Trinkgeld le pourboire [lə puʀbwaʀ]
Trinkwasser l'eau *f* potable [lo pɔtabl]
trocken (Wein) sec [sɛk]
trockenes Haar les cheveux secs [le ʃøvø sɛk]
trocknen sécher [seʃe]
Trockner le séchoir [lə seʃwaʀ]
Trödler le brocanteur [lə bʀɔkɑ̃tœʀ]
Trommelfell le tympan [lə tɛ̃pɑ̃]
Tropfen les gouttes *f* [le gut]
trotzdem malgré cela [malgʀe səla]
T-Shirt le t(ee)-shirt [lə tiʃœʀt]
Tuch le drap [lə dʀa]; *(Kopf~)* le foulard [lə fulaʀ]
tun faire [fɛʀ]
Tunnel le tunnel [lə tynɛl]
Tür la porte [la pɔʀt]
Türbreite la largeur de la porte [la laʀʒœʀ de la pɔʀt]
Türcode le code [lə kɔd]
türkis turquoise [tyʀkwaz]
türkisfarben turquoise [tyʀkwaz]
Turm la tour [la tuʀ]
Turnschuhe les tennis *f* [le tɛnis]; *(höhere)* les baskets *m* [le baskɛt]
Türschwelle le seuil [lə sœj]
Tüte le sac [lə sak]; *(kleine)* le sachet [lə saʃɛ]
Typhus la typhoïde [la tifɔid]
typisch (für) typique (de) [tipik (də)], caractéristique (de) [kaʀakteʀistik (də)]

U

U-Bahn le métro [lə metʀo]
Übelkeit la nausée [la noze]
üben s'exercer [sɛgzɛʀse], s'entraîner [sɑ̃tʀɛne]
über au-dessus (de) [odsy (də)]
überall partout [paʀtu]
überbacken gratiné [gʀatine]
Überfall *(Person)* l'agression *f* [lagʀɛsjɔ̃]; *(Bank)* le hold-up [ɔldœp]
Übergang le passage [lə pasaʒ]
überholen dépasser [depase]
Überlandbus le car [lə kaʀ]
übermorgen après-demain [apʀɛ dmɛ̃]
übernachten coucher [kuʃe], passer la nuit [pase la nɥi]
Übernachtung la nuit [la nɥit]
Überreste les vestiges *m* [le vɛstiʒ], les restes *m* [le ʀɛst]
übersetzen traduire [tʀadɥiʀ]
Überweisung le virement [lə viʀmɑ̃]
üblich habituel, le [abitɥɛl]
übrig bleiben rester [ʀɛste]
Ufer *(Fluss)* la rive [la ʀiv]; *(Meer)* le bord [lə bɔʀ], le rivage [lə ʀivaʒ]
Uhrmacher l'horloger *m* [lɔʀlɔʒe]
um diese Zeit à cette heure-ci [a sɛt‿œʀ si]
um *(herum)* autour de [otuʀ də]; *(Zeitangabe)* à [a]; *(gegen)* vers [vɛʀ]
umbuchen changer [ʃɑ̃ʒe]
Umgebung les environs [lez‿ɑ̃viʀɔ]
Umgehungsstraße la rocade [la ʀɔkad]
umgekehrt inversement [ɛ̃vɛʀsəmɑ̃]
Umhängetasche la sacoche [la sakɔʃ]
umkehren faire demi-tour [fɛʀ dəmi tuʀ]
Umleitung la déviation [la devjasjɔ̃]
umtauschen échanger [eʃɑ̃ʒe]
Umweg le détour [lə detuʀ]
Umwelt l'environnement *m* [lɑ̃viʀɔnmɑ̃]
umziehen, s. se changer [sə ʃɑ̃ʒe]
Umzug le cortège [lə kɔʀtɛʒ]
unangenehm désagréable [dezagʀeabl]
unbedingt *adv* absolument [apsɔlymɑ̃]
und et [ɛ]
unentschieden match nul [matʒə nyl]
unerträglich insupportable [ɛ̃sypɔʀtabl]

Unfall l'accident *m* [laksidɑ̃]
ungeeignet impropre [ɛ̃pʀɔpʀ]
ungefähr environ [ɑ̃viʀɔ̃]
ungewöhnlich inhabituel, le [inabitɥɛl]
unglaublich incroyable [ɛ̃kʀwajabl]
Unglück le malheur [lə malœʀ]
Universität l'université *f* [lyniveʀsite]
Unkosten les frais *m pl* [le fʀɛ]
unmöglich impossible [ɛ̃pɔsibl]
uns nous [nu], à nous [a nu]
unser, e notre [nɔtʀ], nos [no]
unten en bas [ɑ̃ ba]
unter sous [su]; *(zwischen)* entre [ɑ̃tʀ]
unterbrechen interrompre [ɛ̃teʀɔ̃pʀ]
Unterführung le passage souterrain [lə pasaʒ suteʀɛ̃]
unterhalb au-dessous (de) [odsu (də)]
unterhalten, s. se distraire [sə distʀɛʀ]
Unterhaltung *(Gespräch)* la conversation [la kɔ̃vɛʀsasjɔ̃]; *(Vergnügen)* la distraction [la distʀaksjɔ̃]
Unterhemd le maillot de corps [lə majod kɔʀ]
Unterhose le slip [lə slip]
Unterkunft l'hébergement *m* [lebɛʀʒəmɑ̃]
Unterleib le bas-ventre [lə bavɑ̃tʀ]
unterrichten informer [ɛ̃fɔʀme]; *(Schule)* enseigner [ɑ̃seɲe]
unterschreiben signer [siɲe]
Unterschrift la signature [la siɲatyʀ]
Untersuchung l'examen *m* [lɛgzamɛ̃], l'analyse *f* [lanaliz]
Untersuchungshaft la détention préventive [la detɑ̃sjɔ̃ pʀevɑ̃tiv]
Untertasse la soucoupe [la sukup]
Untertitel les sous-titres *m* [le sutitʀ]
Unterwäsche les sous-vêtements *m* [le suvɛtmɑ̃]
Unterwasserkamera la caméra sous-marine [la kamera sumaʀin]
unterwegs en cours de route [ɑ̃ kuʀ də ʀut]
unverbindlich sans engagement [sɑ̃z‿ɑ̃gaʒmɑ̃]
unverschämt éhonté, e [eɔ̃te]
unwahrscheinlich invraisemblable [ɛ̃vʀɛsɑ̃blabl]
unwichtig insignifiant, e [ɛ̃siɲifjɑ̃, ɑ̃t], sans importance [sɑ̃z‿ɛ̃pɔʀtɑ̃s]
Urin l'urine *f* [lyʀin]
Urlaub *(Ferien)* les vacances *f pl* [le vakɑ̃s]

V

Varietee les variétés *f* [le vaʀjete]
Vase le vase [lə vaz]
Vater le père [lə pɛʀ]
vegetarisch végétarien [veʒetaʀjɛ]
Ventilator le ventilateur [lə vɑ̃tilatœʀ]
Venusmuschel les palourdes *f* [le paluʀd]
Verabredung le rendez-vous [lə ʀɑ̃devu]
verabschieden, s. prendre congé [pʀɑ̃dʀə kɔ̃ʒe]
Veranstaltung la manifestation [la manifɛstasjɔ̃]; *(Aufführung)* le spectacle [lə spɛktakl]
verantwortlich responsable [ʀɛspɔ̃sabl]
Verband le pansement [lə pɑ̃smɑ̃]
Verbandskasten la trousse de secours [la trus də skuʀ]
verbinden faire un pansement [fɛʀ ɛ̃ pɑ̃smɑ̃]
Verbindung la relation [la ʀəlasjɔ̃]; *(tele)* la communication [la kɔmynikasjɔ̃]
verboten interdit, e [ɛ̃tɛʀdi, it]
Verbrechen le crime [lə kʀim]
Verbrennung la brûlure [la bʀylyʀ]
Verdauung la digestion [la diʒɛstjɔ̃]
Verdauungsstörung les troubles *m* digestifs [le tʀublə diʒɛstif]
verdorben abîmé, e [abime]; *(faul)* pourri, e [puʀi]
Verein l'association *f* [lasɔsjasjɔ̃]
vereinbaren convenir de [kɔ̃vəniʀ də]
Vergangenheit le passé [lə pase]
vergessen oublier [ublije]
Vergewaltigung le viol [lə vjɔl]
Vergiftung l'empoisonnement *m* [lɑ̃pwazɔnmɑ̃]
Vergnügen le plaisir [lə plɛziʀ]
Vergnügungspark le parc de loisirs [lə paʀk də lwasiʀ]
verhaften arrêter [aʀɛte]
verheiratet marié [maʀje]
Verhütungsmittel le contraceptif [lə kɔ̃tʀasɛptif]
verirren, s. s'égarer [segaʀe]
verkaufen vendre [vɑ̃dʀ]
Verkehr la circulation [la siʀkylasjɔ̃]
Verkehrsamt l'office *m* de tourisme [lɔfis də tuʀism], le syndicat d'initiative [lə sɛ̃dika dinisjativ]
verlängern allonger [alɔ̃ʒe]

Verlängerungsschnur la rallonge [la ʀalɔ̃ʒ]
Verlängerungswoche la semaine supplémentaire [la smɛn syplemɑ̃tɛʀ]
verlassen quitter [kite]
verletzen blesser [blese]
Verletzte, der/die le blessé [lə blɛse]/ la blessée [la blɛse]
Verletzung la blessure [la blesyʀ]
verlieren perdre [pɛʀdʀ]
Verlobte, der/die le fiancé [lə fjɑ̃se]/ la fiancée [la fjɑ̃se]
vermieten louer [lue]
Verpackung l'emballage [lɑ̃balaʒ]
verpassen manquer [mɑ̃ke], rater [ʀate]
Verpflegung la nourriture [la nuʀityʀ]
verrechnen, s. faire une erreur de calcul [fɛʀ‿yn‿ɛʀœʀ də kalkyl]
verreisen partir en voyage [paʀtiʀ‿ɑ̃ vwajaʒ]
verrückt fou, folle [fu, fɔl]
verschieben *(zeitlich)* remettre à plus tard [ʀəmɛtʀ‿a ply taʀ], repousser [ʀəpuse]
verschließen fermer [fɛʀme]
verschreiben prescrire [pʀɛskʀiʀ]
Versicherung l'assurance *f* [lasyʀɑ̃s]
Verspätung le retard [lə ʀətaʀ]
verstaucht foulé [fule]
verstehen comprendre [kɔ̃pʀɑ̃dʀ]
Verstopfung la constipation [la kɔ̃stipasjɔ̃]
versuchen essayer [eseje]; *(Speisen)* goûter [gute]
Vertrag le contrat [lə kɔ̃tʀa]
Vertrauen la confiance [la kɔ̃fjɑ̃s]
verunglücken avoir un accident [avwaʀ ɛ̃n‿aksidɑ̃]
verursachen causer [koze]
Verwaltung l'administration *f* [ladministʀasjɔ̃]
verwandt parent, e [paʀɑ̃, ɑ̃t]
verwechseln confondre [kɔ̃fɔ̃dʀ]
verwitwet *(Mann)* veuf [vœf]; *(Frau)* veuve [vœv]
Videofilm le film vidéo [lə film video]
Videokamera la caméra vidéo [la kameʀa video]
Videokassette la vidéocassette [la videokasɛt]
Videorekorder le magnétoscope [lə maɲetɔskɔp]
viel beaucoup de [boku də]
vielleicht peut-être [pøtɛtʀ]
Villa la villa [la vila]
violett violet [vjɔlɛ]
Virus le virus [lə viʀys]
Visum le visa [lə viza]
Vogel l'oiseau *m* [lwazo]
Vogelschutzgebiet le parc ornithologique [lə paʀk ɔʀnitɔlɔʒik]
Volk le peuple [lə pœpl]
Völkerkundemuseum le musée ethnologique [lə myze ɛtnɔlɔʒik]
Volksmusik la musique folklorique [la mysik fɔlklɔʀik]
Volksstück la pièce populaire [la pjɛs pɔpylɛʀ]
voll plein, e [plɛ̃, plɛn]; *(besetzt)* complet, -ète [kɔ̃plɛ, ɛt]; *(ganz)* entier, -ière [ɑ̃tje, jɛʀ]
Volleyball le volley-ball [lə vɔlɛbol]
Vollkasko l'assurance tous risques [lasyʀɑ̃s tu ʀisk]
Vollkornbrot le pain complet [lə pɛ̃ kɔ̃plɛ]
Vollpension la pension complète [la pɑ̃sjɔ̃ kɔ̃plɛt]
vom Fass pression [pʀɛsjɔ̃]
vom Grill sur le gril [syʀ lə gʀil]
von Zeit zu Zeit de temps en temps [də tɑ̃z‿ɑ̃ tɑ̃]
von de [də]; *(Passiv)* par [paʀ]
vor dem Essen avant les repas *m pl* [avɑ̃ le ʀpa]
vor zehn Minuten il y a dix minutes [il‿ja di minyt]
vor *(räumlich)* devant [dəvɑ̃]; *(zeitlich)* avant [avɑ̃]
Voranmeldung la communication avec préavis [la kɔmynikasjɔ̃ avɛk pʀeavi], la réservation [la ʀezɛʀvasjɔ̃]
Voraus, im ~ par avance [paʀ‿avɑ̃s]
vorbereiten préparer [pʀepaʀe]
Vordruck le formulaire [lə fɔʀmylɛʀ]
vorgestern avant-hier [avɑ̃t‿jɛʀ]
vorher avant [avɑ̃]
vorletzte(r, -s) avant-dernier, -ière [avɑ̃dɛʀnje, jɛʀ]
Vormittag le matin [lə matɛ̃]
vormittags le matin [lə matɛ̃]
vorn devant [dəvɑ̃]
Vorname le prénom [lə pʀenɔ̃]
vornehm distingué, e [distɛ̃ge]
Vorort la banlieue [la bɑ̃ljø]
Vorrat les provisions *f pl* [le pʀɔvizjɔ̃]
Vorsaison l'avant-saison *f* [lavɑ̃sɛzɔ̃]
Vorschlag la proposition [la pʀɔpozisjɔ̃]
Vorschrift la directive [la diʀɛktiv], le règlement [lə ʀɛgləmɑ̃]

Vorsicht! Attention! [atɑ̃sjɔ̃]
vorsichtig prudent, e [pʀydɑ̃, ɑ̃t]
Vorspeise l'entrée *f* [lɑ̃tʀe]
Vorstellung la présentation [la pʀezɑ̃tasjɔ̃]; *(Theater)* la représentation [la ʀəpʀezɑ̃tasjɔ̃]
Vorteil l'avantage *m* [lavɑ̃taʒ]
vorüber passé, e [pase]
Vorverkauf la location [la lɔkasjɔ̃], la réservation [la ʀezɛʀvasjɔ̃]
Vorwahlnummer l'indicatif *m* [lɛ̃dikatif]
vorwärts en avant [ɑ̃n‿avɑ̃]
Vulkan le volcan [lə vɔlkɑ̃]

W

wach réveillé, e [ʀevɛje]
Wachablösung la relève de la garde [la ʀəlɛv də la gaʀd]
Wagenheber le cric [lə kʀik]
Wagennummer le numéro de la voiture [lə nymeʀo də la vwatyʀ]
wählen choisir [ʃwaziʀ]; *(tele)* composer (un numéro) [kɔ̃poze (ɛ̃ nymeʀo)]
wahr vrai, e [vʀɛ]
während *prp* pendant [pɑ̃dɑ̃]
wahrscheinlich *adv* probablement [pʀɔbabləmɑ̃]
Währung la monnaie [la mɔnɛ]
Wahrzeichen l'emblème *m* [lɑ̃blɛm]
Wald la forêt [la fɔʀɛ]
Wallfahrtsort le lieu de pèlerinage [lə ljɔ̃ də pɛlʀinaʒ]
Wand le mur [lə myʀ]
Wanderkarte la carte de randonnées [la kaʀt də ʀɑ̃dɔne]
wandern faire de la randonnée [fɛʀ də la ʀɑ̃dɔne]
Wander-/Trekkingschuh les chaussures de randonnée/montagne *f* [le ʃosyʀ də ʀɑ̃dɔne/mɔ̃taɲ]
Wanderweg le chemin de randonnée [lə ʃəmɛ̃ də ʀɑ̃done]
warm chaud, e [ʃo, ʃod]
warmes Wasser l'eau chaude [lo ʃod]
Warnblinkanlage les feux *m* de détresse [le fœd detʀɛs]
Warndreieck le triangle de présignalisation [lə tʀijɑ̃gl də pʀesiɲalizasjɔ̃]
warten attendre [atɑ̃dʀ]
Wartesaal la salle d'attente [la sal datɑ̃t]
Wartezimmer la salle d'attente [la sal datɑ̃t]
was que [kə], qu'est-ce que [kɛs‿kə]; **~ für ein/eine ... ?** quel/le [kɛl]
Waschbecken le lavabo [lə lavabo]
Wäsche *(zum Waschen)* la lessive [la lɛsiv]
Wäscheklammern les pinces *f* à linge [le pɛ̃s a lɛ̃ʒ]
Wäscheleine la corde à linge [la kɔʀda lɛ̃ʒ]
waschen laver [lave]
Wäscherei le pressing [lə pʀesiŋ], la blanchisserie [la blɑ̃ʃisʀi]
Wäschetrockner le sèche-linge [lə sɛʃlɛ̃ʒ]
Waschlappen le gant de toilette [lə gɑ̃d twalɛt]
Waschmaschine la machine à laver [la maʃin‿a lave]
Waschmittel la lessive [la lɛsiv]
Waschraum les lavabos *m* [le lavabo]
Waschsalon la laverie [la lavʀi]
Wasser l'eau *f* [lo]
wasserdicht étanche [etɑ̃ʃ]
Wasserfall la cascade [la kaskad]
Wasserglas le verre à eau [lə vɛʀ a o]
Wasserhahn le robinet [lə ʀɔbinɛ]
Wasserkanister le bidon d'eau [lə bidɔ̃ do]
Wasserkocher la bouilloire électrique [la bujwaʀ elɛktʀik]
Wasserski le ski nautique [lə ski notik]
Wasserspülung la chasse d'eau [la ʃas do]
Wasserverbrauch la consommation d'eau [la kɔ̃sɔmasjɔ̃ do]
Watte le coton hydrophile [lə kɔtɔ̃ idʀɔfil]
Wattestäbchen le coton-tige [lə kɔtɔ̃tiʒ]
Wechsel le change [lə ʃɑ̃ʒ]; *(Austausch)* l'échange *f* [leʃɑ̃ʒ]
Wechselgeld la monnaie [la mɔnɛ]
wechselhaft variable [vaʀjabl]
Wechselkurs le cours de change [lə kuʀ də ʃɑ̃ʒ]
Wechselstube le bureau de change [lə byrod ʃɑ̃ʒ]
Wechselwirkungen les interactions *pl* [lez‿ɛ̃tɛʀaksjɔ̃]
wecken réveiller [ʀeveje]
Wecker le réveil [lə ʀevɛj]
Weg le chemin [lə ʃmɛ̃]
wegen à cause de [a koz də]

weggehen partir [paʀtiʀ]
Wegweiser le poteau indicateur [lə pɔto ɛ̃dikatœʀ]
wehtun faire mal [fɛʀ mal]
weich mou, molle [mu, mɔl]
Weichkäse le fromage à pâte molle [lə fʀɔmaʒ a pat mɔl]
Weihnachten Noël [nɔɛl]
weil parce que [paʀs kə]
Wein le vin [lə vɛ̃]
Weinberg la vigne [la viɲ]
weinen pleurer [plœʀe]
Weinglas le verre à vin [lə vɛʀ a vɛ̃]
Weinhandlung le magasin de vins [lə magazɛ̃d vɛ̃]
Weintrauben les raisins *m* [le ʀɛzɛ̃]
Weisheitszahn la dent de sagesse [la dɑ̃ də saʒɛs]
weiß blanc [blɑ̃]
Weißbrot le pain blanc [lə pɛ̃ blɑ̃]
Weißwein le (vin) blanc [lə vɛ̃ blɑ̃]
weit *(nicht eng)* large [laʀʒ]; *(Weg)* loin [lwɛ̃]; *(entfernt)* éloigné, e [elwaɲe]
Wellenbad la piscine à vagues [la pisin a vag]
Welt le monde [lə mɔ̃d]
wenig peu [pø]; **ein ~** un peu [ɛ̃ pø]
wenigstens au moins [o mwɛ̃]
wenn *(Bedingung)* si [si]; *(zeitlich)* quand [kɑ̃]
werden devenir [dəvniʀ]
Werkstatt l'atelier *m* [latəlje], le garage [lə gaʀaʒ]
Werktag le jour ouvrable [lə ʒuʀ uvʀablə]
Werkzeug les outils *m* [lez uti]
Wertangabe la déclaration de valeur [la deklaʀasjɔ̃d valœʀ]
wertlos sans valeur [sɑ̃ valœʀ]
Wertsachen les objets *m pl* de valeur [lez ɔbjɛd valœʀ]
Wespe la guêpe [la gɛp]
Weste le gilet [lə ʒilɛ]
Western le western [lə wɛstɛʀn]
westlich von à l'ouest de [a lwɛst də]
Wetterbericht le bulletin météo(rologique), la météo [lə byltɛ̃ meteɔ(ʀɔlɔʒik), la meteo]
Wettervorhersage les prévisions *f* météo(rologiques) [le pʀevizjɔ̃ meteɔ(ʀɔlɔʒik)]
Wettkampf la compétition [la kɔ̃petisjɔ̃]
wichtig important, e [ɛ̃pɔʀtɑ̃, ɑ̃t]
Wickeltisch la table à langer [la tabla lɑ̃ʒe]
wie *(Frage)* comment [kɔmɑ̃]; *(Vergleich)* comme [kɔm]
wieder de nouveau [də nuvo]
wiederholen répéter [ʀepete]
wiederkommen revenir [ʀəvəniʀ]
Wiese le pré [lə pʀe]
wild sauvage [sovaʒ], féroce [feʀɔs]
Wildpark le parc animalier [lə paʀk animalje]
willkommen! bienvenu, e [bjɛ̃vəny]
Wimperntusche le mascara [lə maskaʀa]
Wind le vent [lə vɑ̃]
Windeln les couches *f* [le kuʃ]
Windpocken la varicelle [la vaʀisɛl]
Windrichtung la direction du vent [la diʀɛksjɔ̃ dy vɑ̃]
Windschutzscheibe le pare-brise [lə paʀbʀiz]
Windstärke la force du vent [la fɔʀs dy vɑ̃]
windsurfen faire de la planche à voile [fɛʀ də la plɑ̃ʃ a vwal]
Winter l'hiver *m* [livɛʀ]
Winterreifen le pneu neige [lə pnø nɛʒ]
wir nous [nu]
Wirbelsäule la colonne vertébrale [la kɔlɔn vɛʀtebʀal]
wirklich *adv* vraiment [vʀɛmɑ̃]
Wischmopp la serpillière [la sɛʀpijɛʀ]
wissen savoir [savwaʀ]
Witz la plaisanterie [la plɛzɑ̃tʀi]
Woche la semaine [la səmɛn]
Wochenendpauschale le forfait-weekend [lə fɔʀfɛ wikɛnd]
Wochenkarte la carte hebdomadaire [la kaʀt ɛbdɔmadɛʀ]
Wochenpass le forfait-semaine [lə fɔʀfɛsmɛn]
wochentags pendant la semaine [pɑ̃dɑ̃ la səmɛn]
wöchentlich *adj* hebdomadaire [ɛbdomadɛʀ]
wohnen habiter [abite]
Wohnmobil le camping-car [lə kɑ̃piŋkaʀ]
Wohnort le domicile [lə dɔmisil]
Wohnung l'appartement *m* [lapaʀtəmɑ̃]
Wohnwagen la caravane [la kaʀavan]
Wohnzimmer la salle de séjour [la sal də seʒuʀ]
Wolke le nuage [lə nyaʒ]

Wolldecke la couverture de laine [la kuvɛʀtyʀ də lɛn]
Wolle la laine [la lɛn]
Wort le mot [lə mo]
Wunde la plaie [la plɛ]
wunderbar merveilleux, -euse [mɛʀvɛjø, øz]
wundern, s. ~(über) s'étonner (de) [setɔne (də)]
wünschen désirer [deziʀe]
Wurm le ver [lə vɛʀ]
Wurst la charcuterie [la ʃaʀkytʀi]
Würstchen la saucisse [la sosis]
würzen assaisonner [asɛzɔne]
wütend furieux, -euse [fyʀjø, øz]

Y

Yoga le yoga [lə jɔga]

Z

zäh coriace [kɔrjas]
Zahl le nombre [lə nɔ̃bʀ]
zählen compter [kɔ̃te]
zahlen payer [pɛje]
Zahlung le paiement [lə pɛmã]
Zahn la dent [la dã]
Zahnbürste la brosse à dents [la bʀɔs a dã]
hncreme, Zahnpasta le dentifrice lə dãtifʀis]
nnfleisch les gencives *f* [le ʒãsiv]
Zahnradbahn le chemin de fer à crémaillère [lə ʃmɛ̃d fɛʀ a kʀemajɛʀ]
Zahnschmerzen le mal de dents [lə mal də dã]
Zahnstocher le cure-dents [lə kyʀdã]
Zäpfchen les suppositoires *m* [le sypozitwaʀ]
zart tendre [tãdʀ]
zärtlich affectueux, -euse [afɛktyø, øz], tendre [tãdʀ]
Zecke la tique [la tik]
Zehe l'orteil *m* [lɔʀtɛj]
Zeichen le signe [lə siɲ]
Zeichensprache la langue des signes [la lãg de siɲ]
Zeichentrickfilm le dessin animé [lə dɛsɛ̃ anime]
zeichnen dessiner [desine]
Zeichnung le dessin [lə dɛsɛ̃]
zeigen montrer [mɔ̃tʀe]
Zeit le temps [lə tã]
Zeitschrift le magazine [lə magazin]
Zeitung le journal [lə ʒuʀnal]
Zeitungshändler le marchand de journaux [lə maʀʃãd ʒuʀno]
Zelt la tente [la tãt]
zelten camper [kãpe]
Zeltstange le piquet de tente [lə pkɛd tãt]
Zentimeter le centimètre [lə sãtimɛtʀ]
zentral central, e [sãtʀal]
Zentralheizung le hauffage central [lə ʃofaʒ sãtʀal
Zentrum le centre [lə sãtʀ]
Zerrung le claquage (musculaire) [lə klakaʒ (myskylɛʀ)
Zeuge/Zeugin le/la témoin [lə/la temwɛ̃]
Ziegenkäse le fromage de chèvre [lə fʀɔmaʒ də ʃɛvʀ]
ziehen tirer [tiʀe]
Ziel le but [lə by(t)]; *(Reise~)* la destination [la dɛstinasjɔ̃]
ziemlich assez [ase]
Zigarette la cigarette [la sigaʀɛt]
Zigarillo le cigarillo [lə sigaʀijo]
Zigarre le cigare [lə sigaʀ]
Zimmer la chambre [la ʃãbʀ]
Zimmermädchen la femme de chambre [la fam də ʃãbʀ]
Zimmertelefon le téléphone (de la chambre) [lə telefɔn (də la ʃãbʀ)]
Zirkus le cirque [lə siʀk]
Zitronen les citrons *m* [le sitʀɔ̃]
Zoll la douane [la dwan]
Zollerklärung la déclaration en douane [la deklaʀasjɔ̃ ã duan]
zollfrei exempt de droits de douane [ɛgzã də dʀwad duan]
zollfreier Laden la boutique hors-taxes [la butik ɔʀtaks]
Zollgebühren les droits de douane [le dʀwad duan]
zollpflichtig soumis aux droits de douane [sumi o dʀwad duan]
Zoo le zoo [lə zo]
zu *(Richtung)* à [a]; *(geschlossen)* fermé, e [fɛʀme]; **~ sehr, ~ viel** trop [tʀo]
zubereiten préparer [pʀepaʀe]
Zucchini la courgette [la kuʀʒɛt]
Zucker le sucre [lə sykʀə]
zuerst d'abord [dabɔʀ]
zufällig par hasard [paʀ azaʀ]
zufrieden content, e [kɔ̃tã, ãt]
Zug le train [lə tʀɛ̃]

Zugänglichkeit l'accessibilité *f* [laksɛsibilite]
zuhören, jdm ~ écouter (qn) [ekute (kɛlkɛ̃)]
Zukunft l'avenir *m* [lavniʀ]
zukünftig futur, e [fytyʀ]
zulässig permis, e [pɛʀmi, iz]
zuletzt en dernier lieu [ɑ̃ dɛʀnje ljø]
Zündkerze la bougie [la buʒi]
Zündschlüssel la clé de contact [la kled kɔ̃takt]
Zündung l'allumage *m* [lalymaʒ]
Zunge la langue [la lɑ̃g]
zurück de retour [də ʀətuʀ]
zurückbringen rapporter [ʀapɔʀte]
zurückfahren retourner [ʀətuʀne]
zurückgeben rendre [ʀɑ̃dʀ]
zurückkehren revenir [ʀəvniʀ]
zusagen *(Einladung)* accepter [aksɛpte]
zusammen ensemble [ɑ̃sɑ̃bl]
zusammenschlagen rouer de coups [ʀued ku]
Zusammenstoß le choc [lə ʃɔk], la collision [la kɔlizjɔ̃]
zusätzlich supplémentaire [syplemɑ̃tɛʀ], en plus [ɑ̃ plys]
zuschauen regarder [ʀəgaʀde]
Zuschauer le spectateur [lə spɛktatœʀ]
Zuschlag le supplément [lə syplemɑ̃]
zuständig compétent, e [kɔ̃petɑ̃, ɑ̃t], responsable [ʀɛspɔ̃sabl]
zweite(r, -s) deuxième [døzjɛm], second, e [səgɔ̃, ɔ̃d]
zweitens deuxièmement [døzjɛmmɑ̃]
Zwiebeln les oignons *m* [lez‿ɔɲɔ̃]
zwischen entre [ɑ̃tʀ]
Zwischenfall l'incident *m* [lɛ̃sidɑ̃]
Zwischenlandung l'escale *f* [lɛskal]
Zwischenstecker la prise multiple [la pʀiz myltipl]
Zyste le cyste [lə sist]